CCER/CMRC“中国经济观察”系列（第三辑）

透视中国改革发展热点

卢 锋◎编

北京大学出版社
PEKING UNIVERSITY PRESS

图书在版编目(CIP)数据

透视中国改革发展热点/卢锋编. —北京:北京大学出版社,2015.10
(CCER/CMRC“中国经济观察”系列)
ISBN 978-7-301-25336-6

Ⅰ. ①透… Ⅱ. ①卢… Ⅲ. ①中国经济—经济体制改革—文集 Ⅳ. ①F121-53

中国版本图书馆CIP数据核字(2015)第005594号

书 名	透视中国改革发展热点 TOUSHI ZHONGGUO GAIGE FAZHAN REDIAN
著作责任者	卢 锋 编
责任编辑	刘 京
标准书号	ISBN 978-7-301-25336-6
出版发行	北京大学出版社
地 址	北京市海淀区成府路205号 100871
网 址	http://www.pup.cn
电子信箱	em@pup.cn QQ:552063295
新浪微博	@北京大学出版社 @北京大学出版社经管图书
电 话	邮购部62752015 发行部62750672 编辑部62752926
印 刷 者	北京宏伟双华印刷有限公司
经 销 者	新华书店
	787毫米×1092毫米 16开本 25.25印张 568千字
	2015年10月第1版 2015年10月第1次印刷
定 价	66.00元

序

印象是2005年年初的某个宴请场合,我和宋国青教授相邻坐在远离主宾席的陪桌,席间得以随意交谈。其时国青教授在某家著名财经机构兼职做宏观经济研究已有七八年,正考虑调整工作状态将更多时间投入到北京大学中国经济研究中心(CCER)的科研教学工作中。席间他主动向我提及,就国际大宗商品市场与宏观经济问题一起合作做些研究。

我知道,此前中心领导曾征询国青教授的意见,能否把研究重心更多地转向CCER。我个人作为国青教授的忠实读者也向他表示过,如果他能用更多的时间在CCER主持课题研究,我个人非常乐意参与并协助。这次国青教授主动建议,不管是他深思熟虑的想法,还是席间的闲言散语,我自然不会轻易放过。于是产生了举办"中国经济观察"季度报告会的设想,以便让国青教授定期回来报告他对宏观经济的研究成果。

想法初成后借一次谈话机会请教了周其仁教授和胡大源教授的意见,二位都很赞同并予以鼓励,认为这项活动有助于加强CCER的宏观经济研究,而且对CCER主办的北京大学国际MBA项目也有积极的支持作用。其仁教授表态会积极参与,又语出惊人地要求"不办则已,要办就要准备办十年",一句话定下这项工作十年为期的时间表。我当时接答其仁教授:只要你和国青持续参加,我保证坚持做十年协调服务的"跑龙套"工作。随后向中心领导汇报,时任中心主任的林毅夫教授极为赞赏,不仅表态中心将提供必要支持,还承诺尽可能亲自参与这项工作。当时主持中心日常工作的常务副主任李玲教授也积极支持这项计划。

"中国经济观察"季度报告会通常在每年2月、4月、7月和10月下旬的第一个周六下午召开,从一点半开始到六点或稍迟结束。上半场主要讨论经过选择的经济改革发展的重大热点问题,下半场主要讨论当前宏观经济形势和政策,上下半场会各安排半小时左右的听众与嘉宾的问答互动。2005年4月下旬举办"中国经济观察"第1次季度报告会,同年7月下旬第2次报告会增添了邀请宏观经济分析特约机构提供短期宏观经济指标预测的"朗润预测"项目,特约参与机构从最初不到十家增加到后来的三十多家。

这项工作至今已持续开展十多年,达到了其仁教授当年"十年为期"的要求。与北京各类财经报告会比较,"中国经济观察"季度报告会有一些特点。如主讲嘉宾以CCER教授为骨干,同时外请不同领域的专家,在演讲内容和风格上具有一定程度的CCER朗润园的风格。在具体操办方式上,坚持上述简单的设计架构。由于这个项目持续关注和分析我国经济改革发展的重大问题,十年间已成为观察认识转型期中国经济的一个特殊课堂,也成为很多北京大学学子和其他有心听众学习经济学方法的一个特殊课堂。

每次报告会后,我们将报告内容先整理成快报于次日在网站发布,后续整理演讲全文结集印发或上网发布,历次报告会快报与全文报道都在CCER网页上有完整保留。

“朗润预测”结果也是每次都在网站发布，现已成为研究中国宏观经济预测的数据库资料，甚至有 CCER 研究生和国外研究生以此作为学位论文的研究对象。报告会前后历时十多年，得到北京大学同学和各界朋友的广泛支持，一直保持人气旺盛的场面，以至于有时不得不设置三个视听设备连接场地以满足听众的需要。报告会得到了媒体朋友的大力支持，不少场次的报告会内容被几十家甚至更多媒体报道转载。

去年是 CCER 成立二十周年，在北京大学国家发展研究院（NSD）领导姚洋教授、胡大源教授的鼓励和支持下，我们把截至 2013 年 10 月共 35 次报告会的精华内容结集出版。经与北京大学出版社责任编辑的多次协商，最后决定在精挑细选的基础上编辑四册各自相对独立同时相映成趣的系列专辑。第一辑《见证经济追赶大时代》，收录了历次报告会快报以及历次“朗润预测”数据，已在 2014 年 4 月出版。第二辑《把脉中国开放宏观经济》，收录了有关宏观经济形势的分析内容。第三辑《透视中国改革发展热点》与第四辑《纵论开放经济与全球化》，分别收录了相关主题的报告内容，现在一并出版。

首先要感谢国青教授的十年辛苦，他孜孜不倦的投入是这个项目能够坚持十年的基本前提条件之一。除了一次提交书面发言外，国青教授坚持在每次季度报告会上做压轴演讲，成为这个项目最具代表性的主讲嘉宾。感谢 CCER 与 NSD 历届领导林毅夫教授、周其仁教授、姚洋教授、胡大源教授、李玲教授、巫和懋教授等人的大力支持，不仅在场地和其他方面优先满足，还亲自参加报告会发表演讲。毅夫教授、其仁教授是参加报告会演讲次数最多的两位嘉宾，他们的精彩演讲成为历次报告会的重要“卖点”。要特别感谢 CCER 第一任常务副主任、先后担任央行行长助理和副行长的易纲教授，他在百忙之中先后八次莅临报告会并发表高质量的演讲，受到参会同学和听众的热烈欢迎。不少外请嘉宾不止一次参与报告会，感谢他们的大力支持和精彩演讲。还要感谢先后参与“朗润预测”项目的三十几家宏观经济分析特约机构，它们的积极参加与支持使得“朗润预测”项目得以持续、顺利地实施。

感谢十年来支持这项工作的广大听众。由于座位有限，有时长达五个小时的报告会结束时，仍有一些听众在后面站立聆听演讲和参与讨论，一起分享会场不时爆发的欢声笑语。感谢该项目的工作人员唐杰、刘鎏、李远芳、陈建奇、姜志霄、张杰平等人，他们在不同时期参与报告会的组织和联络工作，对这项工作的持续开展发挥了不可或缺的作用。感谢 CCER 简报小组的很多研究生参与整理报告会快报和演讲全文，使得历次报告会能够留下完整、系统的文字记录。感谢很多北京大学和其他高校的同学志愿承担历次会务工作。还要专门致谢 CCER 的行政人员、保洁人员、后勤人员，他们在邢惠清女士、高娟女士的领导下密切配合，为几十次报告会的顺利举办提供了保障服务。这次出版的报告会系列的三本书，感谢姜志霄、张杰平协助校读文稿。最后要特别感谢北京大学出版社林君秀女士、刘京女士的支持与努力，使这套专辑系列最终得以出版。

卢锋

2015 年 9 月于北京大学朗润园

目　　录

1　土地制度与房地产市场

2　城镇化与三农问题

3　财政金融改革与地方债务

4　长期增长的驱动因素

5　劳动市场与企业改革

6　收入分配与社保改革

1　土地制度与房地产市场

房价的确是一个政治问题*

周其仁

北京大学中国经济研究中心教授

今年以来,政府出台了一系列房地产政策,改变了房地产市场的形势。其中突出的一点,是把房价问题提到政治高度来对待。我认为,房价问题确有政治含义。怎样处理有政治含义的经济问题,是转型经济要面对的一个挑战。本文借助历史经验对问题做了初步的讨论,中心论点是:尊重经济规律将有助于处理有政治含义的经济问题。要实现平抑房价过快上涨的政策目标,除了审查和管理需求的形成,还特别要注意推进供地机制的改革,发挥房地产及其要素供给方面的竞争机能,减轻供求失衡。

一、为什么房价问题具有政治性

房价虽是一个经济问题,但具有很强的政治含义。这里所说的"政治",取之孙中山先生的定义:政治是众人之事。由于当今"众人"的利益发生了分化,因此人们对同一种经济现象常常有相去甚远的感受和看法。这样,不少经济问题成为众人之"事",也就使经济问题有了政治含义。

房价上涨过快,是最近两年比较突出的一个经济现象。面对房价较快的上涨,众人的感受绝不相同。对于已经买房的人来说,房价上涨意味着家庭财产的市值增加;但对于还没有买房或正准备买房的家庭来说,房价上升就意味着痛苦。反过来,房价下跌,已购房者可能叫苦不迭,欲购房者却喜上眉梢。由此可见,同样的房价变动,众人的利益和感受绝不相同。

有一个概念"房价收入比",指的是一个人的收入减去日常开支,需要多长时间才能买一套房。"房价收入比"越高,人们指望靠自己的收入购买自有住宅的期望年限就越长。要是这个比率太高,新参加工作的年轻人势必觉得购房是一种遥遥无期的梦想。还有一种情况,在房价涨得很快的情况下,那些收入增加赶不上房价上涨的家庭,尚存的购

---

* 第2次季度报告会(2005年7月30日)。

房希望可能化为泡影。

房价的变化还会影响城市的布局。房价越高或者升得越急的地方,这种影响就越严重。今年我到上海,听当地朋友调侃说,大上海已经分成了三个圈——最里面的讲英语;第二个圈讲外地话,其中许多人好像讲温州话;而“阿拉上海人”住在了最外面的一个圈。这是今天很多上海人的牢骚。虽然我们知道,纽约、伦敦、东京和香港这样国际化的大都会,市中心住了很多“老外”和非本地居民,但那些地方是差不多经过了几十年、上百年才形成的。上海的快速变化就发生在最近十年,不免让很多人心有不甘。这里“众人”的分歧是因为中国的开放还涉及“老外”,其政治含义就更加微妙。

在中国,对于赶上公益性分房末班车的家庭,房价上涨至少有助于奠定他们进一步改善住房条件的基础。但是,对于从没有机会分到公家房子,今后要在市价的基础上购买房子的家庭,房价上涨就只意味着痛苦的增加。不用说,我们无从指望这两类家庭——都是“众人”的组成部分——对房价变动有共同的感受。

更严重的是,持续的房价上涨一旦进入人们的预期,有一些经济行为必定会发生。有人买房不再为了居住,而是等着涨价后转手卖出——所谓“投机”和“炒房”是也。虽然“投机”和“投资”行为很难准确地区分,但如果通过倒手房地产这样“不劳而获”的活动就能轻易赚到大钱,人们就有理由担心本来比较严重的收入差距可能会进一步扩大。

与炒房相关的还有住房空置。甚至连《纽约时报》也报道,上海有1/6的高级住宅没有人住,北京有1/4,深圳有1/3;并指出未来中国房子的空置率还会进一步上升。虽然我们都知道,城市的住宅空置并不是单单由炒房这一个因素引起的,但确有许多房子空置,而与此同时,很多家庭的居住条件还非常差,或还在为买很小的房子而操心,这当然引起社会的不满和紧张。

最后就是房地产开发商的“暴利”。大牌房地产商在多种富豪排行榜里名列前茅,一些媒体指证房地产商的投资回报率高达百分之几百,以及越来越多大公司进入房地产开发的行列——这些对公众来说都是房地产有暴利可赚的证据。由于房价上涨让开发商身受其惠,于是人们怀疑是开发商操纵了楼盘的市价。加上征地和拆迁中的大量丑闻,以及花样百出的销售楼盘的商业手法,使众多民众认定房地产商人是当代“无商不奸”的典范。

但是不要以为,对房价看法的分歧仅仅以“穷人”和“富人”为分水岭。上海、北京、深圳很多大公司的老总——虽然他们一般被看作富人——也担心房价的进一步上涨。道理很简单,上涨的房价降低了这些公司对行业优秀人才的吸引力,从而威胁公司的竞争力。同样,持续推高的“商务成本”,对处于激烈的招商引资竞争中的各地城市,都是坏消息。地方政府在获取高地价带来的高财政收益的同时,也要面对地方竞争力下降的挑战。

把这些因素加到一起,房价问题就具有了政治含义。本来市场可以把不同利益的群体连接起来,市场的基本办法是比赛出价——众人竞争有限的商品和服务吗?那就出价高者得,而以出价论高下不能不涉及议价者出价的能力。问题是,在一个急速转型的社会里,人们出价能力的差异不仅与各自努力程度的差异相关,还与许多人们并不一致认可和接受的因素有关。人们不接受收入机会分布的现实,就不能普遍、稳定地接受按出价高低分配资源的市场准则。既然出价准则不能普遍地生效,非市场准则——种种政治干预——就怎样也挥之不去。

二、历史经验的启示

从历史的角度审视,并不是只在房价问题上才显示政治含义并要求政治干预的。类似的具有政治含义的经济问题,我们早就似曾相识。在改革的历史上,许多涉及大众的消费品从计划体制转向市场供求,都经历了经济问题政治化然后才逐步回归为普通经济问题的过程。日常产品如菜、猪、粮、油等,在一般时期内突然都非常"政治",都必须提高到政治高度来加以处理。但是过了一段时期,菜就是菜,猪就是猪,粮也就是粮。其间的经验,我认为今天处理房价问题可以参考。

从江西的"生猪保卫战"说起吧。那是 20 世纪 80 年代中,广东商贩到江西收购生猪。由于率先开放的广东人率先富裕,广东人的出价就大大高于江西本地。结果,非常符合经济逻辑,江西的生猪和农副产品就大量流入广东。但是这样一来,江西城镇的猪肉供应就成了问题。要江西人在市场上以购买力与广东人争高下吗?不可能,因为江西开放晚,人民的购买力低。但是,江西城镇不可能因此就不供应猪肉——那就是政治问题。结果就是用政治办法解决经济问题:江西政府下令封锁省界,规定在没有完成本地收购任务之前,不准江西的生猪运往广东。一时间,商贩要破封锁线,政府要守,双方开打攻防战,粤赣边界有过不少火爆场面,有的地方据说还动了枪——经济问题的政治含义不可谓不严重矣。

让我们分析一下。广东人出高价收购江西生猪,对广东的消费者和江西的生猪生产者都有莫大的好处,但是在给定的限制条件下——江西城镇人民的收入无法与率先开放的广东攀比——这却要损害江西城镇人民的利益。反过来,江西政府封锁省界,命令江西农民先完成本地生猪收购任务,本地城镇居民可以保证猪肉供应,受损的却是广东买家和江西农民。

有什么两全其美的解决办法吗?其实没有。人们既不能要求广东人"克制"一下出价的水平,也不能"建议"江西城镇居民通过减少其他消费来提高对生猪的出价,更无法说服江西农民,似乎只有把生猪卖给出价低的本地居民才是最好的选择。

在当时的情况下,既然江西省政府管不了广东的高出价,剩下的就只有在养猪的本省农民和吃肉的本省城镇居民之间"开罪"一方。两害相权取其轻,封锁市场、逼迫农民多做一点"贡献",总比处理城镇副食品供应要相对容易。当然,也不是全部彻底封锁市场,更不是要求江西农民产出的生猪全部卖给出价低的本省市场。那样对农民利益的得罪太大。实际做法如上所述,江西省规定一个交售定额,完成任务就可以向广东卖高价。

正是这种时开时闭的封锁线,以及完成任务才是市场的非驴非马招数,才帮助度过了两省三方利益纠葛的难关。现在当然再看不到什么"生猪保卫战"。事后总结,第一条经验是一旦经济问题的政治含义严重起来,不可能完全按照经济规律解决问题;第二条,在运用政治和行政命令的手段解决问题的时候,要给经济规律留下空间。讲到底,问题的最后解决,还是离不开把高端的(广东)市场需求传递到江西农村,使之成为刺激供给的积极力量。等到供给方的投资和技术进步发挥了作用,生产大大增加,才可以满足从高端到低端各层次的市场需求。这时——也只有在这时——经济问题的政治性才完全褪色,商品才成为按市场机制调节供求的普通商品。

三、增加供地抑制房价过快上涨

今日房价问题在经济和政治含义两个方面的严重性,远非当年的猪菜粮油问题可以比拟。住房是耐久性资产,事关居民家庭长时间的居住和生活,也关系消费、投资、家庭金融财产及其继承。更为复杂的是,当今社会的收入差别远不是当年的简单局面,加上开放和跨境流动的需求,住宅供求的市场总量和结构复杂程度,都使昔日生猪之类的问题如同小巫见大巫。

如果说,当年小小一个生猪问题,不损害或限制某一方的利益,断然不能保证其他方利益的话,那么当前在房价问题上,要让不同利益群体八面叫好的可能性简直就等于零。这就是说,无论怎样仔细地抉择,也要损害、至少是限制一方或几方的利益。所以,处理房价问题——限制哪一方或哪几方的利益,限制到什么程度,以及采用什么方式——在本质上就是一种政治决定,要靠政治感觉、政治判断力并经过政治程序去执行。我们对那方面的限制条件基本无知,所以就没有发言的权力。

我们只是提出,昔日处理生猪的经验仍然不失为一种有效的参照——在采取非用不可的非经济手段解决有政治含义的经济问题的时候,要尽可能给经济机制的发挥留有空间。因为事后才看得清楚,最后解决问题,还要靠市场需求刺激供给方面的竞争,并通过供给的竞争来刺激生产的增加,直到供给有能力满足多层次的市场需求。

为此,我们有必要把房价的政治含义搁置一旁,集中分析房价上涨的经济原因和平抑之道。我的观点是:无论派生出来的现象多么纷繁复杂,房价上涨最简单、也最基本的原因就是市场对住房的有效需求没有得到满足。为此,有必要审查市场住房需求的形成,更有必要审查供给能不能及时得到需求信息,并对之做出反应。

这里有一个重要的枝节需要说明清楚——究竟房价拉动地价上涨,还是地价推动房价上涨。我的看法是:只要资产的市值是该资产所带来的未来收入流的折现,我们就永远不能说,地价的上涨“带动”了房价上涨。相反,应该是房价上涨,导致人们预期土地的未来收入流的增加,才最后刺激对土地的需求而导致地价的上涨。

但是,土地的供应量又的确影响房价。我的理解是:任何已经形成的需求都包括高位、中位和低位,在图形上看总是斜线一条。满足这条需求线的基本机制,是供给方的竞争。要是供给竞争不足——比如供地数量过少——市场对房产的需求就永远只实现高端部分。由于成交的只是高位需求,能够观察到的就是房价很高。

比如市场上有人要卖宝石,有人要卖针线,但只有一小幅商铺用地可以供应。结果,当然是卖宝石的出高价得地,而人们看得见的就是商铺价位高企。但不要忘记,市场上还有卖针线的低位商铺需求没有得到满足。卖针线的没有地盘,有权破口大骂,但骂声对商铺的市价没有影响。要影响商铺市价——使之降下来——唯一有效的办法就是增加商铺用地的供给竞争,因为供地竞争的逻辑结果一定是增加供地、降低市价。竞争到某一个程度，卖针线的也能“商者有其铺”，他继续骂娘的机会成本立刻就上升了。

上述的分析可以得到经验支持。香港特区 1997 年后宣布增加供地，房价应声而跌。我们看近几年全国土地开发量与商品房销售价格两个指数的走势，发现土地开发指数下降，房价一定上升；土地开发指数上升，房价就下来。其中的道理，有意平抑房价者，不可不察。

从体制上看，目前，我国政府征地然后批租给市场，是唯一合法的途径。这种政府集中供地的模式，除了分配方面的严重问题，最大的缺陷就是不能对市场土地需求的变动做及时灵活的反应。如果是民间私人卖地，地价上涨，各家竞卖，供地数量自动增加，地价就被平抑住了。但是政府集中供地就不一定了，因为政府往往要受许多非经济因素的干扰。就是纯从经济方面打算盘，政府独家垄断供地也能导致供地数量的不足。

我国地方政府之间的竞争，实际上抵消了政府集中供地模式的一部分影响。这应该是我国从 1998 年以来，房价指数通常都低于物价指数的一个基础。去年中央政府为了加强宏观调控，有半年时间在全国范围停止供地。在这种情况下，房价指数迅速超过物价指数，说明供地数量对房地产价格有重要的反向影响。

进一步分析，房地产是非常地方性的市场，由中央政府集中调控，大起大落、此起彼落有很大危险性。所以当务之急不是请中央政府指挥全国增加供地来解决问题。重要的是推进供地体制和机制的改革。好在这方面的内容——土地制度的改革特别是农村集体建设用地直接入市的改革——已列入国务院改革的大纲。最近广东省通过地方性法规，从 10 月 1 日起率先实行农村集体建设用地直接入市的新体制。这对全国将有重要的影响，也为改变我国现行城市化供地机制提供了契机。

小产权，大机会*

——农村建设用地转让权的制度变迁

周其仁

北京大学中国经济研究中心教授

问题敏感，观察就困难，甚至连搜集到的资料也不便完全公开。今天报告的内容来自几个方面：首先是《南方周末》王小乔、肖华两位记者的公开报道，涉及北京小产权房的调查，以及广东农民宅基地能否进入市场的讨论。① 其次，我自己看过北京的三个小产权房楼盘，并与两位房屋中介做了交谈。然后是前一段时间到成都考察时的一些相关思考。成都和重庆成为国家城乡协调综合改革区，实践涉及城乡土地问题。此外，从2004—2007年，每年到浙江北部的长兴县调查，其中部分内容与本题有关。最后，参考的法律文件来自法律网站，特别是一些处理过宅基地和小产权案例的律师写下的文字，对我有很大帮助。总的来说还算不上一次系统的调查，只是介绍一点大家关心的情况。

一、观察"小产权"

《南方周末》王小乔报道的北京地区最大一处"小产权"楼盘，叫太玉园，位于北京六环和京沈高速公路周围，附近有城铁。新浪网站当时对该楼盘的介绍是："将成为北京东部地区规模庞大、集别墅、公寓、住宅、步行商业中心、星级酒店为一体的欧式建筑群。到时候，将与世纪城、方庄、望京等大型综合居住区并驾齐驱。总开发面积是2 000亩地。"楼盘介绍写明是"小产权"，没有隐瞒；价格相当有吸引力，"2 700元/平方米起价，均价3 000元/平方米，最高3 300元/平方米"。本周我去问到的价格是3 600元/平方米。需要注意的是：购房者必须一次性付款，因为银行不为"小产权"房提供按揭贷款。这一条

---

* 第10次季度报告会(2007年7月29日)。

① 见王小乔，"'小产权房'：生命中不能承受之便宜"，《南方周末》，2007年7月11日；肖华，"农宅入市，谁为松闸？"，《南方周末》，2007年3月28日。

件决定了小产权的套间面积不能过大，单套总价不能太高，一次性付款量不能太多。从外观看，太玉园规模相当大，销售中心设在村委会，实际开发主体是行政村，相当于人民公社时代的一个大队。

我首先关心“原住民”的着落——要是靠侵犯原住户农民的居住权，那么小产权房价格再便宜也不能买。据《南方周末》记者调查，该地的老村改造过程中，农民的住宅正房一对一调换，偏房二对一调换，村里赠送10平方米，超出面积按价格600元/平方米计算。这里所谓的“一对一”，就是以老宅的一平方米换新宅的一平方米。按此“换率”，原住村民已经全部入住新房，组成现在的张湾村一区。同时，记者还报道，从2006年起，村委会宣布村民中18岁以下独生子女每人每年补贴1 000元，18岁以上村民提供粮食补助，50岁以上村民考虑到难以再就业，每人每年补贴3 600元养老金。就是说：一方面旧房换新房，另一方面给予货币福利。

接下来要关心的问题，就是房屋买卖合同是怎样的。销售人员给我看，封面印有“张家湾镇人民政府监制”的房屋买卖合同，其中第十条写明，“乙方购房后对房屋享有永久所有权”。怎么是“永久所有权”？销售人员解释，因为这是农民的宅基地和农民房，没有“70年批租”的期限，所以“小产权”倒是永久的。这样看，“小产权”还不一定真“小”哩！合同阐明“永久所有权”的含义，就是买家“依法享有出租、转让、买卖、赠与、继承权力”，并承诺“甲方为乙方办理入住手续一年内，要给予房屋产权证。拿到产权证发生变更时，要到相应主管部门办理”。我问“相应主管部门”是谁？答：就是镇人民政府；办手续则在村委会。

能不能看房屋产权证？太玉园售楼处的柜子里没找到。但我在另一处小产权楼盘里看到两件实物：封皮上印有“房屋所有证”字样，中间是国徽图案，下面一行“某某乡人民政府”——所以“小产权”也有叫“乡产权”的。翻开来，内里写明这是“房屋所有权的合法凭证，买卖、继承、赠与、分割均应于规定期内申办转移登记”；受理机关是乡政府，也可由村代办。我问为什么这张房产证的规格和“大产权”的房产证一模一样，对方回应：本来就是在同一个地方印的。

二、“小产权”小在什么地方

那么“小产权”到底小在什么地方？关键是房产下面的那幅地。按照现行土地用途管制的分类，那幅土地属于“集体建设用地”中的“宅基地”，也就是9亿农民自用自建住宅所占用的那块土地。

从宅基地的产权历史看，土改后我国农村的宅基地连同全部其他土地都是农民的私产，也得到1954年中华人民共和国宪法的承认和保护。随后，急速推进的农业社会主义改造，从根本上改变了农民私有的土地制度。但是，以群众运动实现的产权改造，权利边界并没有得到清楚而细致的划分。从表达方式看，涉及几亿农民的财产关系大变化，主要是靠领袖讲话和政策文件，而不是靠法律来界定的。具体到“宅基地”，1962年之前没有这个“词”，更没有相应的权利取得、享有、变动和处分的规范。

1959—1961年的“共产风”侵犯了农民的权利（包括房产权利），所导致的后果十分严重,才逼迫执政党痛定思痛,着手政策调整。1962 年中国共产党的八届十中全会通过了《农村人民公社工作条例修正草案》(以下简称《修正草案》,即"人民公社 60 条"),其实是人民公社化以来第一个厘清农村经济关系的政策文件,也奠定了日后产权关系进一步变化的基础。

《修正草案》涉及农民房地产的有两处。第一处,即该草案第 21 条规定,"生产队范围内的土地,都归生产队所有。生产队所有的土地,包括社员的自留地、自留山、宅基地等等,一律不准出租和买卖"。就是说,农村的所有土地包括农民自用的宅基地,都属于"集体"(这个集体的范围,首次被明确为生产队即人民公社的"小队")所有,且"一律不准出租和买卖"。

第二处,即该草案第 45 条,涉及农民住房时却又规定,"社员的房屋,永远归社员所有。社员有买卖或者租赁房屋的权利。社员出租或者出卖房屋,可以经由中间人评议公平合理的租金或者房价,由买卖或者租赁的双方订立契约。"就是说,农民的房屋有清楚而完整的产权,不但永远归农民所有,而且可出租、也可买卖。

麻烦来了。农民拥有对"房产"的永久而完全的所有权,但其房产下面的那块"地产",却不但归"集体"所有,且不得出租和买卖!这应该是产权制度历史上最挑战人类智慧的一道难题了。试问:当农民转让房产时,是不是也同时转让了那物理上绝不可分的地产?如果回答是肯定的,你就违背了法律(政策);如果回答是否定的,你岂不是在处置"悬空寺"?

表达归表达,实际归实际。事实上从 1962 年以后——也包括 1962 年以前——农村买卖房产的事情虽然不甚普遍,但也一直在进行。我的祖母是浙江松阳县农村小学校长,20 世纪 70 年代家父接她进城养老,临离开前就是把老家的房产卖给村里人的;祖母之前,二伯父在"文革"中去世,也是二伯母卖掉了家宅远到新疆投亲的。这说明,农民房产的转手,确有其事。不过,"习惯法"里总包含着人民的智慧:政府允许房产交易而不准地产交易,大家就只交易房产而不谈地产——虽然所有的当事人都心知肚明,房产转手的同时,地产事实上也转手了。

看来,"小产权"主要小在宅基地的权利界定。按现行体制,宅基地属于集体所有,农民经申报批准可取得,使用权没有年限限制,主要用途是盖建拥有永久所有权、可出租、也可买卖的住宅。但是,作为宅基地的土地本身,既不准出租、也不准买卖。按"习惯法"处理,农村从来只有房产交易,只对房产作价,"没有"地产交易,也不对宅基地作价。

如此房、地产权分离的体制,深究下去也相当麻烦。比如甲把自己房产卖给了乙,后者不幸房子着火,那么,谁有权重新建房呢?按习惯,地随房走,乙买得了房,当然在事实上也就买得了那幅土地的权利。但照法律或政策,甲也可以辩称,当初卖给乙的只是房子,而不是地——政府不准卖地——现在乙的房子烧了,地还是甲的宅基地!

幸亏人民公社时代的口粮、户籍、就业等其他体制束缚着人口流动和迁徙的规模,所以受"人民公社 60 条"肯定的农民房产转手,绝大多数发生在本地农村内部的亲朋熟人之间,受乡土人情和传统道德的制约。但是,随着改革开放大潮的涌起,长期受压抑的城镇化潜力得到迅猛释放,中国开始了史无前例的人口大搬迁。由此,原本用以解决农村内部住房的宅基地和农民房的制度,突然就面对一个巨大的市场需求。

从统计看，目前全国乡村户籍人口9.4亿，常住人口7.4亿(2005年)。除了一些次要因素，户籍人口与常住人口之差，主要就是从乡村进入城镇的人口。加上城镇之间也有大量人口常住在自己户籍以外的地方，当下中国国内移民的总数也许有2亿—3亿之多。其中相当一部分，居住在靠近城镇、通常被叫做城乡结合部的农民家里。这就形成了一个巨大的房屋出租市场——据说全国有上亿的移民租用城中、城郊的农民房，应该不是太离谱的估计。

所以，把农民房租给非本村、非本地人口居住，早就是中国经济生活里的一个普遍的现实。从形式上看，“租”和“卖”从来没有严格的界限。我租用你的房产一个月，等于我“买”到了一个月的房屋居住权。一般的习惯，租期越长，租金越一次性支付，“租赁”行为就越靠近“买卖”——无非是不同的转让合同的选择，以适应各种各样的需求。

在频繁的租房行为中自发地诞生了房屋买卖活动。这就是“小产权”房的由来。真要找最早的小产权房，怕要未来的经济史学家仔细考证后才能知道。1993年我和牛津两位教授到北京大红门外“浙江村”观光，那里最老的租客已近10年。还有京郊那闻名遐迩的画家村，从短租、长租到买断其实是一条连续的曲线，绝不像“租”和“卖”完全是两个不同的字。

在法律上，要不要承认、保护、规范农民向城镇居民出租、出售宅基地上农民房的权利，一直悬而未决。国土管理总局(国土资源部前身)、国务院办公厅都曾发文件禁止城镇居民购买农村宅基地及农民房。《物权法》制定过程中对这个问题的争论很大，“草案”里甚至已经写入禁止的字样。但不同意见也很强烈，最后通过的文本说“宅基地使用权的取得、行使和转让，适用土地管理法等法律和国家有关规定”。但是，无论《土地管理法》还是国家有关土地的其他规定，规范的只是土地，对宅基地上加盖农民拥有永久、完全所有权的农民房这一“历史遗留问题”，完全没有任何清楚的规定。

三、对照“大产权”

其实，我国原来的《宪法》、《土地法》和《刑法》，都明令禁止土地的买卖和租赁。改革开放之初，外资的引入对这种土地制度提出了挑战。外企需要土地，又不能像国有单位那样通过划拨获得土地。于是，我国土地制度在20世纪80年代末发生重要变化。人大常委会专门开会修改宪法，规定国有土地不得买卖，但土地使用权可转让。这是从香港学来的经验，就是“土地批租”制度。香港的土地制度来自英国，那里皇室土地也不好出售，但皇家要用钱就把土地批租出去——转让使用权获取收益是可以的。不过英国皇室土地的批租期很长，很多合约达999年。香港有回归问题，土地批租期越来越短，后来的截止日大都是1997年7月1日的前三天。国内要改土地制度，取来香港之“经”，所以1987年就决定批租年限为住宅用地70年、工业用地50年、商用地40年。这种由政府批租给市场的国有土地转让权就是所谓的“大产权”，同时，也只有政府有权把国有土地批租出去。

1982年宪法规定“全部城市土地为国有土地”，这是前所未有的规定，因为历史上存在城市居民的私房。加上城市化推进，原来农民集体所有的土地要转成城市土地，结果就要经过征地环节，先把农民的集体土地强制征用为国有土地，再由政府批租给市场。《土地管理法》规定规划、征地以及对征地的补偿标准全部由政府规定，也由政府执行。这是为国家工业化服务的土地制度。最早国家垄断工业，一旦征用了农地，还对农民进行就业安置。后来国企改革，政府不再包办失地农民的安置，改为货币补偿。1997 年之前的法律规定，征地的货币补偿最高不超过土地原用途年收入的 20 倍——没有规定最低补偿标准，所以理论上一分钱不补偿也不算违法，这当然导致各地出现很多征地纠纷。为了保障失地农民的利益，货币补偿标准不断提升，后来还规定要保证农民的生活不能比原来差。

这套"大产权"制度只涵盖国有土地，因为只有国有土地的使用权才可批租、交易、办产权证和获得金融机构的抵押。农民的集体土地要先被征为国有，才能获得法律承认和保护的、在一定年限内有效的转让权。城市居民买房后，原没人知道 70 年土地到期后怎么办。《物权法》加了一条，居民房地产 70 年后可"自动续期"，不过并未规定续期的条件，比如是否像香港一样到时要"补地价"，还是出了 70 年期的价就等于买到一个永远的土地使用权？可见中国改革和产权界定是一个"且打且走"的过程，卡在什么地方就解决什么问题，实在来不及把事情想清楚后出台一部法律长治久安 200 年。

四、产权的灰色地带

现有土地制度大致可以概括为三句话：农地恒为农地；农地转为非农用必经由国家征用；国有土地使用权可向市场批租。但是，这套制度有一个很大的缺口，那就是 9 亿农民自用的"农村建设用地"。讲过了，农民不可能住在悬空寺里，宅基地周围一般还有大小不一的院子，而村落也总要有道路、桥梁、晒场和其他用地，外加多年以来办乡村企业占用的大量土地，我国农村建设用地的总量可不是一个小数目。有报道说：2005 年年底，我国农村建设用地高达 16.4 万平方公里，接近河南省国土总面积，等于全部城市建设用地的 4.6 倍！

农村建设用地本是"自用"的。就是说，划分了使用权，而此种使用权并没有发展成收益权和转让权。不过，如上所述，权利的发展并没有逾越不了的鸿沟。各地经验是一致的：只要资源他用带来比自用更高的收益，"自己的"使用权总会以这样或那样的方式演化为转让，并经由转让获得更高的收益。

工业化的突飞猛进，带来农村工业用地收益流的增加。于是，把"农村建设用地"转让给工业家的做法开始流行。我在 2004 年的研究中观察过两种形式：其一是南海以集体土地入股来使本地农民分享外来投资企业的利润，其二是昆山的做法，就是先把闲散地垦复成农地，然后据此申请建设用地，由农民投标盖建标准厂房，并出租给急需工业用地和厂房的台资企业。在江苏、上海、浙江、广东、湖南和安徽，我们都见过类似的做法，就是农村建设用地经由转让和交易——而不再是征用——的途径为"世界工厂"提供着土地支持。

"小产权"应运而生的经济根源，讲到底是近年城市房价的急升形势。当国家的道道调控金牌——无论是国六条、国八条、还是那声名远扬的 90 平方米限额管制——不但没有如公众期望的那样“稳定房价”、反而使房价一再走高的时候,近郊农民和他们的“集体”既无暇看热闹、更无心看笑话。他们只是知道,继续“自用”宅基地连同其上的房子,机会成本急速地上升了。他们朴素地作出反应:把宅基地连同农民房的使用权上升为转让权,在较高收益机会的指引下,为资源由自用向转让他用开辟实践的道路。

2004 年国务院作出《关于深化改革严格土地管理的决定》,其中第 10 条说,“在符合规划的前提下,村庄、集镇、建制镇中的农民集体所有建设用地使用权可以依法流转”。依我所知,这是 1962 年“人民公社 60 条”关于保护房屋转让、但禁止土地转让的政策规定以来,第一次向“房、地一致”方向的正确改进。问题是:文中所说“依法转让”的那个“法”,迄今为止还是付之阙如。只有大趋势是清楚的:在相对价格急遽变动的压力下,农民的地产和房产权利,正逐渐在原本灰色的空间里变得清晰起来,并召唤正式的法律表达。

五、应该是个大机会

《南方周末》的报道用了一个小标题,“比经济适用房更经济”。这句话来自小产权房的广告词,不过并非虚假信息。北京城五环以内已经不见均价低于每平方米万元的大产权楼盘,对比之下,小产权房每平方米 2 000—3 000 元,着实比供不应求的经济适用房更经济。据报道,仅北京开盘的小产权楼盘就有 80 处,约占全部市场楼盘的 20%、商品房套数的 30%。

这对购房人来说当然是一个难得的机会。问过小产权房的售楼人员,买方大体分三类:一是退休老人,相中这里生活费便宜、空气好,蔬菜新鲜,而只要有公交线路,回城时间长也不可怕;二是年轻上班族,起早赶晚非常辛苦,不过总算有了自己买得起的物业;三是投资户,买房用于出租。无论哪一族,在目前的大产权房市上没有机会,是小产权圆了他们的梦。

如果没有小产权房供市,大城市房价的走势会怎么样?一定会更高!这里有一个枝节妨碍人们“看见”这一点,这就是目前的房价指数基于大产权房价的信息,“均价”里并不包括小产权房的成交价格。所以,现在官方公布的搅民心弦的房价指数,比实际状况偏高。不需要复杂的分析,在小产权房里满足了购房愿望的人,一时退出“需求”阵营,总是缓解实际房价上涨的力量。

这就是说,小产权房供市的行为,与政府几年来宣布的稳定房价上涨幅度的调控目标是一致的。因此,小产权应该也给政府提供了一个机会,即借助自发的产权演进力量来减少房价越调控越高涨的尴尬。经验已显示:有什么样的产权界定,就有什么样的“市场”及市场的表现。那些断言“市场化不能解决房地产问题”的人,不过是对我国由政府垄断一级土地市场的权利状况及其逻辑后果,毫无认识而已。

在这个意义上,政府主管部门及其官员对小产权的反应,多少出人意料。建设部官员高调披露了“小产权得不到法律保护”的“风险”——莫非他真以为在市场里出了真金白银的买主还需要他来提点小产权的政策风险吗?要是没有这类风险,同一地段、类似质量的小产权房凭什么就比大产权房每平方米便宜几千元?中国人连“拾来的金子市价卖”这样的传统智慧也记不得了吗？至于“法律保护还是不保护的”，留给人民代表大会的发言人或法官来宣布，是不是更接近于“法治社会”呢？

媒体也大肆报道了北京市国土局长“停建停售”的禁令。想不通为什么这么蠢。拿来仔细阅读，原来人家讲的是“查明违规停建停售”。不过，局长也没有多讲一句，“查明合规，颁发权证”！真是的，上有前引国务院文件，下有市场和人心，千载难逢的青史留名机会，这么白白放过了，岂不令人叹息？

比较起来，国土资源部一位副部长的应答，个人认为最为得体。他的大意是说，集体建设用地流转的情况非常复杂，正在调查研究。这就有“看一看”的意思了。说起来，这也是早期改革屡试不爽的成功招数，利益复杂、看法分歧的事情，搁置争议，试试、看看再定夺。反正有一点靠得住，凡具备长久合理性的做法，一定很“耐看”就是了，总比贸然断言“不”要好一点。

“央视国际”7月19日新闻60分节目报道“济南连续拆除‘野楼盘’”的报道，让我看了有不祥之感。很传神的称谓，当地把小产权房叫作“野楼盘”。炸楼的画面震撼人心，赶不上看节目的可以在新华网上看到实地照片。只见几座6层建筑轰然倒地、激起粉尘一片。不要这样吧，当然有技术隐患、住了可能塌楼伤人的除外。毕竟是人民内部矛盾，以野对野不是好办法。要是读过“人民公社60条”，执法当局一定要以炸示法，似乎也只能炸地、而不能炸楼。再说太平世界的，万一炸出个本·拉登来，算谁的？

不是说要鼓励违规行为。区区在下不过一个教书的，鼓励什么、反对什么，皆无足轻重。唯一当仁不让的是探察经济现象背后的规律。我看到的是，正是法规含糊和权利界定不清，才诱发大量“违规行为”。土地资源是人类社会必定要利用的最基础的资源，没有一整套清楚界定使用、收益、转让的产权制度，怎么样也摆不平、混不过去的。

所以还不是利用小产权房平抑房价这样的权宜之计。“小产权”的挑战包含一个大机会，就是根本改革早就不适合社会主义市场经济要求的土地流转制度。改革开放以来，农地的包产到户奠定了农民家庭长久承包农地的权利，城市国有土地则学习香港批租方式逐步形成一个市场。唯独原农地——包括农业用地和农村建设用地——要转为非农地，还是国家征地这华山一条道。目前城市化的绝大多数用地项目，都是商业性、经营性的，仍沿用政府强征拿地、然后竞价批租给市场的办法，实在没有任何道理。无数纠纷、冲突、贪渎事件大幅度提高了现行土地制度的运行成本。从长期看，“征地”不但带不来“便宜的”城市化，反而是一套奇贵无比的制度。它只不过看来便宜而已，原因在于源源不断地延期支付。

症结就是政府既当政府、又当唯一的“批地地主”。这不能不使土地资源的配置在某种程度上屈从于行政指令和长官意志，在急速的城市化进程中造成浪费和资源误配置。在民主和法治远不健全的现实条件下，也做不到公正地分配土地，地租史无前例地上涨。结果，政府扮不好“地主”的角色，也演不好政府的角色。审时度势，改革国家工业化时期留下的土地流转制度，是横在中国制度变革道路上一个回避不了的任务。其可行的第一步，就是顺势承认农地进入城市一级土地市场的合法权利，打破土地流转的行政垄断。

这是历史性的大机会。从 2004 年发表“农地产权与征地制度”以来,[①]我自己一直这样看。不过,对中国能不能主动抓住这个机会,还不敢有乐观的估计。要害还是政府充当独家地主的既得利益,外加对土地流转权的莫名恐惧和重重错误观念,一再妨碍中国抓住土地制度变迁的机会。见怪不怪,当年席卷神州的包产到户,其实也是从“小产权”开始的。从 1956 下半年浙江永嘉第一波包产到户算起,到 2002 年全国人大通过《农地承包法》,先后费时 46 年。非农地流转涉及的既得利益和观念远比农地承包复杂,因此我们有理由对这场伟大的制度变迁,继续拭目以待。

① 周其仁,《产权与制度变迁:中国改革的经验研究》(增订本),北京大学出版社,2005 年。

农村建设用地的转让[*]

周其仁

北京大学中国经济研究中心教授

本次报告和上次报告有些关系。上次报告是讲房价上涨之后会引起很多变化。小产权房就是大城市周围农民做出的反应。他们用手中的地开发出没有正规产权的小产权房来供应市场,以获取城市化中土地价格上涨的好处。这里留下了一个问题,即离城市较远的地方的农民怎么办?他们有没有机会?小产权房如果盖在边缘地方,可能不会有人去买。这是级差地租的问题,离城市中心远的地总不是那么值钱。但是远处地方的农民和政府也在做反应。他们是怎么做出反应的,里面包含哪些机会,这就是今天和各位讨论的内容。

这个题目背后蕴含着一个大背景。改革开放以来,随着城乡隔绝体制各种束缚的松动,我国城市化有了很快的发展。城市化加速的一个结果,就是城市范围不断扩大,城市数量不断增多。相应的一个变化,就是城市占地面积越来越大。如果把我国各个城市的平面图画出来,这二十年城市的扩张非常明显。

城市化当然要引起土地资源的重新配置。城市面积增加、占地数量扩张,这是事情的一个方面。另外一个方面,城市的居住模式和生活模式,又是集中的、密集的,因为城市从来就不是“平”的,而是立体的、高层的。从这一点看,城市化是节约了土地。

那么为什么在我们这里,大家对城市化占用很多土地有感觉,但对城市化节约土地的那一方面没有感觉呢?这是因为,大量农民进城之后,他们原先在农村的建设用地并没有省下来,他们的房子、村庄占地还是那么多——人口锐减、占地不变。城市虽然密集,但平面也增加了不少;农村人口减少,但占用土地还是那样多——这里面我们就要问土地资源的配置机制了。

当城市地价上涨、土地“额度”控制得越来越紧的时候,开始有人注意到上述矛盾的现象:能不能把离乡农民的建设用地解放出来,缓解城市土地的压力呢?我先介绍一些

---

* 第 11 次报告会(2007 年 10 月 28 日)。

我看到的地方经验,那里的人们率先做出了反应。

2005—2006 年,浙江长兴县在新农村建设的旗号下开始重新改造村庄。原来农民的住房建得比较分散,占用了很多土地。现在财政出钱建一批两层或三层的新房,经过复杂的协商过程,和农民建立协议,商定农民原来土地和房屋的价格,给予相应的补偿,让农民都迁入新房子,将原来比较分散的农民集中起来居住。由此腾出来的土地就可以在两个方面做文章。一方面,将老房子拆掉,把土地进行复垦,经国土部门检查验收后,让其重新成为农地,然后由农业公司进去投资,搞高附加值的农业,即农业产业化。浙江的劳工比较贵,一亩土地的复垦费用要到 1.5 万元。当地农民也可以提供劳工,赚到复垦费。另一方面的文章是我最感兴趣的。老房子原来占用的土地是农村建设用地。土地复垦之后,就可以把建设用地指标用于城市建设。这其实是财政用钱买用地指标。我去看的月明村就这样大概腾出了 400 亩地。这 400 亩土地是无法移动的,但是指标就可以拿到城里去用。用法也有几种,比如一种是县城直接用,还有一种是卖到诸如义乌这些地方去。义乌是浙江最发达的地方,出价高。这就导致了权力、收入、资源配置上的诸种变化。

类似的事情也发生在成都邛崃县羊安镇仁和村。他们的做法大体和刚才介绍的浙江北部的做法是一致的。县财政做主体,拿出资金盖新房,然后动员农民搬到新房来住。这是本着自愿的原则,农民不愿意搬就不搬。愿意搬来的农民又有几种不同的情况。第一类是搬到规划好的新村去住,第二类是搬到集镇上,第三类是搬到县城,第四类是搬到成都。如果进成都,政府就进行货币补贴。对于最后这一类农民,政府设定了一组条件,比如在城里是不是有稳定的工作,是不是有存款等。符合这些条件的进城农民和村里签订合同、放弃在村里的宅基地之后,政府会补给他们一笔钱。所有这些活动都涉及复杂的合同:原来的土地如何,旧房子如何,换的新房子如何,权利如何,形成了一整套村庄的协议系统。羊安镇主办此事的支部书记的名片正面印的头衔是农业有限公司的董事长。名片背面印的是他的业务:一是提供 5 000 亩廉价土地,对外招商,建农业园区;二是乡村旅游,对外招商;三是提供廉价劳动力 3 000 人。这位书记最自豪的是他倡导建立的民福院,将其作为福利提供给孤寡老人居住。

邛崃县仁寿村是另一种做法。他们给农民提供不同的户型,由农民根据自己的实际情况选择。每个家庭的经济条件不同,有的要住两层的,有的要住平院式的,有的要大一点的,有的要小一点的。在此范围之内还可以选择不同的档次。我也在这里访问了一些不搬迁的农民。这些农民的居住模式是典型的传统农业社会的居住模式,单户占据很大面积。根据浙江长兴县的调查,最大一户人家占地达到三亩。在四川,存在很多一户居住占地一亩、一亩两分、一亩五分的情况。在这种居住模式下,中国的土地怎么会不紧张呢?

2004 年宏观调控之前,在南方江浙一带,用地指标的流通已经是经常发生的事。以义乌为例,义乌是全国最有名的小商品市场,万商云集,土地的经济价值很高。作为一个县级市,上级批给它的用地指标是每年 1 000 亩,但是其实际需求达到了 3 万亩。巨大的缺口就是通过购买其他地方的用地指标来解决,包括向前面提到的长兴县买指标。所购买的指标有几种情况:村庄的闲散地变成农业用地,指标可以卖出去,这种指标在变成建设用地时是要打折扣的;最贵的指标是原本就是建设用地的指标,比如农民的房子建的小一点后腾出来的土地。这些换算率是在地方政府的文件中得到确认的。据长兴县书记介绍,他们的用地指标最高价曾经达到3.8万元/亩。注意,这里卖的是用地指标,不是土地本身。指标可以买卖,这是很有中国特色的东西。德清县一年卖出的指标就在十万亩左右。苏南、苏北这种指标的交易得到了相当的发展。义乌曾经还和新疆达成了买卖指标的协议。这种做法后来被叫停了,但我认为这种做法很值得重视。

现实是在城市化高速发展的时候,资源配置有新的要求。这时财政出资介入,并不是给援助农民进行农村建设,其实是在配置一项高度稀缺的资源,即用地指标。这其实是农村土地市场还没有开放之前,地方政府在执行市场职能。理论上将政府和市场总是分开来讨论的。但中国是一个大国,从全盘政府控制资源的计划经济模式走出来,转型的时候,地方政府在某种意义上类似一个个“公司”——差不多是无限责任的、一般不会破产的“公司”。既然类似公司,他们就注定对相对价格的变动比较敏感,并及时做出先行法律和产权制度框架下的反应。

不过,要应对土地资源在城市化急速推进阶段的重新配置,地方政府的财力有限,像上述长兴和邛崃,也就是搞一些样板出来,尚不足以普遍解决问题。我看过的地方中,成都的魄力很大,每年从土地拍卖增值收入大笔拨钱给农村,动员农村建设。即便如此,完成这样土地整理的村庄还是少部分,因为过去城乡隔绝留下的乡村部分实在太大了。

另外,靠地方政府的行政性配置,规划、执行、操作方面,总还有比较生硬的成分,不可能更妥帖地反应市场供求。比如我也看到规划的新村或新镇,房子很漂亮,但农民住一阵又走了。这说明,价格机制对空间资源的配置还是非常重要的,没有相对价格的指引,完全依靠行政规划可能会出现问题。要是在地方政府的试验性活动中提炼合理成分,允许更大规模的农村建设用地的转让和合法交易,情况可能就会发生变化。

我国改革的历史经验说,行政配置资源转向市场机制,是可以从清楚界定的“指标交易”入手的。比如中国的市场化改革过程中出现过外汇指标交易,就是一个可以参照的例子。过去,我国外贸是国家垄断的,妨碍企业出口创汇的积极性。1980年,国家为了激励企业从事出口业务,规定外汇可以留成。问题是有外汇留成指标的企业未必需要用外汇,需要进口设备的企业可能手中没有外汇,于是,供求之间就开始买卖留成的外汇指标。当时还不敢称为“买卖”,只能叫“调剂”。中国银行在上海、北京等12个地方建立了外汇调剂中心。1985年之前调剂价还有价格管制:管理部门制定了比官方汇率略高的内部结汇价,在外汇调剂中心以不得高于内部结汇价10%的价格进行外汇指标的买卖。1985年,深圳做出了一个重要举措,即取消了价格管制,让出价高者得。后来,外汇调剂中心由12家发展到了120家。这其实就是外汇公开市场。1993年,进行外汇制度改革、实行汇率并轨的时候,实际上就是参照外汇公开市场确定并轨后的汇率水平的。

这段经历对我们现在解决土地问题还是很有启发意义的。我们目前对土地进行管制,管制必然导致额度问题。国家的土地额度按照行政区划分配,但是行政区划与城市化并不一致,出现不同地区对土地的需求供给不一致的情况,这是不是也可以通过一个土地指标交易的市场来解决?国家现在批了重庆和成都做全国城乡综合改革试验区,不过试验内容还有待确定。重庆很重视这个试验区资格,重庆市委书记和市长在网上向全球征求试验建议。我就把我的建议寄给了他们。我建议他们搞土地交易所，买卖土地指标。重庆很感兴趣，于是我又把浙江的做法、成都的做法拿去和他们讨论。

自然，将这个建议付诸实施还是有很大难度的。土地和外汇指标交易不同。外汇是标准化的商品，在质量上不会有问题。但是土地的情况就复杂得多，比如土地指标对应的土地在哪里、原来是不是建设用地、是否确实变成农业用地等问题都需要考虑。这是对我们现行的政治体制、行政体制和考核体制的一大考验。将来的价格走势则是另一个挑战性的问题。初始阶段，市场不愿意往农村投资，农村的土地指标供给很少，指标价格就会很贵；等到指标供给多了，指标价格就会下降，最后会服从级差地租定律。

就目前的现实而言，交易空间一定是存在的。这样做的好处是农村可以分享城市化过程中地价的高升，同时又可以减缓城市地价上涨的压力。以成都为例，成都每年的建设用地指标是一年 5 万亩。如果农民把现在的住房用地腾出来，市财政基本上每亩补 8 万元。长兴县前两年每亩地只补 2.5 万—3 万元。如果补助能达到 15 万、20 万的水平，那么农村的土地整理可能会发生很大的变化，形成一个很大的市场。当然，这中间存在一系列复杂的问题需要解决，很可能出现扭曲的情况，这就需要更深入的研究。

房价变动趋势*

徐滇庆

加拿大西安大略大学教授、北京大学中国经济研究中心兼职教授

大家可以看到,从去年年底以来,有关房价的许多信息相互矛盾。在网络、报纸等媒体上出现了"拐点论"的说法,称房价下降、房地产交易低迷。有报道"深圳房价加速下滑"、"广州房价拐点展现",说广州的房价暴跌了20%,深圳跌幅达30%以上。随后,万科的王石公开表示"我承认楼市拐点确实已经出现"。还有人担心:"珠三角房市低迷,北京是否会感冒?"很多人认为房价下跌已成定局,跌幅将达20%、30%……各种说法都有。这到底是怎么一回事?是不是房价下跌的潮流已经来了?大家都恨高房价,我也恨高房价。房价有涨必有落,这是经济规律。有报纸说,徐滇庆力挺房价。莫名其妙,我力挺房价的目的是什么呢?

房价说到底是一种金融货币现象。任何价格都是金融货币现象。房价和其他物价一样,有涨有落。我们观察房价,要下点工夫、去伪存真,找出其背后的经济规律,看清楚变化趋势。对于规律,我们一定要有敬畏之感。无论是什么人违背经济规律,都要受到惩罚,不是想怎么样就怎么样的。我们只有先了解潮流,然后才能驾驭潮流,保护自己,发展自己。现在有一种舆论风气,谁要宣称股市下跌、房价上涨,谁就不照顾民生。这种看法是有问题的。我们要把事实真相告诉老百姓,为民谋利,这才是照顾民生,才是真正的唯物主义。

一、房地产商为何降价促销?

的确,在去年11月、12月和今年的1月、2月,中国的房地产市场非常低迷,交易量大幅度下降。在多次向房地产商了解情况后,我发现有些房地产企业确实在降价促销,这个问题并不难解释。

---

* 第13次季度报告会(2008年4月27日)。

首先,房地产企业普遍自有资金严重不足。国务院和银监会反复强调房地产企业的自有资金如果低于项目贷款的35%,银行不允许提供贷款。这是为了保护银行体系的安全,让银行出现不良贷款的概率低于1%。但实际上目前全国房地产企业自有资金平均不到25%,还有很多房地产企业的资本充足率低于20%。这样一来,房地产企业一旦出现风险,就把风险转嫁给了银行,转嫁给了老百姓。由于房地产企业不承担风险成本,因此资本回报率非常高。这是房地产开发高利润的来源之一。

其次,房地产企业在自有资本投入很少的情况下,在2006年、2007年过度扩张,囤地占用大量资金。根据北京师范大学钟伟教授的估计,房地产企业目前固定在土地上的资金超过一万亿元,房地产企业资金链十分脆弱紧张。

再次,从去年10月,CPI上升,通货膨胀压力加大,中央把执行了七年的稳健的货币政策调整为从紧的货币政策。这对房地产企业是个巨大的挑战。货币政策从紧使得他们贷款困难,使得房地产企业的资金链绷得更紧了。这就是为什么潘石屹会说,房地产行业在一百天之内会有大事发生,即相当一批房地产企业的资金链要断裂。

最后,土地政策从紧。国家规定了土地闲置一年收费,闲置两年无偿收回的反囤地措施。现在,许多房地产企业面临困境,地已经圈了,不盖房子的话土地要无偿收回,那盖房子的钱从哪里来?在银行贷款紧缩的情况下,很多房地产企业的资金链陷入了空前的恐慌之中,为加速回笼现金不得不促销,这是完全可以预料到的,但也引起了房地产市场虚假信息的流行。我曾有专文对此进行了评论:紧缩政策刚刚开始,房价应声而落,宏观政策的威力有如此大吗?怎么连政策的滞后期也没有?这是真的吗?

二、房价观测的原则

有人说,房价原来要2万元,现在1.8万、1.6万,这难道不是降价吗?这牵涉到房价观测的原则。我们不要"公说公有理,婆说婆有理"。房价的观测要科学。

(1)房价观测不能拿短期的某个地区、某个楼盘的房价波动作为宏观房价变化的依据。某个城市或地区的月统计数据具有较大的偶然性,短期波动可以很大。楼盘上市是一个非连续函数,中心城区和郊区的房屋成交比例稍有变化,就可能导致均价大幅波动。比如这个月郊区的楼盘开盘多了,就会把价格拉下去;下个月市区的楼盘开盘多了,就会把价格拉回去。

(2)观测房价只能以成交价的历史数据为依据,而不能拿房地产商的要价为参照。房地产商与其他企业一样,有其营销策略,那就是"漫天要价,就地还钱"。形成房价的原则只有一个:在供不应求时,房价取决于购买者愿意支付的上限。而这个上限是供求双方通过讨价还价探索出来的。一般情况下,房地产商的要价都比较高,然后逐步探低,直到购买者愿意支付的上限。分析去年年底和今年的一些降价活动,一定要注意区分宏观统计数据和房地产企业营销策略。

大家都知道,上海浦东有个楼盘是汤臣一品,要价是每平方米11万元,到现在才卖出去几套。他们为什么这么做?这就是营销策略。尽管汤臣一品没有卖出去,但是汤臣集团在上海浦东盖了一大片小区,其均价比其他公司要高500元—1 000元,大家一提到汤臣就想到汤臣一品,想到汤臣一品就想到高档楼盘。如果有一天,汤臣的营销策略达到目的了,然后把汤臣一品的售价从 11 万元降到 8 万元,你认为汤臣一品是降价了吗?不能无视营销策略来讨论房价问题。

再举个例子,上海浦东某楼盘 2007 年年初毛坯价每平方米 9 000 元,年末推出二期装修房每平方米 18 000 元,扣除装修成本,毛坯价格是 16 000 元。今年 2 月打折促销价 16 500 元,比去年年初还是涨了 4 000 元—5 000 元。广州据说是房价下跌的先锋,但我到广州调查时有人告诉我,当地老百姓抱怨,天天听说房价下降但怎么买不到降价房?有媒体专门对两个楼盘进行了案例分析。这两个楼盘在 2 月份对售价打了九折,还送家电。分析结果是 2 月份折扣后的价格比去年 10 月份涨了 2 000 元。

当然存在某些真正降价情况,主要是因为房地产商资金链出现问题。大部分只是营销策略。所以,观测房价要全面,切忌瞎子摸象。

从统计局和发改委关于房价的统计数据来看:

2008 年 1 月份,全国 70 个大中城市房屋销售价格较去年同期上涨 11.3%,涨幅比上月高 0.8 个百分点;环比上涨 0.3%,涨幅比上月高 0.1 个百分点。

2 月份,全国 70 个大中城市房屋销售价格同比上涨 10.9%,环比上涨 0.2%。

3 月份全国 70 个大中城市房屋销售价格:新建住房销售价格同比上涨 11.4%,涨幅比 2 月低 0.4 个百分点;环比上涨 0.3%,涨幅比 2 月高 0.1 个百分点。3 月份二手住房销售价格同比上涨 11.1%,涨幅比 2 月低 0.4 个百分点;环比价格与 2 月持平。

由此看来,房价并没有下降,依然保持着两位数字的增长,只是增幅降低了。具体到城市来看,房价有升有降。2008 年 3 月,环比价格下降的主要城市包括:深圳 -4.9%、南充 -0.9%、南京 -0.8%、惠州 -0.7% 和哈尔滨 -0.6% 等。新房环比涨幅较大的主要城市包括:北海 3.9%、金华 2.4%、乌鲁木齐 1.9%、三亚 1.9% 和宜昌 1.8% 等。二手房环比涨幅较高的主要城市包括:襄樊 2.6%、银川 1.8%、北海 1.8%、包头 1.7% 和兰州 1.6% 等。

三、房价上涨的理论分析

从理论上分析,房价上涨的原因主要有以下三个方面:供求关系、货币流动性过剩和资产重新定价。

第一,从供求来看,房地产市场上的需求包括正常需求和投资(或投机)需求。

近年来,住房市场正常需求十分旺盛。2003 年城市人均住宅面积为 23.7 平方米,2004 年为 25 平方米,2006 年为 26.1 平方米,2007 年则超过 27 平方米,平均每年增加一平方米。这个数字很重要。美国出现次贷危机、房价下跌,有人用美国的情况来类比中国的房地产市场。美国的房价可以下降,中国的房价怎么就只涨不降?这种说法忽略了中美处于完全不同的发展阶段。美国人均住房面积 60 多平方米,而中国还不到 30 平方米;美国人均住房面积多年维持在同一水平,而中国人均住房面积则处于每年递增 1 平方米的上升期。简单的类比是缺乏根据的。

从正常需求来看,2006 年全国人口净增 700 万,5 年来平均每年农村进城人口 1 780

万，每年结婚的新人980万对，大学毕业生500多万。同时城乡居民收入持续增加。城镇居民人均可支配收入在2005年是10 493元，2006年增加为11 759元，净增1 266元。2007年城镇居民可支配收入增长17.2%，农村居民收入增长15.4%；扣除价格因素，城镇居民收入增加12.2%，农村居民收入增加9.5%。对于收入增长，大家都有切身的体会。

有人说，北京三环以内已经没有2万元以下的楼房了。按照一套房100平方米计算，就需要200多万。他们认为老百姓买不起房，因而房价将会下降。我认为，这种说法是错误的，因为"老百姓"并不是一个确切的定义。中国有13亿人口，贫富差距很大，官方公布的基尼系数已达0.47，12%的人拥有将近80%的银行存款。13亿人口的12%就是1.5亿人。这部分高收入人口分布在北京、上海、广州、深圳等城市。我到佛山调查时，当地官员很得意地告诉我，不要小看佛山，佛山的银行存款已经超过了甘肃全省。这是事实，而佛山还不是广东最富的地区。这反映出居民收入很不平衡。要知道，1.5亿高收入人口已相当于一个世界大国，远远超过英国和法国，这些高收入群体足以将未来五年新建的商品房全部购完。所以不是没有需求，关键问题是贫富差距太大，12亿人不在商品房市场上。这就是为什么老百姓买不起房、房价还涨的原因。所以，要解决住房问题，必须针对贫富差距过大的状况，区分商品房和保障性住房，多建设一些经济适用房和廉租房。

此外，投机需求非常厉害。这里简略讲一下。投机房地产资金主要来源于国内富裕群体和海外流动资金。海外出现次级债危机，美元贬值，人民币升值，国内利率高于美国，大量流动资金进入中国，其中一部分进入房地产市场。资金在国内金融市场上的流动速度加快且几乎没有边界，使得房价上升的压力很大。在2008年这些因素非但没有减弱，反而更强地继续推动房价上升。总之，从供求关系来看，推动房价上升的因素很强，而导致房价下跌的因素并不强，因此，在较长时期内全国整体房价还处于上升通道。这是指全国而言的，不是指具体楼盘。

第二，流动性过剩相当严峻。2008年3月末，国家外汇储备16 822亿美元，同比增加39.94%。2008年1季度外汇储备增加1 539亿美元，同比多增加182亿美元；FDI进入中国274亿美元，同比增速61%。新增的1 539亿美元外汇储备当中55%的部分不能解释，只有45%来自于外贸顺差和FDI。也就是说，2008年1季度中有851亿美元是资金流入，相当于6 000亿人民币。

同时，紧缩政策后，货币贷款增速依然不断增加。2007年全年贷款增速为16.5%。2008年1月贷款增速17.5%，2月份贷款增速16.6%，3月份贷款增速16.2%。2008年1季度新增贷款占全年份额的37%。从住房贷款看：2006年个人按揭贷款增量1 439亿元，2007年全国住房按揭贷款余额为27 031亿元，增量为7 147亿元，而汽车贷款全国仅有1 107亿元。个人住房按揭贷款占全部个人贷款额的82.5%。从金融基本数据上可以看出，流动性面临很大压力。

第三，关于负利率与资产定价问题：2008年3月，消费价格指数（CPI）为8.2%，基准利率为4.14%，出现了4个百分点的负利率。受到多种因素的牵制，利率在短期内升不了多少，而通货膨胀率也降不下来。只要有负利率，银行中的居民存款就会流动。

关键在于这些钱会往哪里流？老百姓在2006年存进银行20 000亿，2007年居民收入比去年有增无减。老百姓手里节余的钱就算是和去年一样，也有20 000多亿元。这些钱不进银行，去了哪里？理论上，金融市场有五个部分：证券市场、债券市场、房地产市场、期货市场和外汇市场。而我国的企业债券市场规模只有几千万，期货市场和外汇市场基本上都没有开放，证券市场的规模有限，每年融资只有一万亿，正在大幅振荡。目前银行存款19万亿中40%以上是短期和活期存款，在负利率的驱动下很可能流入股市和房地产市场。

从供给角度看，房地产市场是否能扩大供给？当前土地供给有限，如果用70%的面积盖廉租房、经济适用房、小户型房，商品房供给量受到限制，所以商品房房价上涨压力继续增加。

全国商品房在2007年的成交规模是2.7万亿。如果今年另有1万亿资金冲进房地产市场，那就是3.7万亿，那就不得了。而新增1万亿是个低估的数字。姑且不论19万亿银行存款的流出部分，仅是今年新增的2万亿收入节余就未必会进银行。如果大量资金流入房地产市场，那商品房价格就会出现剧烈上涨。

在房价上升过程中，最重要的是要照顾好民生，以民为本，多盖一些廉租房、经济适用房和小户型房。让老百姓能够安居乐业。从资产定价的角度来观察，房价很可能还要涨上一段时期。等到金融结构调整到一个新的稳定状态，房价暴涨的趋势才能得到根本性的逆转。

破解中国房地产调控困局*

华　生

燕京华侨大学校长

华生教授报告了他对中国房地产市场调控的理解和看法。他通过比较中日韩三个国家城市化进程和在城市化进程中政府采取的调控房地产市场的需求管理政策措施，对解决当前中国房地产市场所出现的调控困局提出了相关政策建议。

华生教授的演讲分为三个部分。首先，他介绍了本次演讲的背景，由于房地产市场关乎人民大众的切身利益，近年来，关于中国房地产市场所出现问题的讨论也就非常热烈，他注意到这一年多来中国房地产市场情况和宏观政策环境都出现了进一步的恶化。其次，他比较了中日韩城市化的进程，进而对中国城市化过程中房地产市场的变化进行了分析。最后，他从日本和韩国对本国房地产市场成功调控的经验中得出了有益于中国房地产市场调控在需求方面的政策建议。

华生教授认为中国房价高企主要是房地产制度设计出了问题。中国急需改变当前的现状，在一系列制度上面进行根本性的重新构造。借鉴日韩的经验，在需求方面他提出了三个主要措施来对房地产市场进行调控。第一，从重视交易税和流转税转移到重视所得税上来；第二，设定固定资产保有税；第三，将房屋作为遗产的一部分，在一定条件下对该部分征收遗产税。

一、中日韩城市化进程的比较

中国城市化进程现在处于哪一个阶段？有的观点表明中国城市化水平已经不低了，城市化发展已经够快了。这样的观点到底对不对呢？这就需要将中国目前所处发展阶段的城市化水平与其他国家所处同样发展阶段的城市化水平进行比较。由于欧美国家的城市化是经过工业革命后数百年自然形成的，与中国的可比性不高。因此，我们选择

---

* 第25次季度报告会（2011年4月23日）。

日本和韩国这两个亚洲国家，比较日本、韩国和中国的城市化水平。作为后发国家，日本和韩国也经历了经济发展的赶超阶段，这一点和中国的实际情况非常接近。通过比较，我们发现，中国、日本和韩国之间最大的相同之处是人口密度和人均可耕地面积。通过表1，我们可以看到，中国人口密度略低于日本和韩国，但是如果考虑西部地区基本荒无人烟、无法居住的情况，那么实际上，中国、日本和韩国在经济发展加速阶段的人口密度相差并不多。中国、日本和韩国的人均可耕种面积也非常类似，分别为1.37亩、1.05亩和1.2亩，大概都为1亩耕地左右。

表1　中日韩城市化加速期的土地资源对比

国家/时期	人口密度（人/平方公里）	耕地面积（万公顷）	人均耕地面积（亩）
中国（2009年）	139	12 199	1.37
日本（1950年）	221	584	1.05
韩国（1960年）	251	204	1.2

从表2，我们可以看到，中国城市化水平从1978年的18%上升到2010年的47.5%，上涨了29个百分点，但是城市化水平的计算包括了城市里的外来务工人员，实际上，外来务工人员并不能算成是真正的城市居民，如果在统计中去除掉外来务工人员，那么中国的城市化水平仅仅为34%，相对于1978年只提高了16个百分点。我们再来看看日本和韩国在经济高速发展阶段的情况。日本1950年的城市化水平已经达到了37.4%，到了1975年更是上升到78.6%，该统计中并没有包括农民工，全国大部分人口都安置在城市，而且主要安置在大都市圈内。韩国1960年城市化水平为27.7%，到了1990年上升到了74.4%，城市化水平提高了46.7%。韩国用短短三十年左右的时间便完成了国家从农业国向工业国的转变，大部分人口进入城市，城市化水平年均增长速度比中国快一倍。值得注意的是，日本和韩国不仅完成了农村人口向城市的转移，农业国向工业国的转变，而且在这个过程中，他们均没有出现拉美陷阱，也没有出现贫民窟，所有外来移民和外来打工者都被安置进了城市，并且绝大部分人口都被安置进了大都市圈。同时，20世纪八九十年代，日本和韩国在城市化进程结束的时候，收入分配的平等状况也要好于中国，其基尼系数均在0.3以下，相当于中国计划经济时代的水平。日本和韩国能够以较高速度迅速地完成城市化进程，并且在这个过程之中，没有出现贫民窟，也没有出现收入分配差距扩大的现象，这要归功于日本和韩国在城市化过程中对房地产市场实施的有效的调控政策和措施。

表2　中日韩城市化过程中的人口转移情况　　（单位:%）

国家/时期	起点城市化率	终点城市化率	城市化率提高	年均提高率
中国（考虑流动人口）（1978—2010）	18.0	47.5	29.5	0.920
中国（不考虑流动人口）（1978—2010）	18.0	34.0	16.0	0.500
日本（1950—1975）	37.4	78.6	41.2	1.648
韩国（1960—1990）	27.7	74.4	45.7	1.557

二、中日韩房地产市场的比较

中国要完成城市化过程，城市化水平需要从现在的34%上升到78%—80%，按照日本和韩国的经验，在未来的20—30年内，中国就会达到80%的城市化水平，进而完成整个城市化进程。因此，我们可以认为中国的城市化进程刚刚进入加速阶段，现在研究房地产市场调控问题也并不算太晚，尽管我们现在已经走了很多弯路，包括最近采取的限购和限价措施。限购和限价措施正好限制了代表着城市化发展方向的外来人口向城市的转移，把最应该得到帮助的、最应该得到扶持的向城市转移的人口变成限制的对象，这是一个方向性的错误。现在各地已经纷纷出现这样的情况，就是不卖价格较高的城市中心住房，而专门卖价格较低的城市郊区住房，不卖精装修的住房，而专卖毛坯房，这样通过加权平均，住房价格就出现了增幅下降的情况，而事实却并非如此，所以行政性的限购和限价措施会带来一系列的扭曲。面对这种情况，究竟应当从什么地方入手来解决房地产市场调控的困局呢？我这次将仅从需求方面来对这一问题进行分析和说明。

在分析需求之前，我们先看看表3中的中日韩大城市的房价收入指标。中国虽然是经济强国，但是人均收入依然比较落后，其人均收入水平仅仅为日本的十分之一，韩国的五分之一。但是北京和上海的房价却与东京和首尔的房价不相上下。表3中的统计数据表明，北京和上海的收入房价比都在35以上，而东京的收入房价比仅仅为8.7，首尔的收入房价比也仅仅为11.6。房价收入比所呈现的强烈对照表明了中国房价已经太高。在城市化进程加速的阶段，住房已经成为中国城市就业的普通工薪阶层最大的负担和压力，也成为中国城市化发展的最大障碍。

表3　中日韩一线城市的房价收入比

城市	全国人均GDP（美元）	房价	全国城市人（户）均收入	房价收入比
北京	4 283	23 242元/平方米	19 109元	35.04
上海	4 283	21 263元/平方米	19 109元	38.5
东京	42 325	5 260万日元（约420万人民币）（套）	50万日元（月家庭）	8.7
首尔	20 165	4亿4 646万韩元（约260万人民币）（套）	320万韩元（月家庭）	11.6

注：东京房价，以住宅商品房平均建筑面积90.76为基准（日本总务省，《住宅/土地调查全国各地区自住房建筑面积排名》），单价为8.6万日元/平方米的（根据日本国土交通厅《房地价调查公告·2008》计算）；韩国房价及月收入来源于《韩国国民银行2010年速报》，http://news.onekoreanews.net/detail.php? number=57298&thread=01r04；北京、上海的房价为2010年12月数据，来源于安居客，http://www.anjuke.com/。

中国的房价为什么如此之高呢？不受节制的需求膨胀、住房分配的严重不公不均，金融杠杆的扭曲放大效应，以及对富裕阶层将房产占有的不均转化为收入的惊人差距敞开大门，是中国房地产市场需求出轨的主要原因，而究其根本原因还在于房地产制度设计本身存在问题。因为，中国仍然处于高速城市化的进程之中，所以，中国急需改变现状,在一系列制度层面进行根本性的重新构造,缓解伴随高速城市化进程而出现的社会经济问题。过去中国基本上没有房地产的需求管理,这导致了房地产开发商会以盈利性较高的大户型住房为主要的建设目标。政府曾经提出的每户平均住房面积为70—90平方米的指标也基本上是一个软指标,因为,房地产开发商有很多办法来应付规避这一指标。比如,现在出现的一房两证,一个大房子给两个证,140平方米的房子给住户两个70平方米房子的证,可谓上有政策,下有对策。从2005年开始,城市新建住房的平均面积为110多平方米,甚至连经济适用房户均面积也在90—100平方米之间,而日本住房平均面积是94.13平方米,韩国住房平均面积为86.5平方米。可见,中国虽然有约2亿城市就业人口无住房,但在房价和新建房屋面积方面确实是在人均2 000—4 000美元的城市化起步阶段就已经赶超日本和韩国,可以与他们在高度发达的后城市化时代的水平相比。当前,中国建造的住房数量已经不小,但问题是平均住房面积太大。由于,现在中国均以小家庭为主,于是,小家庭的刚性需求与大户型套数之间便产生了矛盾,造成了绝对的住房刚性缺口。

三、解决中国房地产问题的方法

在外来人口大量移居城市的历史发展阶段中,日本和韩国的做法都是把房地产政策放在城市化这个大背景之下,优先和充分满足外来人口对城市的基本住房需求,以适应高速发展的人口城市化的需要,体现了必须防止对劳动者和移居者财富剥夺的理念。日本和韩国主要是通过税收和金融信贷来进行房地产市场的调控,在住宅的流转、保有和继承的各环节建立完整的税收调节体制,全面保护自住需要、挤压投资投机需求,解决房价高企的问题。其中,有三个主要措施值得我们借鉴。

第一,从重视交易税和流转税转移到重视所得税上来。中国房地产市场主要为交易税和流转税,这部分税种在房地产交易当中最容易转嫁,中国基本上全部转嫁到买方,对卖方没有太大的影响。日本和韩国在住房交易中征收的是所得税,所得税是不能转嫁的或者转嫁是非常困难的。然而,对此所得税的征收需要区分自住房跟非自住房。日本和韩国的基本做法是保护自住房交易,自住房交易在一定额度以内,特别是普通自住房基本是免税的,如果不是自住房就要缴纳个人所得税。对非自住房进行征税,一方面保障了住房的基本供给,另一方面也基本遏制了房地产市场的投机空间。

在中国,个人转让住房应当征收20%的所得税,但是由于成本信息的不对称,一般按照房屋交易额的1%征收交易税和流转税,如果一套原价5万元的房改房现在卖300万,所得额是295万,按照交易额的1%征税只需要缴纳税金3万元,而事实上这部分所得应当作为个人所得而征收个人所得税,如此低的税率将无法阻止房地产的投机行为,这也反映了中国的税收设置中存在一定的扭曲。这是我们在交易环节上与日本和韩国的巨大差异,理解了这些差异,就完全可以理解为什么中国有那么大的房地产投机需求。

第二,设定固定资产保有税。日本和韩国基本上都设置了固定资产保有税。日本对120平方米以下的普通住宅征收0.7%的固定资产保有税,对超过120平方米以上的住房征收的固定资产保有税则翻倍为1.4%,这是日本119.5平方米的房子在市场上最受欢迎的原因。在这种情况下,政府也根本不用提倡居民购买小户型,因为大家都会买小户型,而且如果住房面积更大一些,那么边际税率还会继续上升。在2005年,日本政府甚至取消了固定资产保有税的上限,以更好地对房地产市场进行调控,打击房地产投机行为。韩国则对高档公寓楼、商住两用房征收固定资产保有税,对别墅高档住房征收高达5%—7%的固定资产保有税,也就是说如果住一个一亿元的豪宅,每年需要缴纳700万元的固定资产保有税。如果中国能够实施这样程度的固定资产保有税,那么现在的房屋供给量也就不会有这么大的缺口。

第三,将房屋作为遗产的一部分,在一定条件下对该部分征收遗产税。日本和韩国遗产税都很高,差不多在50%以上。在日韩的遗产税征收制度中,有一个规定值得中国借鉴,即子女继承父母房子的时候,如果继承者是无房户,那么继承普通商品房可以免交遗产税,但是如果是高档住房,无论继承者有无住房,都必须缴纳遗产税。这意味着,如果父母有房子,子女重新购房的动机就会下降,这样便又省下一大批房源,有效减少了购房的需求。

四、对供给面因素的简单提示

最后,我简单提示一下我还在研究的中国房地产市场供给方面的问题。中国在土地供给制度上还存在很大的问题。虽然中国社会经济各个方面都呈现出欣欣向荣的局面,但是中国的土地制度是非常混乱的,导致令不行禁不止,各种违规没有办法禁止的情况屡屡出现。而房地产的核心问题便是土地,事实上,一个房子从建成那一天开始,它的地面部分就在贬值,唯一升值的是土地而不是房子。房地产市场的问题没有解决好就是因为没有一个正确有效的土地供给制度。现在的主要问题是土地供给的制度设计存在缺陷,耕地增减平衡挂钩和土地招拍挂的制度需要迅速地加以纠正。

结构失衡与资产泡沫*

彭 程

花旗银行中国区首席经济学家

我演讲的主题是中国经济中的结构失衡与资产泡沫。以下从四个方面谈我对这个问题的看法。首先是中国经济中的高回报预期与高投资，及它对投资者及决策层的影响；接着谈导致高回报预期与高投资的两个成本扭曲；之后说明资产泡沫存在继续扩大的空间；最后谈一点我对目前政策的看法。

一、中国的高回报预期与高投资

中国快速发展30年带来了高回报预期和高投资。目前，固定资本形成在GDP中的份额达到47%左右，在这个水平上，未来几年仍有可能看到这一份额的上升。在之后的30年，中国经济还能不能有持续的高增长？目前看来，这个可能性是很高的，即便增长率不是10%也应该名列前茅。

这个预期影响了两组人。首先是投资者，在前三十年特别是近十年，他们投资于中国出口部门的生产能力。在2005—2007年，净出口的扩张对中国经济增长的贡献曾持续达到两三个百分点。今后净出口不会有类似2005—2007年的大扩张。其原因是，从中国加入WTO到现在出现各种贸易摩擦，中国在世界贸易中的比例基本上已处于饱和的状态，很难在主要的出口市场继续增加份额。

2000年以来，中国产品在美国及欧洲进口中的比例从7%—8%上升到目前的20%，在日本也从13%上升到20%。看起来，到了20%这个点，继续增加份额就比较困难了。

这样的话，投资慢慢地转向了内需。而内需主要是什么呢？其实主要还是投资。它慢慢从实际的如工厂设备这一类资产往没有自带生产力的股票房地产这些金融性资产(portfolio asset)上增长。

---

* 第21次报告会(2010年4月25日)。

另一个受到这一预期影响的群体是决策层。现在投资变成了决策层对宏观经济的主要影响手段。去年一个很热门的词语是“保八”,决策层认为只有8%以上的经济增长率才能保持稳定。但其实,“保八”里面有着一定的习惯性,是30年快速增长造成的习惯性。有“保八”就有保投资的动机,而投资目前也是决策层最有效率的一个宏观调控方式。

二、两个成本扭曲

高回报和高投资与两个成本扭曲有关。一个是劳动成本。如表1所示,以美国制造业工人平均小时工资为100,2002年中国制造业工人工资仅相当于美国的1/50左右。2002年以来,中国出口产业突飞猛进,中国制造业工人工资相对美国有所上升。不过2006年,这一比例仅上升到1/40左右。即便和亚洲一些经济体相比,中国劳动力价格也还是很低。中国的低价劳动力对国际贸易的发展和新中国的建设有很大的贡献。

表1　2002—2006年四个经济体相对美国制造业小时工资水平

制造业工人平均小时工资	2002年	2004年	2005年	2006年
美国	100	100	100	100
新加坡	45	45	44	46
韩国	36	42	48	55
中国台湾	25	25	26	27
中国大陆	2.1	2.3	2.4	2.7

二是资金成本。日本、韩国、中国台湾等经济体发展最快、投资率最高的时候,贷款利率都处于实际GDP和名义GDP之间。譬如,日本投资率最高的时候是1965—1975年,当时日本名义GDP增长率为15.8%,实际GDP增长率为7.6%,平均贷款利率8.5%。韩国、中国台湾在投资率最高时的经济指标也有类似特征。而在中国投资最高的2001—2009年间,利率只有实际GDP增长率的六成,贷款利率平均为5.8%,而能代表企业投资回报率的名义增长率接近15%。过低的利率与很高的回报就促成了中国的投资热。

表2　四个经济体五个经济指标对比

	名义GDP增速	实际GDP增速	通胀率	基础贷款利率	投资强度峰值
日本1965—1975	15.8	7.6	7.7	8.5	37%
韩国1974—1983	18.0	7.9	9.4	12.2	31%
中国台湾1989—1996	16.0	7.8	7.6	11.0	38%
中国大陆2001—2009	**14.6**	**10.1**	**4.0**	**5.8**	**45%**

三、资产泡沫存在继续扩大的空间

保持低利率是造成房地产泡沫和各种资产泡沫的主要原因。图1显示,从90年到现在这么长一段时间里,有三分之一的时间一年期存款利率比通货膨胀率低,也就是说有三分之一的时间实际存款利率是负的。有一半的时间实际存款利率在 1% 以下。这跟 10% 的实际 GDP 增长速度构成显著对比。

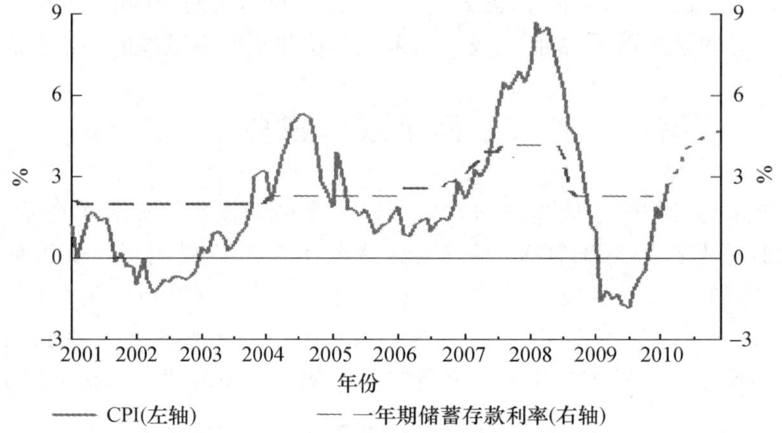

图 1　一年期储蓄存款利率与通货膨胀率(2001—2010)

图 2 报告了中国家庭储蓄与通货膨胀及资产价格之间的关系。中国人储蓄增长很快,但每一次通货膨胀上升的时候,由于储蓄的真实收益下降,储蓄增长速度也就随之下降。没有变成储蓄的资金要不炒股要不炒房。这一次通货膨胀上升和储蓄增速下降才刚刚开始,所以房地产的投资需求还很强劲。

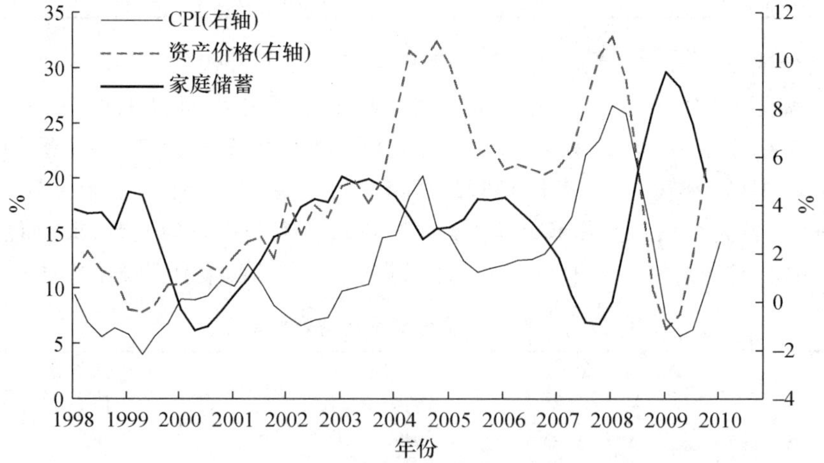

图 2　中国通货膨胀、家庭储蓄与资产价格同比增长率(1998—2010)

这次政府出台了一些比较决定性的政策来控制房地产市场。我相信房地产价格会下调一阵,但我觉得它没有触动房地产市场失衡的根本。首先看房地产开发商的状况。图 3 显示,去年房地产销售额增长 50%,而开工量增长只有 20%。这在正常经济运转情况下是很低的,而 50% 的销售增长率在正常经济情况下也是非常高的。今年年初,房地产商买地的积极性很高,因为他们预期到买地受到控制会越来越多。如图 4 所示,2010 年年初开发商购置土地面积增长率是 2003 年以来最高的,但同期开发面积仍属于负增长。在业界听到一个看法,意思是今年下半年房地产供给量会大幅度上升,因为去年下半年房地产商才开始开发。但我觉得,在这种政策环境下,地产商的开发投资态度应趋于谨慎,就算今年下半年供给回来一点,上两个图的趋势应该还是会继续的。

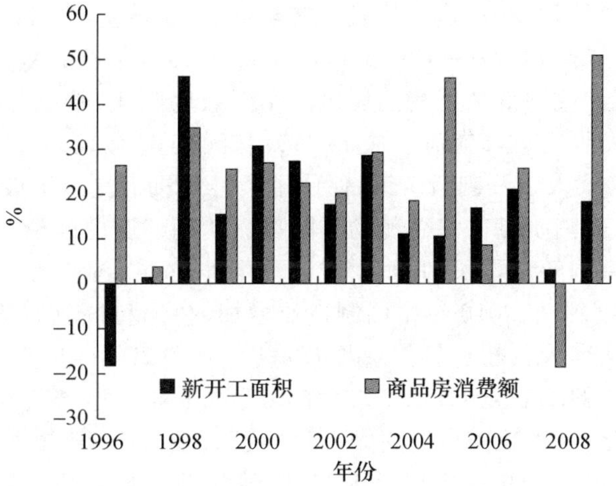

图 3　商品房销售额与新开工面积增长率(1996—2009)

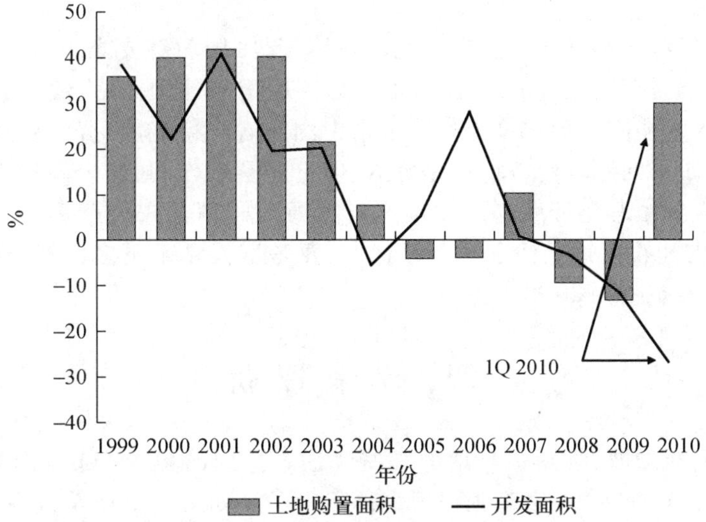

图 4　开发商土地购置面积与开发面积增长率(1999—2010)

另外,中国房地产政策管得越严,刚才周老师所提到的"一条牛腿抬起来,另外三条腿深陷泥地"的可能性也就越高。也就是说,单方面政策调控越紧,其可持续性也就倾向于越短。

从目前中国经济的整体杠杆率上看,情况也比较乐观,所以资产泡沫的扩大存在空间。居民贷款包括房地产贷款等仅占 GDP 的 16.5%,近十年企业负债占总资产比例保持在 60% 左右,中央及地方政府债务、加上通过各种融资平台所产生的间接债务大概相当于 GDP 的 50%。相比之下,美国政府债务占 GDP 比重达到 85%,而法国也超过 80%,诸如意大利、日本等国已经远超过 100%。所以,从各种角度看中国的负债状况都不是很严重。

中国正处于第一阶段向第二阶段的过渡期。与上一轮经济高速增长周期相比,中国经济增长潜力将会有所下降,这表现为 GDP 增长速度将下一个台阶,但仍会维持一个较高的增长速度。中国与全球其他国家相比仍具有相对较强的竞争力,但出口增长速度很难明显高于全球出口平均增速,这一阶段可能会维持 10 年左右。即从目前到 2020 年,中国 GDP 平均增速可能达到 6%—8%,出口份额将在 10% 左右。从支出的角度来推算收入,统计局的收入统计或许低估了我国居民的实际家庭收入,特别是最富裕阶层的收入。以 2008 年为例,居民收入总额就应该从 13.7 万亿元调整到 18.4 万亿元,足足被低估了 4.7 万亿元。低估的收入以及刺激政策,促使了金融危机下汽车销售的高增长,加上政府消费的逆势增长,社会消费品零售总额的实际增速达到了历史高位。

城市化是未来中国经济增长的动力,城市化将推动重工业化快速发展。重工业化自 2009 年下半年起再度加速,2010 年中国制造业增加值将超过美国,成为全球制造业第一大国。重工业增长速度大大超过轻工业增长速度,但在 20 世纪 80 年代、90 年代都是轻工业增长快于重工业的增长,为什么 2000 年以后重工业的增长会超过轻工业呢?主要原因还是在于城市化,城市化需要解决“住行消费”,但在改革开放之初主要解决的是“衣食消费”。未来中国经济增长并不缺乏内需,中国内需来自中国的城市化。目前中国城市化进程比较慢,这和以前计划经济体制有很大相关性,未来社会体制的调整会促进城市化的快速发展。

然而,中国经济长期增长也存在明显阻碍因素,中国教育支出占 GDP 比重大幅落后于其他国家,中国医疗卫生占 GDP 比重也远远落后于其他国家,大幅提高教育、医疗、卫生等方面的投入才能实现内需型增长。未来中国还有人口老龄化问题,还有城乡收入差距、地区收入差距等问题。经济增长是好事,但它还有副作用,这个副作用就体现在收入差距恶化。收入差距恶化程度远远比国家统计局抽样调查来得严重,我们研究发现,在 2008 年居民可支配收入被低估了 4.7 万亿,主要是富人拿了更多的钱,导致收入差距更加悬殊,城镇收入差距在 20 倍以上。

四、政策评价

前一阵我到新加坡,听到了当地的一些说法。他们的房地产政策要收紧,把首付比例从 10% 加到了 15% 后,大家都觉得厉害得不得了。如果这个政策放在中国,大家的感受一定会有所差异。在中国首付比例要调到 50%,对房地产市场才会产生比较明显的效果。而在新加坡市场,首付比例调到 15% 就可以比较有效地抑制房地产市场,这是为什么?一个重要的原因是因为新加坡的利率,即资本价格,是跟着市场变动的。它在市场的调整中能发挥很强的作用。而在中国,资本价格受到严格管制,房地产市场只能通过其他一些政策工具的大幅变动才能产生差不多的政策效果。

当直接针对房地产价格的政策出台后,下一步政策应该会着手利率和汇率方面了。我要强调的是,利率和汇率两个问题不可分。目前大众理解的是,抬高利率会进一步吸引外资加大人民币升值的压力。这个逻辑上没有问题,但有点本末倒置。应该有的思路是,汇率政策需要给利率政策创造空间,更加灵活的汇率政策有助于国内利率发挥调整宏观经济的功能。

成都改革的新进展*

——农地确权与集体建设用地入市

李力行

北京大学国家发展研究院副教授

中国土地制度改革一直是社会关注的焦点。在部分地方政府债务风险暴露后，农村土地制度改革更是事关地方政府的"土地财政"和"土地金融"行为。李力行教授代表国发院土地制度改革综合课题组，借助成都土地改革的最新进展，说明土地制度改革可能是解决政府主导经济、地方政府深陷债务问题的根本出路。

一、中国土地产权制度及其不良后果

首先向大家简单介绍一下中国土地产权制度的背景。中国的土地可划分为两大块：城市土地和农村土地。城市土地为国家所有，地方政府垄断城市土地的一级市场，通过批租制出让土地使用权。农村土地为集体所有，依用途划分为农地和建设用地，其流转权利不同。农地实行家庭联产承包责任制，允许农户自由流转承发经营权。而农村集体建设用地（包括宅基地、乡镇企业用地、公共事业用地等），其使用权被限制转让——这正是我们土地制度改革课题组研究关注的重点。

农村建设用地不能转让的制度安排是地方政府"土地财政"的基础。目前中国对土地实行用途管制制度，农用地和建设用地各有一套管理办法。在"耕地红线"的压力下，农用地转为建设用地有严格的指标控制，指标分配按照政府的行政层级分配。农村的存量集体建设用地就成为了宝贵的土地资源。在目前中国土地产权制度框架下，农村建设用地要服务于城市化，必须经政府征用。概括地说，城市和农村的土地"同地不同权"。

农村集体建设用地不可自由转让的制度安排，导致了很多不良后果。后果之一是城乡居民财产性收入差距扩大，并成为城乡居民总体收入差距扩大的主要原因。如图 1 所

* 第 26 次季度报告会（2011 年 7 月 23 日）。

示,2009 年城市居民人均收入已是农村居民人均收入的 3.4 倍。分别考察居民工资性收入和财产性收入可以发现,城乡居民工资性收入差距不断缩小,而城乡居民财产性收入差距却不断扩大,而这正是城乡居民总体收入差距拉大的主要原因。

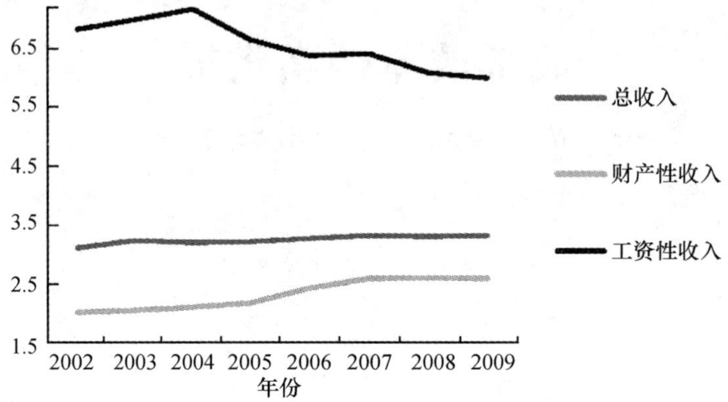

图 1 2002—2009 年中国城乡居民收入比

农村建设用地不可自由转让的不良后果之二是土地资源配置低效,其表现是多方面的。其一是"按行政等级配置土地资源"的制度安排与城市的集聚潜力不匹配,致使"城市化不足"与"城市化过度"同时存在。部分发展速度快但行政级别低的城市供地不足,同时部分发展速度较慢行政级别高的城市有大量闲置土地。其二是集体建设用地缺乏进入市场服务于城市化的合法通道,只能以非法的方式流转,出现了小产权房、工业园区"以租代征"等方式。现存农村集体建设用地存量达到 2.5 亿亩,2 倍于城市总面积,大量闲置,利用效率低下。同时,这部分土地以福利分配的方式分配给农户,农民普遍多占,由此导致城乡"两头挤占耕地",耕地保护状况堪忧。土地资源配置的低效也使得"土地城市化"的速度快于"人口城市化"的速度。从图 2 可以看到,土地城市化率的速度 2 倍于人口城市化的速度。

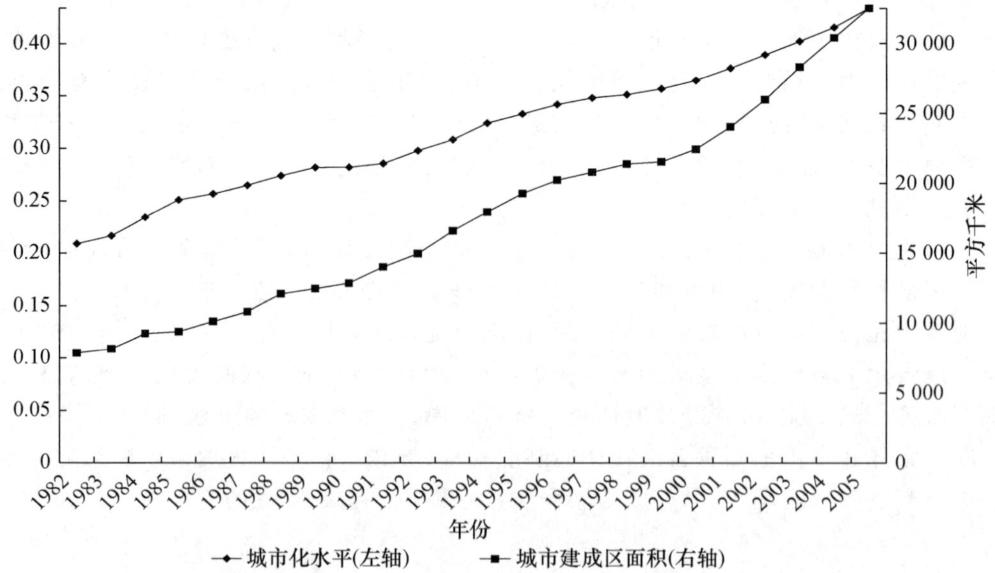

图 2 1982—2005 年中国城市化水平和土地城市化水平

农村建设用地不可自由转让的不良后果之三是导致地方政府高度依赖土地进行融资。从图 3 可以看到,2010 年地方政府土地出让收入几乎相当于地方预算收入的 3/4。地方政府过度依赖土地进行融资的行为集聚了大量风险。长期来看,土地资源的稀缺性决定了“土地财政”不可持续;短期内,地方政府以土地抵押给银行大量贷款的“土地金融”行为面临高风险。

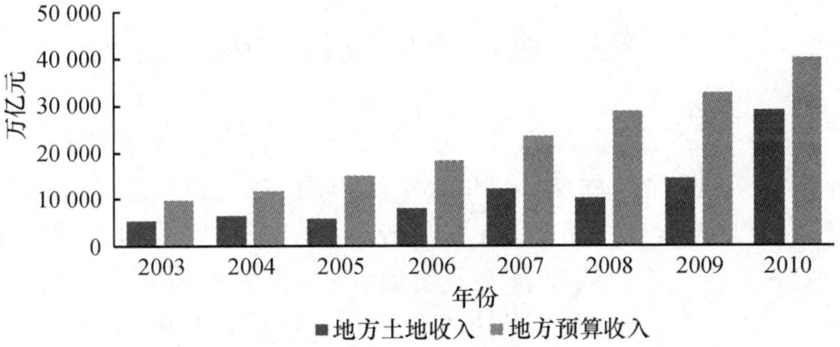

图 3　2003—2010 年中国地方土地收入和地方预算收入

二、成都改革的进展

针对目前土地制度存在的问题,成都土地改革的目标是改变城乡土地产权不对等现状,为市场配置土地资源奠定基础。成都下辖户籍人口 1 100 万左右,其中有 500 万农民,占地面积 1.2 万平方公里,包括 20 个区市县。从人口和影响范围来看,这不是一个普通的小规模土地试验,它的规模在欧洲就相当于一个国家。

成都改革的基础是农地确权,核心是土地流转。进行农地确权就是要把土地使用权和所有权明确到相应的农户和农村集体经济,即清晰界定农村土地、房屋、承包地、林地等财产权利,赋予农民有保障的转让权。土地确权包含了大量艰辛的工作,在此仅列举一些数字,具体不逐一细说。从 2008 年 1 月至 2010 年下半年,成都共颁发集体土地所有权证 3.38 万本,集体土地使用权证 166 万本,《农村土地承包经营权证》180 万本(涉及 1 000 万地块)。

在农地确权的同时,还需要大量的配套工作。为了把劳动力等生产要素释放出来,2010 年成都提出了彻底的户籍制度改革的政策方案,着力加快生产要素在城乡间的自由流动。为了提高土地利用效率,避免农村土地乱修乱建,成都还率先进行城乡一体的规划。为了避免农村土地流转中收益分配出现问题,成都加强了新型村庄治理机制的建设。这一系列的配套改革,都是为了保障农地确权和流转能更好地发挥作用。

为了给大家一个直观的印象,这里我给大家展示几个图片。成都颁发的农村土地承包经营权证,承包期限一栏的标注为“长久”,符合中央关于农村土地承包经营权长久不变的精神。权证标明了地块的位置、边界,配有坐标以及详细的示意图,标明其邻居和四至,标明实测面积(土地实测面积和原来台账登记面积可能会不一致),这是明确农村财产关系的重要步骤,以便做到地块、证书、台账一致,形成一个可追溯的产权系统。农户自用的宅基地,获得农村集体建设用地使用权证,也没有终止期限,所有权则归农民集体所有。

在此我要强调我们研究的核心观点——合法转让权是财产性收入的基础,也是减少城乡收入差距不断扩大的根本解法。以上提到的大量艰苦的工作,都是为了在农地确权基础上,使土地作为生产要素自由流转,提高土地资源配置效率,减少城乡财产性收入差距。

三、成都土地流转案例

为了说明我们的观点,我在此列举三个成都土地流转的具体案例。流转案例一是2008年汶川地震灾后进行的"联建"。2008年汶川地震后,农村重建急需资金。在符合规划的前提下,农民自发寻找投资方,自愿流转部分宅基地以获得重建房屋的资金。由农户、集体、投资方签订三方协议流转土地使用权,投资方先为农户建新房,为集体修建道路等基础设施,然后得到流转部分的土地使用权。在此过程中,地方政府参与规划、监督、验收,验收合格后为农户和投资方分别颁发集体建设用地使用权证。农户在地震之后短短半年到一年的时间就住进新居,城市资金流入农村,土地要素流动起来,而耕地得到保护,效果明显。

汶川地震灾后联建案例有几个值得注意的地方。第一是农民自发寻找投资方,转让建设用地使用权,而不是被迫被政府征用。第二是农民、集体、投资方签订三方协议,将农户的部分建设用地退还给集体,然后再出让给投资方。村集体是土地的所有权者,因而是三方协议的参与者之一。第三是农户出让时已经留足了自住用的宅基地,而不是转让全部的建设用地。在图示的权证上标明,城市居民张先生通过土地联建获得了一块农村集体建设用地40年的土地使用权,这是历史上破天荒的第一次。即农民只需要出让40年的土地使用权就可以获取一大笔重建资金,但农民并没有丧失这一块土地的永久使用权。

农村建设用地使用权自由流转给农民带来巨大的收益。对比国有土地和集体土地价格,我们会得到一些有意思的发现。课题组在都江堰市收集了所有的联建信息,里面包含很多土地价格样本。将国有土地出让价格和农村集体建设用地出让价格对比,并把乡镇按离市区的距离进行排列后,从图4可以看到,离市区越近,国有土地对集体土地的溢价越高。国有土地对集体土地的溢价可看成国有土地的权利溢价,集体土地权利弱于

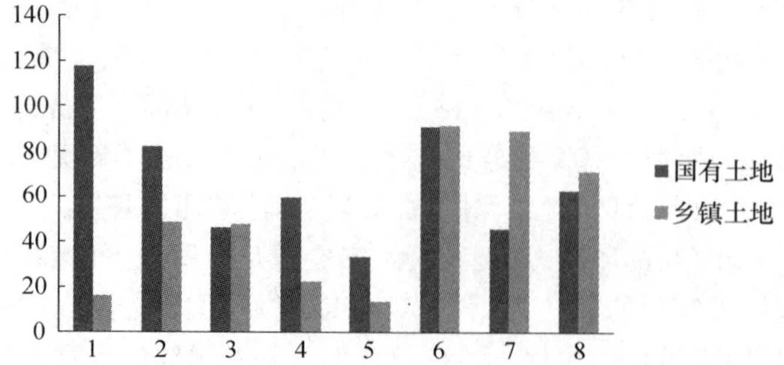

图4 都江堰乡镇土地平均价格对比

注:横坐标1—8是按照乡镇离市区的远近排序,1—8表示由近及远。

国有土地权利,不同权导致不同价。举一个具体的例子:现行的《担保法》不允许农村土地进行任何担保,但城市土地担保是合法的。有意思的是,随着离市区距离的增加,国有土地的溢价逐渐消失。在离城市最远的三个镇,集体土地的价格甚至超过了国有土地的价格。

流转案例二是锦江区农村集体建设用地使用权仿照国有土地进行拍卖。图示一家公司通过拍卖,以每亩80万的价格,获得农村集体建设用地40年使用权。我们注意到,每亩80万的价格仍然低于周边国有土地价格30%,这是集体土地和国有土地不同权导致的。尽管如此,农民通过出让40年土地使用权仍获得巨大收益,且并没有丧失土地的永久使用权。这两个案例都说明,一旦农村土地通过确权进行流转,可以为农民带来巨大收益。

流转案例三是农民自主拍卖集体建设用地使用权——这也是我们最新观察到的非常有意义的典型案例。在此要强调的一点是:这不仅仅是农民自愿同意的行为,更完全是农民自己主动的作为,最后在交易所公开拍卖使用权。2008年汶川地震之后,都江堰天马镇金陵村2组房屋因损毁需要灾后重建。农民通过"统规自建"的方式修建新居,并吸收外组村民参加新居建设。统规自建即政府统一规划,各家农户自己设计。新村共183户,占地40亩,建筑面积2.3万平方米,是容积率为1:1的两层小别墅,成本共1 650万元。1 650万在农村是非常大的一笔资金,筹措资金的方式是分散在各地的农民搬到新村集中居住后,将旧宅复垦换得指标。具体而言,原来分散居住的农户旧宅占地面积比较大,新居占地面积较小,从而节约出110亩建设用地,然后把110亩建设用地进行复垦。按照国土部"城乡建设用地增减挂钩"项目,每亩指标可获得15万元收益,这正好解决农民新居重建的资金问题。

故事到这儿还没有完。在初步解决居住问题后,2组的组长就想,如果集体建设用地全部以指标方式转让,今后发展集体经济到哪里去寻找土地资源呢?这也是中央决策部门和一些专家担心的问题——农民一旦失去土地,就失去了未来的发展权,失去未来分享更高收益的机会。事实上农民不傻,他们已经想到这个问题,并找到了相应的解决办法。在金陵村2组,村里议事会开会讨论,然后经由村民代表大会表决决定,110亩集体建设用地不全部用来复垦,而是从中留出34亩供本村发展使用,空缺的资金由村民自筹垫付。开始时村民想利用这块34亩土地建一个市场,但由于规划不符合、资金有限而没有实现。最后,村民决定将这块土地的使用权出让,以回笼资金,并吸引外来投资。于是这34亩建设用地在2010年12月在农村产权交易所挂牌拍卖,最后经过竞拍,以每亩44.2万元卖给一家房地产开发商,共获得1 300余万元,远远超过用来复垦获得的每亩15万的收益。而在土地出让协议中明确规定,这一块建设用地上的树木不能砍,开发商在符合规划的前提下,在这一块川西林盘中修建经营性设施,所以房地产开发商决定开发一个养老型度假酒店,并优先雇佣村民工作。通过村组开会决定,拍卖所得溢价部分的70%由2组村民分配,30%留作村里发展之用,由此,村民通过出让建设用地获得了巨额的资金,并保留了发展的空间。在2组的村民中,有一个农户,自家有多达3亩的宅基地,但是房屋破旧、家庭贫困,一直娶不上媳妇。转让土地使用权后,他们家免费搬入了新居,同时还可以再得到一部分土地转让分配,很快也就娶亲了。这个鲜活的案例说明了土地产权改革和流转的巨大力量。

为了比较分析农地确权流转后究竟给农民带来多大收益，这里我向大家展示一下集体土地出让价格统计表。我们课题组把这三年来在成都调查收集的各种案例数据汇总到一起，在表1中归纳出20种土地转让情况，其中涉及土地类型、时间、农户数量、交易双方、交易方式、交易期限，最后一栏是土地转让价格。比较发现，土地类型为农地时，征地和出租的收益是不同的。被征地的农民是永久失去了自己的土地，但只获得很低的补偿收入，只有每亩1.6万元。确立承包经营权后，出租农地，农民获得的租金其现值相当于每亩3.2万的，收益比征地情形高了1倍。土地类型为建设用地时，征地和联建或公开拍卖的收益差异更大。农村建设用地被征用，农民只获得每亩5.4万元的补偿，这一水平与全国平均的征地补偿相比已经很高。但如果农民拥有转让权，自主谈判，到市场上寻找买方的话，转让40—50年的土地使用权，土地的转让价就上升到66万，甚至高达231万。土地类型为建设用地指标时，指标通过增减挂钩项目在政府内部进行行政配置，价格为每亩15万。如果确权后土地指标通过公开拍卖、协议出让等方式流转，价格提高到每亩30万、40万不等。因此土地经由确权后进行流转，给农民带来了巨大的收益。

表1　成都集体土地出让价格统计

编号	土地类型	时间	涉及农户数量	交易双方	交易方式	交易期限	土地转让价格(元)
1	农地	2011年	10	农户与农户	出租		3.2
2	农地	2009年	500	农户与公司	出租	15年	3.2
3	农地	2005年	15	农户与政府	征地	永久	1.6
4	农地	2009年	20	集体与集体	协商	永久	3.0
5	农地/集体建设用地	2011年	1 000	农户与政府	征地	永久	5.4
6	集体建设用地	2010年	10	农户与他人	私下不受保护	永久	200.0
7	集体建设用地	2009年	700	农户与他人	私下不受保护	永久	100.0
8	集体建设用地	2009年	1	农户与农户	联建	50年	66.0
9	集体建设用地	2008—2010年	2 000	农户与他人	联建	40—70年	39.0
10	集体建设用地	2008年	1	农户与他人	联建	50年	164.0
11	集体建设用地	2008—2010年	1	农户与他人	联建	50年	231.0
12	集体建设用地	2008—2009年	50	政府与公司	公开拍卖	40年	130.0
13	集体建设用地	2010年	60	农户与他人	公开拍卖	50年	38.0
14	集体建设指标	2007—2011年	100 000	政府内部	行政配置	永久	15.0
15	集体建设指标	2010年	4 000	政府与公司	公开拍卖	永久	72.5
16	集体建设指标	2011年	1 000	政府与公司	公开拍卖	永久	30.0
17	集体建设指标	2007年	257	农户与政府	行政配置	永久	39.0
18	集体建设指标	2011年	200	集体与公司	与集体协议出让	永久	35.0
19	集体建设指标	2009年	20	集体与公司	与集体协议出让	永久	40.0
20	集体建设指标	2009年	30	农户与集体	与农户协议出让	永久	80.0

总而言之，集体建设用地入市意义巨大，影响深远。第一，农户在市场转让土地指标和实物土地资产，大幅度提高农民财产收入，改善城乡收入分配。第二，实现了城乡土地、人口、资金的双向对流。不仅让农村土地和人口流出去，还让城市资金找到投资的地

方。第三，开辟了土地市场双轨制。原来城市土地只有一轨，也就是征地制度，政府垄断土地。集体建设用地入市，开辟了土地市场双轨制，为十七届三中全会提出的“减少征地”目标做出了实质上的准备。

减少征地有几点好处。首先是不再把政府放在农民的对立面，政府退出土地市场，不再作为交易参与者，而是作为监管者，这可以极大地减少社会冲突。其次是引导地方财政逐步转向财产税体制。农村土地确权和流转可以成为建立财产税制度的起点。最后是改变地方政府对“土地财政”、“土地金融”的依赖。事实上，土地制度可以说是地方融资平台巨额负债的基础。根据国研中心的调查，东南沿海基础市政设施建设的30%靠土地财政，60%靠土地融资，也就是将储备的土地抵押，从银行获得贷款。西部由于财政乏力，银行贷款占到基础设施建设的70%甚至更高。

课题组初步研究发现，将滞后一年的土地出让面积与银行一般贷款余额同比增长率进行比较（图5），可以发现，2003年后，两个序列呈现高度相关。这表明，银行贷款很大程度上是由土地所“撬动”，这也是构成现在地方政府融资平台风险的现实基础。如果不进行土地制度改革，地方政府债务风险即便在短期可以化解，但长期还是难以摆脱。

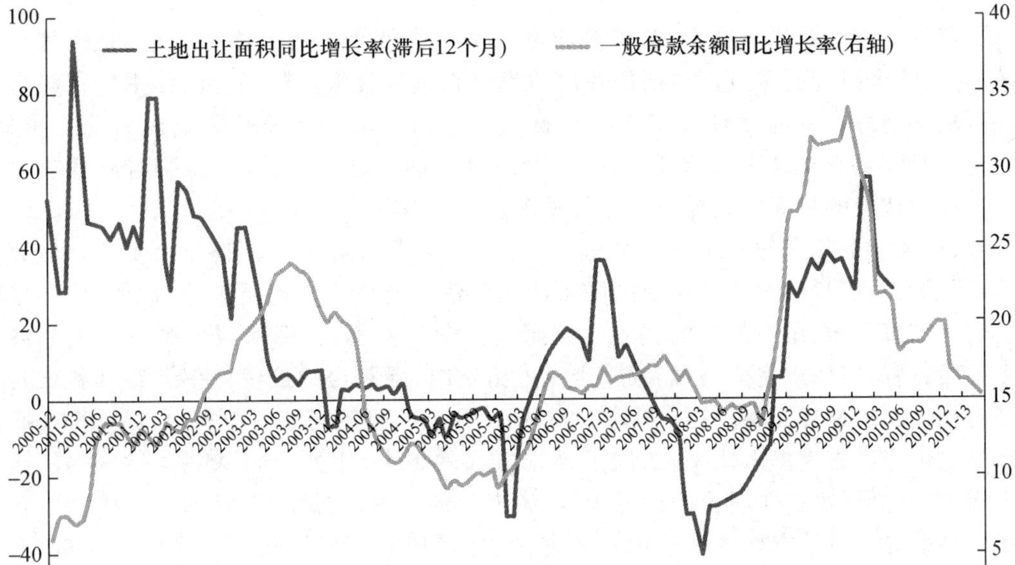

图5　2000—2011年中国土地出让面积和银行一般贷款余额同比增长率

中国保障性住房建设的目标模式探讨*

平新乔

北京大学经济学院教授

在房价高企的时代背景下，保障房问题一直以来便是人民群众议论的热点、媒体关注的焦点、学者研究的重点。中国保障房建设是否可以缓解房价的上涨？中国保障房建设是否越多越好？其适度规模应该如何衡量？中国保障房建设的影响因素又有哪些？我们这个研究团队从暑假开始进行这项研究，其目的便在于回答以上的问题，并就中国保障型住房建设的目标模式提出自己的见解。

最近，关于保障房的问题有很多讨论，我们这个研究团队从暑假开始便开始研究保障房的目标模式，我们发现当前中国保障性住房建设缺少一个顶层设计，比如，中国保障房到底应该怎么做、做到怎样的程度。按照经济学的概念，保障房属于带有公共品属性的私人品，商品房属于完全的私人品，当供地给定时，保障房的最优比率问题其实就是公共品与私人品的最优比率问题，这便是"Groves-Clarke"机制问题。现实中，保障房在我国城市住宅里应当占有多大比率，取决于需求方面的因素，比如，老百姓的消费偏好、居民收入周期变化、居民工作岗位的稳定程度、城市化的进程、居民的财富水平和房贷中首付比率的高低等。供给方面的因素也不容忽视，保障房能够提供多少，取决于地方政府有多大的财力，虽然地方政府可以通过银行对保障房进行融资，但是最后的财力保障，必定还是取决于地方政府的财力，尤其是土地财政的规模。

一、我国保障性住房建设的概况

2009 年国土资源部和住房和城乡建设部统计定义的保障房就是经济适用房，当时，公租房和廉租房很少。2003—2009 年间，全国保障房的销售面积变化不大，始终围绕着 3 300 万平方米，上下窄幅波动，反映出该阶段我国保障房建设的相对稳定，如果 1 套住房

* 第 27 次季度报告会（2011 年 10 月 29 日）。

为60平方米，那么全国每年新增保障房也就是50万—60万套，保障房的发展很缓慢。图1清楚表明保障房销售面积占住宅销售面积的比重在不断下降，从2003年的13.5%下降到2009年的3.5%，这说明在住房增量变化中，商品房发展较快，保障房发展较慢。然而，我们要强调现在保障房缺少的问题是夸大的，因为中国1998年实行住房改革之前，居民住房基本都是福利分房，福利分房就是保障房，所以1998年以前盖的房子都是保障房，保障房的问题在于增量，这是一个非常重要的判断，我们原来的住房存量都是保障房，这是一个需要澄清的关键事实。

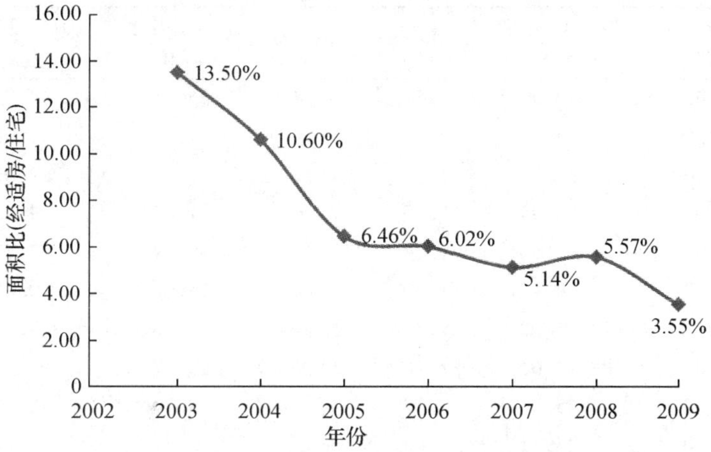

图1　2003—2009年间全国经济适用房占住宅的销售面积比

住房增量中的保障房出现了下降，2009年国家对此给予了重视，也就此提出了比较完备的保障房体系，包括公租房、廉租房、经济适用房、限价房以及棚户区改造这五类。自2009年以来的这三年间，保障房比例出现下降这一情况发生了改变。2010年保障房Ⅰ和保障房Ⅱ占住宅供地面积的比重分别上升为19.83%和21.07%，其中保障房Ⅱ跟保障房Ⅰ的区别在于保障房Ⅱ包括了限价房，以上比例在2011年进一步上升为26.67%和31.26%。保障房供地面积占比的激增，反映出该阶段我国保障房建设的持续高涨。

2011年国务院办公厅发布文件，提出今年给全国人民建1 000万套保障房，其中，棚户区改造占一半，即便如此，真正建设的保障房也有500万套，是2003—2009年每年50万套的10倍，相当于十一五期间保障房建设的总量。这么巨大的任务怎么分配到各个省份呢？从总体来看，各省保障房建设的任务量分布相对均匀，全国半数左右省份的保障房任务量在20—40万套之间。与此同时，部分省份的任务量差距仍然较大，我们发现任务房量占全国任务量比例最高的是黑龙江省8%，部分内陆省份保障房任务量占比较高，而北京市、上海市、天津市、广东省等部分发达地区的保障房任务量占比则比较低，其中，有9个省的保障房任务高于40万套，分别为东北地区的黑龙江省、吉林省和辽宁省，西北地区的陕西省，中部地区的湖南省、内蒙古自治区和河南省，以及西南地区的重庆市和云南省。任务量不足20万套的省份有5个，分别为贵州省、青海省、浙江省、海南省和宁夏回族自治区。

从全国范围来看，相对于2010年保障性住房开工量的580万套，2011年保障性住房的建设任务为1000万套，是2010年的1.72倍，可见，任务量出现了较大的跃升。随着保障房建设任务的层层分解，各省均面临着较大的任务量跃升带来的压力。表1所列的20个省份中，大多数省份2011年的任务量均为2010年开工量的1.6倍到3倍之间。其中，2011年任务量为2010年开工量3倍以上的省份有8个，它们分别为东部地区的广东省、福建省、天津市和山东省，西北地区的陕西省、宁夏回族自治区和青海省，以及西南地区的云南省。

表1 2011年部分省份保障房建设任务与2010年的对比情况

行政区	2010开工量（万套）	2011任务量（万套）	跃升倍数	行政区域	2010开工量（万套）	2011任务量（万套）	跃升倍数
北京	22.50	20.00	0.89	湖南	26.91	44.72	1.66
天津	8.50	23.00	2.71	广东	7.75	31.00	4.00
河北	23.20	38.00	1.64	广西	17.80	29.00	1.63
西省	24.00	30.04	1.25	海南	11.43	9.16	0.80
内蒙古	39.00	44.64	1.14	四川	19.89	35.78	1.80
吉林	26.12	49.45	1.89	云南	15.00	40.00	2.67
黑龙江	70.52	83.00	1.18	陕西	12.48	47.43	3.80
上海	20.00	22.00	1.10	甘肃	11.87	21.27	1.79
福建	6.38	25.01	3.92	青海	8.70	18.82	2.16
山东	11.30	23.11	2.05	宁夏	3.53	9.00	2.55
全国	**580.00**	**1000.00**	**1.72**				

二、对我国保障性住房的实证研究

我们将利用中国31个省市1999—2009年的面板数据，并使用系统广义矩估计来研究我国保障性住房的三个问题。第一个问题是保障房作为一种公共品属性很强的私人品，它是否适合作为调控房地产市场的工具来平抑房价？第二个问题是在土地财政的制度背景下，保障房建设将给地方政府财政带来怎样的冲击？第三个问题是我国的保障房建设，受哪些因素的影响？怎样合理地设计我国的保障房体系，规划我国的保障房建设？

当前有一种观点，保障房建设可以起到缓解房价高涨的作用。我们认为住房需求与买房需求是两件事情，想租房的人、想住保障房的人不会加入到买房的行列之中，除非是投机的人，他们既要抢商品房又要抢保障房，这意味着大多数住保障房的普通老百姓并不是商品房的需求者，保障房的定位在于，在房价高涨的情况下，使得这部分人有地方居住，因此，保障房建设多，房价也不一定会下降。

研究中，我们将住宅销售价格的对数作为被解释变量，将经济适用房销售面积的对数值作为关键解释变量，并控制收入、实际货币供给、城市化进程的影响，我们在表2中报告了实证结果，从中可以看到，一阶序列自相关和二阶序列自相关检验，以及过度识别检验Sargan Test均满足模型设定要求，并且模型（1）显示保障房销售面积与住宅销售价格是一个正相关的关系，保障房销售面积越大，住宅销售价格反而会越高，可见，保障房只能解决在房价上升的背景下，穷人住得起房子的问题，它并不能够对当前房地产市场的繁荣进行调控。政府也不能将保障房列入当前的房地产调控政策之中，毕竟房地产调控政策只是短期的，而保障房建设则是一项长远的福利事业。

表2　保障房建设与房价的关系

	(1)		(2)	
	系数估计值	t 值	系数估计值	t 值
上期住宅销售价格	0.89	53.4	0.81	53.53
经济适用房销售面积	0.008	2.97	0.000	0.04
实际人均可支配收入	0.061	2.63	0.054	2.29
实际货币供给	0.121	15.84	0.151	14.14
城镇人口比重			0.413	10.22
截距项	-0.336	-8.31	-0.07	-0.83
检验结果	检验值	p 值	检验值	p 值
AR(1)	-3.734	0.000	-3.808	0.000
AR(2)	0.316	0.752	0.184	0.854
Sargan	29.539	1.000	29.577	1.000

另外，政府应当怎样确定保障房建设的适度规模？是不是保障房建设越多越好呢？今年保障房建设的预算为1.3万亿元，其中，中央财政1 500亿，地方财政2 000亿，总共才3 500亿，离1.3万亿还有近1万亿的缺口。7月份中央允许各个地方银行资金进入，这个缺口在短期内得到缓和，但是长远来看，银行的钱是要财政归还，利差还是要财政支付。如果保障房占整个供房比例太高，比如，土地增量一半以上给了保障房，那么土地出让金就会下降，政府收入就会减少，建设保障房的资金链就会断裂。这种以政府收入作为投入的保障房建设将会变得不可持续。为了研究保障房建设对土地财政的影响，我们将当期土地出让金作为被解释变量，将前期经济适用房与住宅销售面积之比作为关键解释变量，并控制当期政府预算内收入的影响，从表3的实证结果中，可以看出，模型设定的检验都得以通过，并且前期经济适用房与住宅销售面积之比与当期土地出让金之间是显著的负相关，保障房建设的确减少了政府的土地财政收入。

表3　保障房建设对土地财政的影响

	系数估计值	t 值
上期土地出让金	0.4	80.91
经济适用房与住宅销售面积之比	-98.108	-6.79
政府预算内收入	-0.0469	-13.84
截距项	142.007	23.64
检验结果	检验值	p 值
AR(1)	-2.129	0.033
AR(2)	1.057	0.291
Sargan	23.635	1.000

那么在我国保障房体系的设计和建设中,应考虑哪些因素呢?怎样才能使我国的保障房建设健康、可持续地发展?我们在此主要考虑市场的因素和政府的因素,在此,我们将经济适用房销售面积的对数值作为被解释变量,政府预算内收入的对数作为衡量政府因素的变量,将经济开放度指数的对数、经济发展指标作为衡量市场因素的变量,并控制城市化进程、经济适用房与住宅销售价格之比、建筑安装工程价格指数的对数的影响,表4的实证结果表明,模型设定的检验全部通过,并且保障房建设与政府财政预算正相关,这说明政府财政有越多的盈余,那么保障房建设就会发展越顺利,相反,保障房建设与经济开放程度、经济发展指标负相关,这说明保障房建设并不是市场化的问题,保障房建设不能仅仅依靠市场力量,它更需要政府的调控。

表4　保障房建设的影响因素

	系数估计值	t 值
上期经济适用房销售面积的对数值	0.506	25.96
经济适用房与住宅销售面积之比	-0.004	-4.82
政府预算内收入的对数值	0.458	12.13
人均可支配收入的对数值	-0.496	-1.69
城镇人口占该省总人口的比重	0.196	0.36
“经济开放度指数”的对数值	-0.178	-2.52
建筑安装工程价格指数的对数值	-1.844	-4.69
截距项	10.316	12.73
检验结果	检验值	p 值
AR(1)	-2.617	0.009
AR(2)	0.871	0.384
Sargan	23.047	1.000

三、关于保障性住房建设目标模式的几点建议

综合以上的分析,我们提出关于保障性住房建设目标模式的三点建议,第一,保障房不能作为房地产调控政策,它只能解决“保民生”的问题,不能解决“调房价”的问题,让保障房“身兼二任”,反而可能引发“保民生”和“调房价”两大政策目标的相互掣肘,甚至导致其双双落空。

第二,在土地财政的制度背景下,保障房建设与地方政府的土地出让金规模存在着此消彼长的关系。如果保障房占住房比率上升太快,就会使土地财政萎缩,反过来会产生“保障房财力无保障”的局面。换言之,不能因为保障房的建设而使政府“破产”,那样就没有资金来建设保障房,因为任何向银行进行的借贷,将来都要用土地出让金来还本付息,所以保障房建设多少取决于商品房建设多少,应该用商品房来养保障房。如果政府一定要追求保障房和商品房之间的比例,那也不应该追求二者总量的比例而应该追求二者增量的比例,保证增量中,保障房占有一定比例。

第三，保障房建设不能实行“一刀切”，保障房建设解决的是大城市、特大城市平民、低层次老百姓和新来农民工的住房问题，而现在连青海、甘肃这些经济欠发达地区也开始从乡县市开始一层层地摊派保障房建设的任务，事实上这与保障房的需求并不一致。我国保障房体系的设计和建设的重点应当在大城市和特大城市，也应当与各地区的财政实力，尤其是土地财政规模相协调，与其城镇化程度相匹配，与其经济开放程度相适应。

对保障性住房建设及相关制度与政策问题的认识*

任兴洲

国务院发展研究中心市场经济研究所所长

任兴洲所长从相关制度与政策的角度分析保障性住房建设问题，首先讲述了住房保障制度的改革历程，然后分析了当前保障性住房建设的基本情况，最后提出亟须研究和突破的政策性问题。

一、中国住房保障制度的改革、变化历程

1980年，邓小平同志提出住房商品化的基本构想，在实践中，从“提租补贴”开始拉开了改革序幕，此后住房制度改革不断展开。1998年，《国务院关于进一步深化城镇住房制度改革加快住房建设的通知》国发〔1998〕23号出台，提出停止住房实物福利分配，逐步实行住房的货币化分配，“建立和完善以经济适用住房为主的多层次住房供应体系”，即对中低收入家庭提供经济适用住房，高收入者则在市场上购买商品住房。当时，各地陆续建设了一批安居住房和经济适用房。

2002年，在经历了四年左右的亚洲金融危机以后，我国经济明显恢复，并进入新一轮高速增长期。地方政府对财力的需求增加。特别是随着土地市场实行“招拍挂”以后，土地交易规模迅速扩大，地价上升，房价也开始不断上涨。特别是国务院《关于促进房地产市场持续健康发展的通知》国发18号文发布后，经济适用房由“住房供应主体”变为“具有保障性质的政策性商品住房”，同时，提出“多数家庭购买或承租普通商品住房”。这时的制度设计与1998年相比已经发生了变化，中低收入家庭要通过购买和租住普通商品住房，而经济适用住房成为只对低收入家庭提供的保障性质的住房。在此政策下，加上城市化推进，城市人口快速增加的背景，我国商品房价格不断大幅度上升、供需矛盾不断

* 第27次季度报告会(2011年10月29日)。

加大，住房保障规模减小。很多地方的保障面不足5%，群众反映强烈。在这种情况下，2007年，国务院出台了《关于解决城市低收入家庭住房困难的若干意见》国发〔2007〕24号，提出要着力解决城镇低收入家庭的住房困难，深化住房制度改革。从那时开始，城镇住房保障力度有所加大，廉租住房和经济适用房成为主要的保障形式。在2008年全球金融危机爆发后，为遏制经济下滑和经济衰退，国家实施了总量为四万亿元的刺激计划，前所未有的宽松的财政、货币和信贷政策陆续出台，支撑了房地产业的高速增长。房地产市场发展在对保增长做出贡献的同时，房价、地价大幅轮番上涨也带来了一系列新的矛盾和问题。在这种情况下，2010年，国务院发出《关于坚决遏制部分城市房价过快上涨的通知》国发10号，实施了严厉的房地产宏观调控政策，提出“要切实增加住房有效供给，全力加快保障性安居工程建设”。

2011—2015年，我国的住房保障建设将进入一个集中快速发展阶段。“十二五”规划中提出5年内建设3 600万套保障性住房的目标，将保障面扩大到城镇家庭的20%左右。

通过以上回顾，我们大体上勾勒出从1998年到现在的十几年间我国住房保障体系发生的变化。

到目前为止，我们已形成了多样化的住房保障的供应体系。一类是租赁型保障性住房，包括廉租房、公租房。还有一类是产权型的保障性住房，包括经济适用房、限价商品房、棚户区改造房。限价商品房并未在全国实施，只在北京等少数城市实行，主要是解决夹心层的住房问题。还有住房公积金和公职人员住房补贴，这些都可以纳入到住房保障体系中。

二、当前保障性住房建设的基本情况

目前我国保障性住房建设总规模很大。来自住建部的数据是，“十一五”期间，全国开工建设各类保障性安居工程共1 630万套（包括棚户区改造），已基本建成1 100万套，投入使用800万—900万套。2011年，全国保障性安居工程建设目标任务是1 000万套。总体来看，过去五年建成了1 100万套保障房，而2010年一年就要建设1 000万套，可见今年的保障房建设任务相当繁重。2011年建设量是整个“十二五”期间的27.8%。

从区域结构来看，2010年西部地区建设任务约占1 000万套的44%，东部地区占30%，中部占25.7%。西部地区保障面大、保障任务重，但是其财力支撑能力较弱，这就出现了较大的矛盾。即便是中央政府下拨给西部的保障资金相对较多，但仍远远不够。房价上涨相对较快的东部保障房建设任务也相对集中。

目前，保障性住房的供应结构也发生了新的变化，除廉租住房外，公租房的比重明显加大。今年1 000万套保障房建设任务中，公租房220万套，占22%。而公租房的投资建设中的矛盾也最为突出。因为公租房到目前为止还缺乏非常明确的资金来源和渠道。而且这类保障房从资金筹集到分配直到运营后的管理都存在不少困难与问题。“十二五”规划纲要中提出重点要发展公共租赁房，逐步使它成为保障性住房的主体，这就给住房保障体系带来了一些新变化。

在新的形势下，要进一步强化保障房的建设，并保证一部分能够在今年投入分配和使用。现在各地在确保开工，要求11月底前基本开工，主体结构完工要占到1/3以上，并由住建部和监察部来监督和检查。年内住建部要求300万套可投入使用。今年，我们调研了大量省、市，发现各地政府确实在积极抓落实，态度是积极的，想方设法、因地制宜地进行了大量探索。从项目的选择、确定、供地、融资、建设到管理等诸多环节，地方政府都加大力度来确保开工建设。譬如我们走访了重庆的一个公租房项目，叫民心佳园小区，房租大概是当地房租的60%，每平方米大概9—10元。各地千方百计完成今年的保障房建设任务。在资金筹措方面有很多做法，比如通过搭建政府融资平台来吸收社会资金；另外，多方筹集房源，盘活存量住房纳入到保障房体系，比如贵州的“住房银行”等探索。

在制度创新方面，重庆市和湖北黄石等地通过建立融资平台和责权相对清晰的保障房建设的主体，加上市场化运作方式实现保障房可持续运转，把政府支持和市场化运作有机结合，激活存量，拓宽保障房渠道，还有一些城市在探索“共有产权”模式。

我们认为，目前各地探索大多数是积极的、必要的。我国国土有960万平方公里，从南到北、从东到西、大中小城市、发达和欠发达地区的情况并不一致，因此不能一刀切，要因地制宜，各地在进行有益的探索。

尽管保障房建设取得了较多成效，但当前也面临三大突出问题：

一是资金缺口明显，地方财政压力加大。据初步匡算，今年1 000万套保障房需要资金1.3万亿，即使一部分可通过中央财政拨款、地方预算安排、土地出让金净收益的10%以及公积金的增值收益部分等来筹集，大体上也只能解决5 000亿左右。尚有8 000多亿要在社会上筹集，难度较大。虽然有可能通过出售部分保障房回收资金，但由于公租房所占比例较大，资金缺口仍是较大的问题，尤其是长期持有所需资金如何解决仍是面临的最大问题。由于公租房特点是投资规模大、投资回报期长、收益率低、租金受限制、不确定因素很多，而且考虑到投资回报的问题，这种情况下社会资金（包括银行、社保基金、企业年金、商业保险金）参与意愿不高。粗略计算，今年220万套公租房建设大体需要2 860亿元资金，除了财政投资以外，还需从社会筹集较多资金。

二是保障性住房建设中土地供应问题，土地缺口比较大。一方面是由于土地指标的限制，特别是东部地区。另一方面是目前土地收储和拆迁成本不断加大，特别是拆迁法出来以后，拆迁成本上涨很厉害。另外，公租房土地供应办法目前并不明确，土地到底如何供应，有的地方是划拨，有的地方采取低价拍卖的方式。加上保障房前期审批时间长，落地很难，而且要求四证齐全才能建保障房。在程序上还有一些问题，导致土地使用证很难在短期内办下来。以上因素导致土地的真正落地有一定难度。

三是保障房运营管理和可持续发展机制尚未完善。现在我们比较关心建设问题、资金、土地怎么办，怎么建，怎么分，而随着公租房等规模加大，在机构、人员和资金保障等方面问题会进一步凸显出来。

三、亟须研究、探索、寻求突破的制度和政策问题

目前住房保障有一些亟须研究探索和突破的制度性和政策性的问题。

第一，住房保障体系整体思路目标、整体设计需要进一步的清晰和完善。不能头痛

医头脚痛医脚,要有一个总体思路。特别是在城镇化工业化快速推进的背景下,如何把握,保障体系的规律、确定总体规模以及区域分布和不同群体的需要,并根据这些特点来确定保障目标、方式、对象以及如何形成和完善建设、管理和退出机制,形成一个可操作的、可持续的系统工程。这样的总体设计非常必要。

第二,住房保障需要通过一定法律法规形式予以保障落实和实施。

第三,要明确中央和地方在住房保障上的财权和事权关系。

第四,保障房(尤其是公租房)的社会资金参与政策需要突破,加快投融资模式创新。

第五,通过财政税收鼓励因地制宜探索多种保障方式。比如北京、江西一些地方采取 PPP 方式,把政府资源和民间私人资本资源结合,利益共享风险分担,政府在其中给予很多的支持,把它和商品房捆绑开发发展。

另外,特别需要完善信用体系建设,提高保障过程中的公平和效率。建成保障房要提供给谁,要有科学的依据,避免寻租行为,要真正地让需要保障的人住进保障房。过了几年以后,如果他的资产和收入变化了,他能不能退出保障房,从而让更需要的人能住上保障房。所以,整个信用体系和分配过程中的公平、公正是非常重要的。

当然,更重要的是要加快建立和完善为住房保障科学决策、公平合理分配、科学有效管理依据的信息系统。有了这样的系统才能保证我们住房的决策科学性、政策针对性和实施的有效性。

2　城镇化与三农问题

关于社会主义新农村建设的几点思考*

林毅夫
北京大学中国经济研究中心主任、教授

近一年多以来，社会主义新农村建设是国内最受关注的主题之一。十六届五中全会《中共中央关于制定国民经济和社会发展第十一个五年规划的建议》（以下简称《十一五规划》建议）把社会主义新农村建设作为未来五年的一个主要工作提出。随后召开的中央农村工作会议和中央一号文件的主题也是关于社会主义新农村建设的若干意见。在今年两会期间，政府工作报告和《十一五规划纲要》也都将社会主义新农村建设作为重要议题。在两会之后，中央主要领导召集了全国各省、自治区以及市的一把手、二把手，在中央党校进行了为期一周的研讨会，讨论如何贯彻执行社会主义新农村建设的问题。为了准备这个研讨会，总书记还在二月份花了两个上午的时间召集将近二十位专家进行讨论。这种重视程度可以说是绝无仅有的。

在今年两会的记者会上，记者问的第一个问题就是社会主义新农村建设，温总理讲了三点。第一，社会主义新农村建设是通过工业反哺农村、城市支持农村，促进农村的小康和农业现代化，这是整个现代化建设当中的一个重大步骤。第二，加强农业和农村建设是一招活棋，把这一步走好就能够带动内需和消费，从而让中国经济发展建立在更加坚实的基础上。因此新农村建设不仅关系到农村的发展，也关系到整个国民经济的发展。第三，建设社会主义新农村，必须坚持两条基本原则：一是要必须保障农民的民主权利，特别是土地承包经营自主的权力，不能搞强迫命令；二是要让农民得到实实在在的利益，要把提高农民的物质文化生活贯彻始终，并且作为检验的标准。讲求实效，不搞形式主义。

今天主要从个人的角度来理解总理在记者会上讲的这三点，也即总理为什么这么讲。我将从第二点开始讲起，即为什么说社会主义新农村建设是一招活棋，为什么社会主义新农村建设做好了就可以带动内需和消费，使得国民经济建立在一个更加坚实的基

---

* 第 5 次季度报告会（2006 年 4 月 30 日）。

础之上。在此之后，再讨论如何让农民在社会主义新农村建设当中得到实实在在的利益。这两点讨论清楚了，温总理讲的第一点就更加容易理解。

一、社会主义新农村建设和启动存量需求

总理在今年政府报告中谈到2006年面临的五个问题。第一，粮价走低，粮食生产资料价格上涨的压力不小，农民增收的压力非常大，种粮的积极性受到影响。第二，固定资产投资增幅仍然偏高，在投资上还有过热的可能性。第三，产能过剩问题日益突出，相关产品价格下降，库存上升，企业利润减少，亏损增多，潜在金融风险增加。第四，看病难、看病贵和上学难、上学贵等问题突出，涉及群众切身利益的不少问题还没有得到很好解决。第五，安全生产形势严峻，采矿方面的安全事故非常多。

总理所讲的第一点和第三点问题相关。1998—2002年间我国经历了物价不断下降的通货紧缩，从统计数字看，2003—2005年我国走出了通货紧缩。当时靠的是粮食价格上涨带动食品和饮料价格上涨，以及固定资产投资加快，带动能源和建材价格上涨。总的来看，2006年面临的问题跟2003—2005年之间的问题有相似之处，即某些部门固定资产投资过热的情形继续存在，仍然需要进行宏观调控。但是，不同的是，2003—2005年间物价方面，一边非常冷，各种产品价格延续着1998年以来的格局不断下降；一边非常热，食品、饮料、能源、建材的价格不断上涨，带动总体物价指数的上涨。到了2006年，在2003—2005年物价上涨的那些部门，因为2003—2005投资增长过快的建材、电力等部门的生产能力大增，产能出现过剩，价格开始下跌；粮食生产由于政府的大力支持而连续增产，价格开始回跌，食品、饮料价格可能跟着下跌。也就是，在物价上原来过热的部门开始回冷，原来过冷的部门还继续在冷，也就是通货紧缩的压力越来越大。物价之所以不断下降是由于产能过剩，物价不断下降的结果则是企业利润减少，亏损增加，潜在的金融风险加大。

我认为总理之所以认为社会主义新农村建设是一招活棋，是因为社会主义新农村建设好了，不仅可以加速我国现代化的建设，给农民带来实实在在的好处；还在于社会主义新农村建设可以启动农村市场，化解通货紧缩的压力，使我国的经济发展建立在更加坚实的基础上。

通货紧缩背后的原因是产能过剩，国家发改委的资料显示2005年年底我国钢铁、电解铝、汽车等11个行业存在产能过剩的问题，其中产能过剩问题突出的行业有钢铁、电解铝、汽车、铁合金、焦炭、电石及铜冶炼行业，潜在产能过剩行业有水泥、电力、煤炭和纺织等。产能过剩是一种存量的概念，解决产能过剩所导致的通货紧缩的最好的办法是找到一个足够大的存量需求，将之释放，把存量生产能力消化掉。

我国最大的存量需求在农村，现在58%的人口仍然居住在农村，农村消费受到两个因素的限制：其一，农民收入水平低；其二，现代产品消费需要有电、上下水、道路等，这些基础设施在农村严重不足，因此限制了农村的消费。比如现在95%以上的农村都有电，但农村的电价比城市高很多。1999年我们针对启动农村消费时做的研究表明，在农村地区降低电价对农民消费的刺激作用很大，电价每下降1毛钱，对彩色电视机的需求等于农村居民人均纯收入每人增加370块钱；对电冰箱的需求相当于每人收入提高670块钱；

对农村的洗衣机需求相当于每人收入增加909块钱。所以,基础设施不足和收入低一样是限制农村消费的重要因素。

如果改善了农村的基础设施,农村的巨大消费市场潜力就有可能释放出来。1999年时《湖南日报》有一位记者到一个偏远山区挂职,在山村里帮助农民建了一个卫星地面接收的大锅,花了不到5千块钱,结果这个村子当年就买了270多台电视机。

二、社会主义新农村建设:一石数鸟

新农村建设不仅可以启动巨大的农村消费市场,还可以实现农村现代化,构建和谐社会和全面建设小康社会。如果农村里每家都能看到彩电的话,他们的思想观念就可以现代化。如果村村通路,那么农村就可以和市场连接起来,农民就可以进入到现代市场经济体系中。若没有这些基础设施,或者这些相关设施不能改善,那么城乡之间不仅收入差距大,生活差距也很大。这样就不可能有和谐的社会,也不可能有全面的小康社会。

我个人认为,新农村建设最重要的一点是它也可以增加农民收入。从长期来讲,增加农民收入唯一的可持续方式就是不断把农村劳动力从农村的第一产业转移到城市里面的第二、三产业。我国从1998年开始生产能力全面过剩,出现通货紧缩。因为产能过剩,新增投资机会少,新创造的就业机会也少,农民就很难进入城市。而且因为生产能力全面过剩,很多企业开工不足,转移出来的农民可能还回流。加之在短缺经济时代发展的乡镇企业现在由于产能过剩,生产出来的东西卖不出去,而纷纷破产。所以,从农村转移出来的劳动力减少,第一产业就业人数不仅从1991—1996年的每年减少850万人变为1997—2002年间的每年增加350万人(图1)。一直到2003年中国开始走出通货紧缩以后,第一产业人数才重新开始下降。从图2可以看出农民纯收入的增长率同第一产业就业人数负相关:1991—1996第一产业就业人数减少比较快的时候,农村的人均纯收入的增长率节节上升;1997年后第一产业就业人数不减反增,农村人均纯收入的增长率也跟着大幅下滑。可以说,虽然社会主义新农村建设有很多目标,包括实现农村现代化、建设和谐社会,但在目前生产能力过剩日趋凸显的情形下,社会主义新农村建设的重要意义在于通过启动农村市场来化解产能过剩和通货紧缩的压力,从而给农村劳动力从第一产业转向非农产业,增加农民收入创造条件。因此,正如总理所讲,社会主义新农村建设既

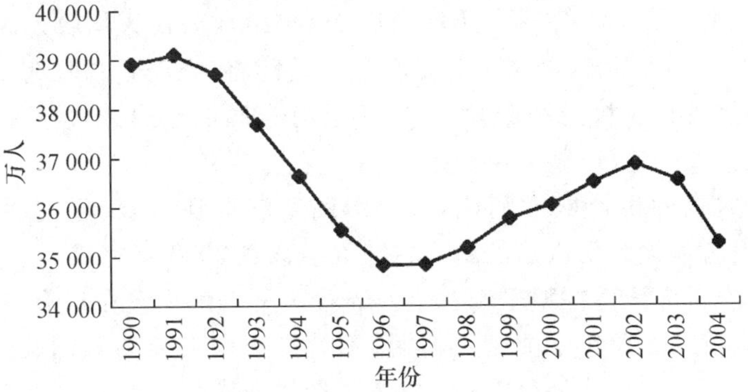

图1　第一产业就业人数(1990—2004)

能解决宏观经济的问题，又能缩小城乡差距，解决增加农民收入的老大难的问题，让经济发展建立在更加坚实的基础上，确实是一招活棋。

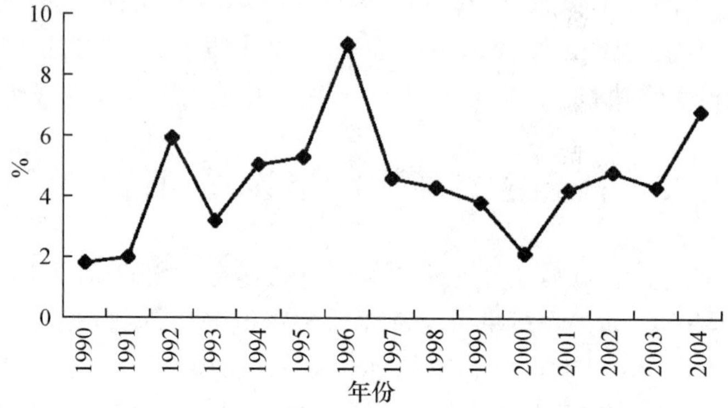

图 2　农民居民家庭人均纯收入实际增长率(1990—2004)

三、社会主义新农村建设的实施建议

社会主义新农村建设提出来之后，社会各界反应很好，认为这是一个历史性、长期性、战略性的决策，而国家经济也的确发展到了以工补农、以城带乡的阶段。但在如何推行方面普遍认为理论准备不足，对于怎么能够让农民得到实实在在的利益还没有统一的认识，我个人根据自己的理解提出以下几点看法。

关于社会主义新农村建设的完成时间，我个人有两个答案，第一，像建设社会主义新中国一样，这是一个水涨船高的目标，是长期性的历史任务，不应该有特定的完成时间表。第二，以总理讲的“一招活棋”的思路来理解，以农村生活有关的基础设施建设为切入点的社会主义新农村建设完成的时间在 2020 年比较合适。这有两个方面的原因：首先，社会主义新农村建设本身是构建和谐社会和全面建设小康社会的必要内容。有一个德国驻华大使回国后谈到对中国的印象时曾说“中国城市像欧洲，农村像非洲”。如果城乡生活差距不能缩小，就难有和谐的社会。其次，到 2020 年全面建设小康社会的一个具体目标是人均收入以 2000 年的水平计算达到 3 000 美元。如果农民收入继续按 20 世纪 90 年代末以来平均每年 4%—5% 的速度增长，到 2020 年农民人均收入大约是 800 美元。那时，城市的人均收入大约 4 000 美元，城乡收入差距将达五倍，这样怎么会有全面小康社会的建设？如果没有农村的小康建设，就不会有全国的小康建设。在未来的 15 年里要提高农民收入增长的速度，就必须创造条件使农村劳动力能够较快地转移出来，其前提是必须把现在过剩的生产能力消化掉，让国民经济得到健康、稳定、快速的发展。因此，以公共基础设施建设为切入点的新农村建设应该在 2020 年完成。

社会主义新农村应该建在哪里？我个人的看法是应该建设在现有的自然村。首先，因为农业生产的特性，农民经常要起早赶晚，不管是地广人稀的美国、加拿大，还是人多地少的日本、韩国和我国台湾地区，农民总是选择住在农场或是农场附近。社会主义新农村是为农民而建的，所以就要考虑到农民生活和生产的方便，现有的自然村和农民耕作的地点最接近，最方便农民的生产。更何况经过集体化以后，我国自然村里农民的居住地点已经比和我国条件相同的其他东亚地区的农村集中得多。其次，社会主义新农村建设的主要内容应该是农村公共基础设施的建设，房子是农民的私有品，政府一般不会出钱帮农民盖房。既然如此，不能为了新农村建设而要求农民搬迁到新的地方去住。否则，农民可能未见其利先蒙其害。把这个问题弄清楚，才不会出现像过去的许多政策一样，最后农民得不到多少好处，甚至要付出很大代价。

根据一些研究，要达到建设社会主义新农村的目标，在公共基础设施建设方面大概要四万亿元的资金。如果完成的时间是2020年，现在还有15年，平均每年的资金投入是2 700亿元。这个资金应该主要由政府和社会承担。《政府工作报告》中提出要下决心调整投资方向，把国家对基础设施建设的投入重点转向农村。但是，2005年，中央政府对农村基础设施建设的投入是293亿人民币，今年对三农的投入增长了442亿，这442亿不可能全部用在农村基础设施上。即使全部用于农村基础设施，虽然2006年以后逐年增加，但我认为和2 700亿还会有相当大的距离。不过，公共基础设施建设也不见得完全要政府投入，可以像城市一样，动员社会资金，包括向银行贷款，建了项目以后再还款。农村的一些项目，比如自来水，建设好了可以向农民收费，还有其他的项目，包括通电视、通电话等都可以由社会、政府投入，或者向银行贷款来建设，以后再还款。

在新农村建设的几个项目中，有一些项目性质上是私人品：比如农村的改厕和盖沼气池。厕所不改造，环境卫生搞不好，继而会影响公共健康；另外，如果农民不用沼气，很可能去砍树，从而影响生态环境，从而改厕和盖沼气池具有一些公共品的性质。然而，厨房和沼气池是农民家庭自己使用，所以，主要属于私人品。建设这类项目应该以国家鼓励、提供一点补助的方式，资金主要由农民自己投资建设。经由政府、社会和农民三方面资金的动员，这样才有可能接近每年投入2 700亿的目标。

农村公共基础设施项目分散，执行难度较大，即使纯属公共品的项目，在合理范围内，让农民投一点资金和劳动力，会增加农民的主人翁感，对项目的选择、施工、监督、质量保证会有帮助，透过农民的投资、投劳，这些项目的实施也有助于互助合作和民主管理精神的培养。韩国推行新乡村建设，让农民参与修桥、修路，使原本一盘散沙的韩国农村社会形成了一种比较好的文化氛围。最后，各地发展水平不同，因此应该因地制宜，量力而行，从农民最急需的项目开始。比如江浙一带的农村最需要的可能是下水道，如果没有下水道就不能改厕，厨房也不能现代化；偏远、落后的地区最需要的可能是道路和安全饮水。各个地方应该按照当地实际状况、需要以及政府、社会、农民的承受能力来选择项目。并且，应该有比较好的长远规划，按照规划逐一进行建设。这样经过十几年，各个地方的公共基础设施的改善就有可能达到社会主义新农村建设所希望达到的标准。在讨论社会主义新农村时有些意见不主张以目前的自然村为基础来建设，认为应该合并自然村，建立集中的农民新村，认为这样可以节省农地，也可以节省公共基础设施的投入。到底以自然村建设好，还是合并自然村建新村好，第一，需要计算一下如果把自然村并在一起，到底能省多少耕地？第二，到底能省多少费用？合并自然村确实能节省政府在公共基础设施上的投入资金，但是，农民现在的住房就不能用，农民的盖房投入就要增加很多，结果总的投入肯定是增加而不减少。如果农民的住房不往高处发展，合并自然村不会省农民的宅基地，耕地也节省不下来。如果往高处发展确实可以节省一些耕地，但是，农民盖房的投入需要增加的更多。现在多数农村地区，农民盖三间平房需要四五万块钱。如果是几层楼的楼房，同样的面积，每层楼房的建造费用就要加倍。所以，合并自然村可以省政府的钱，但无论是盖平房还是盖多层的住房，农民自己都要多增加不少费用，以这样的方式来推行社会主义新农村就违反了应该给农民带来实实在在利益的出发点。其实，即使农民集中到中心村居住，仔细算来政府能够省下来的费用也不会太多。农村公共基础设施中费用最高的可能是道路，不过，农民即使集中到一个中心村居住，将来农民骑摩托车下田、使用机械化耕作，也必须有道路通到农田，所以，道路建设的投入减少得也还是有限。我主张，农民在翻建房子的时候如果自己不愿意建在村子里，愿意到镇里或者到中心村里建无可厚非，但是，不能违背农民的意愿，强行要农民搬到中心村。只要农民自己愿意住在自然村，以公共基础建设为主的新农村就应该建在现在的自然村。

要增加农民收入，最关键的是要把农民从第一产业转移到城市的第二、三产业。那么为什么还要在农村里面投入那么多钱去改善跟生活有关的基础设施？原因是即使农民能够不断地转移出来，留在农村的人还是会很多。比如，现在农村居民占总人口的58%，到2020年实现全面建设小康社会的目标，农村人口降低到60%，那时，农村还会有将近六亿人。如果那时农村还是像非洲，我国就不会有全面小康社会的建设。即使到2050年我国达到中等发达国家的收入水平，像现在的韩国人均收入达到14 000美元左右，那时仍然会有相当数量的人居住在农村。原因之一是我国人口的密度很高，城和乡的距离相对近；原因之二是，那时的道路交通条件好，绝大多数家庭有小汽车，即使在城里工作，也有不少人宁愿居住在农村。所以，即使到2050年我国的农业人口降低到15%，住在农村的人口可能还有30%，达四亿人以上，这些人同样需要有现代化的基础设施。因此建设社会主义新农村跟城市化应该是并行的。

四、结　　语

通过以上分析，总理的三句话就非常容易理解。新农村建设是全面建设小康社会和构建和谐社会的必要内容，是整个现代化的重要步骤。建设社会主义新农村是一招活棋，这一步走好，可以带动内需、扩大市场、走出通货紧缩，而且具有改善农民生活、增加农民收入的“一石数鸟”之效。在这方面，韩国的新乡村建设具有很重要的借鉴意义。韩国在1970年开始新乡村建设时，和我国当前的情形也非常相似。经过20世纪60年代的高速发展，城乡收入差距不断扩大，1970年韩国也出现了产能过剩，水泥生产很多，出口不畅。新乡村建设开始时，韩国政府给每个村发350包水泥，以后除了水泥还增加钢筋等原材料，让农民修路、修桥、建下水道，结果解决了产能过剩的问题，使韩国的经济进入良性循环。20世纪70年代以后农民的收入增长快于城市，城乡收入差距减少，韩国也实现了现代化。只要上下一心，避免形式主义，以农民的利益为出发点，尊重农民的意愿，从农民最急需的项目着手，有农民参与决策、实施、监督和管理，那么，社会主义新农村建设必定能给农民带来实实在在的利益，我国的社会主义新农村建设也可以起到和韩国的新乡村建设一样的效果。从这一点来讲，我觉得社会主义新农村建设确实是一着活棋。

新农村建设新在哪里？*

——发展阶段变化与城乡关系调整

蔡　昉

社科院人口与劳动经济所所长、教授

新中国成立以来，每一个时期都有三农政策，改革开放初期的家庭承包责任制这招棋走活了。后来随着城乡收入差距不断扩大，逐渐形成了新的三农政策。这个政策取得了很大的成效，使农民减轻了负担，增加了收入，鼓励农村劳动力向城市转移，让务工收入成为农民收入增长的主要源泉。但是，迄今为止的三农政策并没有解决农民收入增长的长效机制问题，也就是还没有彻底"走活"。我想探讨一下社会主义新农村建设新在哪里，怎么走活。

大多数情况下政府制定政策是出于好心，但是只有少数政策才能真正达到预期目的。任何政策的成功实施都有赖于特定的发展阶段，只有顺应经济发展规律的政策才能成功。现在看一看"社会主义新农村建设"是否符合经济规律。

一、工业反哺农业的条件

胡锦涛总书记在十六届四中全会上已经提出"两个趋向"的判断，为社会主义新农村建设做了一个理论铺垫。具体内容是：在经济发展早期，一般是农业给工业提供积累，通过剪刀差、税收等手段提供城市工业化所需要的资金；到了一定的发展阶段，需要工业反哺农业，城市支持农村。这是一个带有趋向性的发展规律。

计划经济时期，政府通过税收、农产品价格剪刀差、储蓄的流动等方式，从农村一共转移出了大约6 000亿—8 000亿元的积累。这个积累在当时来看是非常大的，对工业化发展起了重要作用。改革开放之后，工农关系得到很大调整，但是没有实现根本性的趋

* 第5次季度报告会（2006年4月30日）。

向转变，城市和农村也没有实现均衡发展。根据黄季焜等的研究，在改革开放期间，通过相同的渠道从农业吸取了1.29万亿元的剩余用于工业发展。如果从城乡关系看，同期有大约2.3万亿元资金从农村流入城市部门。和计划经济时期相比，不仅农村支持城市、农业支持工业的趋势仍然在继续，而且转移金额完全上升了一个数量级。到现在为止，还没有看到总书记所说的趋向的转变。

过去搞农村工作的人总是想在中央文件中给农业冠上很重要的形容词，比如全党上下要高度重视农业，或者说农业是国民经济的基础。形容词不断往上加，加到非常重，到现在几乎已经无可复加了，但是还没有因此而实现城乡之间资金流动趋向的转变。在某种程度上说，这是因为中国还没有进入更高的发展阶段。

需要哪些条件才能进入工业反哺农业的阶段？很难总结出确定的规律，不过可以学习一下其他国家和地区的经验，看看它们在什么情况下政府从对农业进行征税转向保护农业。虽然我并不主张保护农业，而且保护农业和反哺农业的做法是不一样的，但是它们的条件可以是一致的。日本、韩国和中国台湾的耕地水平、人口密度同中国大陆比较接近，更具有借鉴意义。日本从20世纪初就进行农业保护即反哺农业，现在无法找到当时很准确的资料；韩国和中国台湾从20世纪60年代开始对农业实行保护，即价格保护、补贴农业生产、补贴农产品出口甚至排斥农产品进口，此时农业产值比重和劳动力比重分别下降到大约占比1/4和1/2时。总结起来，一个最表面的规律是，实施农业补贴需要两个条件，一是农业占GDP的份额不断下降，达到25%以下；二是农业劳动力占到全部劳动力的50%以下。如果80%的人还在务农，要20%的人去保护、补贴、反哺那80%的人，是不太可行的，反过来就更可行。对农业的保护一旦开始，结束就遥遥无期。国外学者对15个发达国家和地区进行的分析表明，农业保护一旦开始，政府就不断提高保护的水平，一直持续到农业占GDP份额下降到4%，农业劳动力份额下降到6%—8%的时候才结束。目前世界上大多数国家还远没有达到这个阶段。因此，工业反哺农业、城市支持农村将是中国一个长期战略性的任务。

以上谈的是一些表面的数量规律，影响工业反哺农业的还有其他因素，即更加深层次的原因。

首先，城市偏向的政策是赶超战略的结果。城市偏向的政策就是对农业、农村、农民不利的政策，在资金上是从农业挖掘剩余来满足工业化积累的需要，在社会发展上使得农村的教育、医疗和社会保障水平大大滞后于城市，用户口区分农民和非农民这样不同的身份和差别很大的各种权益和待遇。城市偏向的政策通常是在政府主导下形成的，市场经济不一定会对农民产生不利的影响。按照林毅夫、李周和我写的《中国的奇迹》的看法，城市偏向的政策和一定时期实行赶超战略有关。发展中国家在独立发展经济的早期，通常认为最优先要做的事情是加快工业化的积累，实现国家工业化。很自然的推论是，非农产业是重要的，发展工业是重要的，发展工业中的重工业是重要的。在工业比重很小的情况下，积累很自然要从农业中获得，农业剩余要集中拿来发展工业。

其次，发展经济学有一个轻视农业的传统。在二元经济体制下，其中的"一元"在农村，农民的生产方式落后，不对市场和经济激励做出反应，不是经济增长的主要贡献者。因此，暂时地忽略他们（也许不是恶意的），到了一定阶段以后再回过头来解决他们的问题，成为很多发展中国家政府有意的政策选择。世界银行在1990年代初发表的一些报告对城市偏向政策的原因做了归纳。

城市偏向政策一旦形成，就很容易持续下去。随着经济发展和人们理性的提高，发展中国家的政府也会重新认识城市和农村的关系。但是即使认识了，城乡关系也很难调整过来。人们很自然地认为，政府制定政策应该顺应民意，在民主投票体制下，哪部分人的票数多政府的政策就要符合哪部分人的利益。为什么农民的数量多但是政府政策却不符合农民的利益？对此一个美国学者给出的解释就是“数量悖论”。农民虽然数量多，但是居住分散，受教育程度低，沟通又困难，因此采取集体行动的成本就比较高，在政策决定中起到的作用就是比较微弱的。反过来，城市人居住集中，受教育程度高，和政府官员联系比较密切，沟通能力也比较强，因此他们决定政策。这样城乡分割、城乡不平等的政策倾向就在这个“数量悖论”的环境下得以维持和继续。

城市偏向政策也不可能无休止地持续下去。到了一定阶段，供求法则开始发生作用，城市偏向政策会得到调整，达到城市和农村共同发展的新格局。韩国、中国台湾都是在劳动力转移达到一定比重以后逐渐转向对农业的保护。在农民数量大幅度减少以后，国家和农民的关系以及城市居民和农村居民的关系就可以在政策调整下得以改善。这是因为：第一，等到农民人数减少、居住相对集中、受教育程度提高、不太在意免费搭车现象的时候，农民就可以有更强的影响政策的能力；第二，根据澳大利亚学者做的定量分析，到了一定的发展阶段以后，对农业进行征税的成本就非常高。这个时候对农业进行保护、一定程度上让城里人多付出在经济上就变成是可行和合理的。

二、劳动力市场的阶段性转折

在这个时候提出社会主义新农村建设，“新”就新在劳动力市场已经出现了阶段性的转折。

第一，劳动力市场的阶段性转折体现在就业增长加快，失业率下降，劳动参与率回升。绝大多数人都会认为，20世纪90年代后期开始在中国的城市出现了严重的下岗和失业现象，这个现象目前仍然十分严峻，而且日益严峻。这样的认识其实不准确。中国真实失业率的上升趋势在2002年之后开始逆转，此后失业率逐年下降。这里的失业率不是国家统计局公布的登记失业率，而是真实的调查失业率。2004年中国的实际失业率只有5.8%。仅失业率还不能确切表达劳动力市场状况，应该结合劳动参与率来考察。很多“4050人员”下岗以后很长时间找不到工作，最后失去信心就不找了。调查员问他“在过去两个月里，你有没有积极地寻找工作?”，他说没有，这些人就“退出劳动力市场”，不会算在失业里面。劳动参与率下降也是劳动力市场的一个重要指标，它意味着有相当多的人对劳动力市场失去了信心，被迫自愿退出了劳动力市场。我国的劳动力市场参与率从90年代后期以来一直是下降的，但是在2004年开始回升。

第二个体现是民工荒。从2004年开始,沿海地区出现"民工荒"。当时我自己也和大多数人一样,认为这是周期性的现象。但是后来我们发现,从那个时候到现在,民工荒的问题丝毫没有得到解决,反而从珠三角地区转移到长三角地区,再转移到中部劳动力输出省份。最近我到安徽农村一个县里考察,县长说现在缺工缺得厉害,县城里的一些企业都雇不到工人,而且不是技工荒,缺的全是普通工人。

工资上涨和劳资关系(以及政府立场)向有利于劳动方的变化也表明劳动力市场的阶段性转折。以前我们都在呼吁给农民工涨工资,但是没有用。政府不能给农民工涨工资,企业家不听我们的。但是现在我们确实看到了农民工工资的上涨。珠江三角洲地区农民工的工资在过去十年只涨了60块钱,但是在去年一年就涨了100块钱,比过去十年涨得还要多。企业家真的雇不到人了,只好涨工资,不是因为学者的呼吁。从国际比较来看,中国现在制造业的工资水平在国际上是非常低的,但是和发达国家、转轨国家、其他发展中国家相比,中国是全世界制造业工资上涨速度最快的国家,而且快很多。我预计在今后几年里,这个速度还会加快。

这一转折出现的原因是,我国的人口结构已经发生了显著变化。计划生育政策使得中国较早地迎来劳动年龄人口不断上升、占总人口比例越来越大的黄金时期,这正是中国改革开放二十几年经济发展最快的时期。劳动年龄人口比例不断上升对经济增长的贡献大概占1/4以上。同样,这个额外的经济源泉来得早去得也早,现在已经开始式微了。我国劳动年龄人口的增长率连续多年在下降,只需要六到七年时间增长率就会下降到零。同时,劳动人口的年龄也变得越来越大,不像早期以年轻人为主。在图1中,下降的那条线是十一五期间劳动年龄人口的净增量,包括城市和农村。不断上升的几条线是劳动力的需求线,其中最上面的那条线假设非农产业以10%的速度增长、就业弹性(一个百分点的GDP增长能够带来的就业)比较高,这些假设比较乐观;最下面的那条线假设未来的非农产业增长速度比较低、就业弹性也比较低,这些假设比较悲观。可以看到,即使按照最悲观的劳动力需求假设,到2009年也要出现劳动力短缺的现象。宽泛一点说,在2004—2009年间,劳动力的总供给和总需求已经开始平衡了。这并不意味着中国从此就没有就业问题了,毕竟自然失业即摩擦性失业、结构性失业还是会一直存在的,而是说剩余劳动力就要淘干了。

当一个国家把无限供给的农村剩余劳动力澡盆淘干的时候,就到了发展经济学中的刘易斯转折点。这个转折点非常重要。在此之前不论有多少新增就业,工资都不会涨,这是一个典型的二元经济发展;在这一点之后劳动供给不再是无限的,工资开始上涨,人均收入开始实质性地增长,这是一个典型的现代经济增长。一个国家的发展可以是几百年甚至上千年,但是刘易斯转折点应该只出现一次。我们比较幸运,因为我们即将看到这一点。如果把刘易斯转折点看成一个区域的话,我们已经生活在刘易斯转折区域了。这个时候恰恰也是城乡关系进行调整的最好时机,因此新农村建设是符合经济发展规律的,温家宝总理讲的一盘活棋就能够真正走活、走赢。

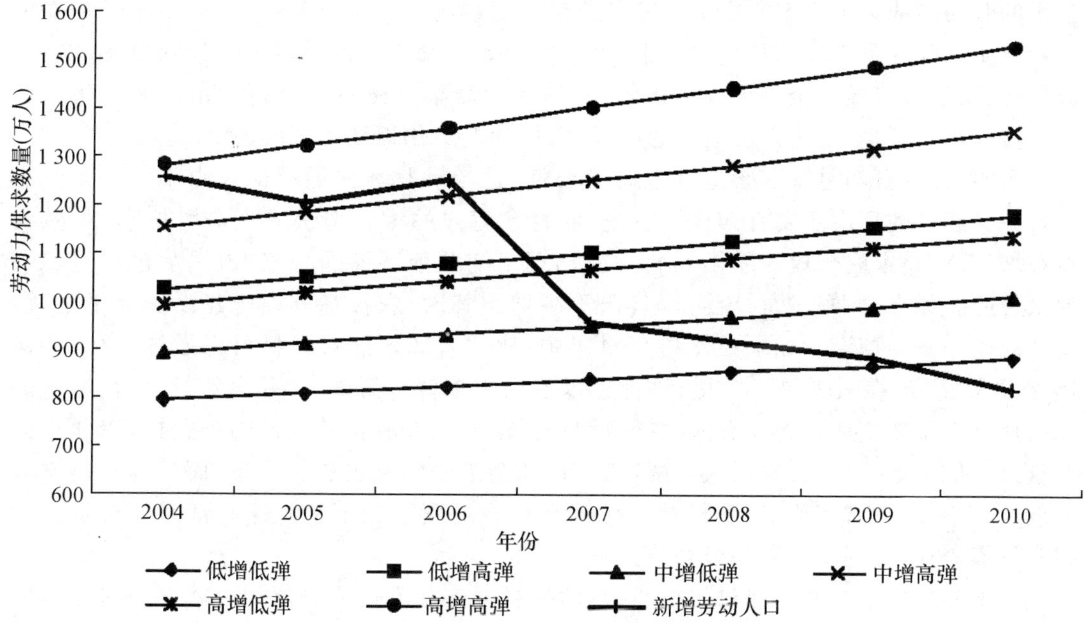

图 1　刘易斯转折点

三、新农村建设的几个重点

新农村建设要把握几个重点。

第一,加快转移农村劳动力。农业劳动力份额的下降是反哺农业的条件。不仅如此,农村劳动力转移出来也能促进经济增长。世界银行 2004 年的一项模拟表明,在今后能够把农业劳动力转移出 1%、5% 和 10% 的假设下,GDP 分别可以提高 0.7%、3.3% 和 6.4%。转移农村劳动力还有利于减少城乡差距和地区差距。为了减少这些差距我们实行过很多政策,包括再分配政策、西部开发战略、东北振兴战略、减轻农民负担等,但是都没有起到很好的效果。如果从历史上来看别的国家是怎么消除城乡和地区差距的,很容易得出一个结论:他们的再分配政策都没有起到什么作用,归根结底是靠人口的自由流动消除的。

第二,提高农业生产率。研究农业经济的人经常说农业需要保护、需要反哺,因为农业天生是一个弱势产业,或者说农业带有一点公共品的色彩。我认为,政府利用政策扶持农业、让工业反哺农业是必要的,但这不是因为农业是一个弱势产业。近年来摩根斯坦利和一些学者都发现,在 20 世纪 90 年代,我国农业与工业、建筑业和服务业相比,全要素生产率的增长表现更加突出,而且这个特征将继续保持。这使得农业的赢利性丝毫不逊色于非农产业,提高农业生产率不仅必要而且可行。

第三,社会主义新农村建设的工作重点以及投入优先领域,应该在于农村教育、卫生事业和社会保障体系,以及其他公共服务体系的建设,以提高农村的总体社会发展水平。目前民工的 60%—70% 都是初中生,他们对现在的岗位是非常适应的,但是以后对更高学历的劳动力的需求会不断增加。随着劳动力短缺的出现，最好的应对办法就是提高劳动者素质。此外在农村的社会保障中，养老问题非常紧迫。由于城市的计划生育政策比较严格，而且城市养一个孩子成本比较高，因此大家很自然就会觉得城市的老龄化问题会严重一些。其实，由于人口流动的因素，农村的老龄化程度比城市还要严重。

第四，合并自然村既有紧迫性也有必要性，这个和林毅夫教授的观点不太一致。支持合并自然村的理由主要有四个。首先，农村家庭户的增长率快于人口增长率（虽然人口在增长，但是家庭规模在缩小），自然就出现了宅基地不够的现象，占用承包田建房现象很普遍。如果合并自然村就可以省出不少地。其次，农村基础设施建设资金不足，需要从规模经济中挖潜。如果自然村相对集中，比如有 2/3 的自然村可以撤掉，原来要修 10 公里公路，现在只需要 5 公里，这样可以省出很多钱。另外，合并自然村之后，原来的宅基地可以重新变成耕地。有人根据个别地区已有的经验推算，合并自然村可以使全国节省出一亿亩地。再次，农村人口凋零以后，社会治安问题也比较严重，而随着户籍制度的放松、年轻人在城市落户，农村社会化养老也要提到日程上来。这些都需要自然村的相对聚集。最后，到了土地规模经营的时候了。

对于一些关于合并自然村的担心，有的基层干部并不认同。比如合并自然村后离农地的距离远了，有的基层干部说现在都是机械化，近一点和远一点就是加一下油门的差距。新农村建设中的确不能拆农民的房子，但是在大家盖新房的时候进行适当的引导、相对的集中也很重要。关于合并自然村会否违背农民意愿，实际上通过一些制度上、政策上的约束就可以避免。比如有的地方成立一个五老理事会，由农村的老干部、老党员、老权威、老教师等比较受尊重、有一定群众代表性但又不当干部的人成立一个理事会，所有合并自然村的决定都由他们来做，有不同意见的话村干部也找他们商量，农民也找他们反映。

入世五年看农业*

——我国农产品贸易和供求演变趋势

卢　锋

北京大学中国经济研究中心教授

在五年前关于中国入世的讨论中,农业、金融、汽车是几个热点争论问题。入世后农业开放会不会影响粮食安全,会不会导致中国依赖于外国粮食供给?这在当时是争议较大的问题。当时很多人担心农业开放会对农民收入带来严重负面影响,一些计量模型模拟结果预测:入世农业开放将导致我国几百万甚至1 000多万农民失业。这些研究思考的动机和方法都有可取之处,但是需要将这些结论与实际经济发展对照检验,来增加我们对中国经济运行规律和关键参数的认识理解。在中国入世五年后的今天,有必要考察农产品贸易和供求关系的实际变动情况并分析其原因。

一、我国农产品贸易实际表现

改革开放以后,中国农产品的出口和进口都在增长,但是由于出口大于进口,净出口呈现增长趋势。最近几年出现新情况:出口仍然在增长,但是进口增长得更快,并在2003年变成净进口。2004净进口规模达到50亿美元;2005年净进口规模有所缩小,但仍然是净进口;2006年预计将保持这样的格局。考虑人民币实际汇率难以避免面临升值趋势,我国农业净进口可能是一个趋势性现象,净进口规模进一步扩大也是有可能的。

再看一下农产品贸易的结构情况。本文考察15种农产品的净进口情况。这15种农产品大概占所有农产品贸易的85%—90%。其中八种农产品的净进口在减少或者净出口在增加(见图1)。第一类是主力净出口产品,比如水产品、蔬菜和水果。在这些产品

* 第5次季度报告会(2006年7月29日)。

上中国具有较强的竞争力,入世后这些农产品的出口仍在较快增长,每年出口几十亿美元。第二类是重要净出口产品:饮料、茶与咖啡,每年有一到十亿美元的净出口。第三类是大幅波动但稳定净出口的产品:肉类、烟草。第四类是净进口趋势下降并出现在某些年份净出口的产品,本文称为表现出净出口趋势产品,如谷物(包括稻谷、小麦、玉米)、糖等。

净进口的农产品有七大类(见图2)。由于农业统计口径的因素,一些重要的农产品比如木材、竹类、橡胶等都没有涵盖在内。但本文农产品是在有关统计口径中比较宽的农产品贸易口径。七大类净进口的农产品可分为三种。第一种是制造业特别是纺织业的原料:棉花、皮、毛、丝。第二种是农业内部动物产品的投入品:大豆等油料。第三种是需求超常增长的农产品:牛奶。尽管近年国内产量增速高达30%以上,仍然无法满足国内需求的增长,结果出现大量净进口。

如何看待净进口?我认为可以从三个角度对农产品净进口加以分析,并在此基础上对此形成比较适当的判断。首先看净进口对象产品与它国内产量的关系。数据显示:过去五年中我国棉花、大豆、羊毛这些产品的进口增长很快,但是它们的国内产出也有明显增长,牛奶国内产出更是成倍增长。需要说明:即便国内产量减少了,从比较优势原理角度看,净进口也不一定是坏事;但是如果净进口增加同时,国内产量也增长,则即便从比较狭隘的短期需求替代角度看,净进口增长也不应是严重问题。

其次分析净进口产品与国内下游产品关系。比如大豆进口和饲料工业的发展有同步关系。大豆主要的用途有两种:一是加工成植物油用于消费,二是利用大豆加工副产品豆粕作为优质饲料原料,促进我国肉鱼蛋奶等动物产品发展。如我国近年预混料、浓缩料、配合料等三种饲料中,较多利用豆粕的浓缩料成倍增长,对我国饲养畜牧生产部门快速发展做出了贡献。

最后分析农产品进口与国民经济相关部门的关系。一些农产品原材料进口支持了中国具有比较优势的制造业比如纺织业的发展。在过去五年中,中国纺织业出口有了空前的增长,纺织业就业人数也随之增长。图3报告的有关行业协会统计数据显示,过去五年中纺织业和棉纺织业就业人数分别增长了约680万和480万人,并且新增加就业人员绝大部分都是农民工。即便考虑这些数据可能存在高估误差,几百万就业创造无疑是对我国入世以来经济发展非常有意义的贡献。

由此可见,入世以后农产品进口确实增加了,以后还有可能继续增加,但是农产品进口实现了几个重要的功能。第一,发挥了中国制造业的比较优势,促进了中国农村劳动力转移。纺织业是一个事例。第二,农产品进口发挥了农业内部比较优势,促进了肉鱼奶蛋这样一些动物产品部门的生产,这些部门每年出口几十亿美元。最后,农业进口满足了国民对牛奶这样一个特殊产品、在特殊时期的一种超常的增长需求,而牛奶对于我国儿童和国民体质提高有积极意义。农产品进口增长符合中央提出的科学发展观和“以人为本”理念,与平衡国际收支目标也是一致的。

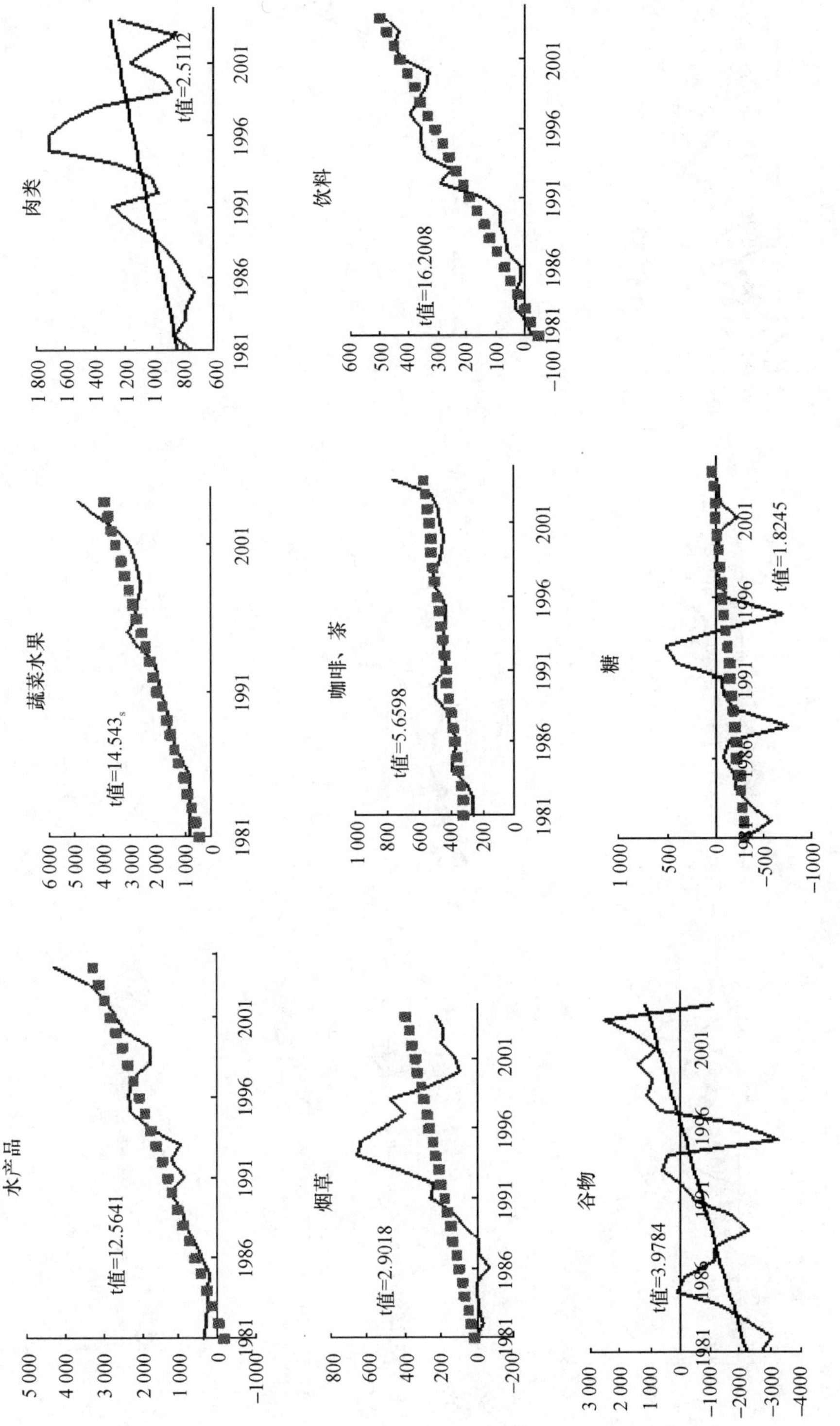

图 1　八类农产品的净出口趋势(百万美元)

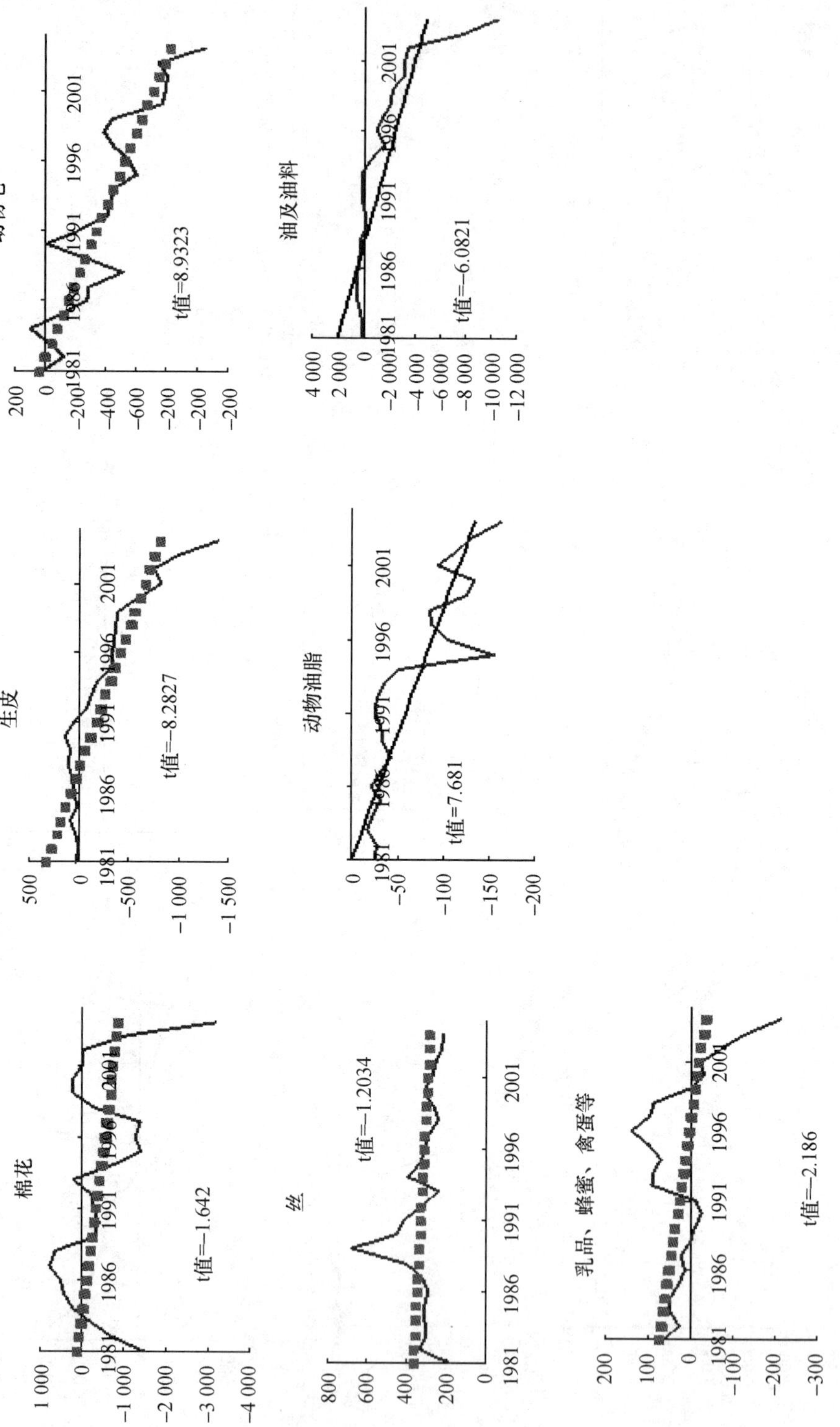

图 2　七类农产品的净进口趋势（百万美元）

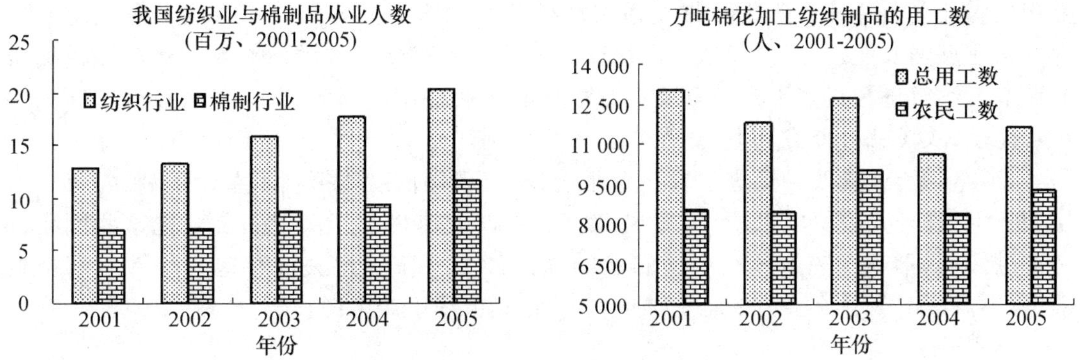

图 3　纺织业增长的就业效应

二、我国农产品生产效率增长

我国农业入世后为何没有“全盘皆输”？要回答这个问题，我认为需要对中国农业供给能力和需求增长进行重新思考和评估。结论可以用两句话来概括。第一，我国农产品供给能力不是那么“弱质”。第二，我国农产品需求增长不是那么“刚性”。

要判断农产品供给长期增长能力，一个简单而重要的指标是农产品劳动生产率。利用我国农产品成本收益调查数据计算，十几种农产品中，年均劳动生产率增长率最低也有5%，最高超过10%，平均大约是6%—7%（图4）。如果一个部门，特别像农业这种部门劳动生产率在20多年中有6%—7%的年均增长率，那么认为这个部门特别弱质的判断是否准确就可能需要重新思考。

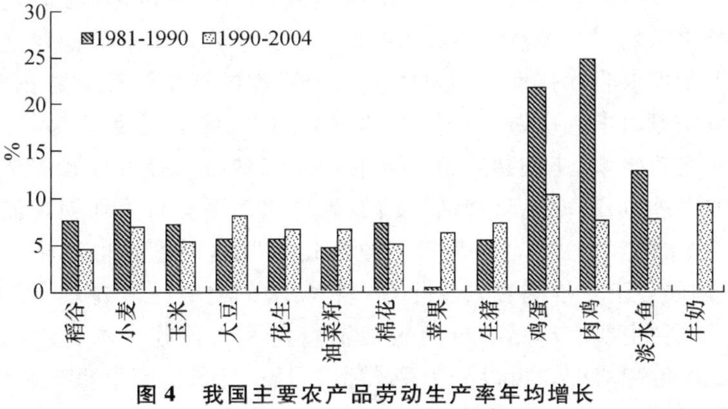

图 4　我国主要农产品劳动生产率年均增长

从经济学分析的角度来看，劳动生产率增长的原因包括人均物质资本变化、人均人力资本变化、技术和制度变化等。从这些角度不难理解我国农产品劳动生产率持续增长的原因。具体来说，改革开放以后引入了新的产权制度和市场激励机制，加上政府改进管理和提供配套服务，为农业发展提供了较好的基本体制条件。另一个具有决定意义的因素是农机、化肥、电力、生物品种、塑料薄膜覆盖等新投入和技术广泛推广应用，推动农业生产函数持续发生结构性变动。科学技术和工业生产为农业提供新的物质能量投入，是现代农业跳出传统农业边际收益递减规律约束的本质差异所在。在这个意义上确实存在工业反哺农业规律，然而这一规律作用展开并不必然需要政府对农业经济在市场机制调节下运行进行过多干预。只要工业本身的发展提供了新的技术、新的投入和新的生产可能性，农民就可能在市场激励机制下有效利用这些条件，从而促使农业快速增长。另外，道路物流设施改善促进了农业专业化分工，现代信息传播技术革命便利，农民学习实用技术，提升人力资本素质，都对提高农业生产效率做出了关键贡献。把这些因素都考虑进去后，不难理解为什么中国农业的供给能力并不像过去没有这些条件时那样弱质，也不难理解为什么会有6%—7%的年均农业劳动生产率增长。

三、农产品需求增长趋势

决定农产品需求的两个主要因素是人口和收入。现在大家普遍认为，中国的人口峰值将明显低于几十年前的预测，大概只有14.5亿，最多不超过15亿。今后每年大概只能增长0.4—0.5个百分点，增长速度呈现下降趋势并大约在21世纪30年代达到峰值。除了人口总量的变化，人口内部的结构性因素也对农产品需求产生影响，比如老龄化程度加重会导致食物需求减少。结合人口老龄化、总抚养比对未来预测结果做一个粗略估计，目前每年人口总量和结构因素，对于食物需求的增长贡献不会超过一个百分点，并且会持续下降。随着老龄化导致食物需求下降影响超过幼年人成长对食物需求增长影响，大约未来5—10年间人口结构性因素对农产品食物需求贡献就会变成负值。随着人口结构性因素负面影响超过人口总量增长正面影响，估计15—20年间人口因素总体对食物增长贡献会历史性地变成负值。

上述分析表明：尽管人口变化还是一个影响农产品需求的因素，但它的重要性已经降低了。在一个快速发展的经济中，农产品需求主要受收入影响。衡量这一影响的适当经济学概念指标是需求收入弹性。不过需求收入弹性的严格计算对数据要求很高，因而不容易全面度量。退而求其次做一个简单的近似估计，即通过度量“人均表观农产品消费量和人均收入变动比率”来间接观察主要农产品消费收入弹性变动趋势。表观消费量就是国内产量加净进口量，取三年移动平均数。将移动平均后人均表观消费量增长率除以人均收入增长率，得到上述“表观消费与收入比率”，这一度量值严格说不等于需求收入弹性，但其长期趋势值对推测收入变化对食物需求的趋势性影响有一定的参考意义。

本文计算了八种主要农产品的长期表观消费量和人均收入的比率（图5）。依据八种农产品上述比率值趋势变动可以分为两大类。第一类是比率值呈现趋势下降的对象，如谷物、棉花、肉类、油料整体。尽管去年谷物比率值为正，但它的趋势值已经是负值。棉花等产品比率值大约为0.5。这与前面讨论的贸易趋势变动具有内在联系。第二类是比率值上升并且比较高的农产品，如植物油、大豆、鱼类和奶类。其中鱼类比例值的计算对于数据起始时间很敏感。初步估计，主要农产品的平均比例值大概在0.5到0.6之间。

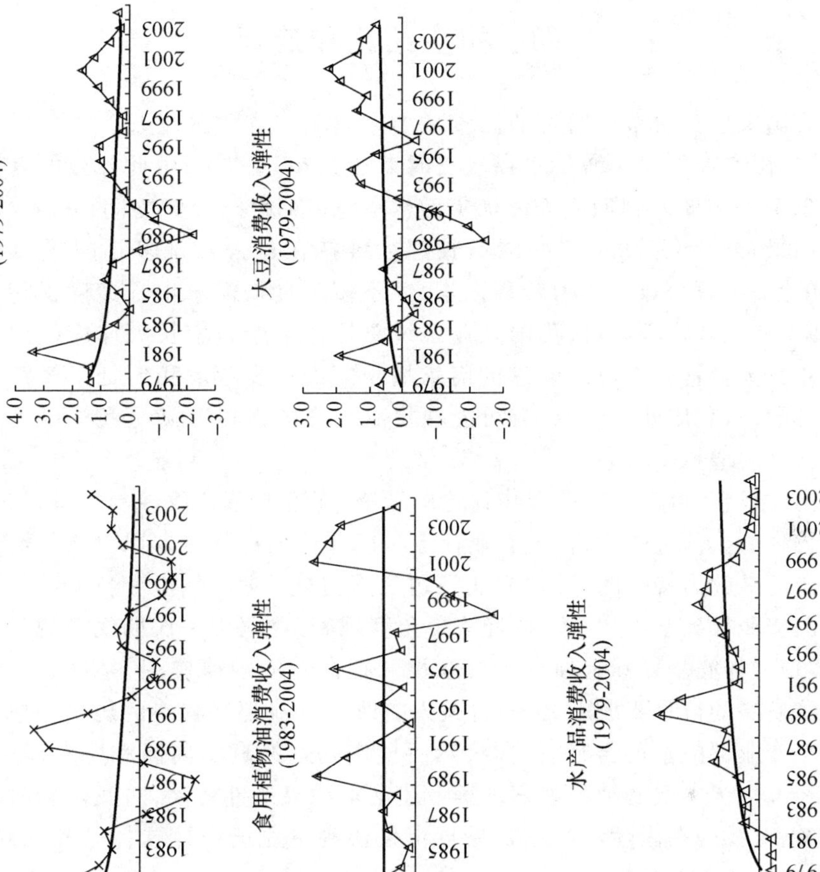

图 5　我国若干主要农产品表观消费与收入变动长期关系

四、初步结论和启示

推动我国未来食物需求增长的因素主要来自人口和收入增长。人口增长贡献不到一个百分点,假定人均收入增长率在较长时期达到6%—7%,由此导致的食物需求增长率大约是3.5%—4%。因而实物需求年增长率应在4.5%—5%之间,并且会呈现逐步下降趋势。如果农产品劳动生产率的增长速度维持在过去二十多年的平均水平(6%—7%),再扣除一个百分点劳动力转移因素,差不多和食物需求增长速度保持平衡。由此可见:即便不考虑食物净进口,我国农业系统总体供给能力增长大体应能满足相当于过去二十多年我国膳食结构快速改进的需求增长。进一步考虑我们处于经济全球化环境中,通过国际贸易利用外部资源,有可能在更有效率的前提下满足我国国民在经济起飞时代对农产品的增长需求。

依据上述观察,可以提出一个供讨论的看法:随着改革开放体制转型,依托当代农业科技进步提供的全部可能性,传统农业社会时期和计划经济时期以食物供给绝对量不足和阶段性匮乏饥荒为特征的所谓“农业问题”,其实早已通过制度和技术约束条件改变以及几亿农民实践得到基本解决。从经济史角度观察,我国第一次彻底摆脱马尔萨斯陷阱约束,在实现食物安全目标上独立于外在性和宿命性的规律作用,是过去二十多年制度变革和经济发展的最重要成就之一,也是人类改善自身福利状态的历史性成就之一。农业作为一个产业部门永远会有新问题,然而现实问题的真实内涵和应对措施,与历史时期相比已经发生了本质变动。观察理解上述基本约束条件变动,对我国新时期土地制度和政策调整,对我国在国际农产品贸易自由化谈判中立场设计选择等其他问题,也都有重要引申含义。

粮价走势观察*

卢　锋

北京大学中国经济研究中心教授

目前讨论粮价走势主要出于两点考虑。首先,我们知道今年新一轮 CPI 走高背后有一个结构性原因即猪肉价格上涨。在价格机制调节以及有关政策作用下,肉价过去一段时期已稳中有降,但是粮价会不会上升并进一步推高 CPI? 这是短期宏观分析关注的问题,宋国青教授最近写文章讨论了这一问题。其次,从过去的经验来看,讨论粮食供求和价格存在如何区分周期阶段性变化和长期趋势问题。现在粮价仍处于周期性上升阶段,它是否同时意味着我国粮食供求转而进入长期相对紧张状态,对于“CCER 中国经济观察”来说也是可以探讨的问题。

粮价问题涉及因素复杂,争论了几十年,而且某些关键数据获取存在特殊困难。这里主要整理、报告和讨论以下几方面问题数据:产量和贸易变动、消费量长期数据、库存数据、粮价数据,然后简略观察国际市场粮价和供求关系因素。

我国粮食产量在过去三年持续增长,到 2006 年达到 4.97 亿吨,三年累计增幅超过 15%。这在过去三十年中也是比较少有的大幅增长,是对前几年粮食产量走低的回调。今年早稻产量仍然增长,秋播面积也略有增长,今年粮食产量有可能再次超过 5 亿吨。总之,这几年粮食产量显著增长。具体到不同粮食品种产量变化,改革开放时期相互趋势变动差异很大。图 1 显示基本特点是稻谷、小麦增长幅度较小,玉米和大豆这些饲料粮增长幅度较大。

除了国内生产粮食,粮食供给另一个来源是净进口。这几年净进口总起来看持续增长,净进口总量在 2005 年和 2006 年连续超过 2 000 万吨,2006 年第一次超过 2 500 万吨即 500 亿斤,大体达到消费量的 5% 以上。十年前通常估计中国粮食净进口会达到两三千万吨,因而这是总量数据变动可以说并不奇怪。但是如果进一步观察粮食净进口结构变动,则存在很大的始料不及的因素。

从图 2 可以看出,我国不同粮食品种贸易平衡方式变化与早年预测形态极为不同。

* 第 11 次报告会(2007 年 10 月 28 日)。

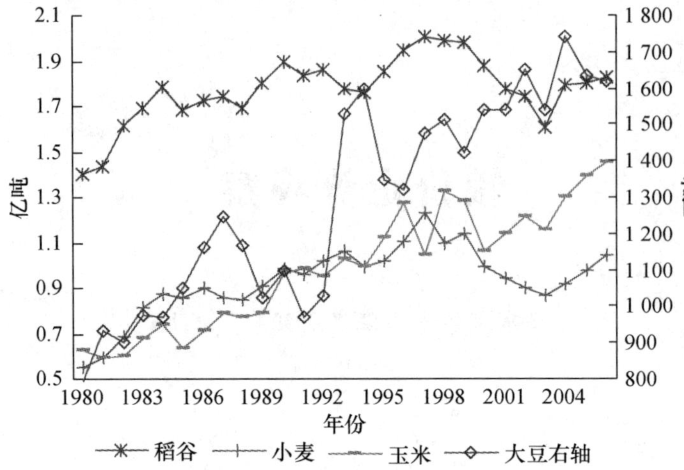

图 1　中国粮食分类产量

三种主要谷物的净进口量在这几年持续减少，只有大豆净进口量在增加，目前大豆进口量已强劲增长到超过国内消费量一半以上。大豆进口规模如此巨大，为以前大量预测我国粮食进口研究始料不及。今年前八个月的数据显示大豆进口量仍然在增加，但是由于其他粮食净出口量增长，粮食总净进口量减少了 20%。这涉及宏观经济形势和粮食净进口关系问题。一种可能的观察思路是，本来中国需要进口较多粮食，但是由于某种因素，比如国外粮食价格比较高或者国内汇率低估，实际净进口粮食较少。在粮食产量给定情况下，粮食净进口量的减少会对国内粮价产生影响。

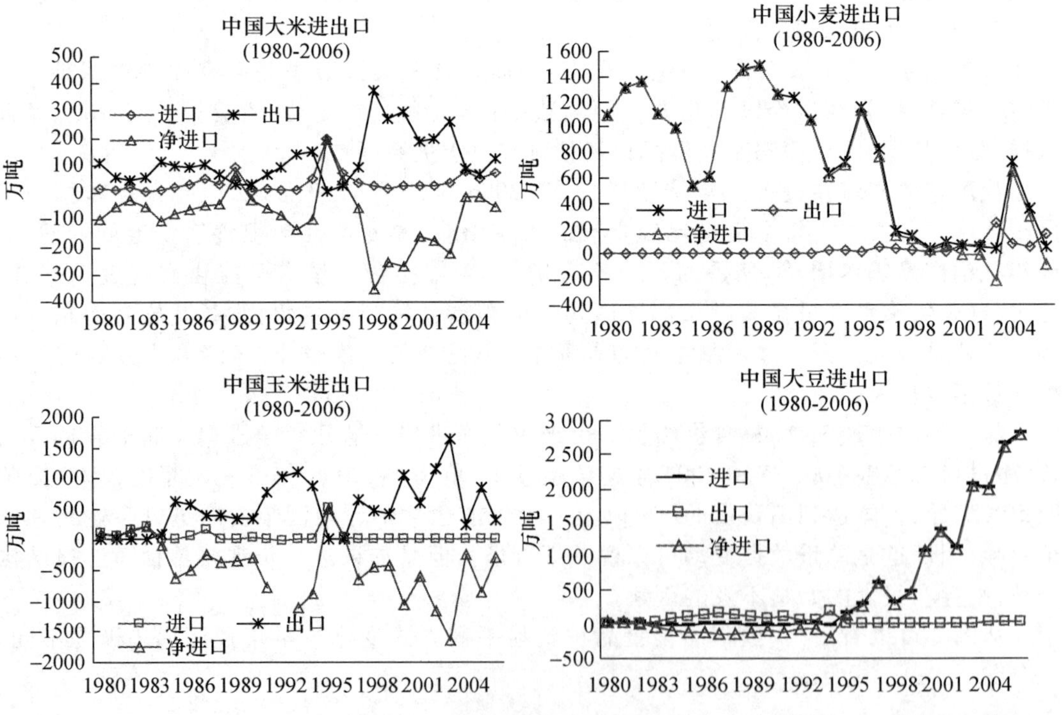

图 2　中国分类粮食进出口量

粮食产量加上净进口构成表观消费量，与实际消费量之间差别主要在于年度结转库存变动。如果年度库存变动具有某种周期属性，从几十年长期看即便没有考虑库存仍能观察到消费量趋势变动。对于理解中国长期粮食需求来说，表观消费量和收入长期变动关系是个有意义的指标。图3报告了人均实际收入和粮食表观消费量的关系。从图中可以看出，从1980—2006年，人均收入水平增加了八九倍，但是粮食表观消费量增长不多，大约只有13.8%。在不同年份粮食表观消费量的波动比较大，最低值出现在1980年，而最高值出现在1996年，最高值比最低值高出20%。总的来看，人均收入增长对粮食表观消费量增长带动作用较小。但是不同粮食品种表观消费与人均收入之间关系差别很大。如2006年大豆人均表观消费量是1980年的四倍，其他三种粮食人均表观消费量在20多年增长很有限，其中大米还略有减少(见图4)。

图3　人均实际收入与粮食表观消费量(1980—2006,1978不变价元)

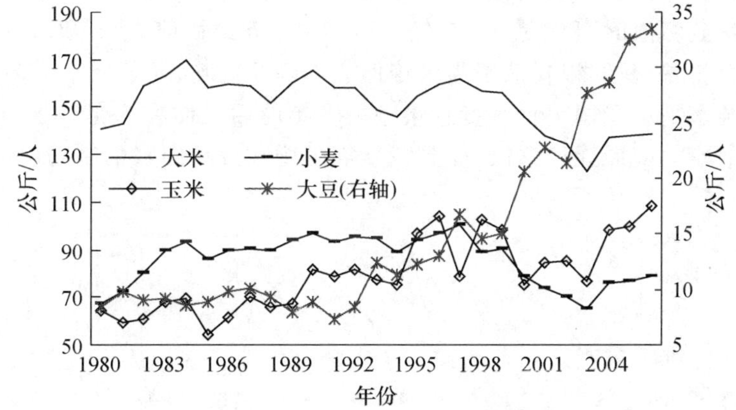

图4　中国分类粮食人均消费(1980—2006)

我们不妨做一个简单近似的收入弹性估计。计算方法是：人均消费量取5年平均数，人均收入增长也取5年平均数，再把两个五年平均数年度增长率相除求得一个比率值。如果收入以外影响粮食总量消费因素都没有变动，则图5报告的这个比例值就是粮食表观消费需求对人均收入的弹性值。由于其他条件在过去二十多年也发生重要变动，因而将其称为弹性值实际不准确。有关食物生产消费最重要的其他因素变动包括：大豆等高效率饲料粮所占份额增加，低粮耗动物产品如鱼类和奶制品人均消费需求大幅增加，饲料加工利用效率的提高，对耕地投入竞争性很低的水果等食物产量和需求大幅增加等等。

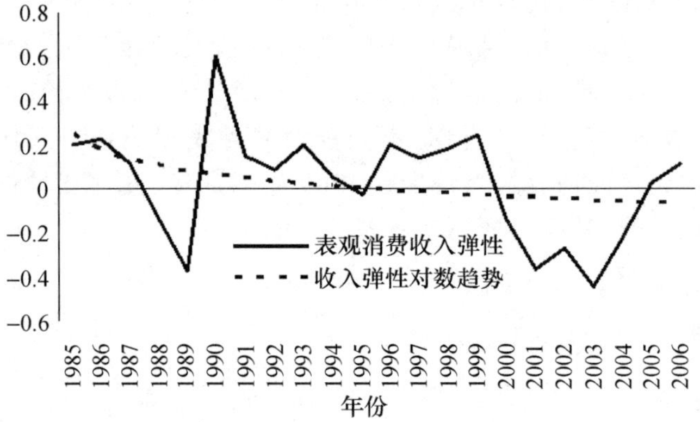

图 5　粮食表观消费收入弹性近似估计(1980—2006,5 年平均值)

尽管收入以外因素变动使得我们不能把上述估算比率值称作需求收入弹性，但是这个比率值仍然具有“近似于收入弹性”的经济含义。如果上述食物结构变动具有可持续性，那么上述比率值大体衡量了给定上述变动前提下粮食消费量与收入变动之间的数量关系，特别是这一估测比率的长期趋势值提示了人均粮食总消费与人均收入变动之间的长期关系。图 6 中虚线趋势显示随着人均收入增长，这一趋势值从 20 世纪 80 年代前期大约 0.3 持续下降，到 90 年代中后期已接近于零，近年甚至进入负值范围。这一结果提示今后中国粮食长期消费增长将主要由于人口增长和其他非食物需求增长。人口专家估计我国人口达到峰值时可能是 14.5 亿—15.0 亿，将比目前人口 13.1 亿增加 10%—15%。从现有数据看，我国粮食消费需求峰值应不到 6 亿吨，显著低于十多年前预测的 7 亿甚至 7.5 亿吨水平。我国粮食产量总量过去十年前后大体在 5 亿吨上下波动，一方面有供给能力和效率方面原因，另外也受到消费需求增长放缓因素的制约。

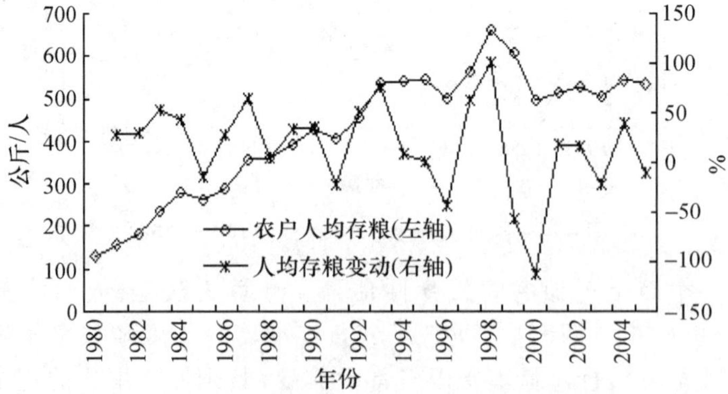

图 6　农户人均存粮及年度变动(1980—2005)

上述数据显示，从流量意义上的供给量和需求量关系来看，近年供应增长较快，好像粮价上涨的压力不大。不过正如宋国青教授注意到的，粮价问题和我国粮食库存变动关系很大。即便增量变动大体平衡，即便长期供求关系不存在特别问题，只要库存需求因为周期因素增长很快，也会带来市场价格上涨压力。

粮食库存数据最为缺乏，数据透明度、系统性和质量都有较多问题。这里只能根据不同渠道获得的数据做简单观察评估。美国农业部对中国粮食库存有几十年估计数据，显示我国粮食库存从1960年700万吨上升到1999年3.2亿吨，此后大幅下降，到2006年下降到大约为1.15亿吨。这个数据统计口径推测是商业库存，应没有包括我国农户库存。一个可供对照数据是：1997年我国国有企业粮食库存是2.5亿吨，到1999年上升到3亿吨有可能。上述数据认为过去几年我国库存剧烈下降，如果真是如此，那么现在库存规模较小，补充库存带来需求增长压力就比较大。不过对这一数据系列准确性难以直接核对。

除了个别年份的零星数据，无法获得我国农户以外粮食商业库存和储备时间序列数据。最近国家有关部门对粮食库存进行专项检查，可能主管部门对这方面数据准确性也有存疑之处。国家粮食部门公布每年国有企业粮食购销量。国有企业粮食购销量差别不是库存变化，但是应当与年度库存变化有相当联系。如果把每年收购减去销售差量看作库存净增加，并与1978年美国农业部库存数据相结合，可以得到现在中国粮食库存上限应当在3.46亿吨。当然这个上限值可能大大高估现有中国粮食库存数据：粮食销售可能没有包括损耗，甚至大量陈化粮处理是否计入销售也不清楚，因而有理由推测目前国有粮食库存量应显著低于3.46亿吨。1.15亿吨到3.46亿吨区间范围太大，对于宏观经济预测意义很小。

这里又涉及学术界多年呼吁有关部门应定期公布国家粮食库存数据问题。社会持有粮食库存是为了调节粮食产出和消费季节性不一致等矛盾以实现粮食安全目标，粮食库存数据有助于减少市场不确定性从而帮助微观主体更有效决策。计划经济和准备打仗的历史时期，粮食持续匮乏，库存规模很小，考虑问题具有政治敏锐性而把库存数据作为机密信息对待可以理解。今天现实情况已根本不同。在一个开放度不断扩大的市场经济环境下，现实粮食经济问题早已从长期匮乏的政治敏感问题，转变为通过市场机制和政策调节保证粮食供求和价格相对平稳的问题，提高库存数据质量并定期公布可靠粮食库存信息对于正确引导市场预期具有积极意义。耗费资源得到粮食库存数据而又不向外公布，等于人为添加了不确定因素，政策手段与目标存在矛盾，再次建议有关部门依据与时俱进方针加以调整改进。

除了商业库存外，我国农户还持有大量库存，构成中国粮食经济重要的结构特点。农民生产粮食一方面要出售，另一方面要留在自家食用和消费。从不同渠道多方收集数据显示，农户人均粮食库存量从1978年128公斤上升到1998年662公斤，但是最近几年农户人均粮食库存下降，2005年下降到535公斤。业内人士在解读我国农户库存数据方面一直存在困惑和不同意见，一种疑问是农户数据似乎过高。库存数据在11月底取样，与新粮上市平均还有半年左右时间。另外农户商品粮销售可能比较集中在春季进行。考虑这些因素，农户人均粮食库存500多公斤是可以理解的。比如对于一个四口之家，假设卖掉 1 000 公斤粮食，自家在新粮收获前半年多消费 500—700 公斤粮食，最后一户结转库存大概只有 300—500 公斤左右。

今年发改委价格成本调查系统专门进行一次农户粮食库存调查，结果显示农户户均库存 1 120 公斤，比前面系列数据库存规模小得多。可能有两方面原因：一是调查时点不一样，发改委数据从 4 月份开始，与上述系列数据 11 月底取样差 4 个月，中间几个月会产生粮食消耗和粮食销售。二是发改委调查 16 000 多个样本量，分布在 800 多个县，每个县不到 20 户，可能有点偏小。如果抽样较多分布在经济相对发达地区，户均粮食库存也可能小一些。发改委调查结果显示，今年每户粮食库存减少 20 公斤左右，减幅约为 1.8%。

图 7、图 8 显示我国粮食市场名义价格在 1995 年达到高峰后，在随后几年持续下跌，直至 2003 年年底才开始反弹，2005 年又有所下降，过去一年多又显著上涨。粮食实际价格在过去近三十年变动大体可分为三个周期，目前实际粮价仍比上一次周期的 1995 年前后峰值低大约三成左右。今后一段时期实际粮价能否回升到 1995 年的高峰水平？这是预测未来粮价需要考虑的一个具有某种参照意义的问题。我感到实际粮价不一定能够上涨到 1995 年的水平。1995 年通胀率很高，当时粮价上涨部分具有对通货膨胀反应甚至超调性质。今后如果宏观经济政策能保证总需求不至于像 90 年代前中期那样过度增长，粮食实际价格达到 1995 年水平可能性不大。

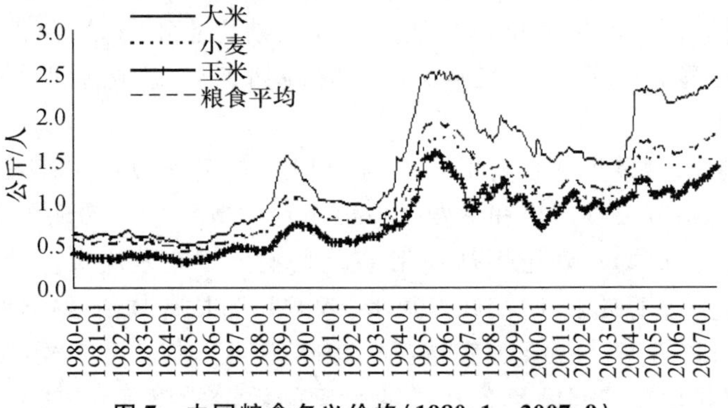

图 7　中国粮食名义价格（1980.1—2007.9）

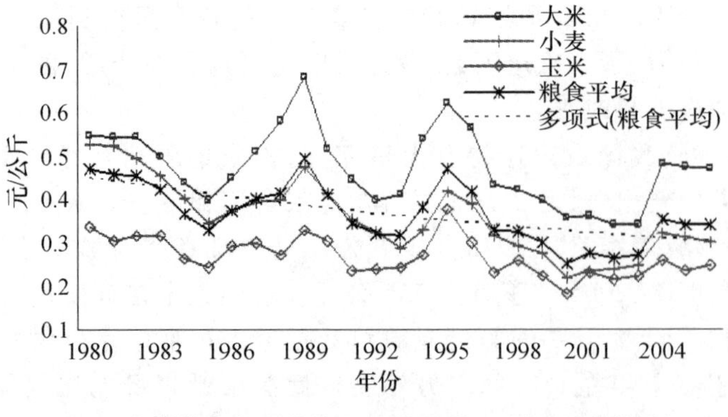

图 8　中国粮食实际价格（1980—2006，1978 不变价元）

最后讨论一下全球粮食供求数据。目前全世界粮食库存量是三十年来最低水平，国际市场粮价上涨。图 9 显示全世界粮食消费结构变化有一个重要特点，就是在过去几年玉米的其他部分消费（不包括种子和饲料消费）大幅增长。这应当与石油价格上涨具有直接关系。石油价格上涨引发对替代能源的需求。由于玉米可以制造乙醇汽油，乙醇汽油产量大幅上升导致相关玉米消费占到所有玉米消费的 10%—20%，在整个粮食中也达到 5% 的比例。这是一个不小的份额，可见能源价格已经对粮食供求平衡关系造成影响。不过从过去半个世纪长期数据来看，石油价格对粮食价格影响相对减弱。20 世纪 70 年代、80 年代发生石油危机时，实际粮价也在最高点，之后实际粮价走势总的来讲是在走低，对石油价格的反应也在减小，很难想象实际粮价会重新回升到 20 世纪 70 年代的峰值水平。

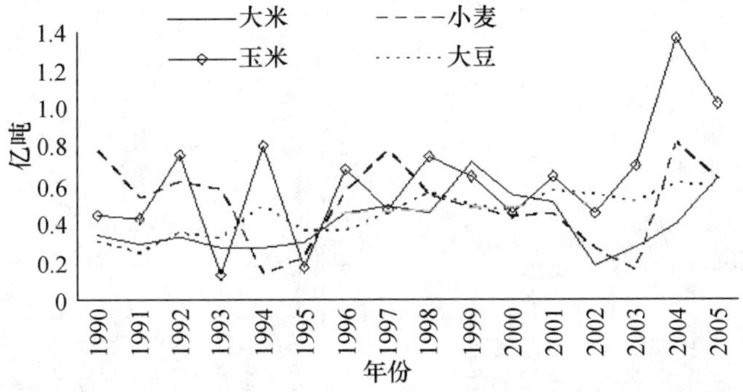

图 9　中国粮食其他用途消费量（1980—2005）

近期粮价一个非常重要的变化是，小麦价格在过去几个月时间内涨了将近 70%。这种现象极为罕见。历史上小麦价格通常相当于大米价格的一半，但是目前二者几乎一样高。据媒体报道，最重要的原因是两个小麦主要出口国（澳大利亚和加拿大）由于天气干旱和灾害而减产。小麦价格的上涨会导致原来休耕的土地投入生产，后续反应还有待观察。对于中国小麦出口已显示拉动作用，后续影响也有待进一步观察。

图 10 从国际比较角度看，中外玉米价格比较接近，一价定理得到较好体现。大米国内价格相对增长较快，加上汇率升值，传统出口优势显著减弱。历史上我国长期进口小麦，然而目前小麦国际价格比国内高六成左右，这是极为特殊的市场现象。国内大豆价格远远高于国际价格，目前高出 50% 左右。大豆进口急剧增长，背后可能存在多方面复杂原因，然而如此大比例价差显然是一个基本原因。

上述观察大体可以得出以下两方面结论。

第一，由于粮食总量需求增长低于过去主流预测结果，由于粮食和替代食物农产品供给能力因为技术进步持续提升，我国长期粮食安全保障程度显著提高。我国历史时期长期困扰的以绝对短缺和匮乏为特征的传统粮食安全问题早已发生实质改变，理性认识和评估现实粮食安全问题新内涵和新特征，对于重新审视相关政策空间具有启示意义。

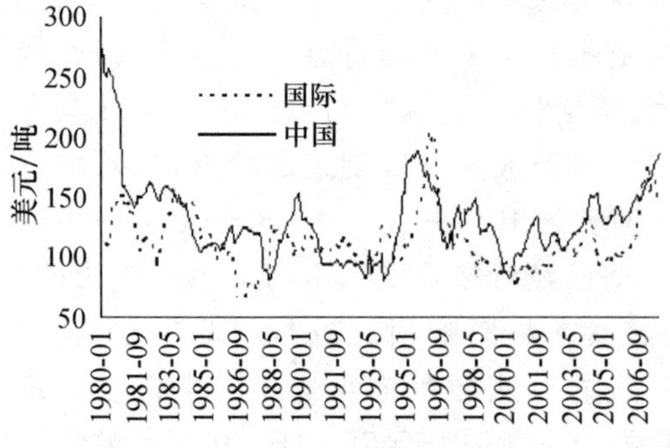

中国与国际玉米价格比较

（1980.1—2007.9）

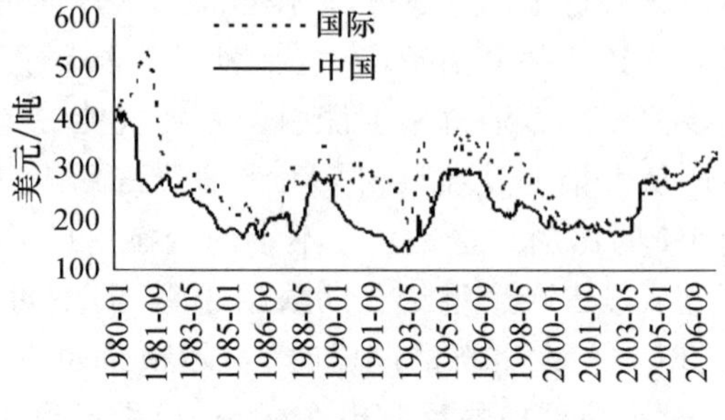

中国与国际大米价格比较

（1980.1—2007.9）

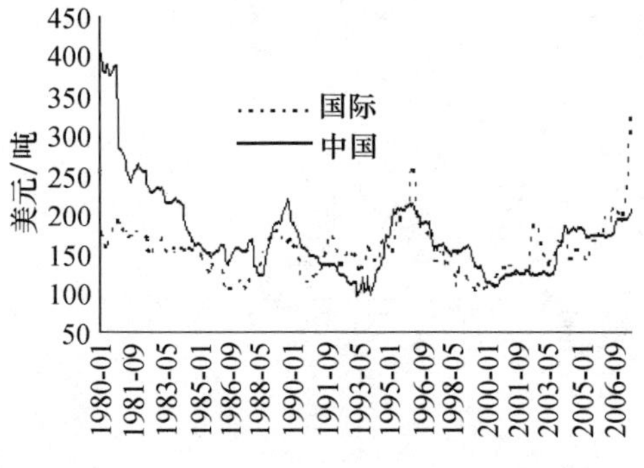

中国与国际小麦价格比较

（1980.1—2007.9）

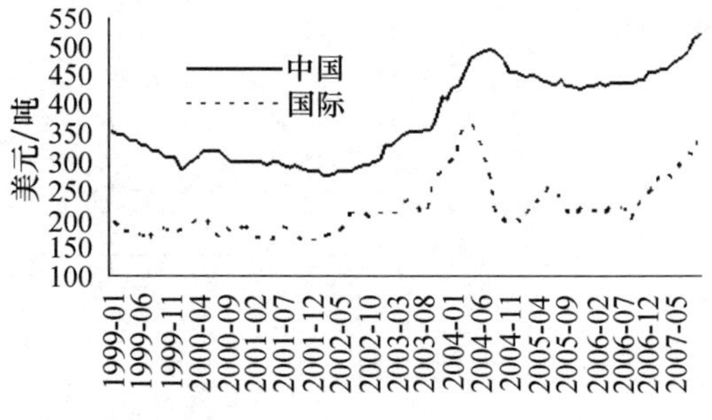

中国和国际大豆价格比较

（1999.1—2007.9）

图 10　主要粮食价格国际比较

第二，短期内粮食价格走势仍存在相当不确定性。国际小麦主产国对小麦价格的反应、我国小麦出口前景、我国商业粮食库存实际规模大小、石油价格走势等因素都会对粮食供求关系造成影响，从而对短期和中期范围粮价走势引入不确定性。笔者倾向于认为，如果货币供应与宏观总需求增长不至失控，石油价格上涨导致粮价全面猛涨并把我国通胀率拉高到两位数的可能性比较小。

中国农业革命(1978—2012)*

——大国城市化的前提条件

卢　锋

北京大学国家发展研究院教授

改革开放以来,我国开始了快速城市化进程,农业劳动力占比从改革初期约70%下降到目前35%上下。同时中国主要农产品产量大幅增长,农业劳动生产率持续提升,堪称当代农业革命。中国农业革命有效保障了十多亿人口的粮食安全,并构成中国大国城市化与结构持续转变的前提条件之一。本文简略考察中国农业革命的表现、根源与贡献,并评论完成农业革命所面临的挑战。

一、中国农业革命的表现

可以从以下几个方面观察我国当代农业革命的具体表现。表现之一是在主要农产品产量不同程度大幅增长方面。如图1所示,过去三十余年里,我国主要农产品产量都获得成倍增长,虽然不同农产品增长幅度有较大差别。粮食、棉花增长1—2倍,水产品涨幅高达10余倍,油料、肉类涨幅居中增长5—6倍。

图2和图3报告了我国粮食产量和波动情况。数据显示:我国2012年粮食产量为5.896亿吨,比2011年增产1836万吨,增长3.2%;与2003相比增产1.589亿吨,增幅为36.9%。从图2可观察到我国粮食产量从2003—2012年出现了“九年增”的现象。历史上1961—1967年我国曾出现过粮食产量“七年增”现象,以1960年1.435亿吨为产量谷底,增长到1967年的2.178亿吨。

* 第32次季度报告会(2013年3月2日)。感谢张杰平博士帮助整理文稿。

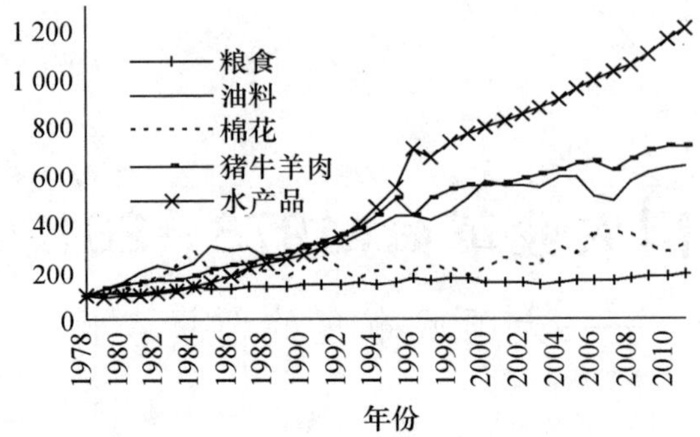

图 1　中国主要农产品产量指数(1978—2011,1978 年 = 100)

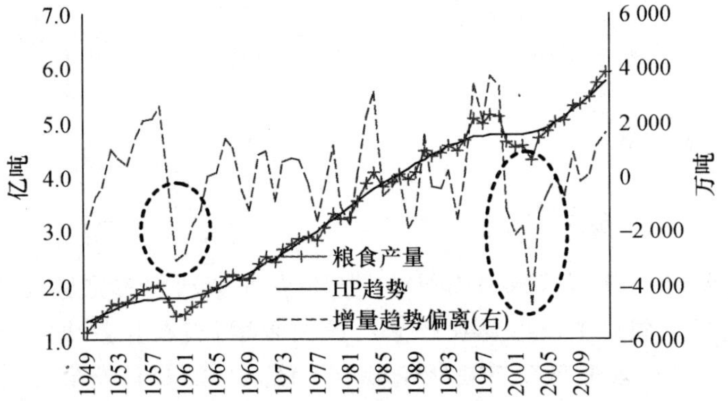

图 2　中国粮食产量增长和波动绝对量(1949—2012)

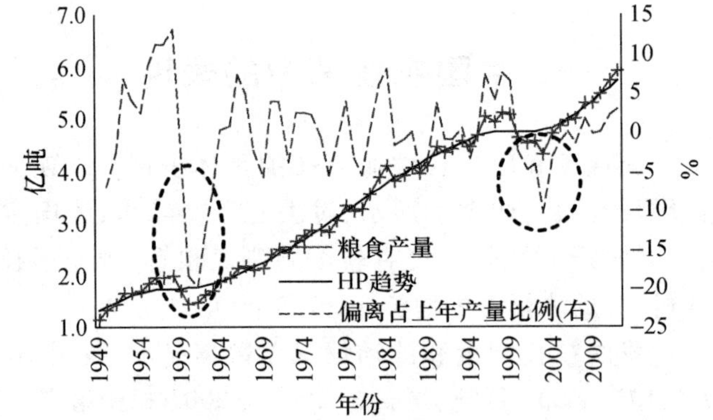

图 3　中国粮食产量增长和波动相对比例(1949—2012)

粮食产量从 2003—2012 年出现的这种“九年增”现象,是新时期我国农业发展所取得的重要成就。不过图形数据也显示,这一现象背景成因之一,是此前五年粮食产量大幅下降,即从 1998 年的 5.123 亿吨持续五年下降到 2003 年的 4.307 亿吨。根本不同于 20 世纪 50 年代末因为重大制度失误导致粮食危机,我国世纪之交粮食产量大幅下降的重要诱致原因在于 20 世纪 90 年代粮食政策偏差和市场周期叠加作用导致粮食超量库存和粮价低迷,派生世纪之交产量下降与空前粮食库存净释放。

我国当代农业革命表现之二是农业和粮食劳动生产率持续增长。如图 4 所示,以 1978 年不变价增加值衡量年均劳动生产率,从 1953 年的350 元变为 1976 年的 343 元,说明这二十多年我国年均劳动生产率不升反降。与 1978 年我国人均农业劳动生产率 363 元相比,计划体制从 1953—1978 年共增长了 3.7%。相比之下,改革开放后农业劳动增长率增长速度较快,2011 年为 1 688 元,是 1978 年 362 元的 4.66 倍,平均年均增长 4.77%。

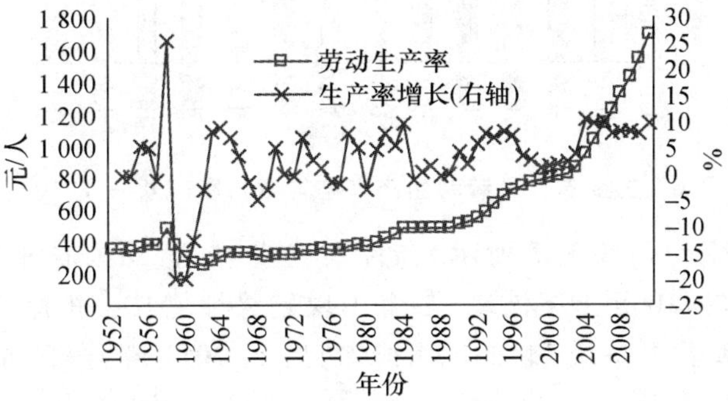

图 4　农业劳动生产率增长(1952—2011,1978 年不变价)

表现之三是劳动平均粮食生产率持续增长。如图 4 所示,1978 年每工日平均产出 6.65 公斤粮食,比 1953 年每工日平均产出 9.2 公斤下降近三成。但是,改革开放后粮食劳动生产率快速提升,2003 年每工日粮食产量 31 公斤,年均增长 6.35%。2011 年每工日粮食产量达到 61.1 公斤,2003—2011 年这段时期年均增长率达 8.84%。

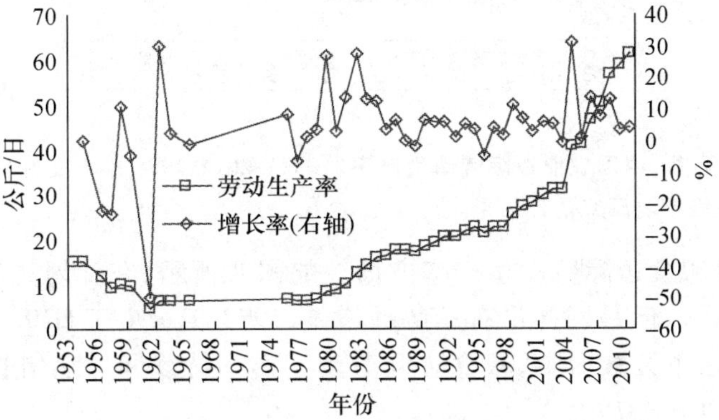

图 5　粮食劳动生产率及其增长率(1953—2011)

注:利用"农业成本收益调查数据"计算,1966—1974 年没有数据。

表现之四是在实物量劳动生产率方面。如图 6 所示,我国 13 种主要农产品过去三十余年劳动生产率增长率均值为 7.1%,增长率最高的是鸡蛋约 10%,最低的是苹果 3.5%。从图 6 还可以看到,过去三十余年我国 4 种主要粮食(稻谷、小麦、玉米和大豆)的劳动生产率平均增长率为 7%,最高的是小麦 8.1%,最低的是稻谷 6.3%。

表现之五是价值量劳动边际生产率提升。边际劳动生产率指的是在特定劳动投入水平上追加投入一个单位劳动力带来的产出增加量。经过计算可以证明:边际劳动生产率 = 劳动产出弹性 + 平均劳动生产率。再利用常规经济学生产函数模型可估算我国农

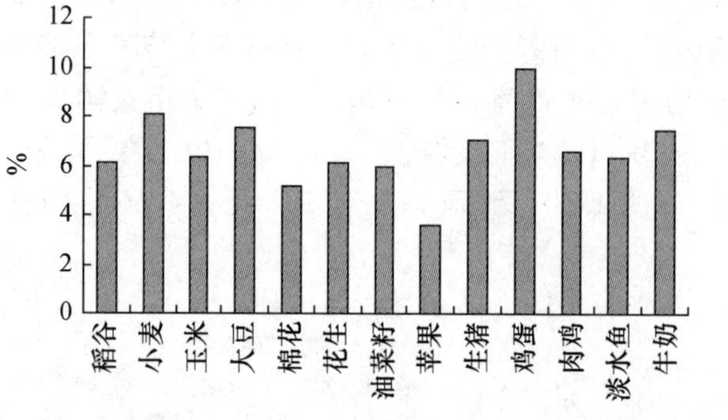

图6　主要农产品劳动生产率年均增长率(1980—2010)

业劳动边际生产率变动。如图7所示,在计划经济时期,我国农业边际劳动生产率用1978年不变价衡量在110元上下波动,没有出现趋势性增长。相比之下,在改革开放时期,边际劳动生产率呈现持续和加速增长趋势,到2011年增长到527元,年均增长近5%。

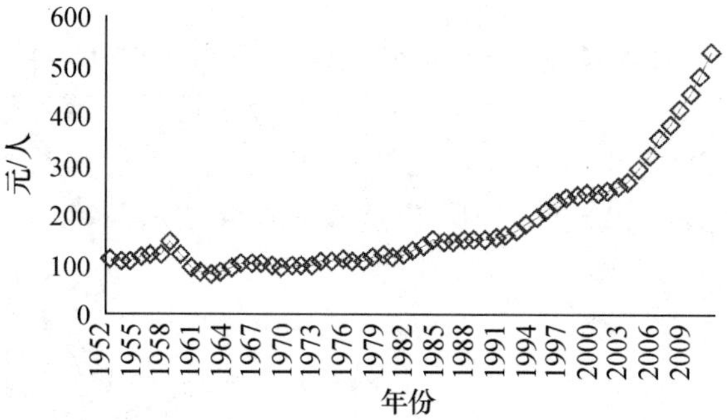

图7　中国农业边际劳动生产率(1952—2011,1978年不变价)

资料来源:未发表专题研究估计结果。

表现之六是在粮食边际劳动生产率方面。如图8所示,在计划经济时期,粮食边际劳动生产率先降后升,但是同样没有趋势性增长,1978年每个工日0.92公斤低于1953年1.52公斤。在改革开放时期,粮食边际劳动生产率持续和加速增长,2010年增长到8.13公斤/日,年均增长7%。

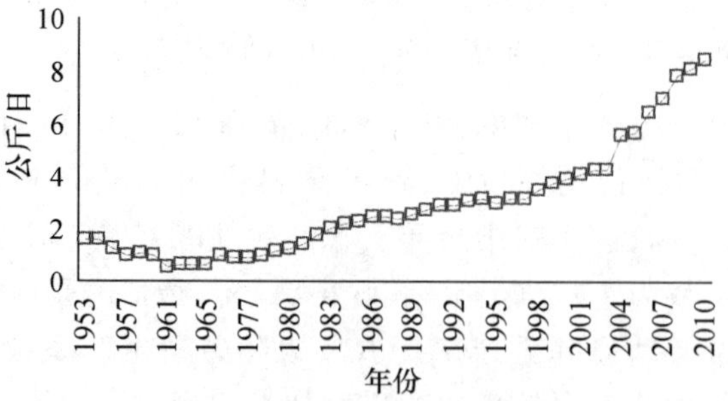

图8　中国粮食边际劳动生产率(1953—2010)

资料来源:未发表专题研究估计结果。

表现之七在粮价方面。如图 9 所示，我国谷物不变价经历了周期波动，但在整个时期没有趋势性大涨。具体表现为 2011 年每公斤均价为 0.58 元，略低于 1980 年的 0.60 元。这样的特点反应了农业生产供给系统在过去三十余年大体平顺支撑我国经济结构的转型。

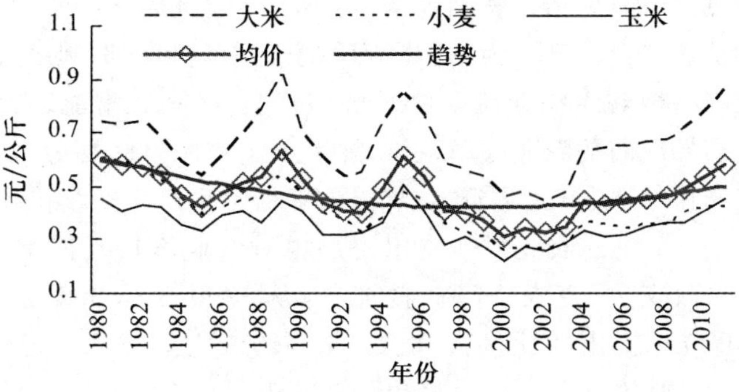

图 9　我国三种谷物实际平均价格(1980—2011,1978 年不变价)

表现之八是农业劳动力大规模转向非农就业带来农业劳动力占比大幅下降。如图 10 所示，过去三十多年我国农业劳动力向非农部门累计转移约 2.2—2.5 亿人。如果再加上城镇人口新增的劳动力就业，那么非农就业总增量就达 3.7 亿之多。与 OECD 国家过去一个多世纪农业劳动力平均占比从 53% 下降到 10% 相比，中国该占比值从改革初约 70% 降到 2010 年的 35.6%。

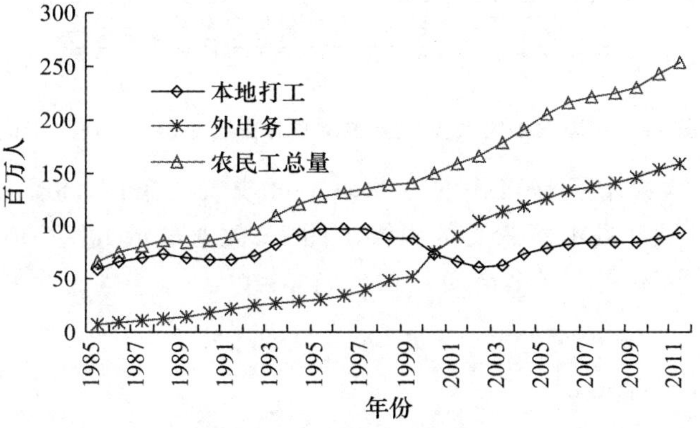

图 10　我国农民工总量和构成(1985—2011)

上述变化构成农业革命整体演变的不同侧面表现，最有实质意义的是农业劳动生产率持续提升。如马克思所言，超过劳动者个人需要的农业劳动生产率是一切社会发展的基础。只有劳动生产率提升，才能在改善不断增长人口总量膳食结构的同时，支持越来越多农业部门劳动力转向非农部门。中国当代农业革命的基本特征事实，与简单经济分析常识高度吻合，与农业部门生产率不变前提下“农业无限劳动供给”的“刘易斯传统二元结构基本理论假说”其实并不一致。

二、中国农业革命的原因

当代中国农业革命主要是三个方面驱动因素的结果。首先是"政策好"与"人努力"。政策好是指改革计划经济时期错误体制政策,实行符合经济规律和农业经济特征要求的政策。改革建立以确认农户自主产权为本质内容的家庭承包制土地制度,由此构建适应农业经济规律和特点的农村微观组织架构。放开价格管制,鼓励要素流动,允许和培育农产品市场产生和发展。市场取向的农业改革政策,加上中国农民整体勤劳努力与聪明善学的优良素质,善于通过"干中学"提升人力资本,构成农业劳动生产率持续提高的关键条件。

其次,过去三十余年我国农业财政支出增加也对农业增长发挥重要推动作用。如图11所示,我国农业财政支出(支农、基建、救济等)从1990年的308亿元,增长到2010年的8 130亿元,占财政总支出的比例大体在7%—10%之间波动。近年政府财政收入规模快速扩张的背景下,财政农业支出增量也显著提升。

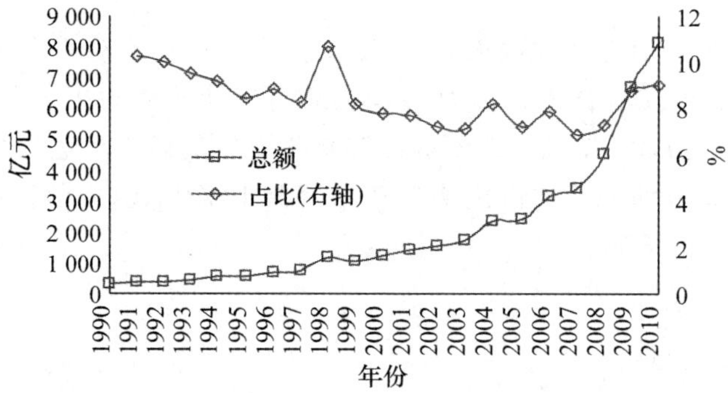

图11　我国农业财政支出及占财政总支出比例(1990—2010)

农业现代投入大幅增长是当代农业革命不可或缺的条件,也是从经济分析角度看"工业反哺农业"命题最具本质意义的内涵。图12数据显示,过去30年左右时间,我国农业有效灌溉面积从不到6亿多亩增长到9亿多亩。

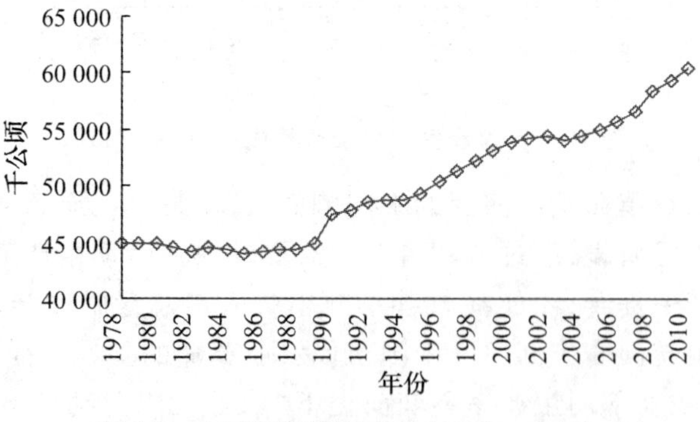

图12　全国有效灌溉面积(1978—2010)

图13数据显示,拖拉机使用量持续增长,特别是2004年以后大中型农业机械增速大幅提升,显示了我国农业机械化水平大幅提升。

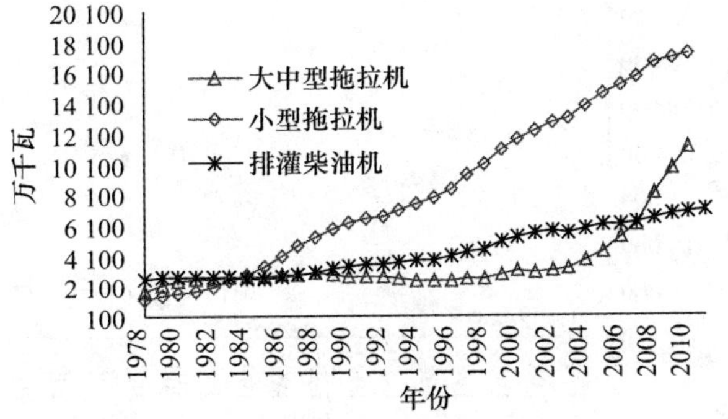

图 13　农业机械总动力(1978—2011)

图 14 数据显示,我国农村用电量 1978 年到 2010 年增长了几十倍。

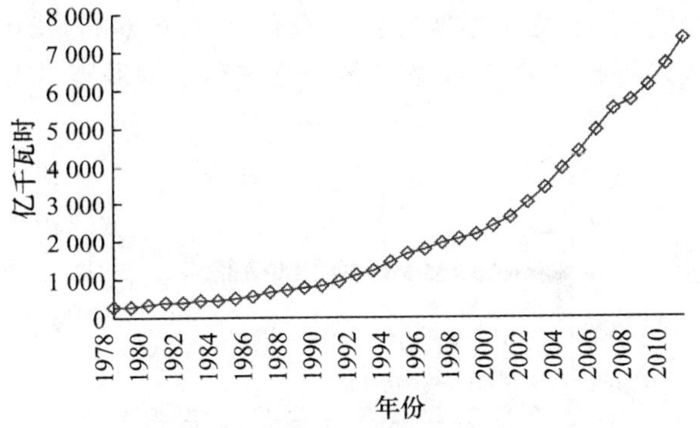

图 14　农村用电量(1978—2011)

图 15 数据显示,我国化肥尤其是复合肥使用量大幅增长。

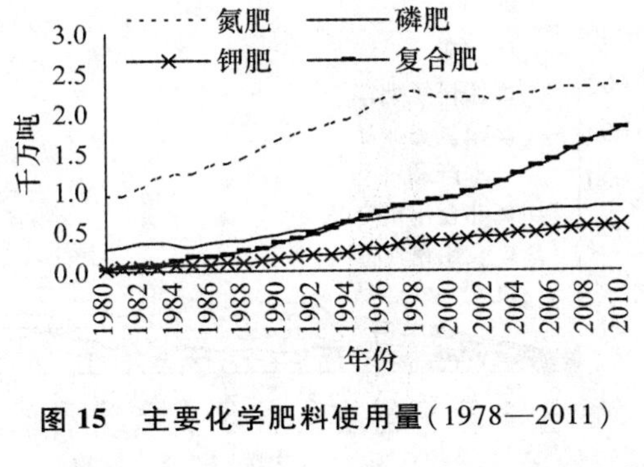

图 15　主要化学肥料使用量(1978—2011)

图 16 数据显示,农用薄膜覆盖面积持续增长,到 2011 年增加到 3 亿亩左右。

农业科技和现代投入增长,从定量角度显示农业生产函数结构的持续演变,构成劳动生产率持续提升的驱动力。

再次是全球化开放环境的助推作用。开放政策与开放环境引导中国农业生产和贸易结构转型,通过发挥比较优势提升农业产出效率。图 17—图 19 数据显示,农业进出口从 1981 年 110 亿美元增长到 2011 年约 1 600 亿美元,年均增长率 9.3%。出口以水产品

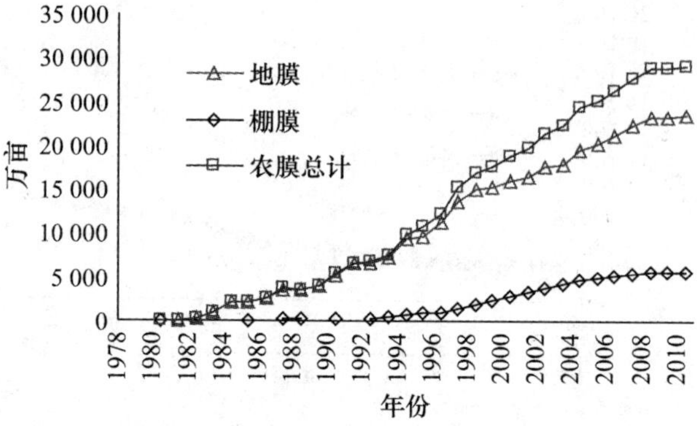

图 16　农膜覆盖面积(1978—2010)

和园艺品增长较快,进口以土地密集型大宗农产品为主,与中国农业要素禀赋和相对成本结构特点具有一致性。虽然受本币实际汇率升值等因素影响,我国近十年来农业贸易逆差较快扩大,但开放发挥比较优势对提高农业效率和结构调整具有重要意义。

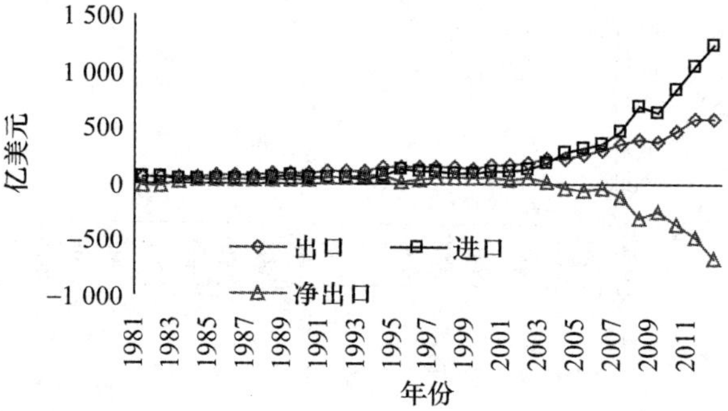

图 17　中国农产品贸易平衡变动趋势(1981—2012)

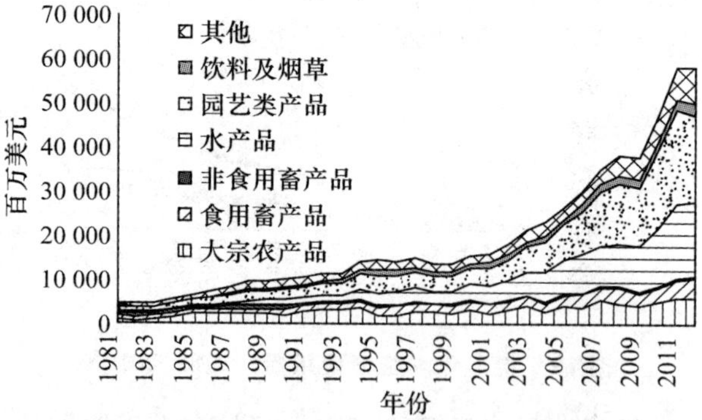

图 18　中国农产品出口及分类(1981—2012)

农业贸易近年演变的一个突出特点,是我国大豆进口量大幅上升。大豆进口成为引发如何看待农业开放影响的不同意见讨论的重要事例。图 20 数据显示,我国大豆净进口从世纪之交约 1 000 万吨增长到 2012 年的 5 816 万吨。与国内产量之比从 66% 增长到 4.5 倍。图 21 数据显示,与全球大豆进口总量相比,我国大豆进口占全球进口总量比例从26%增长到近6成。大豆进口的这种增长几乎是新世纪我国农业贸易最超出预测的变化之一。

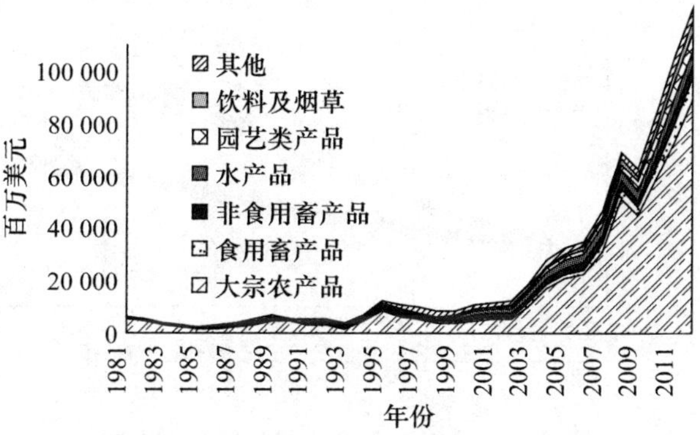

图19　中国农产品进口及分类(1981—2012)

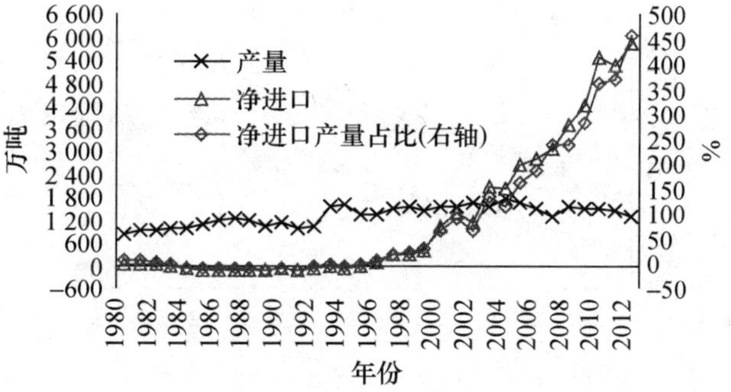

图20　中国大豆产量与净进口(1980—2012)

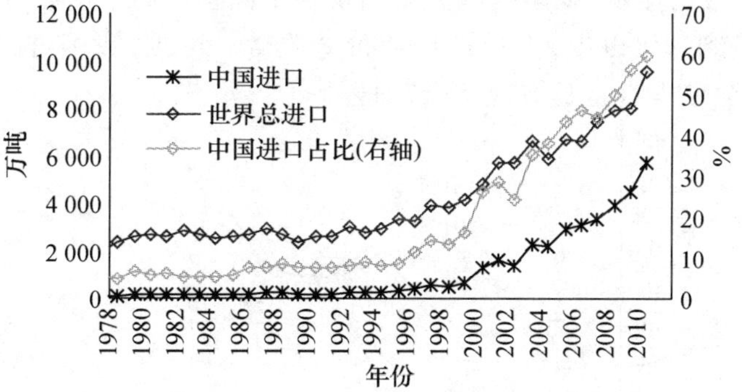

图21　中国大豆进口及占全球比例(1978—2012)

虽然对大豆进口不同意见争论较大，从经济分析角度看，大豆进口主要是在开放环境下国内外生产效率相对差异结果，并且对节省国内耕地资源和提升粮食安全水平具有积极意义。大豆进口带来不少需要研究的问题，不过也不应因为产量增长较慢和进口增长较快，就把大豆行业看作完全失败的案例，甚至认为农业开放完全不可取。

比较我国与世界其他地区大豆及谷物单产，可以看出我国大豆生产效率确实较低。

图22显示，我国谷物单产与增速都高于世界平均水平。但是图23数据表示，我国大豆单产低于世界平均水平，并且近年呈下降趋势。

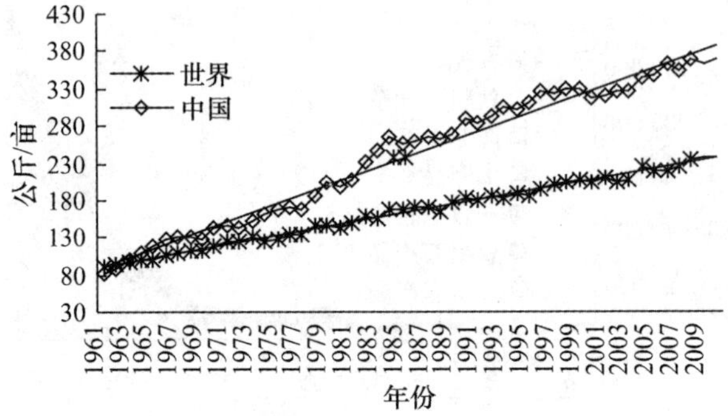

图22　中外谷物单产比较（1961—2010）

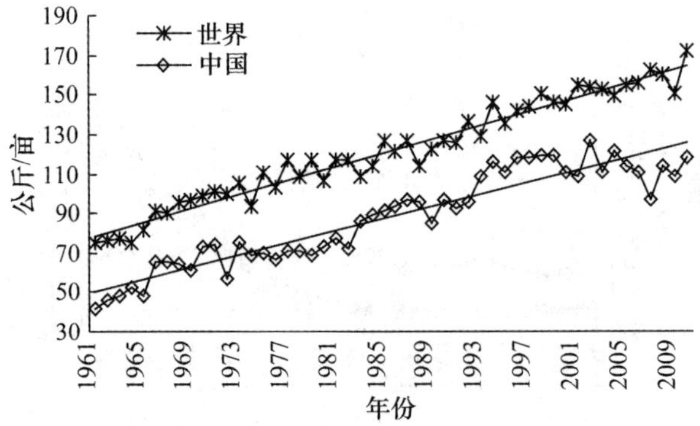

图23　中外大豆单产比较（1961—2010）

图24和图25数据显示，我国国内大豆的价格不同程度高于国际价格，尤其新一轮景气增长后价差飙升到一倍以上，大量进口使价差收敛。可见，我国进口增长规模虽然超过预期，但是这种演变本身是具有经济合理性的。

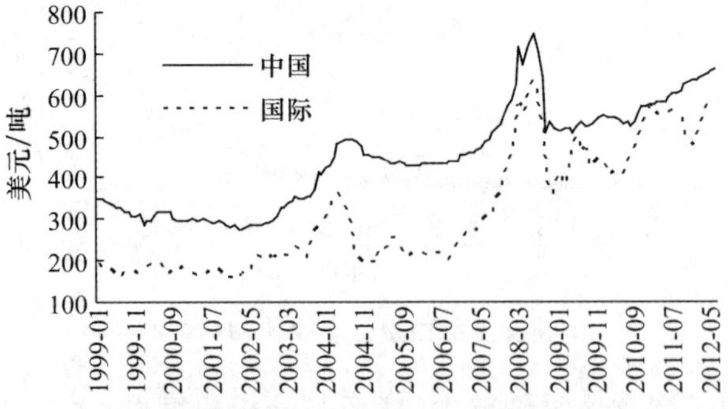

图24　中国和国际大豆价格（1999.1—2012.6）

大豆进口具有积极的经济功能。由于大豆蛋白质含量高，作为饲料原料支持我国饲养业（"牧渔业"）发展。豆油供给增加支持我国城乡居民膳食结构改善。图26数据显示，利用国内单产折算，近年进口5 000多万吨大豆等于"进口了4亿多亩耕地的生产功能"。

图 25　中国与国际市场大豆价差比率(1999.1—2012.6)

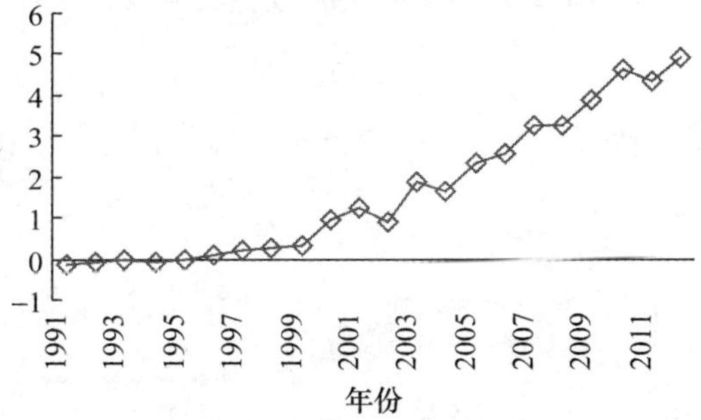

图 26　大豆净进口折算国内种植面积(1991—2012)

三、农业革命的贡献与前景

当代农业革命对我国膳食结构改善和经济增长产生了重要的保障作用,是改革开放时期经济和社会发展的最基本成就之一。

农业革命第一大贡献,是从供给面保障中国国民膳食结构的历史性改善。这种改善集中表现为城乡居民原粮直接消费减少和各类动物产品消费大幅增长。图 27—图 29 数据显示,我国城乡居民人均禽类、蛋类、鲜乳品、水产品、粮食和肉类消费在过去三十余年都不同程度地大幅增长。

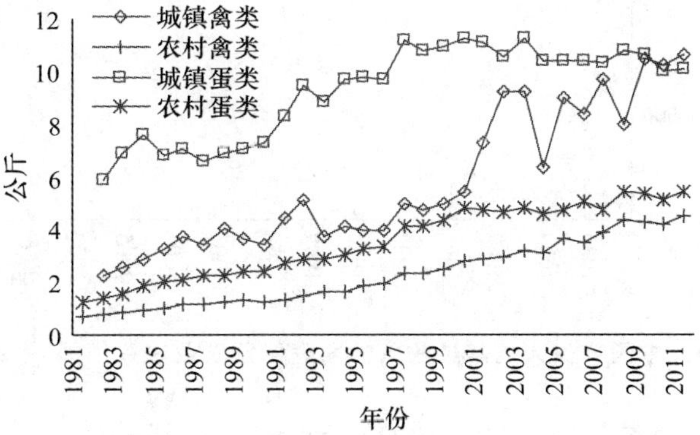

图 27　城乡居民人均禽类与蛋类消费量(1981—2011)

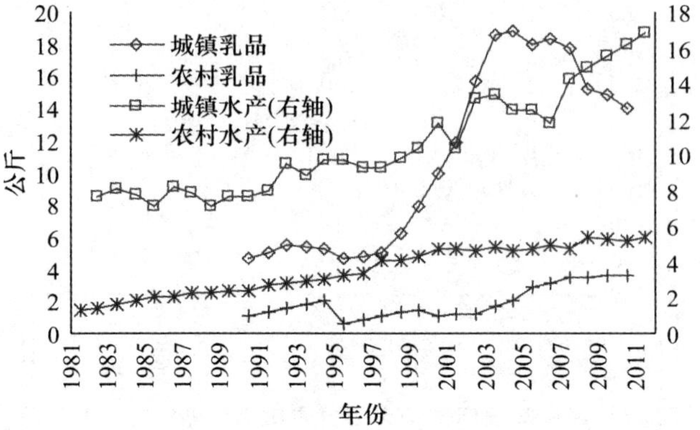

图28　城乡居民人均鲜乳品与水产品消费量(1981—2011)

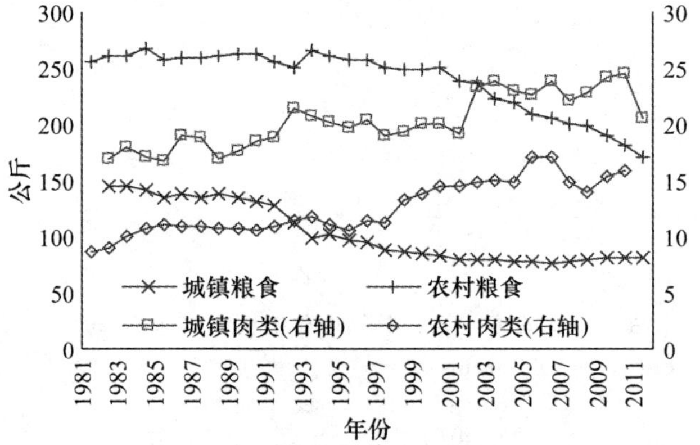

图29　城乡居民人均粮食与肉类消费量(1981—2011)

农业革命第二个重要贡献在于对农民收入增长产生的促进作用。图30数据显示，农民务农得到的人均年纯收入(该收入由经营农业、林业、牧业和渔业收入四项组成)，从1983年的206元左右，上升到2011年的2 519元。增量占同期农民人均纯收入的三成左右。

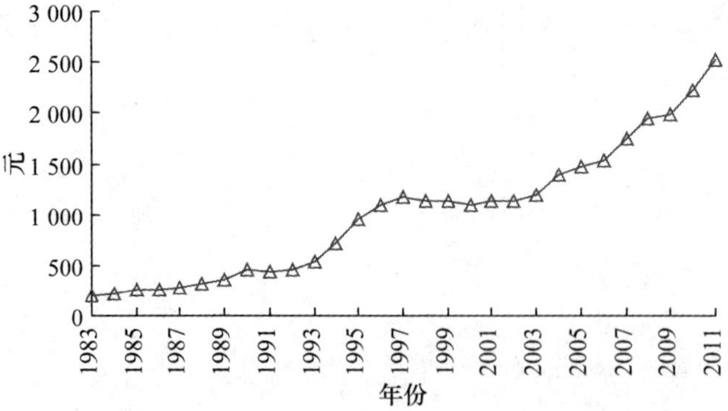

图30　中国农民人均年纯收入的家庭经营农业收入(1983—2011)

农业革命的第三个贡献，是对国民经济增长的直接和间接的助推作用。如图31所示，随着我国经济增长和农业所占份额下降，农业增加值增长对总需求增长直接贡献度呈下降趋势。经对有关数据测算，整个改革时期我国农业增加值增长对整体经济增长贡献简单均值接近每年1个百分点。

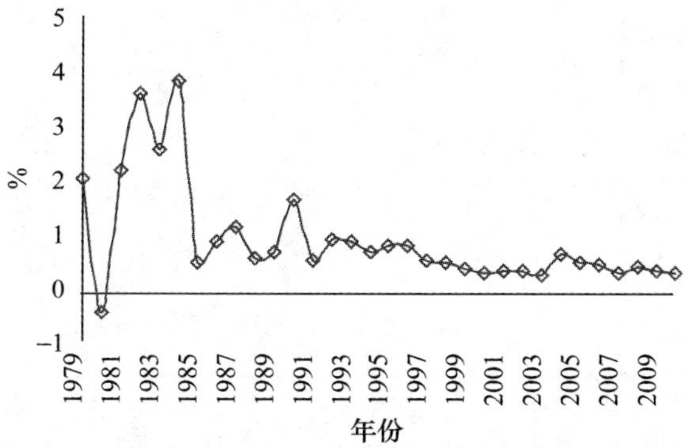

图31　中国农业对GDP增长贡献(1979—2010)

但是农业劳动生产率提升助推的农业劳动力转移增长效应更为重要。根据我们对包括农业劳动力转移变量的“中国广义奥肯关系模型”估算结果，过去三十余年“农业劳动力相当于劳动力总量的每1个百分点向非农部门转移”，会伴随2.2—2.3个百分点GDP同向增长，可看作是农业革命对整体经济增长的间接贡献。采用“中国广义奥肯关系模型”中农业劳动力转移项系数以及历年经济增长和劳动力转移具体情况，图32报告由此估算的农业革命对宏观增长的间接贡献，可推测整个改革时期农业革命对宏观经济年均增长贡献的简单平均值约为2.5个百分点。

图32　中国农业劳动力转移的经济增长贡献估计(1979—2010)

虽然以产量大幅增长和生产率持续提升为标志的农业革命已经取得长足进步，但是观察中国农业和国民经济发展现状，借鉴国际比较经验，可以推测我国农业结构性转变这一历史进程仍将持续。

一是农业劳动力向非农部门转移进程仍将持续。图33数据显示，估计我国2020年农业劳动力占比预测将从2010年的35.6%下降到25%上下，到2030年才会降到13%上下，接近于目前OECD国家实际水平，但是比届时OECD国家这一指标预测值6.8%仍高出一倍左右。

依据表1报告的专题研究模拟预测结果，决定我国农业劳动力占比未来走势的“退

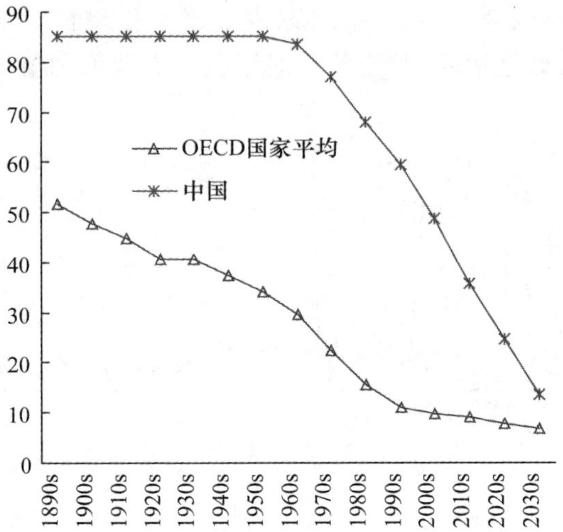

图 33　中国与 OECD 经济体农业劳动力占比(1890s—2030s)

注:中国 2010 年及以前为实际数据,此后为预测数据。OECD 国家均值 2000 年以前为实际数据,此后为预测数据。

出量、转出量、进入量、非农劳动力数量变动”的四个决定因素中,“退出”和“转出”将是决定未来农业劳力占比下降的两个最重要因素。

表 1　中国农业劳动力占比变动因素估测

	2005—2010	2010—2015	2015—2020	2025—2030
期末经济活动人口(万人)	78 388	79 081	79 907	78 958
期末农业劳动力占比(%)	35.6	30.1	24.6	13.6
期末农业劳动力(万人)	27 903	23 800	19 654	10 735
非农就业新增量(万人)	6 969	5 283	4 808	3 508
农业劳动力进入量(万人)	2 023	2 207	1 382	1 142
农业劳动力退出量(万人)	2 843	3 046	2 837	2 949
农业劳动力转出量(万人)	4 220	3 291	2 692	2 704
进入量贡献率(%)	-15.1	-30.2	-35.5	-22.6
退出量贡献率(%)	34.7	45.5	45.6	54.3
转出量贡献率(%)	38.3	48.7	43.3	49.8
非农劳动力变化贡献率(%)	42.2	36.0	46.6	18.5

资料来源:卢锋、杨业伟:“中国农业劳动力占比变动因素估测:1990—2030”,《中国人口科学》,2012 年第 4 期。

在农业劳动力数量绝对和相对减少背景下,农业产出绝对规模仍有望持续增长。2011 年我国农业增加值为 4.77 万亿元,大约相当于 7 231 亿美元,占 GDP 比重为 10.1%。随着我国经济追赶持续进行,预计我国到 2020 年以美元目前不变价衡量的 GDP 规模,将从目前 7 万亿—8 万亿美元增长到 17 万亿—18 万亿美元上下。考虑农业 GDP 占比将下降到 8%—9%,用美元衡量的农业增加值规模将增加到 1.4 万亿—1.5 万亿美元上下。这意味着我国农业劳动平均产出仍有望提升，2010 年我国农业劳动平均产出值为 2 600 美元，按照上述数据估算，到 2020 年应能超过 6 000 多美元。

我国农业未来发展也面临多重新的困难。一是环境压力加剧趋势。现代投入增长推进农业革命的同时也带来各类环境污染压力。种植业、饲养业、养殖业等经济活动密度增加，带来化肥和农药残留、残膜白色污染、农业面源污染导致水体富营养化等多方面环境问题。如何在继续推动农业增长的同时控制和减少环境污染，是未来农业发展将要面临的越来越棘手的难题。

二是食品安全新挑战。近年频频发生的三聚氰胺、瘦肉精、苏丹红、孔雀绿、地沟油和毒豇豆等食品安全事件，有的发生在食品制造加工环节，也有不少发生在农业生产环节。如果说传统食物安全主要解决是否有吃的问题，新型食物安全则要重视应对敢不敢吃的问题。食品安全具有“人命关天”的重要性。我国较长时期都会面临“大市场”和“小农户”的结构矛盾，给食品安全控制带来特殊困难。

三是农业劳动力老龄化制约。图 34—图 35 数据显示，我国农业劳动力年龄分布结构形状，已从 1990 年比较年轻化的下宽上窄“金字塔形”，变为 2010 年壮年劳动力为主的腰身粗壮的“圆葫芦形”，说明过去 20 年农业劳力总量减少同时也经历年龄逐步老化进程。未来农业劳动力“量减年老”趋势仍将持续，需要发掘技术进步潜力和增加现代投入以持续提升农业劳动生产率，才能最终完成中国农业革命和经济转型的历史进程。

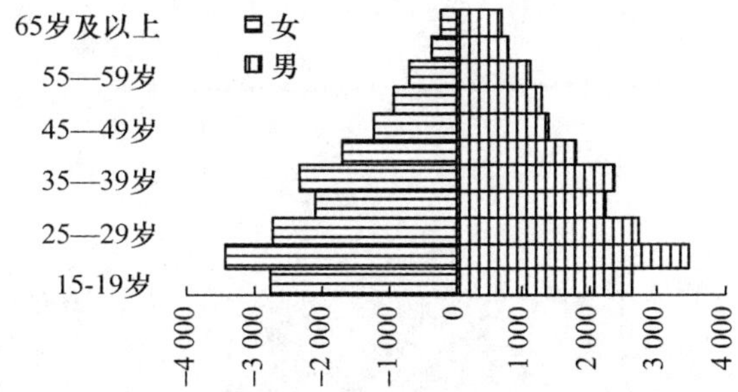

图 34　1990 年中国农业劳动力年龄分布（万人）

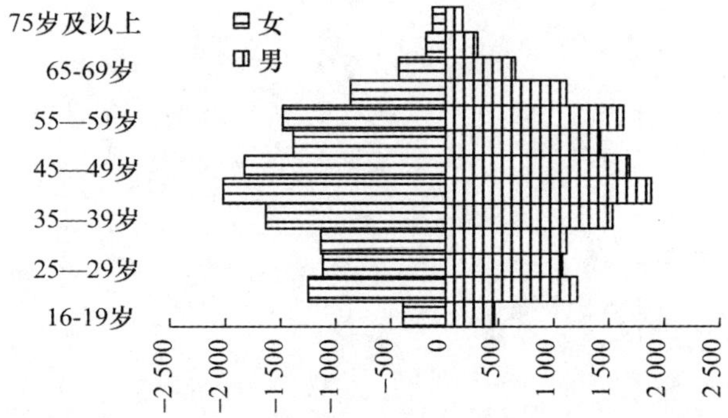

图 35　2010 年中国农业劳动力年龄分布（万人）

本文得到几点初步观察。首先，由于市场化取向制度改革引导与亿万农民勤劳努力，得益于农业科技进步与全球化环境，改革时期我国农业劳动生产率持续增长，堪称当代农业革命。其次,农业革命实现的多重转变中,最有实质意义的是农业劳动生产率持续提升。只有劳动生产率提升,才能在改善十多亿人口膳食结构的同时,支持几亿农业劳动力转向非农部门。最后,面临劳动力“量减年老”、环保压力趋势上升等压力,中国需持续进行制度创新发掘农业增长潜力,并在更高水平上借助技术进步与现代投入增长效应,通过进一步提升农业劳动生产率以最终完成农业革命。

户籍制度改革与城镇化若干问题*

姚 洋

北京大学国家发展研究院院长

姚洋教授以我国户籍制度改革与城镇化为演讲主题，首先介绍了我国户籍制度的沿革，指出户籍制度改革的影响，随后对我国城镇化道路做出点评，提出我国应实行“大集中，小分散”的城市化道路，最后指出我国城市化面临的主要挑战。

一、中国户籍制度沿革

我国在1958年颁布了《户籍管理条例》，从此正式有了户籍制度。在1958年发生的大跃进中，大约有四千万人进城，造成了城市压力过大。在这样的情况下，政府才颁布了这个条例，因此户籍制度在很大程度上是个应急措施，但到现在已实行将近六十年。之前的“五四宪法”里有“公民拥有选择居住地的自由”，由于和《户籍管理条例》相冲突，到1975年修改《宪法》时被删掉了。

20世纪90年代，我国开始发生大规模的人口流动现象，那时正好又出现城市大量下岗工人问题，因此城市的就业成为很大的问题。直到2003年出现标志性事件即孙志刚事件之后，政府才对《收容遣返条例》进行大修改，基本上把这个条例废止了。因为之前主要依据这个条例收容那些所谓的“盲流”，实际上就是定期或者不定期的清理进城的打工农民。

直到2012年，我国才颁布新的户籍改革制度文件。2012年2月23日国务院办公厅发布了“关于积极稳妥推进户籍管理制度改革的通知”。文件对县级及以下城镇标准放得较宽，只要拥有稳定的工作和住所包括租住住所就可以申请当地户口，包括农村地区。对地级市的要求是在当地连续工作居住满三年就可以申请当地户口，而副省级城市和直辖市维持现有制度不变。如果这个新的政策能够确实执行到位，那么我国的户口制度就

---

* 第33次季度报告会(2013年4月21日)。

基本上开放了。但是,在过去这一年多的时间里,并没有出现很大的推动。发改委调研后认为原因在于改革阻力太大。

唯一开始改革的是高考制度。高考制度是关乎外来人口的最大问题,在北京这种一线城市表现得尤为突出,因为北京高中生的升学率已经达到百分之七八十,远远超过很多发达国家的水平。全国的粗入学率平均只有24%,而北京大约为百分之六七十,这就造成同城不同权的问题。很多人在这里居住了十几年后,最后却发现孩子不能在这里参加高考,只能回户籍所在地参加高考。根据网上信息,有些北京人和外地人同时到教育部上访,呈现两边对峙的状态,矛盾很深。

去年年底我国很多省份都采取了一些改革措施,最明显的应该是黑龙江,该省规定只要在本地上满一年中学就可以参加本地高考。相比之下,北京、上海等地改革较少,北京只允许随迁子女读职业高中或高职,而不允许考大学。

高考制度改革是户籍制度改革的一个重要方面,但是目前我国各地的改革情况实际上差别很大。为了更顺利地对户籍制度进行改革,仅仅依靠这种试点放权的方式,成效是不大的,因为无论哪个地区先改革就会先面临如何接纳更多人的问题,因此,需要中央政府下大的决心。

二、户籍制度改革的意义

为什么户籍制度改革非常重要？主要有两方面的原因：

第一,户籍事关公民权利。但权利问题谈起来很简单,但是执行起来并不那么简单。户籍改革的阻力非常大,但这种压力不是来自特定的利益集团,而是来自城市的中产阶级。以前的改革主要采用补偿的办法,但是户籍改革基本上是不能补偿的,因为所涉及的人口数量太大,很难去补偿这么多现有城市人口或者说本地人口。

在过去的三十年里,我国多数的改革从严格意义上说都是违法的。由于我国采用一边改革一边修改相关法律的形式,所以较少谈到权利问题。但是,经过三十年后,应该认真思考权利这个问题。尽管户籍制度改革阻力很大,但是我们都是中华人民共和国的公民,为什么有些人就永远不能获得同等的权利？与我国户籍改革相对应的是美国的移民问题,它涉及从不属于这个国家来到这个国家的权利问题。

第二,从经济学的角度看,户籍制度改革有利于提高经济效率,优化经济结构。户籍制度改革有利于劳动力自由流动,如果把户口取消了,特别是把子女教育问题解决之后,将更有利于劳动力的自由流动;户籍制度改革也有利于我国服务业的发展,因为服务业的发展主要依靠城市;户籍制度改革还有利于提高我国的国内消费。

这里可以简单估算一下户籍制度改革将如何提高国内消费。目前我国城市化率虽然超过了50%(2009年数据,如图1所示),但是相比于其他国家,还是相对落后。2012年,我国人均GDP已超过6 000美元,而对应的城市化率却只有50%左右(如图2所示),与国际上同等收入国家的城市化水平相比仍有较大差距。

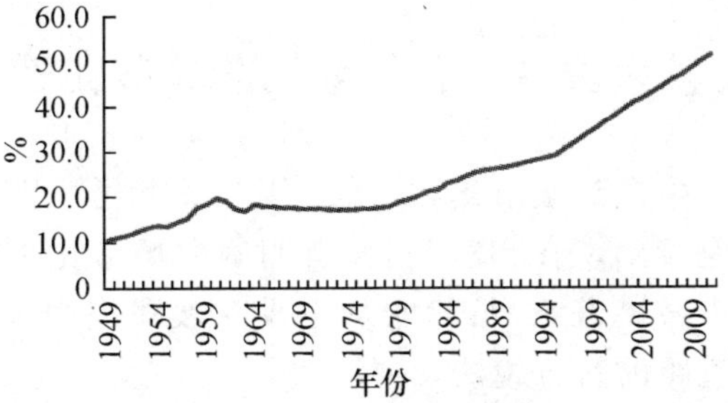

图 1　我国城市化率变化情况

资料来源：中经网。

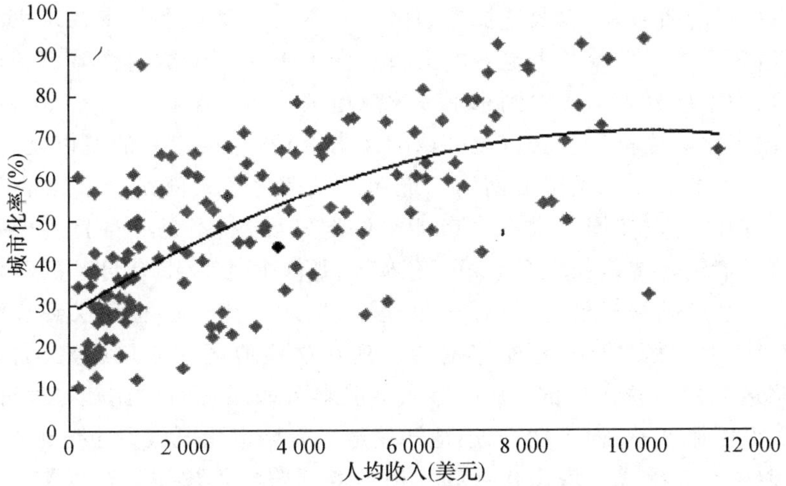

图 2　中低收入国家人均收入和城市化率之间的关系

资料来源：WDI。

与国际上其他中低收入国家相比，我国的城市化程度是比较滞后的，当然有些国家(比如非洲一些国家)城市化比较超前。我国城市化滞后在很大程度上与户籍制度有关。如果让这些现在没有户口的人拥有城市户口，我国国内消费会增加很多。但要严格计算出如果他们真正成为城市居民后会增加多少消费，必须知道这些人的储蓄率和收入水平。

据估算，城市人均消费是农村的 2.7 倍左右，但是农村户籍人口消费潜力很大，因为进城务工人员的储蓄率非常高。多数进城务工人员的家人在农村，还希望在农村盖房子，所以储蓄率非常高。比如，北大校园工地上的建筑工人工资大概每月四五千元，但他们的收入几乎都用于储蓄。

如果 2.4 亿进城务工人员中有三分之二(也就是 1.6 亿人)的消费达到城市居民消费的平均水平，那么我国居民消费将提高 11.8%，这意味着我国消费占 GDP 的比重将上升 4.2 个百分点，从现在的 48% 上升到 52% 以上，这将是巨大的飞跃。我国现在每年经常项目盈余占 GDP 的比重不到 2%，如果让这些进城务工人员市民化，他们消费的增加就相当于 GDP 的 2%。

三、"大集中,小分散"的城市化道路

中央政府颁布的文件中提到城市化时一般不用"城市化",而用"城镇化",这意味着我国要避免大城市化。但直到现在,我国仍没有明确的城市化道路方案。20世纪80年代费孝通老先生提出了小城镇道路,虽然它从来没有被写进中央政府的正式文件里,但基本上成了我国城市化道路的官方说法。

回望过去的三十年,小城镇道路在绝大多数国家都行不通,多数国家都采取"大集中,小分散"的形式,即全国人口集中到少数区域里,在同一区域里人口又分散到不同层次的城市。比如,美国的人口基本集中在三个地区:从波士顿到华盛顿这一带的东海岸,从旧金山到洛杉矶的西海岸,以及芝加哥地区。日本人口基本上集中在东京和大阪两个地区,这两个地区集中了日本一半左右的人口。白天走在新干线这样城市的街上根本看不到多少人,因为大部分人都集中到东京或大阪地区。

因此,谈城市化应该首先谈城市化区域的概念,而不是谈单一的城市化,要形成特大城市、大城市、中等城市和小城市的网络。最坏的城市化形式就是北京这种"摊大饼"的城市化,不断延伸的环数使周边没有城市能很好地发展,这不是一种良性的体系。目前我国比较好的城市化区域是长三角、珠三角地区,那里每个城市有自己的特色。也许未来我国城市化就会形成珠三角地区、长三角地区、京津塘地区还有武汉到长沙这一带地区,然后是四川盆地、西安咸阳、辽东半岛等。现在这些地区的人口在集中,如果这些地区的人口能够达到我国总人口的40%,那么不但剩下地区的问题比较好处理,我国的环境保护也会变得更加容易,相比之下,遍地开花地进行城市化既浪费土地也扩大污染。

另外,要避免纪念碑式的城市化。勒·柯布西耶曾经提出了"光辉城市"的想法,他当时想象的光辉城市就是高楼大厦,大厦之间全是花园,大厦和大厦之间由高速公路相连接,所有的事情都可以在大厦里进行。这样一种城市规划的模式并不合理,因为它不但跟自然没有接触,而且人与人之间接触也很少。

直到今天,光辉城市的想法对我国的影响仍然很大,它与我国古代建筑的观念又有联系,因此我国在很大程度上接受了柯布西耶的想法,比如说低容积率要求。地价非常高昂的北京所实行的低容积率要求不但使房价进一步提高,而且非常浪费土地。北京的T3航站楼就是很不好的榜样,由于面积太大,T3航站楼里不但夏天非常热,而且冬天也很冷,因此这样的建筑非常浪费。另外,这种建筑给人的心理感受也很压抑。

我国的城市化应该提高城市建设的密度,建设宜居城市而非纪念碑式的城市。雅各布斯的《美国大城市的死与生》是一部划时代的著作,主要批评柯布西耶城市规划的思想。上海的泰康路田子坊改造得比较成功,建筑的一层是商铺楼,上层可居住,市民文化也被保留下来,值得北京学习。

四、城市化面临的挑战

我国是农业大国,农村人口比重较大,因此要实现如西方发达国家的城市化程度确

实不易,快速城市化过程中面临的挑战也会更多。

第一方面的挑战是本地人口和外来人口的冲突。当然,对于承载压力巨大的北上广等一线城市,政府可以采取差别政策。

第二是外来人口市民化的成本问题。据国务院发展研究中心测算,现在每个农民市民化只需要政府支出八万元左右,随着通货膨胀和生活成本的提高,以后的成本将越来越高。从这个角度看改革越早越合适。

第三是住房问题,廉租房不应该都由政府做。如果都由政府来做,结果可能变成立体贫民窟,因为政府收房租的动力一般比较低,最后可能水电等基础设施都无保障。最好的办法是开发商申请到一块地后,把其中的一部分(比如四分之一)用做廉租房,这不仅可以确保它的可持续性而且也可以节约政府的成本。

第四是农村土地制度改革。目前很多从西部到东部的农村移民会定居在东部农村地区,这将对现有土地制度提出挑战。按照现行规定,农民一旦拥有本地户口,就拥有了分土地的权利。但在发达地区的农村,外来人口是本地人口的十倍以上,这显然是不可能做到的。因此,在发达地区的农村,进行土地制度改革是必需的。目前有很多地区都在实行土地股份制,只要将这一土地制度固定下来,落实到每一个人,事实上也就实现了土地私有化。这也是土地资本化的过程。

第五是要建立全国性的耕地指标交易市场。耕地保护的一个办法是建立全国性的耕地指标流转体系。对耕地的保护应该坚持,在这方面对小产权房的一些维护并不是合适的,因为一些观点只看到老百姓的权利,而忽略了耕地问题。为了保护耕地,有必要建立全国性的耕地交易市场。

第六是教育问题。未来十年我国主要面临改革问题,但是发展同样很重要。影响我国长期发展的更重要因素可能是教育。2.4 亿进城农民工 80%—90% 的教育水平在初中或以下。到 2020—2030 年间,他们仍然是我国劳动力大军的主力,现在的收入水平是 3 000—4 000 元每月,如果他们的收入增长和全国经济增长保持同步,到了 2030 年,他们的月收入将达到 2 000 美元,相当于今天南欧国家工人的水平,而南欧工人至少有高中教育水平。

目前,我国的正规教育发展很好,而且投入也很大,相比之下,职业培训投入太少。国家每年能拿出 300 亿—500 亿就能解决这个问题。相比每年按预算内收入有 11 万亿,这只是个小数字。投资教育的回报最高,除了私人回报,还有很高的社会回报。

理解中国城镇化的人口视角*

徐　高

光大证券首席宏观经济分析师

徐高博士主要从人口结构变化的角度入手，研究了我国改革开放三十多年以来的农村劳动力转移的具体特征。结合国际其他一些国家的经验，徐高博士认为要继续推进我国的城镇化进城，避免城镇化停滞给经济增长带来的负面影响，我们需要走上“新型城镇化”的道路，尤其是从制度层面减少对农村移民进城的歧视。而实现这一政策的转变，需要领导层的勇气与决心。

一、中国与世界其他国家城镇化的比较

徐高博士认为，城镇化之所以是成为热点问题，不仅因为领导层面重视，而且因为广大投资者和研究部门在此问题上分歧很大。分歧的原因首先在于，城镇化和经济发展到底哪个是原因哪个是结果？如果城镇化是经济发展的结果，人为的强行推动不但对经济增长无益，而且会造出“空城”，带来种种问题；分歧的第二个方面在于，“新型城镇化”的概念和内涵与之前几十年我国经历的城镇化有何不同？它的方式以及带来的结果会是怎样？目前大家的意见还不是十分统一。

鉴于城镇化这个问题的复杂性，徐高博士主要从人口（变化）这个切入点来谈自己对城镇化问题的看法。他认为，城镇化的定义应是完成对人身份的转变，即农村里有着农业生活方式的人转变为有城市生活方式的人。从大范围的国际比较来看，中国过去三十年的城镇化进程看似十分正常。然而，在看似平常的城镇化过程中，我国的特点是城镇化移民主要以青年为主，由此导致农村老龄化程度明显快于城镇。这一特点才是制约中国未来城镇化的关键瓶颈，要走上“新型城镇化”的道路，如果不破除造成这一瓶颈的制度原因——城市对农村移民制度性的歧视，那么我国的城镇化进程可能会过早地结束。

---

* 第32次季度报告会（2013年3月2日）。

从国别比较来看，首先，无论是1980年还是2011年，将世界各国城镇化率对人均GDP回归可以发现，中国的情况处于回归拟合曲线的附近。这表明中国符合随着经济增长城镇化率提升的规律（图1）。其次，从城镇化率和非农产业的关系来看，我国过去三十年的发展也符合跨国比较的经验规律。过去三十年我国非农产业在GDP中的份额明显扩张，这种扩张带来了更高城镇化的需求（图2）。另外，从城镇化率和非农就业占总就业的比重、城镇化率和大城市居民人口比重以及城镇化率同老龄化等方面比较来看，我国仍然符合跨国比较的经验规律（图3—图5）。

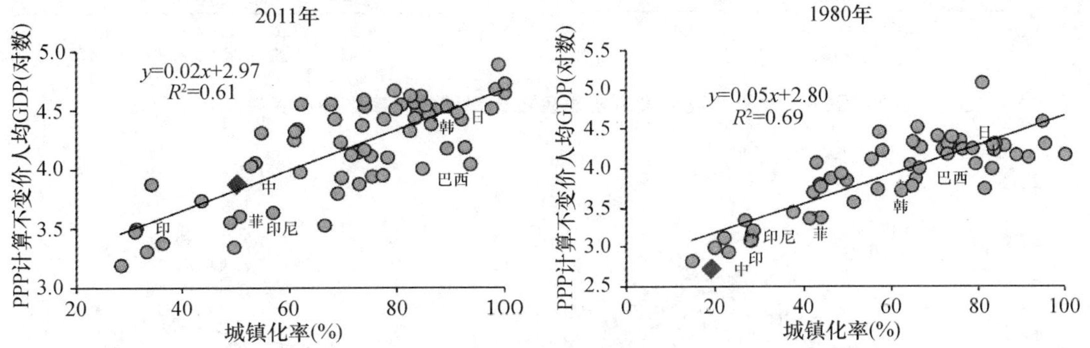

图1 世界主要国家人均实际GDP同城镇化率的关系

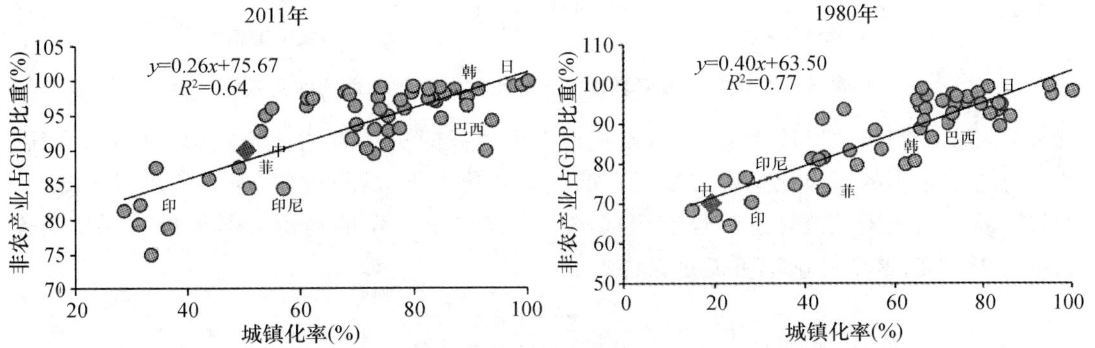

图2 世界主要国家非农GDP比率同城镇化率之间的关系

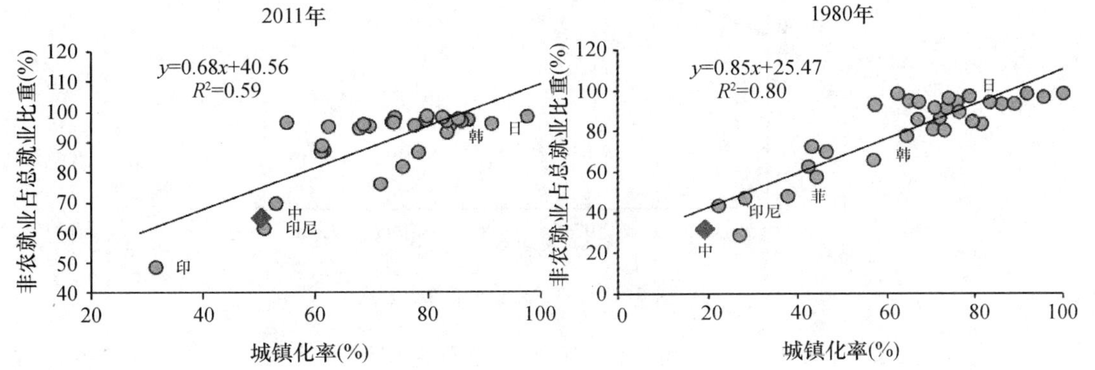

图3 世界主要国家非农就业占比同城镇化率之间的关系

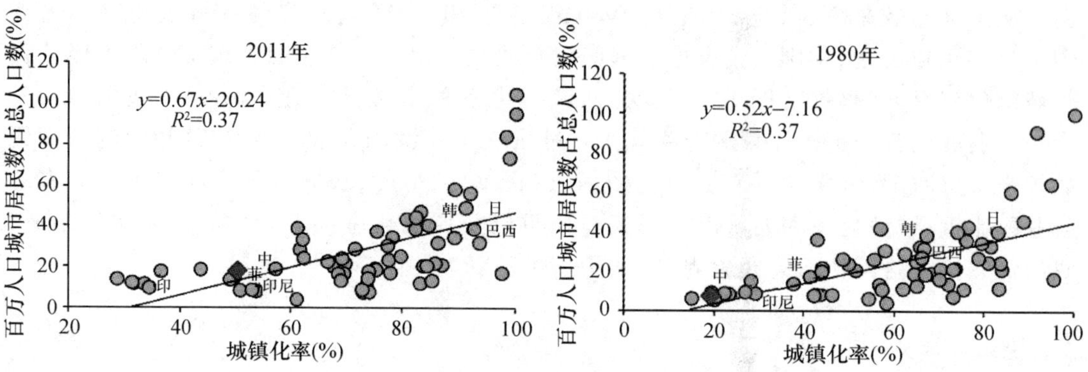

图 4　世界主要国家城市居民占比同城镇化率之间的关系

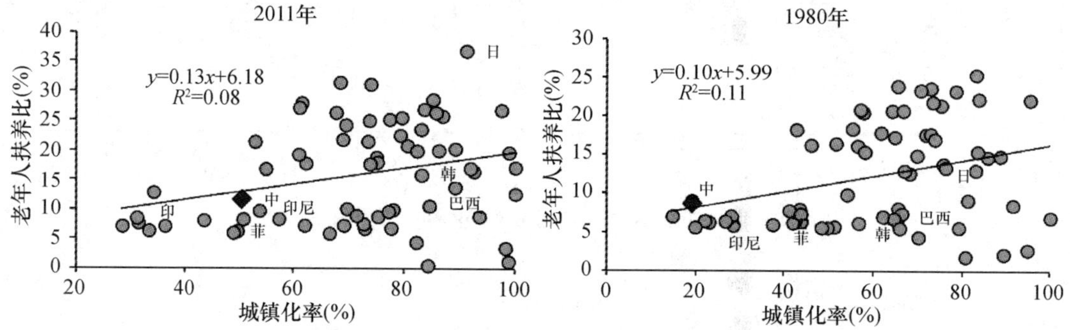

图 5　世界主要国家老年人抚养比同城镇化率之间的关系

从日本和韩国的经验上来讲，城市化率大概进行到80%左右才会结束(图6)。回顾我国过去三十年的城市化进程和我国目前的城镇化水平并结合前文所述的跨国经验，我们很容易得出我国城镇化进程还有可能继续发展二三十年的结论。但如果从人口结构的角度来探究，这个结论很可能是错误的。

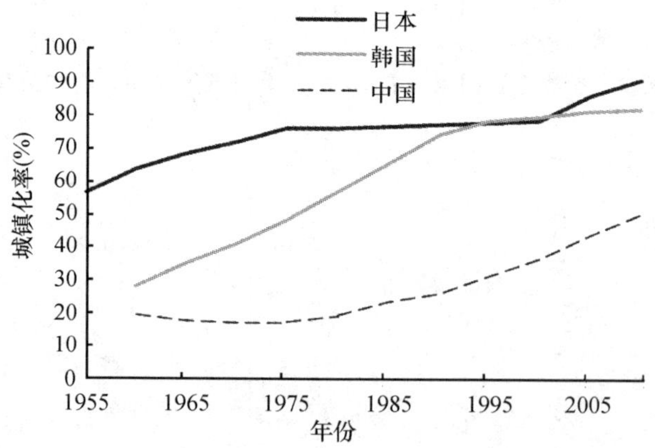

图 6　中、日、韩城镇化率

即使是我们的东亚邻国日本和韩国，如果进行更为细致的比较，也能看出其各自城镇化过程中的差异。如果分别将日本和韩国各自的城镇化率以及城镇和农村的老龄化比例(65 岁以上老年人占城镇或农村总人口的比例)画在一张图上我们可以发现(图 7),尽管两国的老龄化率均随着城镇化而提高,但在城镇化的过程中,日本城镇和农村的老龄化率基本上保持一个同步上升的态势,而韩国则是逐渐拉开了明显差距。韩国在城镇化的后期,农村老龄化率已经远远高于城镇的老龄化率,而与此同时,城镇化进程也就走向了停滞。

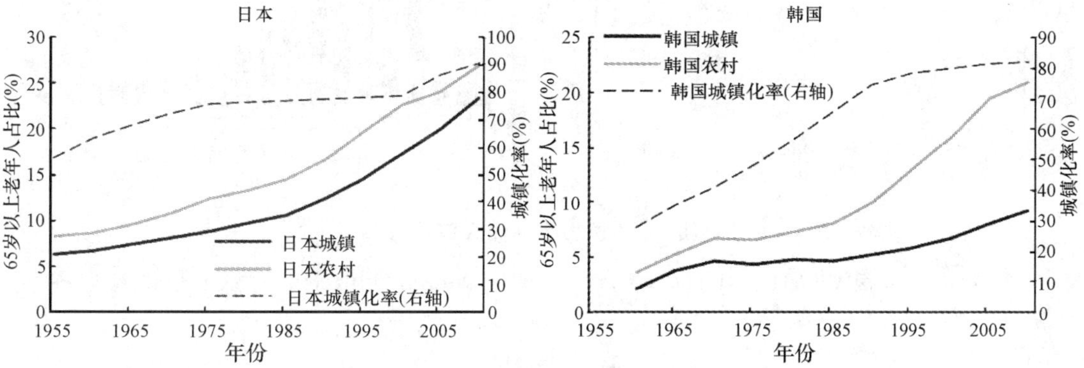

图 7　日韩城乡城镇化率的人口分解

韩国农村的老龄化速度之所以如此之快,一个可能想到的解释是因为其城镇化过程的移民中老年人的数目不多(图 8)。用韩国城镇和农村人口结构估算移民的年龄分布我们可以发现,其移民年龄大多集中在 15—19 岁之间,30 岁以下的移民占到移民总量的绝大多数。按十年为一个时间段,将每个时间段内移民的年龄结果画在图上我们可以看到,韩国在城镇化的早期和快速推进时期移民的主力主要是青年人。而最近二十年(1991—2010)中,移民中青年的比例已经大幅下降,估计的主要原因是随着移民的进行,农村地区的青年人已经大大减少了。

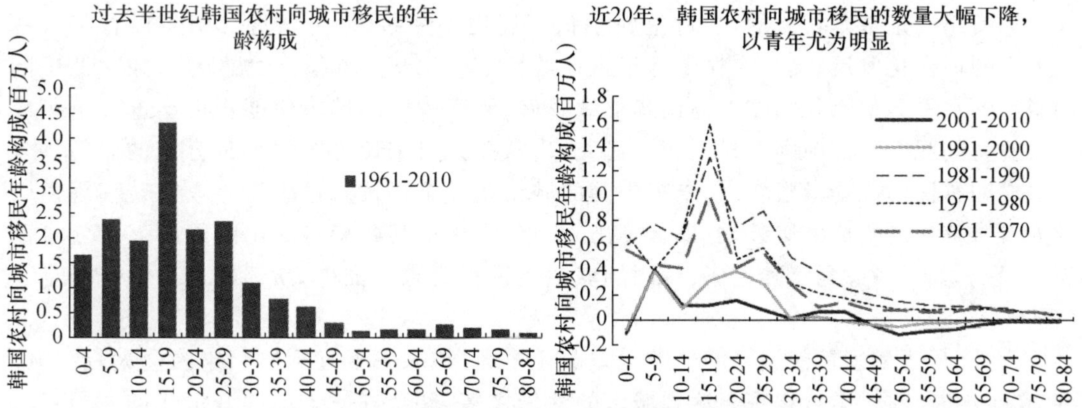

图 8　韩国城乡移民人口结构及其变化

中国的城镇化模式同韩国的模式非常类似(图 9、图 10)。根据估算,过去二十年中我国移民的绝对主力是青年人。比韩国更严重的是,移民中不但老人很少,而且连儿童也十分鲜见。现在我国的农村地区中,留守儿童和留守老人很多,有工作能力的青年人已经大幅流失。这一模式带来了很深刻的结果。

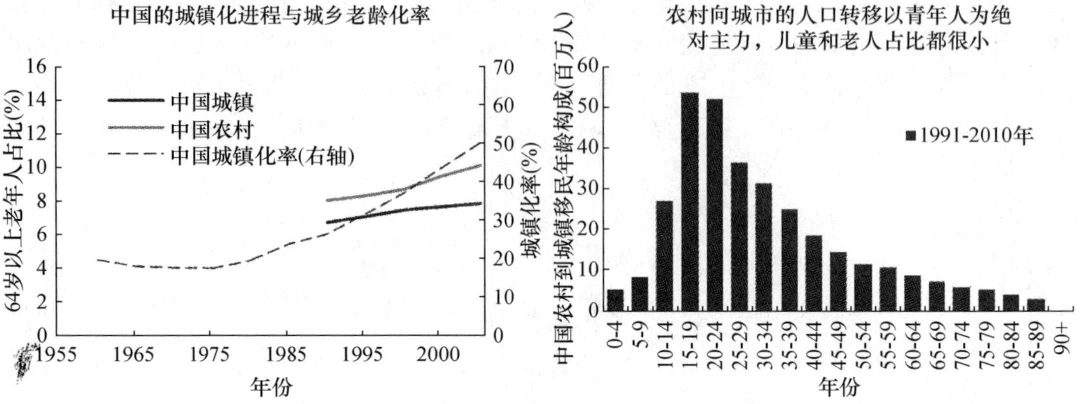

图 9　中国城乡移民人口结构

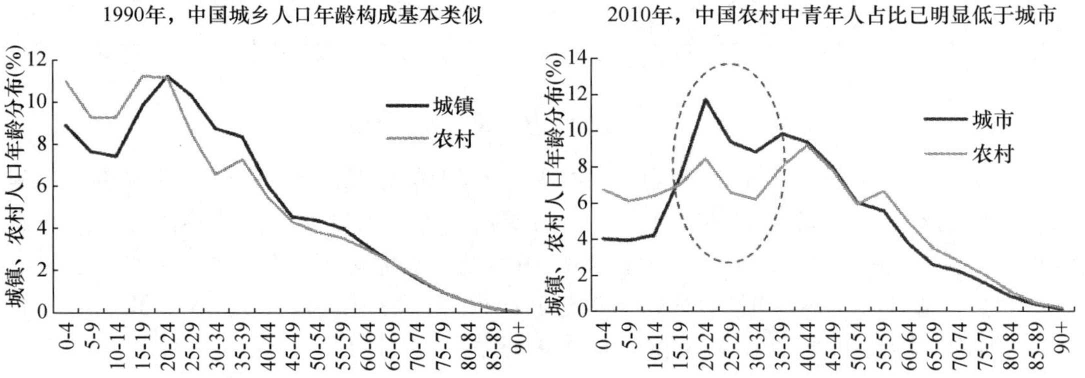

图 10　中国城乡人口结构变化

从 1990 年和 2010 年中国城乡人口的年龄分布的比较中可以发现:1990 年中国城乡人口年龄结构是基本相似的,农村里面小孩子还更多一些;但是经过二十年以青年人移民为主的城镇化发展之后,农村中青年人口的比例较 1990 年时已大幅下降,大大低于同期城市的水平。如果我国按上述模式继续发展,到底中国的城镇化能否再推进二十年或更长的时间呢？目前中国农村还有 6 亿人口,从总人口来说答案似乎是肯定的。但将人口构成和移民构成均考虑在内,未来中国的城镇化如果仍按照过去五年人口转移规模以及人口转移年龄构成继续外推,那么不出 15 年,农村中某些特定的年龄段的人口就将消失。因此,如果考虑到年龄构成,中国的城镇化进程要想再推进 20 年就显得十分困难了(图 11、图 12)。

另外,尽管我国目前城乡的老龄化差距还不大,在未来十五到二十年内会大幅拉开。到 2025 年时,农村老龄化率会达到城市的两倍之多,这会进一步制约城镇化的发展。将目前城镇和农村的老龄化率的发展趋势进行线性外推可以发现,我国农村老龄化率(快速)上升的时间会远远早于韩国，最后达到的绝对量也会远高于韩国。城乡老龄化率的差距也会远比韩国大的多。韩国的经验表明:城乡老龄化差距同城镇化率推进之间负相关。随着农村老龄化率的提升,农村青年的转移会日益受到照顾老人等因素的制约。按照上述经验对中国城镇化未来的发展趋势进行推测,如果按照老模式继续推进,中国城

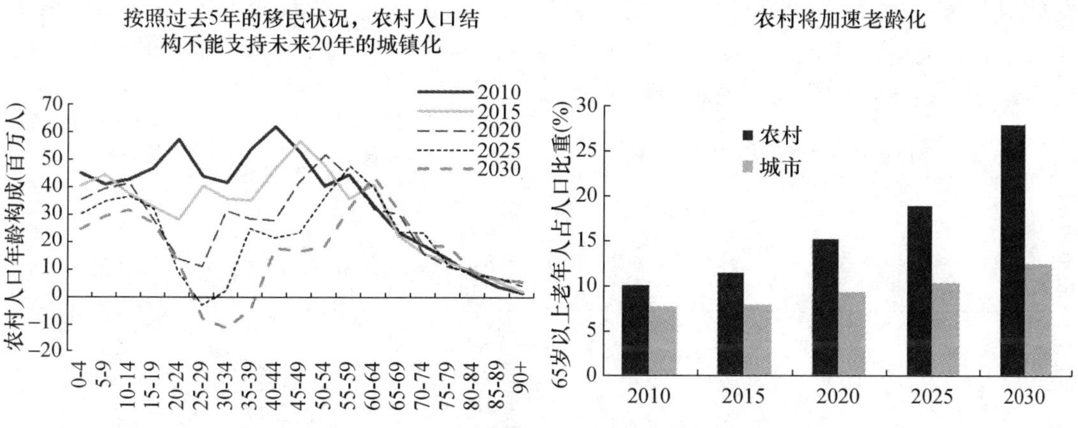

图 11　对中国城乡人口结构变化的预测

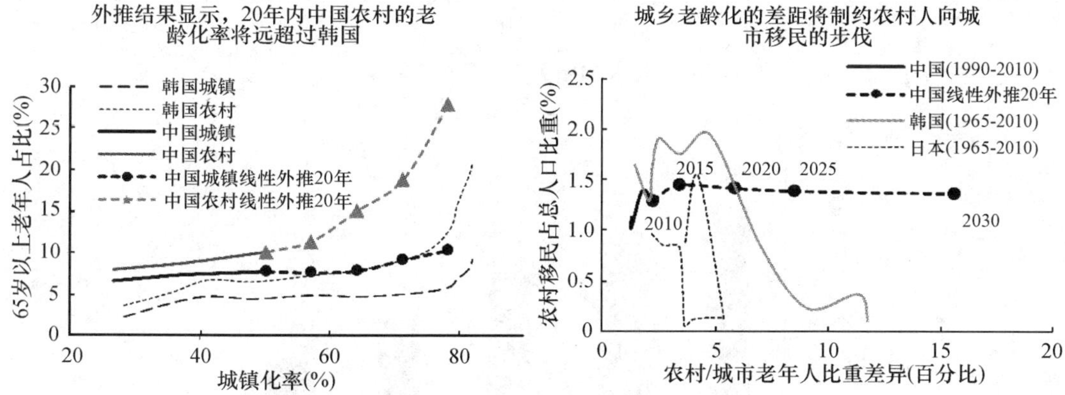

图 12　中国城乡人口结构变化的预测及国际比较

镇化要想继续推进二十年是不大可能的。

二、青年成为中国城乡移民主体的原因

中国城镇化移民之所以以青年人为主，从省份数据可以找到一些端倪（图 13）。一方面，将各省（过去十年）吸收外省移民总数同各省老年人抚养比上升幅度进行比较可以发现：如果一个省吸收外来移民越多，那么这个省老龄化上升速度越慢。如广东、上海、浙江、北京、天津等吸收移民多的省份老龄化上升较慢，移民输出大省四川、贵州、河南老龄化上升比较快。而在另一方面，如果将过去十年吸收外省移民总数同各省没有城市户口居民数量占常住人口比例进行比较可看出：吸收外来人口越多的省份，没有城市户口的城市人的比例越大。这显示城市对于农村移民有非常明显的制度性排斥，农村移民可以进城打工，但是要真正在城市安家却非常困难。医疗、教育、社保等方面人为设置的障碍过多，使得城市对很多移民来说只是一个打工地而非居住地。因此，老人和小孩就很难转移到城市中来。过去三十年的这种浅层城镇化不太可能再维持很长时间了。如果按照目前的方式继续推进城镇化，农村的老龄化不但会制约农民进城的脚步，而且还会引

发贫困问题。在农村中,越是贫困的家庭其青壮年的比例越少(图 14),从而也就越难实现家庭人口向城市的转移。农村家庭人口结构越差,其所面临的贫困问题也就越突出,从而最终可能导致城乡收入差距的再次拉大。

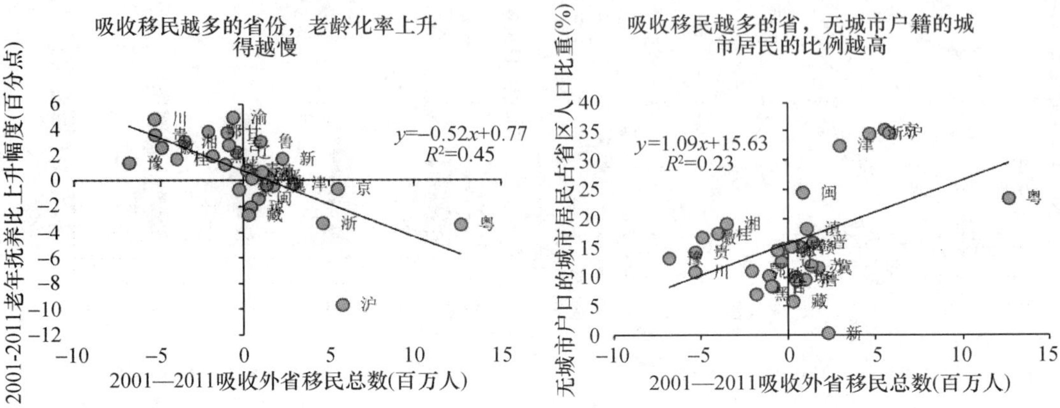

图 13　移民和相关指标的省际比较

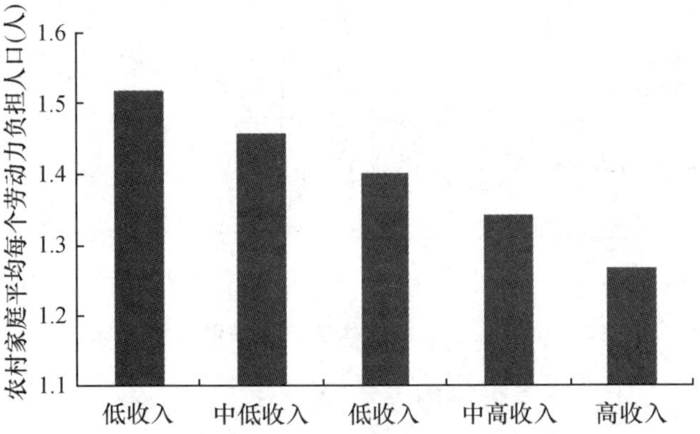

图 14　农村不同家庭收入同单位劳动力负担人口

三、走上“新型城镇化”的新路

应当如何应对上述矛盾呢?解决方法有两点:要么让城镇化推进的速率慢下来;要么在推进城镇化的过程中改变移民的年龄结构。这对应着中国未来城镇化的两条前途。

其一是被动走死路,即中国城镇化进程过早地结束,让中国过早地失去城镇化对于经济增长的推动,落入一个比较差的状态:农村人很多,农村人很穷,农村人很老,要大量地用城市反哺农村,给中国经济增长带来很大负担。如果维持现在的政策不变,十年内我们就应该可以看到这样的恶果:在城镇化水平还没到 60% 的时候我们就会发现城镇化速度推进明显减慢,这显然不是理想之路。

因此我认为中国经济现在需要走一条新的城镇化道路,这个新型的城镇化道路要破除过去对于农村移民制度性歧视,让农民融入城市。这其中非常关键的是让农村的老人也进城。因此,这种新型城镇化的重点不是在城市里面创造多少就业,而是要在城市提供更多服务,让农村人进的来住的下。

新型城镇化之路要成功必须要满足三个必要条件。首先,城市,尤其是老人更可能落户的二、三线城市,基础设施房地产要做好准备。现在中国房地产还需要建设十年甚至二十年,才有可能基本满足国人的需求。而我国基础设施各种指标和发达国家都差一个数量级。由于在城市里搞建设与目前短期稳定增长的目标相一致,因此推动起来相对容易。除此之外,还有两点更为迫切的改革要求:第一是放开城市的户籍制度,让移民融入当地的社会保险等公共服务网中。这一措施目前已在推进,但力度不够且仍存在问题。第二是改革农村土地所有制。现行土地制度虽然给了农民一个最基本的生存保障,但是同时也束缚了农民进城的脚步。这是因为一旦农民以家庭为单位离开农村,就意味着放弃了对土地这一终极保障的拥有权。在目前的制度下,农村土地作为一种社保形式,没办法转变为其他形式的城市社保,这导致即使农村家庭转移到了城市,也仍会把"根"留在农村。要让中国农民大规模进城,将土地这个"根"斩断是十分重要的。要让农民可以把土地换成足够的资金和其他形式的"社保",使得农民可以摆脱土地的束缚。这也将为农民进城提供足够的资金支持。

尽管上述三点合起来都不构成新型城镇化成功的充分条件,但它们都是必要条件。上述改革都是深层次的结构调整问题,面临的阻力一定很大,比如说土地财政每年三万多亿。如果让农民自由卖地,这三万多亿就没了。政府是不是有魄力将握在自己手里的资源让给民众,以自己小的利益损失换取社会利益的最大化,还需要领导人的魄力。

总体来说,城镇化的道路将决定中国经济的未来,而现在是一个非常关键的时期。我国现在处在城乡老龄化率将拉开差距但又没有拉开的时候,这个时候做一些恰当的政策调整,可以让中国摆脱前面讲的老城镇化走向死路这种不好的前景。但政策调整是否能够进行,取决于决策者的魄力。留给我们的时间窗口其实并不长,现在就要开始在思维认识上做好准备,推进大的城镇化。

农民工市民化的实现途径*

何宇鹏

国务院发展研究中心农村经济研究部副部长

何宇鹏研究员首先介绍了我国城镇化的背景及特征,并针对农民工市民化问题提出了基本思路和看法,在此基础之上提出了我国农民工市民化的实现途径,最后对我国城镇化考评体系提出建议。

一、政策背景

城市化是世界发展进程中的普遍规律和共同现象,但是农民工却是中国城市化中的独特现象。过去三十年,农民工为我国经济增长提供了增长的动力,同时他们所带来的低成本优势也增强了我们在国际竞争上的优势。正是因为有这样独特现象的存在,所以在三十年后也带来了很多问题。

因为农民工流动是以劳动力流动而非以家庭迁移的方式进行,长期的人户分离、家分两地的流动模式,使得农民工数量越来越大,这样大的一个数量使他们在城市里面不能均享城市服务的公共资源。根据第六次人口普查的数据,我们做了测算,现在城市 6.7 亿人口当中大概有城市户籍人口 3.8 亿,非户籍人口是 2.8 亿。这 2.8 亿非户籍人口中,大概有 1.5 亿是半城镇化的农民工,还有 1.3 亿是被城镇化的本地农民,就是由于城市区划的调整,实际上身份还是农民,但是已经统计到城市人口里面来了。现在十个城市人口中有四个人是不能够均享城市公共服务的,这是我们城市化过程当中面临的重要问题。

在这样一个背景下,十八大提出来的政策目标是要加快农民工市民化也不是偶然的,而是我们到了一个时间节点上。通过对比十八大与十七大在全面建成小康社会的目标,我们发现前面一段话,“城镇化质量明显提高”是十八大新提出的目标。具体政策措

* 第 33 次季度报告会(2013 年 4 月 21 日)。

施上面提出要加快户籍制度改革,有序推进农业转移人口市民化,努力实现城镇基本公共服务常住人口全覆盖,这是对城市化质量提高的进一步解释。

二、基本思路

农民工现象作为一个独特的现象,在过去的时间里为我们带来的好处是就业带动、渐进转移,这从农民工增量和城镇化增长率以及城镇就业增长率趋势图来看也是比较吻合的。通过渐进转移的办法,避免了城镇大规模的失业和贫民窟的现象。但是,长期实行这样的制度也带来了问题。从就业方面来看,由于是人户分离,它带来了中国农村“三留守”现象。根据普查数据初步推算,中国农村现在大概有5 700万留守儿童,4 700万留守妇女,还有大概2 000多万留守老人,加起来大概1.25亿。如果存在着人口自由流动的条件的话,实际上在农村的1.25亿人有可能转到城市里面实现举家迁移,按照这样的情况进行模拟推演,实际上我们城镇化率要比现在高得多。但是由于户籍制度限制、城乡对立的二元公共体制的存在,使这一部分人转不出来,这在经济上直接导致了近年来人们一直讨论较多的“刘易斯拐点”的提前到来,这对我国的经济增长和保持竞争优势也是不利的。同时,它还带来了城乡公共服务不均等的问题。所以,我们提供了这样一个分析框架,可以将户籍制度改革看成要素市场的进一步发育,将基本公共服务均等化看成社会政策的改革,在这样的体系下来试图建立一个激励相容的政策系统。这里不是说让一部分经济效率出来然后在社会方面增加一部分福利,而是说这两件事情应该是一个硬币的两面。如果通过户籍改革和社会政策改革加快农民流动,提高他们在城市留下来的可能性,其实是既有利于经济效率的改善也有利于社会福利的改善。

中国改革开放以来成功经验最重要的一条是利用“双轨”走出“双轨”,所以在户籍制度改革的制度设计中也可以沿用这个思路。首先,户籍改革和居住证制度改革双轨,然后逐渐并轨人口居住证管理。同时,在公共服务制度改革上,将城乡两种社会与福利制度的改革逐渐并轨均等化公共服务体系里面,这样一个分析框架和体系里面,我们讲的是激励与相容的政策体系。同时,在改革户籍和实施居住证是并行推进的制度安排,我们可以具体看一下这个政策思路。

三、实现途径

2010年国务院办公厅出台了一个户籍制度的改革文件,基本思路是以“两个稳定”为基本条件来推进户籍制度的改革,但是到现在为止,很少看到地方政府在相关方面有一些实质性动作,这就需要更进一步的推进手段的出台。根据广东的经验,我们希望通过以完善“积分落户”政策为突破,加快户籍制度改革,促进农民工城市化。同时,以实施居住证制度为手段,梯度赋权,逐步实现城镇基本公共服务全覆盖,这实际上是一个顶层设计和基层创新的良好结合和互动。

实现途径方面,首先是以“积分落户”政策为突破来加快户籍制度改革。这里需要按照“两个稳定”的原则,分类指导城市户籍制度改革,主要可分成三个阶段:初期实施条件准入和指标控制，主要是根据农民工自身个人职业、参加社保等一系列的情况进行打分。同时，对于大中城市来讲可以设立一个指标，数量控制的门槛，因为在初期不知道有多少人要落户。中期实施过渡到条件准入的政策，按照单一积分衡量是否能够落户。最后过渡到单一条件进入，例如由你在一个地方的居住时间决定能否落户。通过这个办法可以体现我们在户籍制度改革上面的一系列基本原则，例如“重点人群原则”，如果一些人已经举家迁移，那么用什么办法来识别呢？简单的办法是对双方进行积分，夫妻双方如果都在城市里面可以双方进行积分，这样得出来的积分相对高一些，如果有孩子再加一个积分，这样我们就能把这部分人识别出来，让这部分人可以体现优先落户的原则。

同时，如果要考虑合理布局的话，也就是我们在讲尽量的大中城市中心主城区要减轻负担，那么通过什么样的政策引导呢？我认为可以通过一个系数的原则来引导，比如说主城区、中心城区的落户系数是1，近郊区落户的系数是2，远郊区或县城是3，这样随着离核心城区距离越远，系数就会逐渐增加，可以引导人们在远离城区的地方优先落户。这里我们一定要做的就是积分跟农户土地权利脱钩，不要再把土地当成保障性的东西，而是要还原土地生产要素的功能，让进城落户的农民有自由的处置权。

考虑到“积分落户”能解决的重点人群是1.5亿农民工当中的少数人，对于大多数的人来讲，可以通过实施居住证的手段，梯度赋权，逐步实现城镇基本公共服务全覆盖来推动公共服务的进一步改进。首先，通过实施居住证制度，固化农民工已享有的基本公共服务。然后，按照居住证持有年限逐步增加应该享受的公共服务。比如说在N年的时候享受子女到公办学校就读的权利，N+1年可以享受城镇保障性住房的权利，N+2年再递加城镇最低生活保障权利，各个地方可以根据自己的情况做调整。比如在农民工子女公共义务教育阶段，实际上广东面临的情况跟其他地方面临的情况不一样，所以它可以把N年适当往后推迟，但是应该由居住证持有年限来做调整。最后，居住证持有到X年的时候，无论落户与否，他都跟城镇居民享受同等的公共服务。实际上，居住证制度是与户籍制度改革同时推进的，推进到X年的时候，实际上户籍制度本身所含有的公共福利的含量和居住证制度的含量相等。推进到这个时候，户籍制度所附加的福利功能自然就消失了。

除以上几点以外，在农民工市民化实现途径方面，需要以加强社会服务管理为重点，建立人口动态管理系统，合理分担农民工市民化的成本。首先，要在基层社区通过公共服务使得每个人有一个激励把居住证制度建立起来，通过这样的登记系统我们建立逐步替代户口的动态人口管理系统。然后，通过系统可以识别省内流动和省际流动的。识别省级流动和省内流动的重要含义是在当前财税体制的条件下面是合理分担流动人口公共服务的成本。我们设想跨省这部分流动人口的成本应该由中央政府承担，而省内流动的人口是要由省级政府统筹承担。因为在省级现在有很多公共服务不一样，但是有一部分服务或者越来越多的服务基本上在省内能够实现统筹了，所以这部分应该由地方政府来承担。在跨省流动这一方面，因为我们的财税体制等各方面的原因，所以这部分可以由中央政府承担。最后，我们把它作为一个过渡的办法，因为改革税制是一件不太容易的事情。最终的办法是改革税制，形成有利于人口而不是服务于资本的激励机制。比如说美国联邦政府收所得税和社会保险税，社会保障责任当然应该是联邦政府或者是中央政府的责任;地方政府收的是财产税或者房产税,就必须承担基础设施建设以及学校建设和医院建设等等公用设施建设的职能。但由于每一个政策的过渡是不太容易的,所以是需要较长时间来实现这一安排的。

综合上面提到的三点:一个是通过“积分落户”来具体化户籍制度改革,一个是实施居住证制度逐步推进公共服务常住人口全覆盖,还有一个是通过基层社区社会管理建立一个动态的人口管理系统,这就是我们研究的关于进一步推进户籍改革实现农民工市民化路径的考虑。

四、考评体系

在现行体制下,对于城镇化是有一个考评体系的。大概在“十一五”时期,我国将城镇化率纳入政府考核目标之中。所以,“十一五”、“十二五”规划中除了对经济增长率、就业率等一系列指标有一些考核外,里面还包括了城镇化的指标。我们建议把常住人口服务覆盖率和城镇化率挂钩,综合考量城镇化水平,解决现行城镇化过程中重速度不重质量的问题。最近调研发现,很多城市存在通过扩城的方式将农民纳入城市人口统计中,但农民并没有享受到城市户籍人口的社会保障等福利,依然是新农合、新农保和农村低保。所以,丰富城镇化的考核体系,不再把城镇化率本身当作城镇化发展的唯一指标是十分必要的。简单来说,可以分成三个维度:一是把就业创造,比如服务业增长和就业比重等纳入城镇化考核的经济效益的指标;二是可以纳入一些城镇化社会融合的指标,包括农民工子女公办学校入学率、农民工的五险参保率、市民化率入户率、被城镇化部分的农民的非农就业再就业率以及城镇社会保险的覆盖率等;三是可以纳入一些可持续性的指标,例如一个城市的污水处理能力、公交拥有量等。最终从经济效率、社会融入指标和可持续性指标来综合考量当前城镇化的发展水平。

3 财政金融改革与地方债务

增长方式转变与政府行为*

平新乔

北京大学中国经济研究中心教授

政府行为，尤其是税收、财政预算、预算外行为等，和经济增长方式有密切关系。在中国过去二十多年的发展中，政府这只“看得见的手”很强，市场这只“看不见的手”作用也在不断加强，只有两手都硬，经济才能健康发展。我们讨论的问题是：现在政府这只手还存在问题。

首先是政府的预算外财政问题。中国目前12万亿元左右的GDP中，大概三分之一由政府所支配。2004年的税收收入是2.5万亿，这属于预算内资金；还有一块预算外财政，据我们预测大概为8 000多亿元；还有既不在预算内又不在预算外的8 000亿左右非预算资金。所以地方政府有总计1.6万亿左右的预算外和非预算资金，加上税收收入，大概有四万亿的资金掌握在政府手里。这些资源怎么使用，使用效率怎么样，对我们国家的影响很大；怎么把这一块资源用好，和我们国家增长方式的转变很有关系。

其次是经济增长方式需要转变，加强技术创新是题中应有之义。但是我们国家的创新方式20年来没有大的变化，绝大部分技术创新的资源、科技投入都是国有部门占有。当然，农业技术的推广采用了市场方式，农民看到好就用，但是在城市里边、国有体制里面，技术转移、技术推广还是计划体制，实际存在国家垄断体制，阻碍了技术创新。如果不改变国有体制在科技领域继续垄断的局面，改变增长方式和推动创新就是一句空话。

一、政府预算外财政问题

1994年财政改革的出发点是控制地方预算膨胀的局面，以缩小地区之间的差别，并逐渐使地方预算外财政转为地方预算内财政。但实际上，除了1994年实施新税制当年与1997年由于地方预算科目的调整使地方预算外财政规模有所缩小以外，在过去的10

* 第3次季度报告会（2005年10月29日）。

年内,地方预算外财政规模总的说来是在膨胀的。1994 年当年把国有企业的预算从地方预算拨出来,而使用权还是属于地方政府;1997 年把 12 个基建项目从预算外调整出来,搞一个基金,但控制权还是在地方。1998—2004 年间,预算外财政又恢复到相当于地方预算内财政 50% 左右的规模。2004 年地方预算内财政收入不到一万亿,但是中央转移支付以后地方预算内的财政支出达到一万六千亿,除此以外,还有八千亿左右预算外支出是由地方自己解决的。也就是说,地方预算外的财力又达到了预算内规模的一半左右,相当于中央级预算的 1/4 左右。预算外财政规模的扩张在中国有其刚性,数据表明:预算外支出和预算外收入基本上是平衡的,1996 年以后预算外收支的规模有一个下降,以后又上升起来,到 2003 年达到现在的规模。这是总的趋势。

预算外财政对我们国家的地区平等、收入差距有显著影响。预算内财政本来应该是有转移支付功能的,穷的地方多一点,富的地方稍微调剂一点。但是我这一年来的研究发现,地方预算内财政并未具有改善地区间收入差异的功能,而地方预算外财政与非预算资金则显著地扩大了区域间的收入差距。通过反映各省预算外和预算内支出差别的洛仑兹曲线看出:2002 年各省预算内财政的差距比 1998 年略有减小,而预算外支出的差距在扩大。各地之间教育基金、公路基金等各种基金规模的差距比预算外支出的差距还要大。

预算外支出主要用于招商引资等和工业有关的支出,而预算内财政主要和教育、卫生等公共事业有关。目前,我们的教育、卫生、环保等公共品提供严重不足,但是工业发展、招商引资的投入猛增,后者是算在预算外的。对于各省教育和卫生资源的分析表明:在东南一带几个富县的 GDP 超过全国平均水平,但是教育水平没有上去,公共品提供没有跟上,这是有问题的,卫生领域也有同样的情况。

可以通过数量分析来把预算外财政和预算内财政的功能进行如下的比较。

第一,教育支出方面。分别对预算内教育支出和预算外教育支出做回归,解释变量是人均 GDP、中小学师生比、每万人的小学学校数和文盲率。回归结果显示:无论是预算内还是预算外的教育支出都和人均 GDP 是正相关关系,而且预算内教育支出和人均 GDP 的相关系数更高,显著性也更高。但是两类教育支出在和文盲率的关系上产生了分化。一个地区文盲率越高,预算内教育支出就越高,说明预算内支出对教育的敏感程度比较高,但预算外教育支出和文盲率的关系不显著。同样,每万人的小学学校数和预算内教育支出有相关关系,而和预算外教育支出没什么显著关系,因为预算内教育支出基本上是“人头费”。总之,我们目前的教育主要靠预算内教育支出而不是靠预算外解决。

第二,支农支出方面。同样可以对支农支出进行回归。人均 GDP 高的地区,预算外和预算内支农支出也都比较高,呈正相关关系。但是城镇化水平提高以后,预算外支农支出是下降的,而预算内这一块和城市化没有什么关系。还有一个特点,乡村规模越大,预算内支农支出减少,说明有规模效应;而预算外支农支出和乡村规模没有关系。最后,预算内财政对农村自然灾害(一个地区的受害面积除以耕地总面积)的反应是负的,而预算外是正的,因为预算内资金受制于事先法律程序的制约,而地方政府对预算外资金有机动权,可以比较主动地作出反应。

第三,交通道路建设。解释变量包括人均 GDP、高速公路密度、外资投资水平(全部外资除以工业总产值)和城市化水平。人均 GDP 越高,预算内对道路建设投资越少,预算外的投入越高，而且很显著。高速公路密度越高，预算内和预算外的对道路建设投资都是越少。外资投资增加时，预算内道路交通建设投入几乎没有反应，而预算外交通道路投入增加很明显。最后，一般都会认为，城镇化水平越高，地方政府对道路交通方面的建设投入应当越多，但实际上并不是这样。

第四，行政管理费用。我们发现，中国地方政府可能有把预算内的经费和资源转移到预算外的行为，把本可以列入预算内的资源转移到预算外就可以受到较少的人大监督。我们发现，人均 GDP 增加以后，预算内的行政管理费用也增加了但是增加并不多，而预算外人均行政管理费用增加得非常快，大概是预算内行政管理费用增加速度的 1.5 倍。还有一个现象，预算外的行政管理费用没有规模经济，存在效率不高的问题，而预算内人均行政管理费用随着乡镇规模提高而递减。更重要的是，随着城市化水平提高，预算内人均行政开支减少，而预算外人均行政开支增加，这说明预算外人均行政支出有效率递减的问题。

要转变增长方式，直接支配了 GDP 三分之一的政府应该带头集约资源。地方政府这只手要进行适当的转变。地方政府有两个基本功能：一是公共品的提供，比如教育、卫生这些服务，这基本上是由地方政府预算内解决的；另一个功能是经济建设，比如招商引资、建设基础设施，这部分主要通过预算外的支出来提供。为什么中国预算外财政的规模膨胀那么快，想缩都缩不小呢？这和我们国家上一级政府用 GDP 考核下一级政府领导有关系，结果领导人往往只考虑经济发展，而经济发展需要资源，预算内资源有限，只有通过预算外来解决。我认为，政府主导的方式本能的就是粗放式的，只有市场主导的增长方式才有可能走上集约化高的、自主创新的道路。

二、技术创新和科技体制改革

技术创新的源泉从哪儿来？从 1980—2003 年，我国 99% 的政府科技投入都投向国有企业、国有部门，其中 40% 投向科研部门和高校，还有 50% 多通过国务院各部门投向规模大的企业。而从专利申报情况看，国有企业的创新占 60%，还有 40% 来自非国有的、民间的部门，非国有部门的效率高。这就引出国有企业垄断的问题。国有企业垄断不仅垄断了市场，还垄断了知识产权，垄断了创新的资源。如果这个问题不解决，怎么提高中华民族的创新能力？中国汽车搞了二十多年，手机、电信搞了这么多年，搞到最后都是贴牌。如果科技体制不改变，如果技术创新不向民间转移，很难提高我们国家的创新能力。

从国外引进的技术创新还要进行技术推广。技术推广有两种方式：一种是用市场换技术，这是补贴创新的办法；另一种方式是把专利买下来，给专利发明者固定的费用。后者导致专利被多个企业掌握，凭借技术获得垄断利润的可能性就没了。因此专利发明者希望企业获得专利之后进行垄断，然后把因垄断得来的利润差额交给专利发明者，但是垄断的后果使中国技术传播和创新的速度变慢。

在中国，国有企业得到大部分科技创新的资源，技术推广又在国有企业里面推广，导致创新的激励不足。如果要改变我们的增长方式，从根本上启动我们国家的创新能力，那就应该从科技创新体制上下工夫。

中国地方财政支出规模的膨胀趋势与公共管理成本*

平新乔

北京大学中国经济研究中心教授

本文的目的是考察当前地方财政的绩效,关注的重点是地方政府掌握的资源膨胀程度以及效率如何。有种观点认为地方政府事权太多而财权不够,真实情况是否如此?此外,如果政府不转型,由政府来主导建立和谐社会,将是什么样的资源配置效率?这些都是本文将要回答的问题。

一、地方政府财政资源的五个视角

第一,地方公共支出占当地 GDP 的比重,即预算内支出与预算外支出之和与本省、本地区的 GDP 之比。全国地方公共支出和全国 GDP 的比例在 19% 左右。然而本文并没有简单地用这个数据,而是分省计算"财政支出/GDP",然后取全国均值,因为每个省的财政支出只有与本省 GDP 相对比,才能显示出地方政府所掌握的公共资源在当地经济中的比重。在 1994—2003 年这 10 年中该比重从 15.6% 上升至 21.0%,共上升了 5.4 个百分点。分省来看,公共支出占当地 GDP 比重高的省份大都集中在西部不发达地区。越是发达地区,如江苏、浙江、广东、山东等沿海省份,公共支出占当地 GDP 比重反而低。可见,"财政支出/GDP"这个比率并不是经济发达的标志。这就引出一个问题,政府预算规模膨胀能否促进经济发展与增长?政府花钱是否有效率?"公共支出/GDP"的分省均值和全国总比率都在上升,说明地方政府财政规模比经济规模的增长速度要快,地方政府所控的经济资源不但在绝对量上增加了,而且在相对量上也大大增加了。

第二,人均地方财政支出的变化。全国人均地方财政支出从 1994 年人均 589 元增加到 2003 年的人均 2 120 元,10 年间涨了 3.6 倍,这个增速很快,可以说是世界少有。对于

* 第 7 次季度报告会(2006 年 10 月 29 日)。

农业大省来说,2003 年人均地方财政公共开支在 1 000 元左右,而人均农民纯收入只有 2 400 元,二者比例是 1∶2.5,这个比例可不低。当然,“人均地方财政公共开支”在省与省之间的差异是很大的。人均地方财政开支在上海是 7 078 元(2003 年),而这个数字在农业大省仅有 913 元,大小相差 7.75 倍。应当指出,省际的贫富差距在 1994—2003 年间并没有缩小。1993 年,人均地方财政开支最高值为 1 874 元,也是产生于上海,最低值是在安徽,为 234,大小相差 8 倍。

第三,地方政府预算内支出占全部预算支出的比重。尽管在 1994 年分税制之后,地方政府的预算内财政收入占全部预算收入的比率下降了,但如果看支出结构,从 1994 年以来,则地方政府预算内支出占全部预算内财政支出的比重一直在 70% 左右,2003 年为 69.9%,2004 年为 72.3%,2005 年为 74.1%。即差不多有四分之三的预算内资金是由地方政府支配的。中央对地方的转移支出相当于地方政府财政收入的 54.5%,地方财政支出中有大约 1/3 的资源是由中央转移而来的。

与其他国家相比,中国地方政府预算内支出占全部预算支出的比重是最高的(见表 1)。按照 1997 年数据,中国是 72.6%,美国是 46.4%,阿根廷是 43.9%,墨西哥只有 26.1%。印度的地方政府应该会花钱不少,可也不过是 53.3%。

表 1　地方财政支出占全部财政支出比重的国际比较　(单位:%)

国家	1990 年	1997 年
阿根廷	46.3	43.9
澳大利亚	50.9	47.9
中国	67.4	72.6
德国	40.2	37.8
印度	51.1	53.3
印度尼西亚	13.1	14.8
墨西哥	17.8	26.1
俄罗斯	—	37.6
南非	20.7	49.8
美国	42.0	46.4

第四,地方政府的预算外支出规模。按现有统计口径计算的预算外收入与支出,仅仅是地方政府预算以外财政收入与支出的一部分。预算外收入只是国家法律允许的地方政府的非税收入,其中主要是行政事业收费与政府基金收入,没有包括非预算收入和土地出让收入。地方政府的预算外支出规模的膨胀也是很快的。2004 年,全国预算外收入为 4 699 亿元,其中行政事业收费为 3 208 亿元,占 2/3 以上。这种行政性收费主要用于行政部门的正常维持,因为 3 134 亿元行政事业收入费就直接作为“行政事业支出”而花掉了。

“预算外”财政基本上是本级政府的合法小金库。它基本不存在上下级政府之间的上解与下拨关系,“预算外”财力“边际留成”比率高,接近 100%。因此,每级政府,尤其是县一级政府对“预算外”扩张,有着强烈的激励。这不同于征收增值税的边际留成率:如果省级政府征到增值税,省级政府边际留成率为 25%;如果县级政府征到税,县本级可留的只为10%，即省政府要从县政府征到的增值税中提15%，地方几级政府边际留成总和才为25%。

由于2004年预算内“行政管理费”开支只有2 417亿元，其中地方政府在预算内的行政管理费开支为1 995.21亿；而“预算外”行政管理费开支为3 133.8亿元，其中地方政府的“预算外”行政开支约为2 851亿元。也就是说，在全国行政开支这一项中，有56%是通过“预算外”方式花出去的；在地方政府的行政开支中，有58.9%是通过“预算外”方式花掉的。近来不少专家学者指出了政府行政费用上升快、规模大是中国公共管理体制的弊端之一，而我们在这里则发现，行政开支上升过快，尤其是地方政府行政开支过大，上升过快，恰恰是借助于“预算外”这种较为“软”的预算约束条件而实现的。因此，要改善中国政府公共管理的绩效，尤其是改善“行政管理”的绩效，治理“预算外”收支便是必经之路。

第五，土地财政的规模。据2006年9月4日《21世纪经济报道》(第一版社评：“土地出让金改革的宏观经济效应”)提供的资料：2001—2003年我国土地出让合计9 100多亿，约占同期全国地方财政收入的35%；2004年“8·31大限”使土地有偿出让进一步市场化。当年全国出让的价款更达5 894亿元，占同期地方财政总收入的47%；2005年我国执行收紧地根政策，出让金收入占比虽有所下降，但总额仍有5 505亿元；随着房地产市场的火爆，2006年出让金收入目前已达3 000亿元左右，预计全年出让金占地方财政收入比例可能将突破50%，事实上，北京、广州、深圳等房地产热点区域的土地出让金上半年的收入就已超过全年的总额。

上述数据到底可靠性如何？我们给出自己独立的估算。首先，通过《中国统计年鉴》的“各地区城市建设情况”栏找到政府“征用土地面积”的各省数据。2004年征用土地面积是1 600多平方公里，相当于一个大城市。其次，获得土地价格数据。把《中国经济普查年鉴2004年》(第三卷)提供的“各地区房地产开发企业土地开发及其购置土地面积”与“本年土地成交价额”相除，得到各省、直辖市、自治区的土地均价。所调查的八个省的实际土地均价与计算得到的值相符，因此前面土地均价的计算方法是可靠的。最后，计算政府出让土地的收入。当然，土地征收面积不等于出让的土地面积，因为有一些征用的土地要用于绿化、公共交通和土地储备等。根据对8个省2个市12个县的调查数据，可以估计出征用土地的80%用于出售，其中60%是卖给房地产商，40%卖给招商引资吸引来的企业。这些引入的企业可以享受土地优惠，只需支付大约1/4至1/3的土地均价。因此，政府出让土地收入 = 征用土地面积×0.8×(0.6+0.4×1/3)×土地均价=0.587×征用土地面积×土地均价。

从各省出让土地数据可以发现(见表2)：2004年，(1)广东、湖南、山东、江苏是征用土地最多的省份，每个省都在2004年征用200平方公里左右的土地，四个省征用的土地之和相当于全国征用土地总数的一半左右。(2)土地均价最高的省份依次为浙江(1 823元/平方米)、福建(1 275元/平方米)、上海(1 218元/平方米)与北京(1 140元/平方米)。上海、北京的地价低于浙江与福建，其原因是其所征的土地主要是远郊的。(3)土地财政收入最高的省份依次为：湖南(1 177亿元)、江苏(1 054亿元)与浙江(1 028亿元)。仅这三个省地方政府的土地收入就达3 259亿元，接近于全国政府出让土地收入的一半。

这表明：土地财政虽然规模很大，但分布很不均匀。2006 年土地价格相比 2004 年大幅上涨，土地出让收入一定会突破一万亿元。

表 2　各地区土地价格和政府出售土地收入(2004 年)

地区	房地产商购置土地面积（平方米）	房地产商土地成交价款（万元）	土地均价（元/平方米）	政府征用土地面积（平方公里）	政府出售土地收入（亿元）	城镇居民工薪收入（元）
全国	488 946 455	35 299 475	722	1 613	6 834	7 153
北京	27 623 253	3 149 642	1 140	53	357	11 590
天津	13 181 321	780 913	592		0	7 509
河北	12 469 300	563 001	452	36	95	5 590
山西	5 033 799	288 300	573	9	29	6 339
内蒙古	5 788 532	172 359	298	4	7	5 894
辽宁	22 568 792	1 779 227	788	39	179	5 806
吉林	4 941 544	276 099	559	13	44	5 447
黑龙江	5 691 027	315 054	554	12	38	5 032
上海	13 326 018	1 622 615	1 218	61	436	13 157
江苏	51 206 029	4 745 052	927	194	1 054	6 869
浙江	30 235 973	5 512 394	1 823	96	1 028	10 753
安徽	24 050 089	1 234 711	513	28	85	5 584
福建	15 895 074	2 026 359	1 275	28	210	7 996
江西	15 268 983	538 174	352	82	170	5 542
山东	47 330 537	2 001 294	423	209	518	8 327
河南	17 252 288	880 041	510	27	81	5 322
湖北	21 470 234	871 125	406	39	93	6 391
湖南	21 654 902	2 143 984	990	203	1 177	6 807
广东	33 774 776	1 844 662	546	289	926	11 646
广西	13 512 482	474 792	351	43	88	6 738
海南	8 524 276	102 180	120	0	0	5 599
重庆	11 376 127	730 169	642	31	117	7 163
四川	24 551 964	1 642 456	669	22	86	5 461
贵州	7 769 192	241 942	311	4	6	5 135
云南	7 727 857	449 162	581	21	72	6 138
西藏	2 960 306	62 755	212	0	0	10 205
陕西	7 796 076	329 630	423	24	60	5 725
甘肃	3 055 860	138 664	454	8	20	6 087
青海	1 302 874	49 831	382	8	18	5 023
宁夏	4 611 743	190 256	413	25	60	5 166
新疆	6 995 227	142 632	204	7	8	6 395

资料来源：“房地产商购置土地面积”和“房地产商土地成交价款”来自于《中国经济普查年鉴 2004 年》，中国统计出版社，2006 年；“土地均价”是“房地产商土地成交价款”与“房地产商购置土地面积”之商；“政府征用土地面积”和“城镇居民工薪收入”来自于《中国统计年鉴 2005 年》，中国统计出版社，2005 年。

政府支付给失地农民和居民的补偿金在出售土地收入中所占比率极低。对浙江省S县与Y市的调查显示该比率只有3%至5%，出让一亩地得到约130万元，支付给农民的补偿只有不到5万元，其中2万多元是耕种方面的损失，还有2万多元是其他方面的补偿。另外，考虑到地方会给省、中央上缴大约2%的批租收入，地方政府（县、市级）大约占用了出售土地收入的90%左右。

土地出让收入则既不列入预算内，又未列入预算外管理。近几年来，随着中央对政府行政收费的管理越来越规范，行政事业收费在预算外收入中的地位受到了抑制，相比之下，土地出让收入成为地方政府尤其是东部几个省市地方政府（特别是县政府）收入的重要来源。另一面，土地出让、房地产开发与以土地廉价出让为手段的招商引资又可以带来地区经济扩张，从而带动预算内的税源增加。

土地财政对于各地政府都有吸引力，但并不是每个省、市、县都有土地财政的机遇，这个机遇就是招商引资。这也导致了全国范围内东、中、西部地方政府采取了三种不同的财政行为：东部重土地，中部重收费，西部则是靠转移。这表明：经济越发达，地方政府对财政预算内收入的依赖程度便越低。经济越发达，正规的预算对政府的约束程度便越低；政府级别越低，预算非正规的程度越高。

二、地方公共管理的成本与效率

在过去十多年里，地方政府在规模膨胀的同时效率如何？“行政成本”可以用GDP的“行政成本弹性”来度量。1996—2003年这八年间行政支出增加了约1.92倍，同期GDP增加了近0.91倍，行政成本弹性是2.03。也就是说，中国GDP每增加1个百分点，地方政府行政成本就要上升2.03个百分点。1996年GDP中2.64%的钱用于行政开支，而2003年这一比例已经涨到了4.06%，远远高于我国对教育的投入，这种情况是不正常的。中国以地方政府主导的经济扩张，不仅使GDP的自然能耗上升，而且使GDP的人力资本成本与组织成本也急剧上升。

下面以教育质量为例说明地方预算外支出对政府公共服务绩效的影响。这里用师生比，即小学教职工与在校小学生的比例，来度量教育质量。计量结果表明：在其他条件相同的情况下，预算外收入增加时，地方政府提供教育的效率更低；预算外收入减少时，地方政府提供教育的效率更高。而预算内财政支出与教育质量是正相关。有趣的是，地方政府预算外收入增加时，地方政府修建公路的效率提高；而预算外收入减少时，地方政府修建公路的效率降低。这说明地方政府重视和招商引资有关系的基础设施投入，对于其他基本公共品的投入则是有问题的。

好多省都在搞基于土地的社保，即征收农民土地然后发养老金。这种做法将来自外地的农民工排除在外，因为他们在当地没有土地，就没有权利分享当地的教育、卫生和基本社会保障等公共品服务。在这种体制下，如果让地方政府来提供教育、卫生和社保这些基本公共物品，可能有问题，什么时候能做好可能是个未知数。国外的经验表明这类基本公共品只能由中央政府来提供，地方政府只能负责配套和落实工作。

三、小　　结

总起来看,中国地方政府在目前中国财政资源格局中并不处于“弱势”。如果我们将2004年地方政府手中的预算外收入4 323亿元(地方占当年预算外收入的92.5%)与上述地方政府留用6 151亿元土地出让收入两者相加,其和为10 474亿元。这已经接近于2004年地方预算内收入11 893亿元的水平,相当于地方预算内财政收入的88%。再加上中央政府转移给地方政府的财政收入,2004年中国地方政府的实际可支配财力为30 367亿元。这个数字,是当年中国中央政府财政支出7 894亿元的3.85倍,是2004年中国GDP总额159 878亿元(普查后数字)的19%。我们并不否认不少地区尤其是一些农业产区的县、乡政府财政状态窘迫的事实,但从以上计算的结果看:中国地方政府总体说来没有“哭穷”的理由。

问题在于,地方政府该有的财政收入没有拿到,不该有的财政收入可能自己悄悄发展出来了;该花的钱没有花,而不该由地方政府花的钱却大笔花出去了。这种财权(财政岁入权)与事权(支出权)的结构扭曲,才是当前中国地方政府财政规模膨胀与公共品提供不足两现象并存的体制原因。因此,问题可能主要不是“事权(支出权)”一方与作为另一方的“财权(收入权)”之间的总量不对称,而在于“事权”本身配置不当,在于“财权”本身的配置不当,才造成地方财政预算绩效的递减。

省、市、县内部的垂直不平等问题也值得重视。不发达的地区像四川、河南人均支出也有1 000多元,但县人均财政支出也就是300元、400元,不到地方总财政支出的40%,大部分地方财政支出在县以上。县是个基本的财政单位,但县财政在整个地方财政格局当中是弱小的。从这个角度看,我支持减少行政层次,支持省管县这样的改革试点。

中国财税体制、政策与改革*

贾　康

财政部财政科学研究所所长

一、关于公共财政的基本理解

我认为按照简明的解释，财政可以说是国家政权“以政控财，以财行政”的分配体系，也就是说，国家政权体系运用自己作为社会统治者、管理者的政治权力来掌握社会总产品中的一部分（在现代经济状况下，必然表现为以价值形态体现、以货衡量的财力），进而通过运用这部分财力，来履行其应该履行的职能。因此，财政分配体系必然要适应国家政权最高决策层的战略需要，必须适应各个历史阶段的客观要求。

我国财政类型经历了以下转变：① 供给型财政。这对应于根据地武装斗争、夺取全国政权以及新中国成立初期那样一个历史阶段。② 随着“一五”时期的开始，当时的战略目标转为展开大规模经济建设、追求建立相对独立的工业体系，于是财政型态转为生产建设型财政。尽管经过传统体制下的反复探索，力求“两条腿”走路，努力提高各个方面的积极性，但始终没有找到一条成功的路径。③ 改革开放以后，伴随着经济体制改革决定出台，中央决策层曾经向财政部党组明确地提出，要搞经营管理型财政。这实质上是要求财政突破在传统体制下为一个超级部门即“计划部门兼出纳”这样的角色，从正面统筹运用财力行使政府职能，做好理财服务。但是，这个用意积极的方向性的要求，在复杂的分权改革中落实到现实工作层面时是非常困难的，经过反复的探讨也没有见到具体方案的出现。④ 20 世纪 90 年代初，出于种种压力，提出了“振兴财政”的口号。这对于缓解当时的一些矛盾起到了积极的作用，但是“振兴财政”本身更多地是一个宣传用语。⑤ 财政到底怎样适应社会主义市场经济转型的全局要求，从而实现自己必然的转型，是在 1998 年明确提出的，方向即是建立公共财政框架。

---

* 第 12 次报告会（2008 年 2 月 24 日）。

在过去十年中，公共财政虽被反复讨论，但现在仍然没有一个权威的定义。可以说中国的公共财政现在并非是一幅已设计好的严丝合缝、面面俱到的蓝图，而首先是一种经济、社会转型中财政转型的导向，以适应社会主义市场经济新体制。这个导向意味着我们要通过一系列制度创新、管理创新以及技术创新，来由粗到细地扬弃一些东西、改造一些东西、催生一些东西、培育一些东西，通过渐进改革逐渐促成财政新型态在中国的建立和发展。

我认为我们必须探求公共财政应该具备哪些基本特征，以便使我们的改革能更多地去接近这些基本特征，而不是背离这些基本特征，并使得我们能够判断渐进改革是不是走在正确的方向上。我提出公共财政的以下四条基本特征供大家参考。

第一，所谓"公共财政"，顾名思义，它必须以满足社会公共需要为政府理财的基本目标和工作重心。这一条的实质性要求就是正确处理好公共性和阶级性的关系。在理论上这方面的内容可以说很多，比如马克思主义国家学说所认识的国家是阶级矛盾不可调和的产物，要推进列宁所说的无产阶级在夺取政权进入社会主义阶段之后国家要转变为准国家、半国家，引出马克思主义经典作家所讨论的国家消亡问题。在社会主义初级阶段，从现实生活看，国家的公共性显然在不断增强。因此，在国家政权的分配体系中，要摒弃"阶级斗争中继续革命"的思维，转变职能，理直气壮地服务于社会和谐、全面小康、五个统筹、共同富裕的公共需要。

第二，公共财政满足社会公共需要，必须是以提供那些市场不能有效提供的公共产品和公共服务作为基本的手段和方式，这一条仍然是紧扣"公共"二字，其实质内容就是正确处理政府与市场、政府与社会、政府与企业之间的关系，即经济资源配置机制里面政府与市场的分工合作关系问题。改革开放以来，我们一直在这方面苦苦探索，虽然取得了一些进步，但是仍然没有解决好。财政的总体转型必须在全盘把握资源配置机制合理化的基础上才能正确处理。

第三，公共财政必然要求在公民权利平等和政治权力制衡基础上形成规范的公共选择机制。所谓公共选择机制，极而言之，它只可能有两种形态：一种是规范的，我们学术上称为"应该的"；另一种就是非规范的，即"不应该的"。中国自秦始皇实行大一统后，两千多年来实际运行的公共选择机制主要都是非规范的，反复在矛盾积累之后采取外部暴力对抗冲突的解决方式，社会代价极大。中国已经进入现代社会门槛，正在致力于民族复兴，应该全力避免这种类型的公共选择机制。要紧紧抓住制度建设，建立规范的公共选择机制，这样一个机制在理财方面，说得直白一点，就是要实现民主化、法制化、宪政化的政府理财决策和公众监督。

第四，公共财政必然要求以公开、透明、体现资金完整性和公众意愿、事前决定、收支脱钩、严格执行、追求绩效、可问责的现代意义的预算作为政府理财的具体运作方式。它的实质内容就是通过制度、管理和技术创新来防止公共的权力被扭曲，从而规范政府的行为，来真正贯彻公众意愿和追求公众利益的最大化。现实中我们可以将其处理为管理层面的创新内容，对上它紧紧联系着制度创新问题，对下又需要得到技术创新的支撑。后面我会简单勾画一下这三个层面创新的结合。

按照我所理解的公共财政的上述导向和基本特征，我认为应该在动态发展中抓住一些主导性的因素,具体包括:① 在政府和财政的基本职能中收缩生产建设职能。② 要合理掌握财政分配的顺序,合理安排轻重缓急的顺序。任何国家,即使在财政非常富裕的情况下都不可避免面临的矛盾,与每一个具体财政年度可用的财力和方方面面的需求相比,总是不可能完全满足的,那么就必须排序和统筹协调。公共财政要求,越纯的公共产品和服务应放在越优先的位置。在满足国家机器运转和比较纯的公共产品之后,才是准公共产品和半公共产品,最后才是可能的建设事项。那么,怎样才能实现这样合理的分配顺序呢?就必须有③ 形成规范的公共选择机制,即催生民主化、法制化的一系列管理条件和机制。④ 政府财政部门、税收部门要形成理财系统为公众服务的意识和制度规范。意识是一个必须解决的问题,但真正要落到实处,必须有一系列的规范。我们注意到,在20世纪90年代之前,中国的税务部门往往具有非常强的暴力执法色彩。一个集贸市场的税务征管员可以决定哪个摊位可以经营下去哪个不可以,他有很大的弹性。这时给他讲为纳税人服务他是听不进去的,必须要在观念的引导下加上制度的规范。现在我们的征税系统已经非常正面地提出要为纳税人服务,企业不需要想尽办法"款待好"国税、地税的征税人员,只需要在网上报税的终端系统自己报税就可以了。这是从观念到制度建设转变的一个具体例子。⑤ 理财的方式必须转变,努力发展"四两拨千斤"的机制。支持什么,就简单地把钱百分之百拨过去,这种方式已是杯水车薪的做法。公共财政的发展过程必须要用好有限的财力,努力发挥杠杆作用。我们看到很多生动的事例正在向这方面发展。⑥ 在公共财政框架下,政府理财势必要形成一个公共收支预算(指经常性收支)、国有经营性资产管理预算(2008年已经按照国务院的文件正式编制这一预算)、社会保障预算等相互之间既具有独立性但又必须协调配套的复式预算体系。这个复式预算体系是从属于我所说的公共财政框架体系的,它应该在管理和技术层面由粗到细地发展起来,并不断合理化。

二、财税体制

传统体制下比较稳定的财政预算管理体制是"总额分成、一年一定"。20世纪80年代初,宏观层面的改革就是突破"总额分成"这种中央为主导的、带有明显的集中特征的体制,对地方分权,实行"分灶吃饭",进而逐渐发展成多种形式的地方包干,在当时发挥了积极的作用,但是它的弊病也越来越明显。1994年我们又实行了具有里程碑意义的分税制改革。这种以分税制为基础的分级财政体制是可以与社会主义市场经济体制相配套的财政管理制度安排。

在税制方面,我们在80年代发展起来一个多层次复合税制,即多种税、多环节、多次征。1994年在原来40多种税的基础上做了简并,现在的复合税制发展的进一步导向是按照12字方针"简税制、宽税基、低税率、严征管"来改进和完善,这也是世界性的关于完善税制的共识。

我国在1994年以后分税制的发展道路上取得了一系列的进步,但是我们必须注意到一个引起各方关注的问题,就是在省以下财税体制方面出现了难题。五个层级的政府和财权中,除了中央财力比重提升以加强对欠发达地区的转移支付之外,地方四个层级的财力重心也越来越向较高层的省和市来提升,而事权出现了向基层县和乡下压的情形,因此加剧了财力与事权的背离,造成了基层财政的困难。省以下财税体制问题是在我们综合国力不断提升、财政总收入不断增长、地方财政总收入也在不断增长、即使在相对意义上也不存在财力萎缩的情况下发生的。那么它的解释只能是整个体制没有理顺、社会转轨过程中有效制度供给不足在基层的集中体现。看起来问题发生在基层,但真要解决必须标本兼治,做全局性的系统改造。

我和其他研究者提出了一个解决省以下财税体制问题的基本思路就是推行财政管理体制的扁平化改革。只有推行财政体制的扁平化改革,才能真正在省以下实现分税制。扁平化改革的具体做法是通过乡财县管、省管县两个层面的改革实验,将原来的五级财政简化为中央、省和市县三个层级,在这三个层级之间实行税基的合理配置,进而推进配套改革,按照十七大的要求,减少行政层级和落实省以下的分税分级财政。财政实际层级的改革可以先行一步,在这方面改革空间较大,浙江等地的经验可以佐证。最终实现三级政府和财权,实现"一级政府,一级政权,一级事权,一级财权,一级税基,一级预算,一级产权,一级举债权"。这样一个体制在政府和企业、中央和地方、政府和居民这三大经济关系的交汇点上都能够和市场经济内洽,再加上中央和省的自上而下的转移支付,就能解决欠发达地区的财力问题,实际上达到财力与其公共职能相匹配的目的。如此一来,整个的财政体制就柳暗花明,跳出了多年来困扰我们的由技术困难而带来的体制难题。这是一个改革思路方面的简要勾画。

三、财政政策

市场经济条件下政府的调控必须走向间接调控,而间接调控主要依仗的就是两大政策体系,一个是财政政策,一个是货币政策。后者更多的是调节总量的问题,而前者主要侧重调节结构问题。货币政策调节的是中央银行调控下的商业信贷体系、金融体系,按照微观成本效益分析的视野,支持直接效益高、风险度相对低的生产厂商和相关项目,是锦上添花。而财政必须追求所谓的社会效益、综合效益,要更多地考虑雪中送炭,这是它们不同的运行机理和侧重点。当然两大政策之间也存在相互协调的密切结合部,比如国债、国库现金管理和最近的超额外汇储备如何运用等。

财政政策具体的问题,可以概括为四个字:收、支、平、管。实际上这里面有很多问题我们还只是做了初步的讨论,社会各界的注意力并不在此。比如说政策哲理方面就有必要深入探讨一下。现在很多官员仍然坚持"量入为出"的理财观念,但是从公共理财的逻辑源头考虑,我们似乎应该考虑履行政府职能需要支出什么,然后以此来匹配相应的财力,也就是"量出制入"的观念,而在具体执行上,则可遵循"量入为出"。两种观念都有其合理的方面,关键是如何使二者结合。还有关于政策原则的讨论,过去我们一直坚持年度收支平衡、略有结余的原则,但改革开放三十年来几乎从来没有实现过,不但不能实现年度的收支平衡,而且按照一般理解的长期动态平衡也无法解释。唯一的例外是1985年,当时为了控制严重的通货膨胀,要动用外汇储备从国外购买大量的家用电器和散件进入国内市场来回笼资金,造成了税收的跳跃式增长,从而在年终报表上出现20多亿元的结余。另外具体政策体系可以有多种分类，涉及许多技术性的内容，这还需要我们将来做进一步的讨论。

四、财政改革中的创新

中国的财政体制、政策需要三个层面的创新：

首先是制度创新。做好省以下分税制的落实和整体分税制的进一步提升和改造。进一步完善以20多种税为基础的多层次复合税制。

其次是管理创新。具体包括综合预算；国库单一账户集中收付；政府集中采购；收支两条线；税费改革；绩效评估等。近年来我们在公共财政框架下推行了一系列的重要改革，比如从部门预算入手推行综合预算。部门预算是指一个部门的财力必须统统进入一个大账本，进而淡化了所谓的“预算外资金”的概念。既然都是政府财力，不管是什么收入，都应该进入一个账本，体现资金的完整性，提高它的透明度，进而提升决策科学化水平和资源配置效率。国库单一账户集中收付制度是使所有的预算资金表现为一个账户体系里的可以全程监督的资金流量，每一个部门、每一个预算单位的账户都只具有分账户的意义，并可以最大程度地减少在途资金，从而可以在资金运行效率上和提高其安全性上充分发挥潜力。政府的采购在过去分散进行，“暗中吃回扣”是公开的秘密。集中采购就是通过制度建设封杀这种权钱交易，铲除用国家和公共利益来为个人和小团体谋取利益的腐败土壤。收支两条线是指，所有有公权的单位包括所有有执收权和执罚权的单位，不管是公检法还是工商税务，其收入应该是直达国库，不允许与其单位的个人福利、待遇、奖金挂钩。他们的待遇应该通过预算实现透明化。这方面的原则已经确立，但是还需要实际落实。另外，还有一系列的税费改革和绩效评估的探索都在不断试验和推广。

最后是技术创新。预算的收支科目已经实行了分类改革，使它让公众更容易了解政府的钱对应什么职能。以后可以使我们的收支分类与国际接轨。另外，推进金财—金税工程和政府十多个“金字号”网络系统，通过对接和联网，一个指令就可以得到明确的收支情况。比如教育投入到底是多少，现在没有人能说清楚，而将来所有公共部门的涉及教育的投入可以在一个程序的运作下非常全面地展示其总量和具体结构。这些都是我们非常看重的实际层面的创新内容。

以上三个层面的创新显然需要互动。另外，在财政改革方面，外部的改革配套是不可缺少的。行政管理体制、市场制度建设、财产制度等都必须实行配套改革的联动，才可能实现前面提及的财政改革的内容。比如，各级政府都必须有自己的税基，那么现在的市县一级应该享有的税基是物业税即不动产税。要开征不动产税，必须先具备规范的、有公信力的财产登记制度和保护制度。

1994年税制改革的问题和未来的展望*

许善达

全国政协经济委员会委员、原国家税务总局副局长

最近很多单位和个人在做三十年改革的回顾。我参加了1994年税制改革,所以我也对1994年形成的新税制做了回顾。我们国家改革开放以后第一次税制改革是在1983年和1984年。当时搞的"利改税"其实就是一次税制改革。后来因为城市国有企业搞承包制,对当时税制冲击比较厉害,所以到1994年又要重新进行一次税制改革。现在这套新税制实施已经有十四年了。当时能够容忍的一些缺点以及当时顾不上解决的一些问题,现在变得比较突出了。我在这里和大家探讨一下为什么会出现这些问题以及进一步改革的建议。

一、营业税的重复征税问题

由于我国1992年确定了社会主义市场经济的目标,所以1993年在研究税制改革方案的时候,原则之一就是市场经济导向。这个原则的确定非常重要,因为在研究税制改革的时候,对于国外的税制体系,哪些我们要引进、要学习,哪些我们不能学习,在这方面是有争论的。比如在改革开放初期曾有人把增值税视为从改革开放的窗户外飞进来的一只"苍蝇"。确立税制改革的市场经济方向之后,我们设计新税制时就可以吸收其他市场经济国家税制改革的经验。如果没有1992年的社会主义市场经济目标选择,那1994年整体税制设计会是什么样子,是很难说的。

1994年税制改革的另一个原则是,税制改革要为分税制改革服务。由于1994年的财税改革包括税制改革和分税制改革这两大内容。二者之间谁服从谁是非常重要的。在参加税制改革的过程中,我感觉领导决策时要求税制改革要为分税制改革提供基础,服从分税制改革的需要。因此1994年税制改革方案设计的很多具体内容,是服从于分

---

* 第14次报告会(2008年7月26日)。

税制改革的需要的。分税制改革是当时的大局。税制改革服从这个大局是应该的，也是必需的。

比如现在常说的一个比较大的缺点是中国既有增值税又有营业税。1994年新税制只对商品征收增值税，而对劳务保留了营业税。在商品领域否定旧税制中的产品税，就是因为产品税重复征税。既然如此，为什么对劳务领域实行的同样具有重复征税弊端的营业税却置之不改呢？原因很多，关键原因是“分税制”。

在旧的中央财政与地方财政的关系中，中央收入只有30%左右，在“分税制”的设计中，确定中央收入比重要在1994年当年达到55%，以后每年增加一个百分点，五年后中央收入比重要达到60%。在这个外部条件的限制下，如果增值税收入在中央和地方之间分配比例确定为75%和25%，那么营业税就只能定为地方税。下面分三种情况讨论：① 如果把营业税改为增值税并按照75%和25%的比例在中央和地方之间分配，那么地方税收收入就会太少了，而且地方也没有可以伴随经济增长而税收收入稳定增长的税种了。原来地方的收入占总财政收入的70%，这样一改，地方只剩20%—30%，推进改革的困难就非常大。② 如果把营业税改为增值税并在当年实现中央55%的收入比重，那就要降低增值税中央分享的比例，而这会影响1994年以后五年内中央收入每年增加一个百分点的目标。③ 理论上也可以针对商品增值税仍实行中央和地方75%和25%的分享比例，而劳务增值税实行另一个比例，但这在实际工作中是无法严格划分的。在这些限制条件下，在商品领域推出增值税、在劳务领域暂时保留营业税并基本作为地方收入以保证“分税制”的实施，就是必然的，也是无可奈何的选择了。我们这些设计新税制的人从税制规范出发都认为应该把营业税改成增值税，但在当时的政治经济形势下必须保留营业税。

虽然是在诸多外部条件限制下对劳务选择了营业税，但是，实事求是地说，对这一选择会给国民经济发展带来何种负面影响，当时的估计是很不充分的。经历了十几年的实践，现在看，至少如下所述的弊端至今未除，对国民经济负面影响依然如故：

(1) 由于营业税保留了重复征税的弊端，因此，劳务领域税收负担总体上高于商品领域。这种税负差别必然影响劳务领域的发展，而这个结果和我们加快发展第三产业的国策显然是相悖的。这么多年，我国产业结构调整战略中增加第三产业比重的目标始终无法按照规划实现，成为研究国民经济发展战略的一个“永恒”的话题，不能不说，营业税1994年没有改革为增值税是重要原因之一。

(2) 从80年代开始实行的商品出口退税政策，在1994年全面推向商品领域增值税以后，零税率的退税政策为我国成为“世界工厂”发挥了不可或缺的作用，也为解决困扰我国几十年的外汇储备短缺的问题提供了政策前提。这个退税政策的贡献怎么估计也不会过分。但是，劳务出口由于营业税的原因，只对提供劳务的人员在境外提供劳务才享受免征营业税的政策，如果提供劳务的人员在境内，而劳务出口到境外就不能享受免征营业税的待遇。这个政策和商品出口明显存在不一致的问题。商品出口退税并不要求商品制造人员到境外去，而营业税则规定提供劳务的人员在境外才可免征营业税。看起来岂不是荒唐可笑？更令我们这些从事税收工作的人汗颜的是，前不久，只是由于文化部门的努力，才允许翻译人员在境内的翻译作品出口到境外可以免征营业税。在商务部的推动下，在若干城市进行的“CALL CENTER”免征营业税试点也是只开花不结果，全面推行遥遥无期。如果我们总结增值税出口退税政策是制造业发展不可缺少的政策前提，那么废除提供劳务的人员在境外提供劳务才免征营业税的政策而只以劳务出口境外为唯一条件实行免征营业税就是不能再拖延的决策了。事实上，即使实行了这项决策，劳务出口的退税仍然是不充分的，因为出口劳务的购进中所含增值税和营业税都未退税。虽然如此，可以预期，能尽快实行劳务出口免征营业税也必然对劳务出口及国内第三产业发展发挥出巨大作用。

（3）我想特别分析一下增值税不允许抵扣营业税的政策中对国民经济损害相当大的一项：购进技术、无形资产等所含营业税及增值税不允许抵扣。很多人只看到这项政策不利于企业购进技术的负面影响。其实，这项政策最大的危害在于它极大地限制了我国技术开发企业的发展。可以想象，如果一个制造业的企业销售产品时不能向购买方提供能够抵扣税款的发票，这个企业还有生存能力吗？而我们的技术开发企业就是不能向购买方提供可以获得抵扣税款的发票。从某种意义上说，我们的营业税税制在相当的程度上束缚着技术开发企业的发展，当然，最终必然延缓了我国国民经济转变增长方式的战略的实施。

现在人们说的比较多的是增值税转型，就是从生产型转向消费型，这基本形成了共识，什么时间全面推行就看领导的决策了。但对营业税的改革，可以说还没有形成共识。可以说，营业税改革对我们国民经济影响的深度和广度可能不亚于增值税转型。所以我们应该把营业税改革提到一个更高的地位上来思考和研究。这是一个大问题。

二、税制双主体问题

所谓“双主体”问题，就是以流转税和所得税为主体。当时对新税制实行所谓“双主体”，还是“单主体”，即以流转税为主体，是存在争论的。

从市场经济的方向出发，新税制应该比旧税制减轻流转税比重，增加所得税比重，实行“双主体”，这在理论上是有共识的。这是因为，所得税会有一个稳定器的作用：企业利润高时，所得税多收一点；利润少时，所得税少收一点。而不管企业赚钱、赔钱，只要有销售收入就要收流转税。所以流转税的税负不能太高，而所得税的税负相应要提高。一个比较合理的税制结构对经济增长是有好处的。据我们了解，在欧洲流转税与所得税的税收比例差不多是一比一，与之相比中国就差太多了。1994 流转税占 70%，所得税占百分之十几。最近几年所得税比重稍微提高了一点，但也只是 20% 多一点点，流转税仍然占 60%。这个结构对国民经济健康发展实际上还是有一定消极的作用。

当时之所以搞成这样，是因为以下几个原因。首先，当时流行承包制，即所得税、利润都是承包的。如果在税制设计上流转税比较少、所得税比较多，那所得税能不能抵挡住承包制的冲击是有疑问的。反之如果把流转税搞定，政府就可以控制财政收入的一个大来源。其次，当时的所得税制是以产权关系划分不同税种的，特别是对外商的各种所得税优惠以及日益增加的“出口转内销”的外商，使得财税部门对所得税收入的稳定性和可靠性没有把握。最后，所得税比流转税管理难度大，税务干部中能够完全胜任所得税征收的数量有限。流转税征收的可靠性远远高于所得税。尽管我国改征增值税后，虚开增值税发票等犯罪活动一度非常猖狂，但流转税的管理相比于所得税还是容易一些。总之，当时加大所得税比重就会加大税收收入的风险，当然也就加大整个税制改革和分税制改革失败的风险。因此，在新税制的总体方案设计中从理论上坚持了“双主体”的提法，而实际上确定了以流转税为主体的具体方案。

现在回顾起来，当时实际上执行的以流转税为主体的“单主体”新税制是符合当时的形势要求的。虽然增值税的收入在1994年以后的几年里遇到了严重的挑战，但流转税为“单主体”的新税制为保证财政收入的稳定做出了贡献。这个历史的结论是站得住的。当然，在深化税制改革中，逐步减轻流转税比重，增加所得税比重也应该是毫不动摇的方向。

中国现在离真正的“双主体”距离还很大。现在很多人说，怎么政府财政收入增长那么快，其实很重要的原因是我们以流转税为主体。流转税的原则是不管亏钱赚钱，只要发生买卖行为就得交；而所得税在赚钱的时候交，不赚钱时就不交，发生亏损后下次盈利时还可以抵扣。这就是流转税和所得税的区别所在。

随着经济的发展，以后如果推进增值税转型，增值税的税负就要下降；如果推进营业税改革，重复征税减少，或者出口可以免税或退税，这样营业税的实际税负也会减少。无论是增值税的税负下降还是营业税的税负下降，都会使得企业利润增加，个人所得增加，从而所得税在整个税制中的比重相对加大。这样一升一降的调整就比较符合市场经济的长期发展要求。但对政府而言，保证税收收入是一项很重要的职责，税制改革不能只是对经济运行有好处却控制不了税收收入。所以这个调整税制结构实现流转税和所得税双主体的改革过程可能要花很多年，但方向应该是明确的。

三、对税制改革的未来展望

1. 增值税转型

增值税转型这些年说得比较多了。当时选择生产型增值税的原因中有通货膨胀因素，但实际上主要原因是增值税率。很显然，为了实现同样的税收收入，生产型增值税的税率要比消费型增值税低得多。据税务局有关工作人员测算，我国17%税率的生产型增值税相当于23%的消费型增值税。如果营业税也允许抵扣，税率还要比23%高出若干个百分点。这种高税率是社会不可能接受的，也是政府不可能采用的。

对于增值税转型，有很多的担心。一个担心是增值税转型会不会引起投资过热，引发通货膨胀。还有一个担心是增值税转型会给财政收入带来压力，比如有人测算增值税转型会导致几千亿的税收减少。我发现，无论经济形势发生什么变化，对这项改革的效果总是有些担心会出现，而且在不同经济形势下的理由也是变来变去的：通货紧缩时担心的理由是经济发展速度慢，税收收入增长速度也慢，消费型增值税要减少收入，自然不能搞；通货膨胀时担心消费型增值税会刺激投资，助长通货膨胀，当然也不能搞。经济发展顺利时又认为不搞消费型增值税也有这么好的形势担心搞改革会自找麻烦。

但是东北和中部地区的实践说明，这些担心都是多余的。消费型增值税改革不会推动通货膨胀。因为消费型增值税鼓励制造业进行设备升级改造，这是符合国家产业发展战略的。设备升级改造过去不是、现在不是、将来也不会是我国发生通货膨胀的原因。

它不会鼓励房地产开发,不会鼓励乱占耕地、乱搞开发区、乱搞形象工程等,而这些才是投资过热的真正原因。我认为:目前,消费型增值税改革的时机已经成熟。税务机关经过试点也已经做好了充分准备,任何时候,只要国务院做出决策,税务机关完全可以顺利地实施这项1994年以后深化税制改革中最重要的措施。

2. 营业税改革

保留营业税是分税制的要求,营业税改增值税会牵涉到整个中央和地方的关系,相应的,整个分税制就得重新设计。把整个分税制重新设计一遍,我估计现在时机还不太成熟。

目前我认为一个比较重要的、应该考虑的问题是:如果营业税在一段时间内不能改成增值税,那我们是否能够扩大增值税和营业税互相抵扣的范围。刚开始确定了两税并存的格局后,就明确了相互不能抵扣的原则。但是,当时经贸委反映制造业的购进中运费占的比重很大,运费营业税如果不能抵扣,相当多的企业会增加税收负担。经过协商,经国务院批准,根据税务局有关工作人员对运费中所含营业税和增值税的税款占运费7%的比重测算结果,决定以3%的营业税为依据允许抵扣10%的增值税(当时允许多抵扣三个百分点是因为不想出现7%的抵扣率),实行一段时间以后,由于税收收入压力较大,又将抵扣率降到7%。10%也好,7%也好,减轻税收负担不是关键,承认购进中非增值税也需要或应该抵扣才是这项政策的价值。实际上,十几年来,已经有几十项允许营业税在营业税中抵扣的政策付诸实施了。实践证明,营业税的弊端,光靠这些小打小闹的调整是不能解决问题的。由于在原则上没有明确购进中所含税款均应抵扣,所以,除个别政策外,营业税自身不能抵扣,当然更不能抵扣增值税了,而增值税除运费外也不能抵扣其他购进中的营业税。

我认为可以比照抵扣运费营业税的原则,扩大若干项营业税抵扣的范围。比如说,企业现在卖技术专利都要收营业税,企业买技术专利时价格中包含了营业税。我们对这类的营业税,可以像对运费的营业税一样,定一个抵扣的比例在增值税中抵扣,这样就鼓励企业买技术专利。这对买技术专利的企业是降低税负的问题,对搞技术创新的企业是扩大市场的问题,对我国的产业升级、技术创新绝对是一个重要的政策环境。此外,允许某些增值税抵扣营业税也是可以做到的。譬如,企业卖技术专利要交营业税,它购进的增值税应该可以抵扣营业税。如果我们在增值税和营业税的相互抵扣方面采取一些措施,将会对提高技术水平、调整产业结构等起到不小的作用。

1994年的税制改革,现在看来遗留很多缺点和弊端,也受到了很多批评。可是它的产生是有历史原因的。可以说,当时税务专家在设计新税制时,有些弊端可能没意识到,而有些弊端他们当时就明白,但当时的环境要求他们服从更高的一些目标,所以税制设计上有些方面达不到理想状态。现在这几年问题比较多了,也就需要我们研究怎样深化改革。当然现在还有一个很重要的条件就是我们的财政收入多了,1996年时财政收入占GDP才12%,现在已经到20%多了。这为我们深化改革、解决当时解决不了的一些问题提供了财力资源。所以我认为现在是一个很重要的时机,应当总结新税制运行十几年的利弊,有针对性地在现在的格局下进行改进。

关于增值税与营业税及个税起征点的研究*

平新乔

北京大学经济学院教授

我们中国税制改革研究小组经过长期工作最近有了系统结果,近期就会有文章发表,在这里介绍主要观点,尽可能不讲技术问题。我们研究的重点是税制改革里面的增值税和个税起征点,这跟当前启动消费和内需的任务有直接关系。

一、关于增值税与营业税的研究

2009年国务院出台了增值税改革文件。文件内容包括:第一,资本支出可用于进项抵扣,也就是说税基缩小了;第二,对于小企业(工业企业年产值低于100万的、商业企业年销售额低于180万的)即小规模纳税者,税率减半征收。这两项改革属于减税措施。我们要研究的是这两项措施够不够,在这方面有很多争议。

为什么要改增值税?这涉及企业负担问题,具体表现为以下三个方面。

首先,过去资本品价值不抵扣,即增值定义不清楚。增加值是新创造的价值,资本品是原来的价值,不应该进入税基核算。从1994年税改一直到2008年,资本品价值一直不能抵扣。2009年开始可以资本品价值抵扣,这当然值得肯定,但是可以抵扣的资本品还不包括厂房,因为建筑业不收增值税、只收营业税,这需要进一步的改革。

其次,大部分服务业不实施增值税,仍然按原先"工商税"的办法,以服务业的全部产值为税基征营业税,而营业税实质上是计划经济时代的"工商税"。在以服务业为主的第三产业中,只有商业(包括批发与零售)实行了增值税,企业可以有权享受"进项抵扣"。当然这个"进项"也不含资本品。

服务业涉及范围很广,包括金融、软件、电信、租赁、旅游、交通、文化体育等行业,按大产业有五大类,三位数的产业有七十几个,四位数的产业几百个。这样一个大产业不

* 第16次报告会(2009年2月14日)。

按照增加值来征税，而按照毛产值来算税基。这就假定服务业是一次性生产的，否定了服务业是经历了若干环节的，因此就造成重复征税。营业税税率是5%—6%，相当于增值税税率的三分之一。其假定是服务业产值当中增加值占三分之一，这种假定并不科学。

最后，增值税的“门槛”设计存在很大问题。一般来说，只有年产值高于100万元的工业企业和年销售额大于180万元的商业企业才具备申请增值税的资格。达不到条件的，按照毛产值来征税，税率在3%—22%。

在这样的税制格局下，中小企业和服务行业实际税负比较重，这是对服务业和小企业的歧视。对此结论，我们可以用数据来证明。

利用全部企业平均增值税税负和规模以上企业增值税税负可以间接推断小企业增值税税负。如图1所示，全国来看，从1997年到2004年，全部企业平均税负都是低于规模以上企业税负的，2005年二者持平，2006前者开始高于后者，说明近年小企业税负高于规模以上企业。分省市来看，北京、上海全部企业平均税负长期高于规模以上企业税负，江苏、宁夏、新疆最近也出现了上述现象，说明不论是最发达地区还是最偏远地区都出现了小企业增值税税负大于规模以上企业增值税税负。

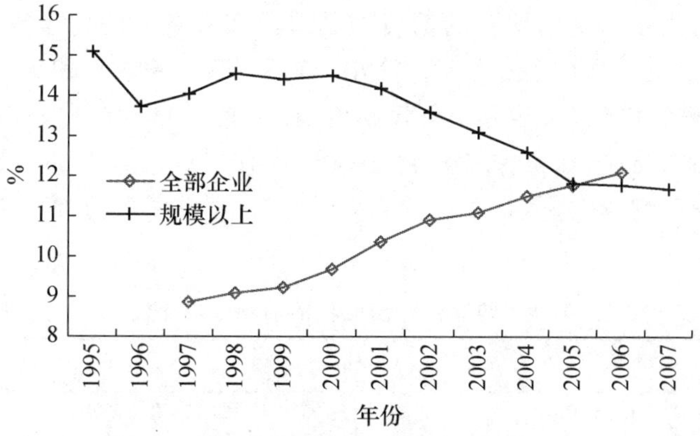

图1　全国增值税税负比较（1995—2007）

还可以对增值税税负和营业税税负进行比较（图2）。我们把服务业的增值额真正算出来，比上交的营业税，把得到的实际税率同增值税税率进行比较。在2004—2006年，全部企业增值税税负和房地产企业税负都是10%左右，但租赁和商务服务业的营业税税负高达25%。分省市来看，北京的全部企业营业税税负在1999—2004年间一直高于规模以上工业企业增值税税负。上海从2004年开始也出现了类似情况。上海、北京率先发出改革营业税的要求，其背后有服务业提升的需求。

问题怎么解决？现在有一种观点认为，如果改革增值税、让资本品价值可以抵扣，企业就会多用资本、少用劳动，对就业不利。这种效应可能有，但只是次级效应。而减轻企业负担、让企业存活并且多雇工人是一级效应。

此外，增值税改革要考虑到对老百姓的伤害程度。征收增值税以后，商品价格提高，老百姓消费成本上升就会减少消费。如果我们能通过减税让老百姓消费成本降下来，就可以鼓励消费。这里我们计算了增值税和营业税的福利效应。我们借鉴了英国经济学

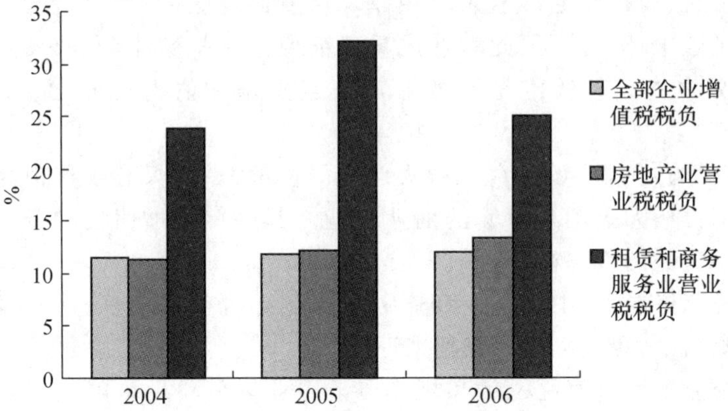

图 2　增值税和行业营业税税负比较(2004—2006)

家 Stone 在 1956 年提出的模型,在一个线性支出函数的基础上,通过价格变化带来的补偿变化(CV, compensating variation)和等价变化(EV, equivalent variation),来看征收增值税和营业税导致的价格变化对消费者福利的影响。我们根据中国城市生活与价格年鉴数据,把老百姓分成七类(最低收入、低收入、中等偏下收入、中等收入、中等偏上收入、高收入和最高收入),把每一类消费者的消费中制造业和服务业的比重算出来,得到其消费结构,然后再根据征税带来的价格变动,算出 CV 和 EV。将 CV 和 EV 除以消费总支出(m),就得到征收增值税(以 g 表示)和营业税(以 s 表示)的福利效应(表 1),即税对老百姓的伤害。我们的结论是,增值税和营业税都具有累进意义上的"公平"的性质,即富人税负的福利减少影响较大,但是营业税对每个收入阶层带来的福利减少影响都比增值税类似影响更大。

表 1　增值税和营业税的福利效应比较

	$(CV/m)_g$	$(CV/m)_s$	$(EV/m)_g$	$(EV/m)_s$
最低收入	0.1470	0.1613	0.1274	0.1380
低收入	0.1499	0.1656	0.1296	0.1411
中等偏下	0.1519	0.1700	0.1311	0.1444
中等收入	0.1541	0.1742	0.1329	0.1475
中等偏上	0.1561	0.1793	0.1344	0.1513
高收入	0.1589	0.1829	0.1366	0.1540
最高收入	0.1627	0.1882	0.1395	0.1580
平均值	0.1568	0.1804	0.1350	0.1522

依据上述分析提出以下改革建议。第一,将"进项抵扣"推广到全部服务业,即改"营业税"为增值税,把增值税改革推广到产品与服务生产的所有企业。计税的时候拿进项发票来抵扣,全世界搞增值税的国家都是这么做的,唯独中国有些进项不能抵扣。2009 年我们开始让制造企业可以进项抵扣,那么服务行业能不能实现进项抵扣呢?这是一个改革要求。第二,免征小企业(年产、销值低于 200 万元)的增值税,让他们只缴纳所得税。日本、韩国、中国台湾就是这样做的。1987 年,日本推行增值税(VAT)时就规定,年

产销值低于3 000万日元的小企业免征增值税。这类小企业当时占日本全部企业数的68%,三千万日元相当于我们的两百万人民币。对于年产销值在五亿日元到三千万日元之间的企业,按照标准税率的20%计税,这么算下来税率只有0.6%。我国还有很大的空间来推动这个事情。

二、关于个税起征点的研究

个税起征点涉及很多问题。我们比较了世界各国个税起征点占每个劳动力平均GDP的比重大小。印度比重最高,比例是141.53%,一般国家低于10%左右,起征点远远在每个劳动力平均GDP的左端。我国现在也在左端但是比较靠近每个劳动力平均GDP,即个税起征点占每个劳动力平均GDP的比例为82.19%。在所考察的国家中,除了印度以外,中国是相对个税起征点最高的国家。对应目前我国发展水平,每个月两千块钱的起征点应该说不算太低。

那么怎么算科学的起征点?我们找到了工薪收入分布曲线函数。2005年中国人均月薪800块比例最高,占14%左右;2006年人民变富了,占比最高的是月薪一千块钱左右;2007年占比最高的是月薪1 100—1 200元。2005年个税起征点从800元调整到1 600元,城市工薪阶层里边纳税人群比例从70%降到20%左右,国家少收341亿元。2008年个税起征点从1 600元提高到2 000元,如果不提高的话城市纳税人群占比43.3%,提高后纳税人群占比降到26.5%,国家少收150亿元。

那么提高起征点有什么好处呢?提高起征点以后工人收入增加。这个所得增加的好处并不是让工人独享,企业老板也要分享。企业看到工人收入增高就会在谈判时压低工人税前工资,工人工资降低就会增加就业,改进工人的效用水平。另一方面,我国现在每年个税收入三千亿左右,等于低保支出。所以提高起征点以后个税收入会降低,同时补贴支出也会下降。我们用数值模拟计算这两种效应共同作用的结果,得到较为合理的个税起征点。

我们的结论是个人所得税起征点有提高的空间,但空间不大。按照现在的收入分布来估算,大致可以提升到月薪2 800—3 200元。我们认为个税改革不应该强调起征点,而应以家庭为单位减少老百姓的税基。老百姓现在支出最大的是上学、看病、买房,要把这些支出抵扣掉。比如有一个小学生上学每年抵扣一千块、一个中学生抵扣两千块钱、一个高中生抵扣三千块钱、一个大学生抵扣一万块钱。买第一套房子的部分利息支出也可以抵扣。应该强调这些问题,而不应该强调个税起征点。

总之,下一步的税制改革应该从扩大消费这个角度来入手。增值税的问题是歧视服务业,歧视中小企业。中小企业和服务业占了中国就业的绝大部分。我们希望我们的研究能传递给公众,并得到决策部门的重视。至于对不对,请大家来评判。

从地方债审计结果应引出的一些基本认识*

贾　康

财政部财政科学研究所所长

贾康所长系统分析了国家审计署最近发布的关于地方债务审计报告的特点和主要结论，特别强调了从财税制度演变的角度来看中国地方政府债务问题，最后就应对地方债务问题提出深层改革方面的思路和一些措施。

一、对审计署地方债审计工作的评价

首先就前一段时间我们国家审计署已经形成的地方债务审计结果谈一些自己作为研究者的基本看法。

这一次审计署的工作我个人感觉应该给予高度评价。这次审计意义重大，发挥了很好的作用，相关信息也已公开发布。这次审计工作量上是投入 4 万多人，对从 1979 年至今三十余年从中国县级开始的 187 万多笔债务做了全面审计，"底数、用途、风险、案件"在这个审计结果里统统得以覆盖。现在形成通盘全景、结构，还有历史过程中间的演变情况，包括比较清晰的结构性分析。在审计过程中，利用现代信息技术开发软件，设计了计算机模型和校验方法，较好地履行了审计部门的职责。

有了这样一套迄今为止最具权威性的关于中国地方政府债务的基本信息，不仅在实证方面为我们提供了一个前所未有的对于现状判断的依据，而且可以很好地促使社会方方面面客观地正面分析和判断中国经济发展过程中与地方债务相关的正面效应和风险，推动大家一起来从更深层认识怎样在今后防患于未然、防范风险，并推动相关制度机制建设等方面的工作。

---

* 第 26 次季度报告会(2011 年 7 月 23 日)。

二、对中国地方债总体风险的判断

在第一层面肯定了审计署工作之后，在第二个层面勾画一下对于当前中国地方债总体风险的一个基本判断。我的核心观点是这一次的数据给了我们相对清晰的信息：在总量上中国地方政府的债务和公共部门债务仍然处在安全区。

审计结果是把地方债分成三大部分。第一部分是地方政府很明确地直接负有还本付息责任的债务，占整个10.7万亿的60%多一点。第二部分是地方政府负有担保责任的债务，虽然地方政府出具的担保在现行《担保法》框架下都属法律上无效，但这次审计署考虑实际情况是把所有担保债务合在一起做了全面统计。第三部分地方债务是形式上看不到跟地方政府有关联，但实际上债务出现了还本付息问题会把地方政府牵连进去、存在连带责任的债务。

这三部分合计10.7万亿的地方负债，不是对公共部门债务风险度的全面的衡量，还只是可推算地方的负债率。要把地方债务和整个公共部门其他债务放在一起做一个总量上的判断的话，这10.7万亿约相当于2010年GDP的27%，加上整个公共部门占GDP约20%的名义负债，再加上高盛强调的中国政策性金融机构所发行的金融债余额约占GDP的6%，那么中国现在公共部门整体的负债率应该在GDP的50%—55%这个区间。怎么衡量这个风险度？现在相对权威的是比照欧盟签马约时划出的60%的警戒线。欧盟这条线在金融危机冲击之下已经全面失守，约半年以前我见到的数据是欧元区公共部门负债率在88%以上，出问题的希腊到了125%左右。我们现在50%多一点的位置，应该说明显是安全区之内的。这个总量判断是有意义的，它说明我们可以在总体上地方债务没有造成总量上过大风险的时候，相对从容地去做好相关一系列防范风险的前期工作，包括前面几年大家反复讨论的怎么样形成一个应对地方债不断增长的正确调控思路，以及在这一次审计署做出实证性的基础工作，使风险点前所未有地更清晰化之后，还可以有一系列基于审计结果所做的有针对性的防范风险的工作。

现在碰到的主要风险是总量没有明显过界、而局部显然已经存在比较高的风险积累，有一部分地方负债率已经高过100%，风险已经在某些局部积累得相当高。短期内，要建议在审计署审计结果的基础之上，促进银监会、财政部等负有调控和监管责任的管理机构更充分地交流和磋商，在通盘考虑全局的情况下，聚焦高风险区域和项目，借助审计结果推动有针对性的应对措施，以比较低的管理成本、比较高的绩效水平，来防范地方债务风险。

三、制度原因的分析

第三个层面是需要重视制度原因分析。地方隐性负债的杀伤力并不仅是局部出现债务链断裂造成多少经济损失，而是这种机制一定会在中国黄金发展期伴随着矛盾凸显期的情况下，由于某些事件触发某一个局部的矛盾积累而产生局部的危机，而这种危机又会把经济问题上升到社会层面甚至政治层面，必须用特定的手段，甚至极端的手段，救火式地去平息事态。而救火的社会代价是非常高的,首先就是政府的公信力、所谓和谐社会里面民众对和谐的感受评价上的负面效应及难以避免的扭曲。

所以第三个层面上我们要特别重视债务形成的体制性原因的分析。在认识地方债所带来的问题后,体制方面最基本的认识是:1994 年财政分税制改革,是和邓小平南方谈话之后确立的社会主义市场经济目标模式相匹配的一种必然选择,是中国整个经济改革中间里程碑式的事件,在政府和企业、中央和地方、也包括政府公权力系统和社会成员个人这些最基本的经济关系上,搭建了和市场经济匹配的一个制度框架。至于现在大家都在批评 1994 年以后看到的基层财政困难,以及所谓土地财政的种种扭曲和短期行为,毛病恰恰不是出在分税制上面,而是出在分税制不能贯彻执行上面,在省以下各层级间实际形成了五花八门、复杂易变、讨价还价色彩浓重的分成制和包干制。现在很多人板子打错了地方。不应简单地“望文生义”地去抨击分税制,问题的实质是怎么样在中国把分税制贯彻下去。这次审计结果揭示的问题就是表明,由于分税制不能真正贯彻,地方税体系迟迟不能成型,地方阳光融资制度不能得到推进,就逼出了普遍的潜规则替代明规则的地方隐性负债,这总体来说是有效制度供给不足的问题。

解决这个问题需要继续推进扁平化改革。按五个层级分税是无解的,需要考虑实行省直管县和乡镇综合改革之后,贯彻实施三个层级分税的新的通盘财政改革设计。在农业税取消之后,乡财县管是多数地区必然的制度演变结果,因为取消农民税之后大部分农村基层没有任何财力来源,乡镇应看作是县级预算下管的预算单位。缩减为三个层级,马上可以借鉴国际经验,结合中国国情设计出分税制从上到下贯通的具体方案。如果分税制贯通,地方公债制度以及必要的地方市政债制度,可以往前一步步地确立和健全起来。

四、深化财税体制改革势在必行

第三层面引出第四层面的基本认识,就是怎么推进达成共识来明确深化财税体制改革的正确方向。深化财税体制改革已经和中国现代化过程形成了牵一发而动全身的关系。现在如果不解决好这种政府、企业、市场、纳税人这些基本经济关系交织汇集在一起的财税体制问题,实际上所有中国的改革都可能流为空谈,大家所抨击的很多社会现象,比如土地财政中的问题,实际上都不可能得到真正治本的解决。所以在这个方面深化改革势在必行,这是审计结果给我们的一个很好的启示。

五、短期内的具体工作

前面说到的增加有效制度供给、深化改革推进制度建设是从眼下说到中长期。短期工作视野内可做的事情,已经相对清晰。首先建议在审计署审计结果的基础之上促进财政部、银监会等负有调控和监管责任的管理机构更充分地讨论和磋商,比如在地方融资平台的统计口径方面于今后形成协同工作框架,所支持的是接下来要做的务实的防范风险工作。我个人建议在通盘考虑全局的情况下,首先聚焦于高风险区域和项目,这也是管理成本最低的一种方式。

另外在具体工作方面，还有带着技术色彩的管理创新问题，比如财政部提出公共财政预算体系至少应包括四个相对独立又相互协调的预算，第一个是公共收支预算或者叫经常性收支预算，第二个是国有资本经营预算——其直接积极后果是国资委管辖的100多家大型国企开始按照5%或者10%、15%上缴资产收益给国库；第三个就是基金预算，像偶然性和波动性比较大的土地批租收入，必须进入基金预算，然后形成统筹协调机制；第四个是社会保障预算，中央级社会保险预算已经开始试点。除此之外，像河南焦作形成了把债务预算、具体的公积金预算等都放在预算体系内，已有一套工作方案，这也是值得注重和探索的。在债务预算概念之下，应该有进一步加入技术内容的探讨。把所有政府财力放在预算制度覆盖面之下，继而应该为地方债务找到一个可操作可管理的具体形式来解决好这个问题，这些都是我们后续要做的工作。

辩证看待政府平台融资，稳妥化解地方政府债务风险*

詹向阳

中国工商银行金融研究总监

一、地方政府融资平台的现状分析

关于“地方政府融资平台”，目前国内尚无标准定义，为了方便对这一问题的研究和讨论，我们有必要将其含义界定清楚。结合目前学术界和业界的讨论成果，我们认为“地方政府融资平台”（以下简称“融资平台”）是指由地方政府出资设立，授权进行公共基础设施类项目的建设开发、经营管理和对外融资活动，主要以经营收入、公共设施收费和财政资金等作为还款来源的企（事）业法人机构。

融资平台作为地方政府的融资载体，并非新生事物。早在20世纪90年代我国多个地方就已经有了初步探索。为了给市政建设融资，一些地方政府建立了城市基础设施投资建设管理公司或国有资产管理公司等融资平台作为借款人，将若干基础设施建设项目打包，统一向银行贷款，并以财政出具的还款承诺作为偿债保证。这种“打捆（打包）贷款”业务最早由国家开发银行开办，随之各家商业银行纷纷涉足，后因存在风险隐患在2006年被监管部门叫停。此后，以重庆为代表的一些地方政府对政府融资平台的机制进行了规范和完善，通过制度创新将政府融资平台推入新的发展时期。

2009年3月，为应对国际金融危机的冲击，落实中央政府4万亿元投资计划的配套资金，人民银行和银监会联合下发了《关于进一步加强信贷结构调整促进国民经济平稳较快发展的指导意见》，提出“鼓励地方政府通过增加地方财政贴息、完善信贷奖补机制、设立合规的政府投融资平台等多种方式，吸引和激励银行业金融机构加大对中央投资项目的信贷支持力度。支持有条件的地方政府组建投融资平台，发行企业债、中期票据等

* 第26次季度报告会（2011年7月23日）。

融资工具，拓宽中央政府投资项目的配套资金融资渠道”。至此，平台得到了监管部门的支持与肯定，国内各级地方政府融资平台发展步入高潮。

结合国家审计署于2011年6月27日发布的《全国地方政府性债务审计结果》报告，我们认为现在融资平台有以下几个主要特征：① 债务余额迅速增长，增速有所下滑。截止到2010年年末融资平台公司政府性债务余额接近5万亿，占地方政府性债务余额的64.4%，2010年年末全国地方政府债务余额达到10.7万亿，较上年增长18.86%，但是增速下降43%；② 融资平台层次增多，层级逐步向下扩展。2008年以后平台层级由省级政府向地市级和区县级政府扩展，甚至乡镇政府也设立了融资平台，到2010年各级政府融资平台共6 576家，其中72%的融资平台集中在区县级政府；③ 银行信贷成为融资主渠道。银行贷款是地方政府融资的主要资金来源，而债券所占份额只有7%；④ 地区政府对融资平台的管理上进行了创新，较之90年代有了一定的创新；⑤ 银行对于融资平台贷款的严格管理和规范运作对控制平台融资风险起到了重要的促进作用。

在10.7万亿的地方债务中，银行贷款占79.1%，这引起了中国甚至世界对新一轮中国银行贷款坏账和大规模银行风险的担心。在此我要以中国工商银行为例来说明大部分融资平台贷款是有偿还能力的，其还款来源是完全可以覆盖其借款额度的。中国工商银行对融资平台项目贷款设置了比较高的门槛，并且坚持对政府融资平台项目进行科学精细化管理，贷款投放立足于同项目现金流和建设期进行匹配。从目前情况看，中国工商银行贷款支持的政府平台建设项目主体都是合法的，建设项目符合国家规定审批或核准的程序，还款资金来源是充足的稳定的，依靠项目自身现金流还贷全覆盖或基本覆盖贷款占比高达93%。中国工商银行融资平台贷款不良率仅有0.3%，同时，在国家要求和银监会敦促之下，我们对这0.3%不良贷款的拨备率达到了1 066%，因此融资平台贷款的风险是可控的。当然，仅以中国工商银行为例并不能够说明全部问题，但我们最近看到审计署新闻发言人在就政府性债务和融资平台安全性问题的发言中指出在已审计出来的10.7万亿地方债务中逾期不还的只有2.28%—2.33%，并不构成系统性风险。我们对于审计署的判断是认同的。

二、辩证看待地方政府融资平台发展

当前围绕地方政府融资平台出现了很多的争论，我的观点是地方政府融资平台不是洪水猛兽，它是地方政府投融资体制机制的改革和创新，它的出现和发展都有着客观的合理性和必要性，但是对于地方政府融资平台所存在的政府隐性担保、运作机制不健全、负债率过高和监管不力等风险隐患必须予以重视进行改善，妥善保持其发展。

首先，政府融资平台是地方投融资机制的创新，对支持我国经济持续健康发展起到了积极作用。2009年以来政府投融资平台吸取了以往教训，重塑了地方政府投融资体制机制，实行了政府管理者职能和投资者职能分离，由具有独立法人资格的实体承担投融资主体及其责任，政府通过这些平台筹措建设资金，融资平台通过独立市场运作获得收益，保证还款来源，承担偿债责任。

其次，融资平台有效地整合了各部门掌握的公共资源，提高了公共资源使用效率，减少公共资源及其收益的流失。融资平台通过对政府各部门投融资项目管理监督等职能进行协调重新分工,有效调动了各方积极性。地方融资平台在弥补地方财力不足,应对危机和抗击自然灾害改善民生和生态环境保护,推动地方经济社会持续发展等方面都发挥了积极的作用,特别是我国在战胜经济危机和经济企稳过程中,融资平台的贡献是需要充分肯定的。

如果按照1:3的比例计算,2009年1.8万亿元中央投资需有约6万亿元地方和银行资金配套,地方政府通过融资平台较强的融资功能解决了自身建设资金不足的问题,在落实中央投资项目配套资金的同时,加大了各地建设项目的投资力度,保证了各地经济的企稳回升和较快增长。同时启动了大规模的惠民工程,保证和提高了各地城乡居民的生活水平。可以说,地方政府融资平台对我国战胜危机和保证经济企稳回升发挥了积极作用。

然而,政府融资平台在规范过程中运作不规范和风险隐患突出等问题正在加速暴露,成为捆绑财政风险和金融风险的重要渠道。其风险和隐患主要体现在以下几个方面:

(1) 融资平台尽管是独立法人,在法律上具有完全的民事能力,但在实际上,融资平台的投融资能力和还款能力均由政府财政的显性或隐性担保为条件。以向银行融资为例,为满足银行贷款要有充分保证的条件,在《担保法》明确国家机关不能作为保证人的规定下,近年来不少地方采取了通过人大会议决议把融资平台的还款付息计划纳入财政预算以提供贷款保证的办法,回避"政府担保无法律效力"的问题。这种做法在实践中对于润滑和通畅融资平台运作起到重要作用,但是由于人大也不是一级经济实体,不具备承担保证的合法条件,从而使这种保证的合法性仍然处于没有保障的尴尬境地。同时,由于一些地方财政风险过大,地方政府对融资平台的担保有名无实,一旦还款发生困难,地区政府并没有足够财力替平台还债,目前这种情况在县级层面上比较突出。

(2) 地方政府融资渠道不畅,融资平台的融资结构过于单一。融资平台设立的初衷也主要是吸收社会资金,特别是吸收民间资本。人民银行和银监会联合下发的《关于进一步加强信贷结构调整促进国民经济平稳较快发展的指导意见》中所指的政府投融资平台,应当是以"发行企业债、中期票据等融资工具"为主要融资渠道的。但是由于直接融资渠道不畅,地方发债、发券的功能受到抑制,致使融资平台融资形成了以银行贷款为主要来源的单一结构。这种结构不恰当地把过多的财政性风险转嫁给了银行。

(3) 一些平台存在着"小马拉大车"的现象,自身负债率过高。一方面,部分融资平台存在资本金不足或资本金不实以及抽逃资本金现象,有些地区政府采取变通手法向融资平台注入不实资产而"滥竽充数";另一方面,目前一些地方政府融资平台负债率超过80%甚至更高。

(4) 管理机制不健全,缺乏对投资者的有效保障。例如融资平台的法人治理结构不健全、融资平台的高管人员有相当一部分是由原政府官员担任,缺乏必要市场经营和企业管理经验以及风险防范常识,决策失误情况比较容易发生。

(5) 偿债责任主体不明确。在实际运作中,融资平台的债务最终偿还主体及投资失误的责任主体都不十分明晰,缺乏有效的法律规定,一旦发生投资失误、还款困难,最终责任人是谁,地方政府是否会出面偿债,对投资者而言其实并不十分清楚。

(6) 缺乏透明的信息披露机制。在政府背景遮盖下,投资者往往不能了解融资平台真实的财力和基本的风险情况，甚至有的地方政府也不完全清楚下属融资平台的总体负债和担保状况。

三、改进地方政府融资机制的方向

第一，要正确认识地方政府筹融资行为合理性，给予地方政府融资合法地位和合法渠道。对于我国社会主义市场经济来说，政府管控经济、配置资源是主要特征之一。中央政府，各级地方政府都承担了经济社会发展的管理职能和责任，不仅担当“公共管理”职能和责任，还担负着控制本地主要资源、配置资源和完成当地经济增长指标的职能和责任。在分级财政的条件下，一个地方经济社会发展的快慢、建设水平的高低，与当地政府的筹融资能力直接相关，为了完成和实现本地经济社会发展的目标和任务，地方政府必须千方百计筹措建设资金，这是地方政府筹融资冲动的根源及其合理性所在。其实，在政府管控经济和参与配置资源的条件下，无论中央政府还是地方政府都是市场经济的主体之一，因此政府（包括中央和地方）具有投融资的需要和资格。所以我认为对于地方政府融资冲动要以“疏”为主，而不是“堵”，应当给予地方政府融资合法的地位和合法的渠道。应当着眼于长远，做出长久性的地方融资的制度安排，而不应仅限于“非常时期”的“非常举措”。

第二，要打通地方政府及其平台直接融资渠道，逐步优化融资平台的融资结构。目前存在的地方政府融资过多依靠吸引银行贷款的问题，本质上还是地方融资渠道不畅的问题。要打通地方政府及其融资平台的直接融资渠道，首先，要给予地方政府发债权，由各省、市级政府量力而行地制定地方政府发债计划，由中央财政统筹核准，由相关监管部门审批。特别在今后积极的财政政策逐步退出，中央政府债券发行减少的情况下，可适当放开地方政府发债权。其次，要允许融资平台发债、发券，准于其进入资本市场融资。融资平台其实也是独立法人的企业，应当与其他企业一样具有在货币市场发行“融资券”和在资本市场上发行企业债券的融资权利。应当出台鼓励地方政府及其融资平台进行直接融资的政策措施，鼓励融资平台改变过分依赖银行贷款的融资结构，形成包括间接融资和直接融资在内的多元化融资结构。

第三，要建立融资平台风险防控制度。其主要措施包括以下几个方面：

（1）建立健全地方政府债务管理体制。应建立健全地方政府的债务管理体制，加强地方政府对融资平台债务的集中统一管理，从根本上改变地方融资平台债务多头管理、各自为政、地方政府缺乏全面把握的现状。

（2）建立地方债务偿债基金。地方政府应当建立与地方融资平台债务规模相适应的偿债基金，并制定地方融资平台债务偿还基金管理办法，规定相应的偿债程序。在地方融资平台无法偿还债务的情况下，由地方政府动用偿债基金兜底。

（3）提高融资平台的自偿能力。作为独立的企业法人，融资平台应当有完全的民事责任承担能力，有独立的偿债能力。地方政府在调拨资产注入做实融资平台资本金的同时，要把相应的收费权和收益权注入融资平台，使之具有独立偿还债务的能力。

（4）提高层级，制定法律规范。为治理和防范地方政府融资平台过多、过滥和过度负债的问题,要对现有融资平台进行整合,把融资平台建设层级限定在省级和地市级政府以上,对经济发达地区确有财力的一些县级政府要经过核准实行部分开放;对已经过多过滥、资不抵债的区县级及其以下的融资平台要坚决清理,并妥善解决其债权债务的清偿。同时要制定法规对融资平台的准入门槛、资本金比例、运作条件、负债率限额、风险管理、偿债责任等进行规范,使融资平台有法可依,依法合规运行。

(5) 做实资本金,限制负债率。对融资平台的资本金状况要进行统一检查,在此基础上,对资本金不足或不实的融资平台应限期做实。同时,对地方融资平台的负债率作出限定,并与当地政府财政并表核算。

(6) 健全治理结构,培训融资平台高管。规范地方融资平台的公司治理结构,提高融资平台的经营水平和运营效率。对现有融资平台的高管人员进行专业培训,尽快提高高管人员素质,并改进融资平台高管的任用机制,尽可能地从经理人市场招聘职员。

第四,要明确监管责任,实施严格监管。比较而言,我认为目前融资平台最大的问题在于缺乏监管、没有规范。因此,建立严格监管制度与体系,规范地方政府融资行为及其融资平台的运作,是当务之急。具体可从以下两个方面入手:

(1) 确定融资平台的监管部门,明确监管责任。政府融资平台以投资和融资为其主要功能,因此严格地讲,融资平台属于金融机构,应当在明确各级财政为主管部门的同时,明确由证监会和银监会及其各级分支机构对其进行金融监管。监管范围包括市场准入、市场退出、融资计划、高管任职资格审核、风险稽查等。各级政府财政部门必须会同金融监管部门核定本级政府通过融资平台的总体融资计划,将政府及其融资平台的负债率控制在可以承受的范围内,以防范政府过度负债可能产生的财政风险。

(2) 建立和完善地方政府融资平台的信息披露制度。要明确融资平台应当披露的信息范围,包括融资平台资本金状况、负债规模、承担建设项目的基本情况、项目贷款情况、项目担保情况以及贷款资金使用情况等。通过信息披露强化投资者以及放贷银行对融资平台的监督,完善融资平台风险控制机制。

第五,要缓释地方政府融资平台贷款风险,督促商业银行加强平台贷款风险管理。具体可从以下两个方面实施采取措施:

(1) 政府融资平台贷款是我国经济社会发展过程中长期形成的特殊问题,解决起来不能一蹴而就,因此应有计划地逐步解决地方政府融资平台贷款问题。目前可以做的是在严格控制新增贷款的同时对存量贷款制订有序退出计划,对还款明确执行到位的可以通过适当延长贷款期限,用3—5年时间逐步释放其风险,防止因操之过急导致地方政府偿债风险项目未完工风险,从而对银行乃至国家都造成负面影响。

(2) 商业银行自身要通过强化融资平台贷款风险管理制度,切实起到监督融资平台规范运作、约束融资平台风险的作用。一方面应当建立政府及其偿债能力评估制度,加强对融资平台建设项目评估审查,强化对偿还风险的管理;另一方面要加强流动性风险和政策性风险防范管理,商业银行应当采取有效措施限制平台贷款最长期限,限制长期贷款的比重,制订政策性风险防范预案,通过创新和创造对冲政策性风险的手段,防范和化解政策性风险。

点评地方债务与土地制度之间关系*

周其仁

北京大学国家发展研究院院长

在之前三位演讲人就地方债务、政府平台融资及土地制度问题分别进行报告的基础上，周其仁教授介绍自己对这一系列问题的看法，着重点评这组问题之间的密切关联，并提出对相关改革的思考。

一、搞清地方融资平台很重要

地方政府融资平台不只是国内的问题，在国际上也引起很大反响。所谓树大招风，中国经济目前在全球总量排第二、增量排第一，引起很大反响是很正常的事情。前一段时间国际上出现唱衰人民币和中国经济的潮流，一部分是由于全球投资者担心中国治理通胀时出现经济硬着陆，另一部分则是由于地方政府融资平台的问题。

为什么唱衰中国会和地方融资平台的问题联系到一起？现在看来主要是因为这方面问题头绪非常多，很难看清楚。K. 鲁高夫（K. Rogoff）2009 年讨论金融危机的书中应用了 66 个国家长达 8 个世纪的数据，其中提到多次政府债务违约。这些事件中，由于政府不能到期还钱，导致银行倒闭，进而引起一系列问题。书中提到一个观点很有意思，就是公共债务的一个特点就是不容易搞清楚。对中国这样一个政府层次非常多、地域辽阔的国家，这方面尤其如此。虽然我们的信息收集技术有很大进步，但始终还比较薄弱。

最近银监会、审计署、央行都陆续发布了一些数据，这些数据之间当然还需要缝合比对，但基本上可以把情况捋清楚了。银监会去年七八月份出的数是 7 万—8 万亿。央行在今年发布的《2010 中国区域金融运行报告》指出，2010 年年末各地区政府融资平台贷款占当地人民币各项贷款余额的比例基本上不超过 30%。按照去年年末 47.92 万亿元的人民币贷款余额来算，央行统计的平台贷款不超过 14.4 万亿元。这一数据公布出来，

* 第 26 次季度报告会（2011 年 7 月 23 日）。

在国内外造成很大冲击。后来央行进行说明，所谓30%是指不超过所在地贷款总额的30%。各大商业银行总部发生的贷款不计入这一数量之中。最权威的数据要数国家审计署最近公布的数据，截至2010年年底，全国省、市、县三级地方政府性债务余额约10万亿元。这一数据涵盖的是从1979年改革开放以来的最终贷款余额。且不论其准确与否，至少将图像大致描绘出来，可以帮助大家看清平台贷款这一问题。

二、地方融资平台的短期与长期问题

有了基本的图像，具体判断地方融资平台到底有没有风险，还会有很大差异。平台有没有风险是未来的事情，要看将来的现金流能不能覆盖利息，能不能还本。涉及未来的判断总会有误差，我大致接受贾康演讲中提到的判断，即从短期看——所谓短期是指今年明年——中国经济不会因为地方融资平台问题出现系统性的连锁反应。

作出这一判断有两个原因，一是中国经济现在盘子非常大。虽然有10万亿的地方政府性债务余额，但中国总体贷款规模接近50万亿，GDP规模约40万亿。二是虽然我国政府层次多，平台数量大，这使得平台问题不容易查清，但也使得各地平台情况差异非常大。我在各地调研时都会关注基础设施的建设和使用情况。我国仍有许多地区基础设施还远供不应求，比如说北京市还是很拥堵。但也确实存在有路没车的地方。由于有这种不均匀，只要处理妥当，就不会演变成系统性的共振。

虽然短期判断如此，但地方政府融资平台所反映出的信息，从对中国经济理解的长远角度来看还是很严重的。它涉及了经济中政府和老百姓之间最基本的关系问题。如果平台出了问题，责任落到财政上，最后也就变成纳税人的责任，但纳税人对此却知情很少。如果这次不是国家审计署动员4万人去查，这方面情况谁也不清楚。即便审计署公布了数据，到地方去问城市一级的情况，基本上还是不清楚，地方政府好像也不需要知道。这件事情在我看来绝非小事。

在我国一提到“公”，会有很多种理解方向。像一部词典中，“公”就是“官”。官是少数人，少数人在干什么很难知道，他们也无需报告。这件事是整个经济发展中最基本的关系，现在很多社会矛盾都与此有关。所以，平台无非是反映了这个问题，一定要抓住机会把这个问题提出来，然后从根本上加以解决。

公共债务必须有公开报告制度，因为公共债务最后是由所在地方的全体人民、或者如果这个地方承担不了要由全国人民来承担。为什么一定要由银监会、央行、中央审计署去查？如果没有自上而下的行政力量，地方就没有报告和披露信息的义务了？所以，地方融资平台问题在我看来，不管数量多大、是否会引起短期的财政危机和金融危机，其本身就应从国家现代化建设的角度加以高度重视。应该将此事作为一个机会，提出政府和老百姓的基本关系问题，建立公共债务公开报告制度。

审计署统计的数据是从债务人的角度统计的，但债权人究竟借了多少钱给平台，却没有统计数据。要把事情真正搞清楚就需多方核对信息，但我国到目前为止尚无可核查的信息。这并不是一个技术性的问题，却恰恰说明我国的债权债务约束还是比较软的。

2004年我看到地方债务研究报告估计的地方债务余额是一万亿左右，在“平台”这个概念还未说清楚时，几年间债务余额一下子就达到了十万亿。因此，地方政府融资平台问题作为一个基本的经济关系问题，无论是纳税人和政府的关系，还是债权人和债务人的关系，都应当得到持续的研究，使其走上良性的轨道。

三、地方融资平台与土地制度关系

除了地方财政、人代会以及纳税人对融资平台有没有知情和监督以外，融资平台还涉及另一个问题，即商业银行怎样借钱给平台。地方债务融资大部分来自于商业银行，而商业银行是经过改制的。过去几大商业银行处理过两三万亿不良资产，拨备成四个资产管理公司，到今天那批不良资产也还没有处理完成。但几年间，平台债务余额一下子增长到10万亿规模。那银行为什么借，而且借这么多？这一方面可以看到银行有进步，不再是首长批条就可以贷款。今天银行在贷款时需要有抵押物了，这个抵押物在很多地方就是土地。

这又涉及另一个根本问题——征地制度。我国现有法律规定征收农民土地赔偿最高为土地农业用途年收入的30倍。如果一亩地800块的话，30倍收入不过2.4万，然后土地就永久性地成为国有土地。改革开放以来三十年，甚至包括新中国成立以来六十年的主流体制就是如此。如果这些土地征收后用于国防或者三峡这样的建设，也不会有太大争议，但事实上很多土地最终被用于商业性用途。

2008年十七届三中全会作出一条很重要的决定，根本上就是要改变现行征地制度，并大体明确了改革的框架思路，即逐步收缩政府征地范围，严格界定土地的公益性用途和商业性用途。其基本含义是，将来征用这种强制手段只能用于公益用途，商业用途的土地应当通过土地市场来解决。

但是，由于2008年接着发生了金融危机，政府出台了四万亿经济刺激计划，而四万亿投资配套有土地，于是我们看到这两年征地规模比2008年以前大大增加。2009年、2010年得到批准的征地每年在680万亩左右。原本政府试图将总量控制在400万亩以内，但实际上做不到。根据7月20日国务院常务会通告的情况，用地最严重违规的是公路、铁路等大工程、大项目，占全国违法用地过半。地方一拿到重点项目，在土地问题上就开闸，继而引起一系列的社会紧张。

政府拿地后有所谓的土地财政，但现在看来还远远不止土地财政，还有土地金融。地方融资平台把土地抵押给银行，从而贷出更大量资金，中间存在一个杠杆。这是理解宏观经济中非常有中国特点之处。2004年我们进行土地调研后就提出，中国不仅有“银根”的问题，还有“土根”的问题，供地量会影响货币量，这是全世界罕见的。从2002—2010年，八年之间M2从18.5万亿涨到72万亿。货币供应量快速增长一方面是通过汇率机制。为维持汇率稳定，支持出口，央行购汇就向银行体系输入了基础货币。另一方面则是通过政府主导的城市化利用土地从银行撬动资金的机制。这就构成了当前中国的宏观环境以及通货膨胀的由来。

把地方债务与土地制度两方面打通来看，我们会对中国经济有新的理解。征地变成财政、财政又变成金融，这正是支持中国过重依赖投资的国民经济运行的机制和微观基础。

四、有关改革的思考

如何改革这个财政和金融模式？参考当年改革统购统销的经验，首先要两轨并行，因为一轨的情况下没有办法维持体系运转。那么，能否形成土地问题上的两轨？除了政府征地，能否发展十七届三中全会决议中讲过的农村经营性集体建设用地直接入市？这些都不能事先预知，需经尝试才可知晓。

这几年在成都看到所有要素已经齐备。指标可以交易，实物地产也可交易，不论是靠近城中心，还是远离的。相应需要配套怎样的法律法规组织设施，我们觉得基本看清楚了。剩下来主要就是政策作为不作为，修法作为不作为，立新法作为不作为的问题。

中国经济过度依赖投资有它的微观基础和运行机制。中国经济要健康发展一定要解决这类问题。所以，我觉得前三位演讲人的报告非常有意思，并引起我思考：能不能通过土地制度深层次改革推动土地财政、土地金融的改革，再推动政府和老百姓之间关系的重新拟定。

平台之所以引起很大担心，原因在于政府不是普通公司。普通公司资不抵债可以破产，这也是现代经济可以发展的一个原因。而政府充当经济主体的最大风险是，政府还承担很多公共职能而且是唯一的。如果财政破产，那国防治安这类的公共职能怎么办？所以，政府一旦借钱过度不能还款时，关门的绝不是政府而是银行。而银行是有债权人的，这样就会将整个经济卷入危机泥潭。

因此，政府借债一定要控制。但现在全球的标准已经有问题了。很多人讨论中国公共债务时认为中国公共债务还在安全地带。这样的判断却是以那些出了问题的国家作标准。这不是对中国长远负责任的态度。公共债务达到20%就已经很高了。这是由于政府与企业是不同性质的两种组织，所以需要将它放到另一种约束结构下讨论。中国经济增长需要有财政纪律作为基础，否则速度可以很高，但很难持久。

地方债折射财政金融体制落后*

徐建国

北京大学国家发展研究院副教授

在欧美主权债务危机的背景下，我国地方债的累积，引起了担忧。徐建国副教授从我国财政收入增长迅速，中央负债稳中有降，地方负债低位上升，2011 年回落的角度说明，我国政府总体负债保持稳健。地方负债的上升，根源于现有体制下地方政府财权与事权的不对等，地方政府担负的基础设施投资规模大、周期长，却缺乏相应的财政来源和融资手段，只有向银行借贷。化解地方债风险的根本，在于促进长期稳定的经济增长，并探索合理的基础设施投融资渠道。

一、引言：欧债危机背景下的地方债

2011 年 6 月 27 日，国家审计署发布的《全国地方政府性债务审计结果》显示，截至 2010 年底，地方政府性债务余额 10.7 万亿元，比 2008 年年底余额增长了一倍。和财政收支的对比，2010 年整个财政收支规模大概在 9 万亿。在宏观紧缩的背景下，地方政府的现金流减少，以云南为代表的一些地方政府性债务发生违约，引发了对地方政府性债务风险的关注和讨论。由于 80% 的地方债来自银行，人们对 20 世纪 90 年代的大规模银行不良贷款记忆犹新，再加上这块债务是人们以前看不见的债务，用途并不清楚，因此对潜在金融风险和经济紧缩的担心，也就随之而来。2009 年开始希腊等欧洲一些国家债务挺多，我们落后国家是不是也有问题，风险控制是不是更差？因此 2011 年看空中国的调子非常高，主流观点均认为中国经济没有不着陆的可能性。

二、地方债"短债长投"

根据国家审计署的结果（见表 1），2010 年年底 10.7 万亿的地方债余额中，已经支出

* 第 29 次季度报告会（2012 年 4 月 28 日）。

部分为9.6万亿,其中投向市政建设、交通运输、土地收储、农林水利这四项基础设施的部分为7.4万亿,占到77%。再加上教科文卫和保障性住房支出,金额达到8.3万亿,占到87%。若把教科文卫支出看作软性基础设施投资,则总体上地方政府债务主要投向基础设施。举个例子,高铁、地铁、高速公路均属于基础设施投资,修筑的周期较慢,而且修筑完成后也不一定能立即产生效益,出口入口配套设施等等还要设计一些软体东西,不一定马上用得上,这也意味着地方政府性债务所进行的投资的现金流的回收周期是很长的。

表1　2010年年底地方政府性债务已支出部分投向情况

	债务额(亿元)	比重(%)
市政建设	35 301	36.7
交通运输	23 924	24.9
土地收储	10 209	10.6
教科文卫、保障性住房	9 169	9.5
农林水利建设	4 584	4.8
生态建设和环境保护	2 733	2.8
化解地方金融风险	1 110	1.2
工业	1 283	1.3
能源	241	0.3
其他	7 576	7.9
合计	96 130	100

资料来源:国家审计署。

我们接下来考察地方政府性债务的偿债要求,表2显示,在2010年年底,四分之一的债务在一年内到期,超过一半的债务在三年内到期。这便与前面所说的基础设施投资的回收期长产生了矛盾。一般来说,基础设施投资在三年内很难产生现金流,很多工程可能都很难完成,这意味着这些债务的还本付息都要通过其他财政收入来源来支付。倘若这些基础设施是需要的,那么这么短的还款期限就是不合理的。即便这些债长期来看没问题,但是偿还期限太短,这体现了融资投向和现金流的不匹配。

表2　2010年年底地方政府性债务未来偿债情况

偿债年度	债务额(亿元)	比重(%)
2011年	26 246	24.5
2012年	18 402	17.2
2013年	12 195	11.4
2014年	9 941	9.3
2015年	8 012	7.5
2016年及以后	32 377	30.2
合计	107 175	100

资料来源:国家审计署。

地方政府性债务反映出来的另外一个问题是中央不让地方政府借长债,地方政府没有发债权的问题。2009年开始有2 000亿的地方债券额度,由财政部代发,与基础设施投资的6万亿,是个很小的额度。图1是美国州和地方政府地方债余额和投资的比例的趋势图。这一比例50年代的时候大概是四五倍,现在到了八九倍左右。比较中国的情形,如果按每年6万亿地方政府投资,那么债务余额可以为30万亿左右。从这个角度来看,10万亿地方政府性债务也不是一个什么大不了的数字。

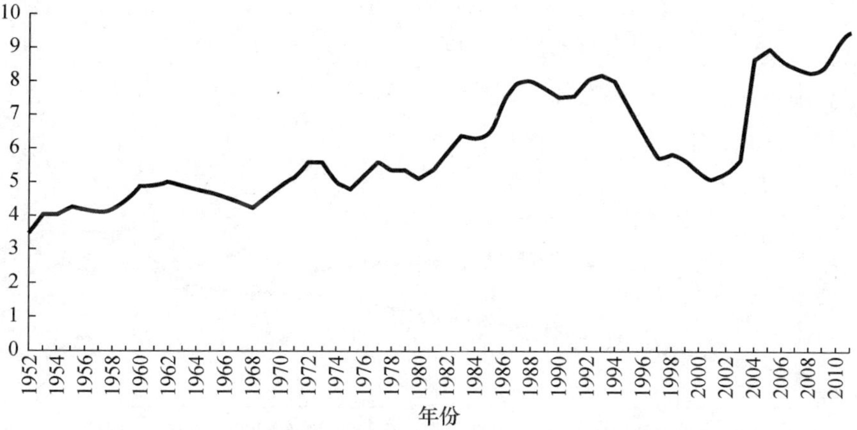

图1　美国州和地方政府债务余额与投资的比例

三、我国公共债务并不高

那么,如此高的债务是否会对经济产生冲击?风险有多大?为了回答这一问题,需要看看政府的资产负债表。图2考察了财政收入和GDP的关系。过去几年的数据表明,财政收入涨得比GDP快。这里就形成了一个悖论,一般人们是不担心富人借债的,但是我国政府似乎是个例外:一方面其收入增长迅速,而且掌握了大量的经济资源,另一方面人们很担心政府的债务负担。这一担心,在直觉上有悖常理。从这个角度上讲,政府的债务应不会构成太大的问题。

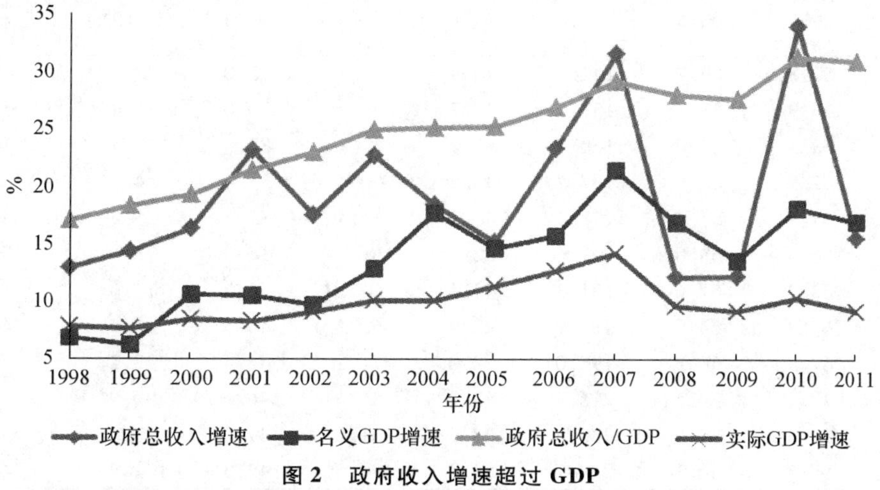

图2　政府收入增速超过GDP

注:政府总收入包括预算内外财政收入,政府性基金收入和国有资本经营收入,不包括社保基金收入。

资料来源:财政部,《中国统计年鉴》。

再从债务余额的角度进行分析，图3为政府部门债务余额占GDP的比重，债务余额包括了中央和地方的负债。大概从2002年以来，中央部门负债一直保持在一个较平稳的水平。地方债务是审计署直接报告结果，可以看出地方的债务近几年有所上涨。从总体上看，我国政府债务负担近年来稍有上升，总体债务从2005年的37%上升到2011年的42%。

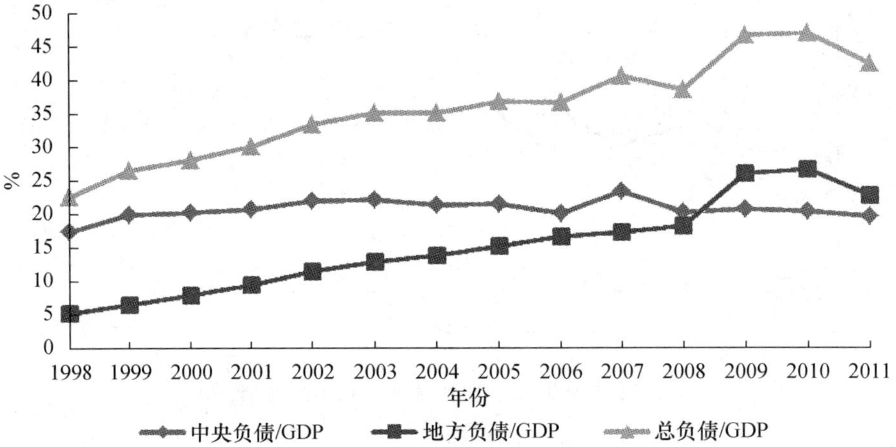

图3　中国政府债务余额占GDP比重

资料来源：各年《中国统计年鉴》，审计署报告以及外汇管理局网站（www.safe.gov.cn）。

这是否构成严重的问题？我们需要比较一下跨国的数据。表3报告了主要国家的政府债务与GDP的比重。我们发现2008年以来主要国家政府债务都显著上升，OECD国家的平均水平从2007年的72%上升到2011年的101%，因此我国政府债务的上升在跨国比较中并不奇怪。相比之下，我国的政府债务，不管从总体水平上，还是增加幅度

表3　主要国家主权债务占GDP比重　（单位：%）

年份	法国	德国	日本	英国	美国	中国	OECD	金砖四国（除中国）
2000	57.3	59.7	142.1	40.9	54.8	28.0	71.8	67.5
2001	56.9	58.8	151.7	37.7	54.7	30.0	71.4	67.8
2002	58.8	60.4	160.9	37.2	57.1	33.3	72.4	70.6
2003	62.9	63.9	167.2	38.5	60.4	35.0	74.5	66.2
2004	64.9	65.7	178.1	40.2	61.4	35.1	75.9	60.7
2005	66.4	68.0	191.6	42.1	61.7	36.7	76.6	56.3
2006	63.7	67.6	191.3	43.1	61.1	36.7	74.0	51.2
2007	63.8	64.9	187.7	43.9	62.2	40.5	71.5	49.0
2008	67.5	66.3	195.0	52.0	71.2	38.4	78.2	46.4
2009	78.1	73.5	216.3	68.3	84.6	46.6	92.0	52.9
2010	84.3	80.0	220.3	77.2	91.6	47.0	97.6	51.3
2011	87.6	80.1	229.1	83.0	99.5	42.3	101.2	48.9

资料来源：中国主权债务包括了地方政府债务，数据来自财政部，中华人民共和国审计署（2011），和国家统计局，其他国家数据来自国际货币基金组织。

上，都处于低位，而且2011年已经回落。横向比较上看，一是近10多年来的财政赤字都很小，保持在3%以内。二是地方政府的举债受到限制，只是在2009年以来才发生快速增长。最后，也是最重要的一点，就是我国经济的快速增长，分母变大导致债务余额相对变小，经济的快速增长消化掉以往看起来或许很大的债务。这一点，对于破解当前的债务风险，具有重要的启发意义。作为反例，欧洲主权债务危机的深层原因，就是欧洲经济发生停滞，使得债务负担愈发沉重，并且反过来拖累经济增长，进入恶性循环。

四、公有部门资产负债状况良好

最后一种衡量方法，也是最重要最直接的方法，即是考察政府部门的资产债务的关系。我们可以就资产负债表计算资产负债比率考察负债水平是否过高。但政府部门的资产负债表并没有公布，需要借助一定的估算方法，估算方法综合考虑了历年政府的总收入，总支出以及债务额度。估算结果大致显示，政府的流动资产和所有者权益的规模相当，非流动资产和总负债的规模相当，图4显示，若假设政府固定资产的折旧率为8%，2002年以来政府负债水平总体上呈现下降趋势，从2002年的75%下降到2011年的67%，最低点在2008年，约为64%。2009—2010年两年，由于政府的大规模财政刺激，地方政府负债上升，达到接近71%的水平。2010年我国政府开始控制地方债，2011年开始回落。若考虑整个公有部门（图5），从各种假设的固定资产折旧率来看，2010年负债率并没有那么高，2011年负债率已经控制下来了。所以，是否会出现债务危机？对这些数字的分析也表明，至少可以说证据不足。

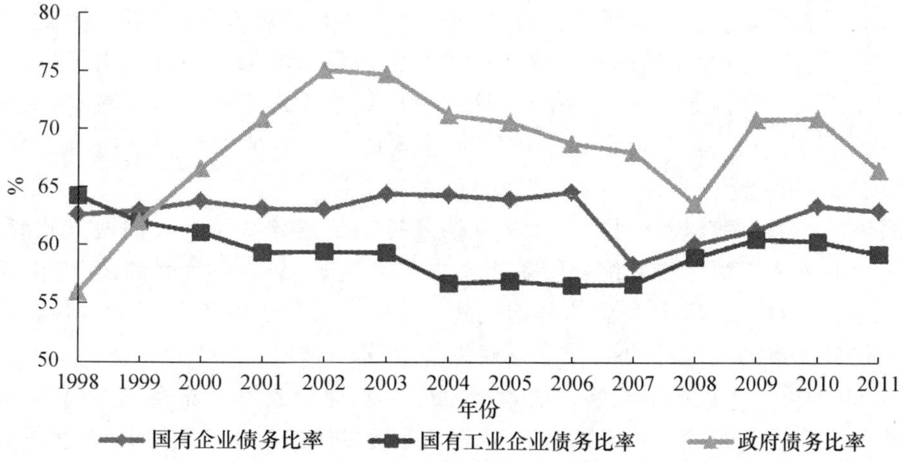

图4　公有部门债务比率

资料来源：各年《中国统计年鉴》，《中国资金流量表历史资料1992—2004》，《中国财政年鉴》，及作者的估算。

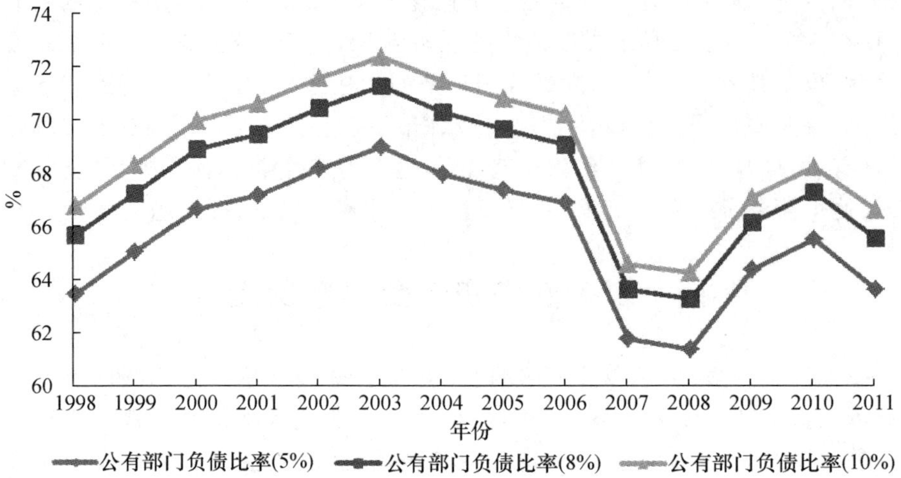

图 5　公有部门的负债比率

资料来源:各年《中国统计年鉴》,《中国资金流量表历史资料 1992—2004》,《中国财政年鉴》,及作者的估算。

五、以增长消化债务

因此,从结构上讲,地方政府性债务问题是短债长投导致的。地方政府财政收入不够,只好采取借钱的方式。而地方政府又不能借长债,只好借短债,这两部分压力导致了去年我们看到的现象。但从总量上公有部门资产负债表和国外相比,以及历史上比较难的时候相比,还是保持稳健的趋势。徐教授还对化解目前的地方债务提出了自己的建议和希望。如将教育和社保统一放到中央,这一做法相当于地方财政负担减了百分之三四十,地方政府压力小了,自然能用剩下的财政收入做一些其他的事情。而对于合理投资的地方政府性债务融资,展期是一个比较好的解决方法。

在演讲的最后,徐教授从另外一个角度谈及近期的紧缩政策。人们地方政府性债务和紧缩政策的主要担忧在于紧缩政策是否会出现类似于 1997 年年底到 2001 年、2002 年的通货紧缩。1993—1994 年我国的基础设施投资过多,导致 1995 年紧缩政策较严厉,由此导致了很多坏账的出现。1997 年紧缩政策仍继续,产生了 1997 年年底到 2002 年的通货紧缩,这也是我们步入市场经济体制最严重的一次通货紧缩。那么我们现在是不是有那样一种可能性或者风险?如果政府一味地实行紧缩政策,这个可能性显然是存在的。是否应当继续紧缩?从全部工业企业的资本回报率的角度来看(图 6),近几年的资本回报率一直处于高位,内生需求仍十分旺盛,企业投资回报率依然比较高,利润激励还比较大,可以期望经济可以回转,也就有条件通过增长消化债务。

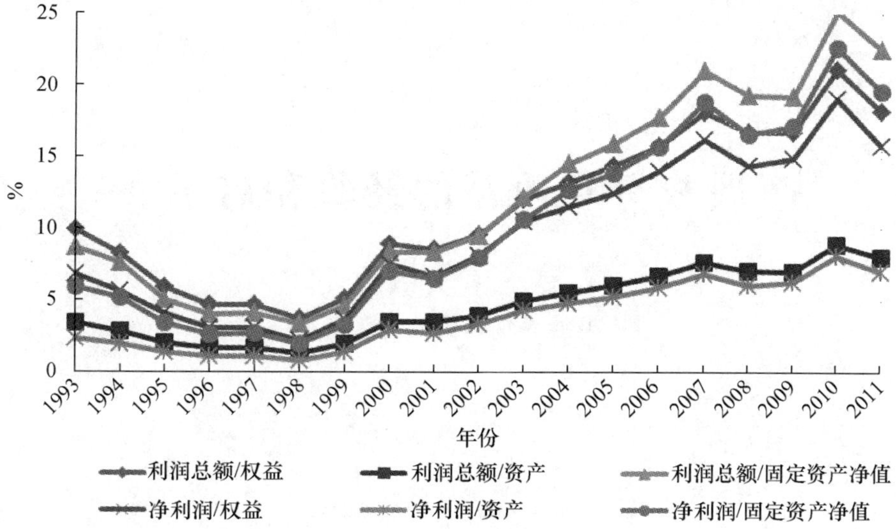

图 6　全部工业企业资本回报率(1993—2011)

资料来源:计算方法同"CCER 中国经济观察"研究组(2007)。

股权分置改革的经验和启示*

李振宁

上海睿信投资公司董事长

一、中国资本市场的股权分置问题

在20世纪90年代初中国资本市场成立时，股票分为公众购买的、可以在二级市场交易的股票和发起人持有的、不能在二级市场上交易的国家股或法人股。这样从一开始就形成了一个双轨制市场。国有股、法人股也有交易的需要，但采取的交易方式是一对一的协商买卖，交易价格围绕净资产波动，和在证券交易所进行交易的公众股不同。两个市场形成两套价格体系。在这样的背景下，整个证券市场在股权分置改革前实际上不是一个真正的市场。

之所以会有这样的制度安排，是因为管理层和中央领导对股市有一个认识的过程。在改革开放初期，对股市的态度是：股票市场可以试，好的话就继续，不行就关掉。逐渐的，中央领导发现股市可以为国企解困服务。从1997—2000年，大量国企上市，融资几千亿资金。这一阶段的主要思路是解困，一个好企业和一个坏企业捆绑上市、不让很好的企业上市这些现象都是植根于这样的思路。"解困"和股市本质并不相符。股市的本质是锦上添花，而不是雪中送炭。

从1991年股票开始交易直到2005年，中国股市基本上陷于一种恶性循环。1992年上证综合指数曾达到1 500点，当时香港恒生指数2 000多点，美国道琼斯指数也是2 000多点。现在美国道琼斯指数是11 000，香港恒生指数是17 000，而上证综合指数在2005年一度跌破千点。从1992年到2005年这13年间，中国股市不仅没上涨反而下跌。

可以把这段时期的中国资本市场归纳为一个行政主导的市场。从本质上讲，它不是一个真正的资本市场，而是政府用来解决自己短期问题的一种融资手段，同时也是企业

* 第5次季度报告会(2006年7月29日)。

一种圈钱的手段。

对于这些问题，很多领导后来也发现了，也曾经试图加以解决。比如在1996年11月，证监会曾提过一个让国有股以市价流通的方案。当时股市行情非常好，从五百多点上升到一千五百多点。当时的总股本不是很大，非流通股一共才五百多亿股，而在去年股权分置改革前，非流通股数量已经上升到四千多亿股。让非流通股以市价分批上市流通并不合理，但是如果当时下决心改革，也就把问题解决了，也就没有这么多的后患。暂时的不合理可以避免随后更长时间的不合理。第一次尝试没有成功，是因为考虑到股市影响到千家万户，担心会闹出什么乱子。1999年，财政部也提出过一个方案，即按净资产以上、十倍市盈率以下减持国有股。由于在执行中出现很多问题，在两家试点之后，这个方案也不了了之。2001年国企解困的任务基本完成，当时社会议论较多的是社保问题，社保还缺两万亿资金。2001年6月24日，国务院发文宣布，在发行新股过程中出售部分老股，以便为社保筹集资金。这个文件发出后，上证综指很快从2 200点跌到1 500点，怨声载道，一片反对之声。到了2001年10月，国务院宣布停止执行六月份发的这个文件。国务院发文后还收回成命，这在整个证券行业是前所未有的，也反映当时形势很严峻。

股权分置问题就像阿Q头上的那块疤。过去大家看见了也装作没看见，股民抱着投机心理。政府则搞政策市：需要融资的时候就想办法出点利好抬一抬股市；如果投机过度就压一压。所以中国股市处于一个恶性循环，在政策市中忽左忽右，蹒跚了十几年。

2001年把阿Q头上的疤揭出来了。国有股减持停止后，证监会组织了一次大讨论，并征求国有股减持方案。当时共有四千多份方案先后从各界报到证监会。这次大讨论还是有成果的，开了民主之先河。以前政府都是高高在上，股市政策的制定没有真正听取市场意见，大部分起草人可能也不懂股票，甚至将国有股减持当作利好。新股增发中减持十分之一的国有股看似幅度不大，但金融市场上考虑的是预期，他们看到今天减持百分之十就想明天可能减持百分之二十，后天可能减持百分之一百。金融市场有它自己的规律和特点。

通过这次大讨论，得到了以下几点共识：首先，要将减持国有股、补充社保基金同解决证券市场的自身问题结合起来。在过去，证券市场在领导眼中只是一个工具，即从这儿拿钱去干别的事，他们没有看到证券市场对中国实际上是非常重要的，是中国社会主义市场经济体系中必不可少的、甚至最主要的一环。其次，要尊重历史。历史上很多国有企业在包装上市过程中造了很多假。现在让这些股票以市价交易，让股民承受损失，一定会引起不满，甚至闹事。尊重历史也就是对现有投资者要有所补偿。最后，要有一个多赢的原则。改革要让市场中的各方得利，不能只让某一利益集团得利。否则改革是做不下去的。

后来由于十六大召开等原因，股权分置改革在周小川主席任内没有进行。尚福林主席2003年继任后坚持进行这方面的改革研究，证监会专门成立了“改革发展白皮书”研究小组，主要工作是为中国资本市场进行定位，最后的研究成果反映在国务院的“国九条”中。“国九条”一句话概括就是为中国的资本市场重新定位，从国家战略的高度来认识中国资本市场。这是中国历届领导没有过的，反映新一届领导在认识上比过去有很大提高。

经过了几年的研究,2005 年开始进行股权分置的试点,先是推出四家公司,然后四十几家公司。从现在来看,股权分置改革大获全胜。迄今为止,80% 以上的上市公司已经完成或者正在进行股权分置改革;新股发行时实行新办法,实现新老划断;在此过程中,中国股市实现了牛熊转折,从 1 000 点的位置上升到最高 1 700 多点;此外,券商治理、引进国外的成熟做法等方面都进行了突破,比如在法律上扫除了信用交易和期货交易的障碍。以股权分置改革作为一个突破口,整个资本市场的面貌发生很大变化。

二、股权分置改革的经验

第一,股权分置改革在路径选择上比较正确。实际上当时方案虽多,但很多方案都主张按某种模式进行统一的改革。比如财政部的方案就是以净资产和市盈率为标准。但是当时证监会研究小组认为采用统一方式在中国改革过程中没有成功先例。

我曾经参与过一些农村改革的调研。以农村改革为例,如果谁向邓小平同志报告说人民公社这一套不行了,专家学者现在设计出方案,希望能在全国推广包产到户。我估计邓小平也不敢接受。因为人民公社制度再不好,至少基层政权还是巩固的,共产党说话还有人听。如果包产到户,谁知道会不会天下大乱。面对统一方式的改革,没有哪位领导敢拍板。所以农村改革先在凤阳县的一个小村庄进行改革试点,然后推广,在三年内把问题解决。

股权分置改革也是一样。由于 1 400 多家上市公司的各自情况千差万别,如果用统一模式,无论数学公式多完善、参数算得再合理,参与者是否认同也很难说。此外,股权分置改革涉及两类股东的利益划分,谁拿出统一的模式,谁就是众矢之的,没有哪位领导敢拍板。所以最后的选择是把一个统一的决策分散成一个个市场主体之间的博弈和协商。这样证监会就处在一个比较有利的地位,成为一个仲裁者。证监会既不代表民营经济,又不代表国有资产。证监会所能做的,无非就是“三公”,并在“三公”里特别强调保护公众投资者的利益。在解决股权分置时,证监会建立了一个类别表决制度。按照公司法,上市公司的重大结构变化比如股权分置改革需要三分之二的股东表决通过。但是大股东很多都占 70%、80%。如果只是单一的三分之二股东表决通过,那么只要他们一举手,就可以全都按市价减持,股票就会跌到 800 点,甚至老百姓会上街闹事。所以,除了需要具备《公司法》规定的三分之二股东通过这个条件,证监会还要求流通股内部也要三分之二通过。这样,大股东和小股东之间相互制约,双方通过讨价还价来解决问题。从实际情况看,多数大股东都倾向于送股方案。大股东的非流通股原来按净资产价格转让,而市价可能比净资产高一两倍。大股东愿意让出部分股票给流通股股东,以换取剩余股份的市价流通权。这一解决方法实际上是市场化的方案,是双方商讨出的结果,周瑜打黄盖,一个愿打一个愿挨,最后谁也怨不了政府。现在解决了一千多家上市公司的股权分置问题,没有一家公司找证监会说自己吃亏了。这种市场化的途径是非常成功的方式。

第二,股权分置改革尊重了国情和历史。股权分置改革前后,很多不了解中国国情的外资对此提出了强烈的批评。他们认为大股东的流通权是与生俱来的权利,让大股东送股的做法违背了商业原则，甚至违背宪法。在美国、日本、中国香港，大股东的流通权确实是与生俱来，但在中国内地却是与生不俱来，一开始就不能流通。因为大股东的股票不能流通，大股东的行为就不端正。

比尔·盖茨的身价从哪里来？就是25%的微软股票按照市价计算出来的。李嘉诚的身价也是由他拥有的长江实业、和记黄埔的股票按市价计算的。李嘉诚再有能耐，也不能全用自己的钱办事。需要借贷时，他的股票就能够用于抵押。如果他完全不考虑股价，采取一些损伤股价的措施，最后会害到自己。因此他一定会爱护上市公司，维护股价。

而中国国营企业不同，当时国营企业的考核标准是净资产。比如有家公司上市时只有国有股和B股，前几年在A股市场按20.8元增发，净资产立刻从3元多增加到6元多，国有股大赚，B股投资者也跟着受益。如果想通过经营实现净资产翻一番的目标，即使每年增长30%，再分红分去10%，那么也至少需要五年时间。而通过高价增发，净资产翻一番的目标立刻实现。有这么好的赚钱途径，为什么不用呢？这种体制会引导大股东通过寻租赚钱，而不是通过认真经营上市公司，结果上市公司的表现大大逊于中国经济的实际表现。中国经济从20世纪90年代初到现在翻了几番，但上市公司的业绩并没有跟上。

第三，中央领导高屋建瓴，看到银行和证券市场两方面都要抓。仅靠银行贷款还不够，资本市场对大国的振兴，防范金融风险起着重要作用。

三、股权分置改革的启示

第一，政府要把主要精力放在制度建设，而不是日常调控。十六大本来有一个提法，即让市场在资源配置上发挥基础性作用。但现在经济上稍有波动，政府就不停地调控，市场怎么发挥作用？

第二，要抓主要矛盾。现在经济有些过热，主要反映在贷款太多，人民币投放量太大，恐怕主要还是汇率的问题。现在全世界的原材料都在涨价，人民币不升值就意味着中国在贵买贱卖。此外，中国还在海外大量发行股票，几百亿美金进来后再换成人民币，又会增大货币投放。我主张应该把B股市场建设好，有些股票可以在B股市场发行，把中国老百姓的美金吸收过来，让这些外汇不换成人民币，对延缓人民币升值起一些作用。

中国股市的社会与个人风险及回报*

肖 耿

清华-布鲁金斯中心主任

资本市场存在个人的风险及回报,也存在社会的风险及回报。股市泡沫破裂以后,如果个人投资者手上还有股票,那他们的财产就会遭受损失,这是个人层面的风险。但是他们的损失可能换来崭新的行业。比如美国的高科技泡沫带来了网络和 IT 产业,导致了生产率的大幅度跃进和生活水平的极大提高;美国次贷问题至少使中低收入的人能住上好的房子。这是社会层面的回报。发展资本市场的目的就是为了鼓励投资者承担风险,也鼓励社会承担风险。整个社会如果不愿承担风险,就会像过去计划经济一样没有创新和改革,因为改革就是一种风险,当然风险是有回报的。

社会的风险和回报是我们应该认真考虑的。目前中国股市牛气冲天,老百姓积极入市。笔者的亲属都在炒股,而且兴致盎然,收获颇丰。既然老百姓这么愿意去投资、去资本市场承担风险,那么这些上市公司拿到投资者的钱后去做了什么?也就是说,我们社会通过一个机制把钱集合起来,又去创造了什么,给后代留下了什么?中国现有上市公司是否是中国最好的公司,它们本身的结构有没有发生变化,他们的经营是否越来越有效率,他们是否能在泡沫破灭之后给后代留下些什么?这些是需要仔细考虑的问题。毕竟,投资者在将钱交给上市公司之后是无法收回资金的。

图 1 是道琼斯指数。可以看出,虽然美国资本市场有泡沫,但长期来看投资者还是赚钱的。图 2 是中国香港恒生指数。通过回归可以发现其发展趋势,可见长期来看投资者也是可以赚钱的。这表明,社会的风险与回报和个人的风险与回报从长远来看是一致的。但从东京股指来看这二者就不一致。东京股指从 20 世纪 80 年代后期至今的个人投资回报几乎为零,社会回报也很难讲。日本过去十几年时间的萧条和其资本市场的效率低下很有关系。资本价格是效率低的最突出反映。资本价格归根结底是实际利率。实际利率为零或者为负值就意味着资本借贷是不要钱的,这对于整个社会效率的影响是很

---

* 第 11 次报告会(2007 年 10 月 28 日)。

大的。图 4 是上证指数。最近两年时间上证指数直线上涨,实在不知道用什么函数来拟合,看起来非常可怕,上面几个指数都没有这样的走势。不过除了上证指数,其他几个指数的起始时间都是 1970 年,而上证指数的起始时间是 1995 年。如果把上证指数的图缩小一点,和其他图的时间跨度在比例上保持一致,那么上证指数看起来也不那么可怕。这个泡沫从现在看来好像很大,但中国资本市场才刚刚起步,发展空间还很广阔。一个这么大的经济以这么快的速度发展,中国资本市场完全有可能成为世界上最重要、最大、最有效率的市场,这是一个世纪才有一次的机会。如果上海股票市场能和纽约、香港看齐的话,那么现在的泡沫问题就不大。

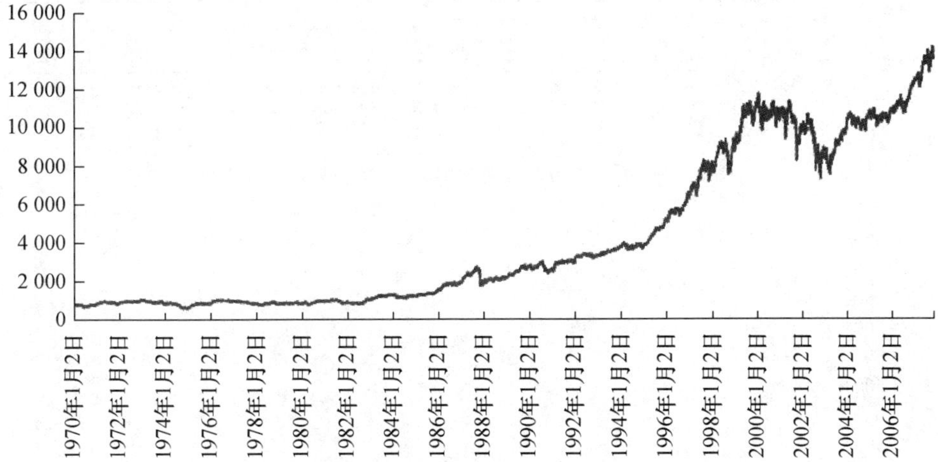

图 1　纽约股票市场道琼指数(1970—2007)

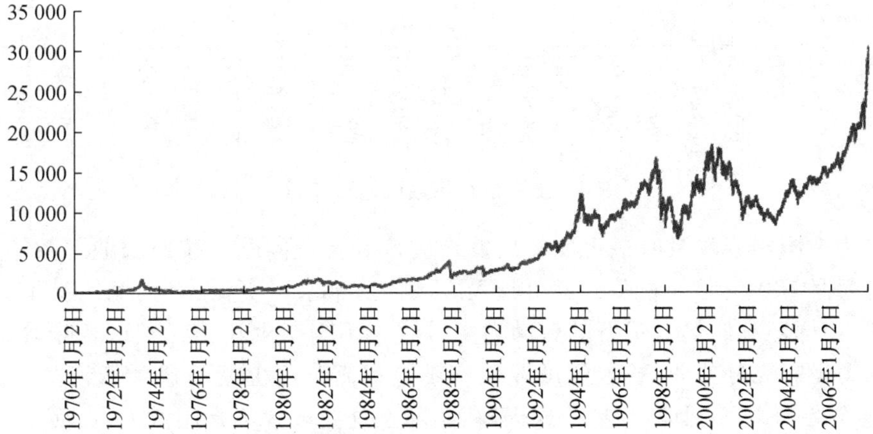

图 2　中国香港股票市场的恒生指数(1970—2007)

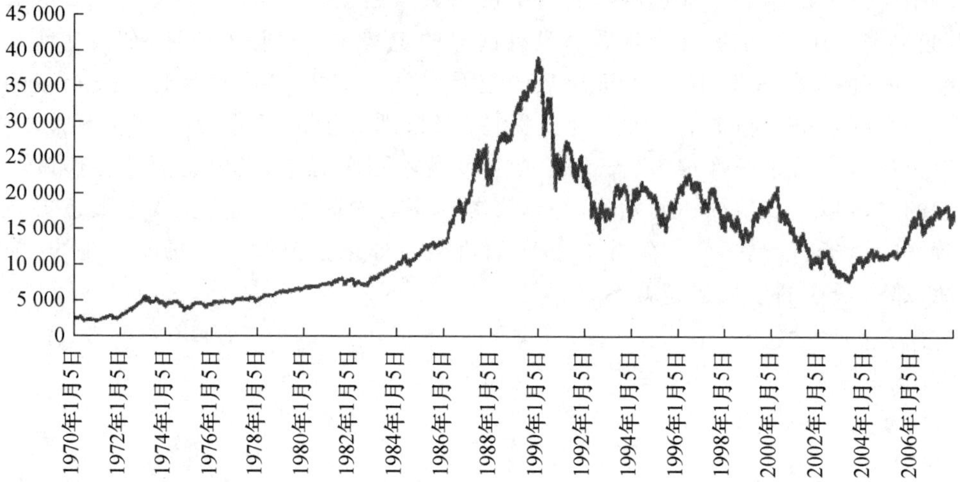

图 3　东京股票市场指数 Nikkei 225(1970—2007)

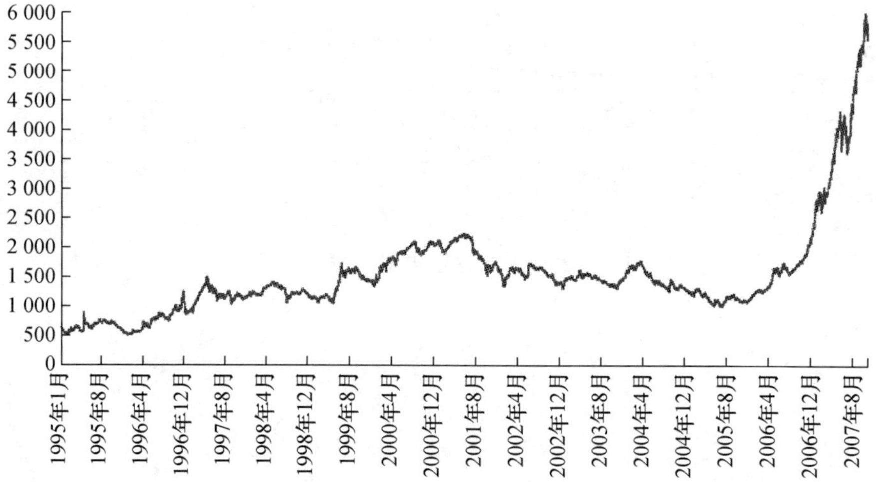

图 4　上海综合指数(1995—2007)

我认为中国制定政策时最重要的出发点应该是就业问题。按照农业部数据,民工平均工资是每月 120 美元。农民的货币收入应该比这个水平更低,否则民工就不会出来打工。因此,中国还有四亿八千万的劳动力每月收入不高于 120 美元。这意味着中国还有很多劳动力没有充分就业,或者说就业效率不是很高。这也就是通常所说的"剩余劳动力"。"剩余劳动力"这个词容易造成误解,实际上这些人并不是闲散人员,而是他们的就业是不充分的。同时我们也知道,中国出口远远大于进口,有巨额经常项目剩余,这意味着存在资本剩余。资本剩余和劳动力剩余的同时出现是不符合古典经济学的。在古典经济学的生产函数中,只要投入劳动和资本就会有产出。这其实是过于简化的描述。实际上,劳动力和资本的结合需要中介,最重要的中介就是金融业。

资本市场的功能是把资本放在最有效率的项目上,从而雇佣劳动力,解决就业问题。政策制定者不应该担心股指是向上走还是向下走,而更应该关注资本市场的社会风险和回报，看资本市场能不能把剩余劳动力和剩余资本结合起来创造就业，能不能把最好的投资项目筛选出来并淘汰不好的项目。在实际生活中，我们可以感到，中国很多地方需要大量的投资，有很好的项目在等着投资，比如交通、环境、能源、教育、医疗等。但是同时，很多没有效率的投资大量存在，多到让我们感觉过热了。这样，没有效率的投资把好项目挤出去了。中国金融体系的管制太多，好的项目上不去，不好的项目管不住，社会风险巨大。这个问题应该尽早解决，否则当股指升到太高时，解决这个问题时个人回报和风险所造成的不稳定因素会制约对于社会风险和回报的处理。

资本市场最重要的任务是处理风险，把好的项目挑选出来，让资本和劳动力结合。但是处理风险是非常难的，任何社会都不可能有完美的方法来处理风险。我们现在既然要让个人、企业去处理风险，就不应该允许单方向风险的存在。单方向风险的例子包括：人民币只会升不会降，股指只会上不会下，房价只会涨不会落。在这种情况下，人们是无法处理风险的。正因为风险是单向的，所以现在很多普通百姓在对企业和股票投资并没有深入了解的情况下就能投资炒股赚钱。这是不正常的。我们需要出现的情况是，投资者在炒股炒汇时应该不知道股指或汇率将会向上还是向下。如果投资者对未来没有把握，这就对了，就要求投资者去动脑筋。

单方向风险在中国的存在缘于制度性因素。限于篇幅，这里不一一针对各项制度说明风险为什么是单方向的，只举人民币这个例子。大家都认为人民币将来会升值，现在通货膨胀也很低，所以都选择持有人民币，不持有美元。如果中国有通货膨胀，老百姓就会考虑持有美元。这不是要建议中国采取通货膨胀，而是要强调，一定要让老百姓看到持有人民币不仅有升值的可能，还有潜在的风险。这样他们才会对于持有什么样的货币进行分析和判断。普通老百姓就会借助于专业人士，由最优秀的人去分析风险并且进行风险重组，把所有聪明才智利用起来，这样整个社会处理风险的能力就加强了。

禀赋差异、资产结构与农村金融市场*

——基于“花旗—北大2008年农村金融调查”问卷数据的研究

平新乔

北京大学经济学院教授

本文基于“花旗—北京大学2008年农村金融调查”问卷数据，重点探讨了农户禀赋差异与农村金融需求间的关系，并分析了农村土地流转的规模及其对金融需求的影响。

我们在2008年获得花旗银行和花旗基金会为期三年的资助，总额600万人民币，其中200万元用于农村调查，400万元用于举办花旗夏令营。农村调查的主旨是让北京大学学生深入了解中国农村基层现状，尤其是农民金融需求和农村金融服务现状，推动中国金融体制改革。我们在去年暑假和今年暑假进行了两期调查，调查的参与者包括CCER、北京大学经济学院、北大汇丰商学院、中国人民大学和中国农业大学的一百多名研究生与本科生。今天将报告基于去年调查数据的研究发现。

2008年调查选取江苏、吉林和陕西三省，江苏经济比较发达，吉林经济发展水平一般，陕西经济发展较落后。在吉林省选取了图们市、公主岭市和德惠市，江苏省选取了常熟县、扬中市和大丰县，陕西省选取了丹凤县、长安县和府谷县。最终有效样本为2 227个农户，调查内容包含2007年农户存、贷款等金融活动信息以及生产、消费和外出打工情况。我们最关心的问题是：在不同发展水平下农民金融需求怎样变动，以及目前农村银行、农业银行和农村信用社的支持是否到位？研究结果发现农村金融体系的服务与农民金融需求有较严重的错位，亟须改革。以下是详细的分析。

农户的禀赋包含土地、资产、从业活动和收入情况等多个方面。(1)从土地禀赋看，三省的户均分配土地为8.51亩，吉林省最多，陕西省次之，江苏省最少，仅为4.51亩。各省农户的土地均以旱地为主，水田比例在江苏省最高，林地比例在陕西省最高。(2)从资产禀赋看，农户的资产包括三类：生产资料、耐用消费品和房屋等实物资产，手持现金、

---

* 第19次报告会(2009年10月24日)。

储蓄存款和出借资金等金融资产以及2007年年底时的家庭存粮。资产总价值的计算方法是将三类资产价值加总,其中金融资产价值以2007年年底实际价值作为度量;实物资产价值采用Townsend(2004)的方法,把资产从农户购买的年份折旧到2007年,每年折旧率为0.9;存粮价值直接来自调查问卷中的数据。根据家庭资产总价值将三省的农户均分为最穷、较穷、较富和最富四组,其中556户最富组农户中江苏省有438户。从资产结构看,金融资产占总资产的比重在最富组农户中最高,与之相反的是,耐用消费品比重以及存粮比重在最穷组农户中最高、而在最富组农户中最低(见表1)。这说明随着收入水平的提高,金融资产的比重会上升,而耐用消费品和存粮的比重会下降。此外我们还估算了农民家中的存粮可以支持多久?目前国家粮食储备约为2 200多亿斤,可供全国居民消费半年多;在调查中农民人均存粮为200多斤,也可以支持半年多,但江苏省农民的人均存粮较少,陕西省接近平均数,吉林省较多。(3) 从农户从业活动看,许多农民既从事农业生产,又外出打工。自营工商业以及外出打工的农户比例均在江苏省最高,而从事农业生产的农户比例在陕西省最高。(4) 从收入情况看,三省农户的户均年收入为25 483元,其中江苏省最高,吉林省次之,陕西省最低。陕西和江苏省农户的工资收入占总收入比重均超过50%,而农业收入所占比重均低于30%,但吉林省农业收入所占比重仍有66%。收入结构也会影响农民的金融需求。

表1 不同资产水平农户的资产构成

	户均资产(万元)	房产(%)	金融资产(%)	耐用消费品(%)	农业机械(%)	存粮(%)
最穷	0.77	36.51	21.82	28.16	5.92	7.59
较穷	2.61	53.86	22.69	15.62	4.60	3.23
较富	6.05	62.70	20.51	10.14	5.06	1.60
最富	21.99	53.32	28.82	6.68	10.80	0.39
总计	7.8467	51.62	23.46	15.13	6.59	3.20

上文所述的农户禀赋差异伴随着对农村金融需求的不同。(1) 从借款需求看,我们按照从业活动将农户分为三类:从事农业生产、自营工商业和外出打工。从事农业生产的农户中需要借款的比例为26%;自营工商业的农户中需要借款的比例较高,约为40%;外出打工农户中这一比例最低,仅为3.4%,可见农户在产业转移时对借款的需求也相应变动。此外,从事农业生产的农户中需要借款的比例随着资产水平升高而降低,最穷组农户中需要借款的比例为38%,最富组农户中需要借款的比例仅为6%。外出打工农户的借款倾向也随着资产水平的升高而降低。自营工商业农户中需要借款的比例与资产水平关联不大,约为41%(见图1)。(2) 从借款总额和渠道看,三省的户均借款总额为24 643元,大致相当于户均年收入,其中江苏省最高,为45 596元,陕西省次之,为22 973元,吉林省最低,为14 249元。非正规金融渠道(包括非正规无息借款与非正规有息借款)满足了农户超过70%的借款需求,其中陕西省这一比例为78%,江苏省为72%,吉林省为59%。分省份、从业活动看,陕西省和江苏从事农业生产的农户约有90%的借款都来自非正规金融渠道,吉林省这一比例较低,在40%左右;做小生意的农户有60%—70%的借款也都来自非正规金融渠道;陕西省和江苏省办企业的农户有75%—80%的借款来

自非正规金融渠道，吉林省这一比例为56%。农户来自正规金融机构的借款额占总借款额的比例都相对较低，在吉林省最高，为41%，在江苏省最低，仅有15%（见表2）。（3）从非正规有息借款利率看，利率与地区发展水平呈反向关系，江苏省的平均年利率最低，为8.62%；陕西省为13.89%；吉林省最高，为14.74%。（4）从储蓄情况看，农户手持现金占现金、储蓄及债权总额的比例随着农户变富而下降，而储蓄比例随着农户变富而上升。这说明随着经济发展，农民的金融资产结构会发生变动。分省份看，陕西省和吉林省农户的储蓄存款集中在农村信用社，而江苏省农户存款主要在商业银行；分资产水平来看，最穷组农户存款集中在信用社，最富组的农户存款集中在商业银行。这说明商业银行更青睐富裕的农民，而对贫穷农户支持不足，贫穷农户更多依赖农村信用社（见表3）。

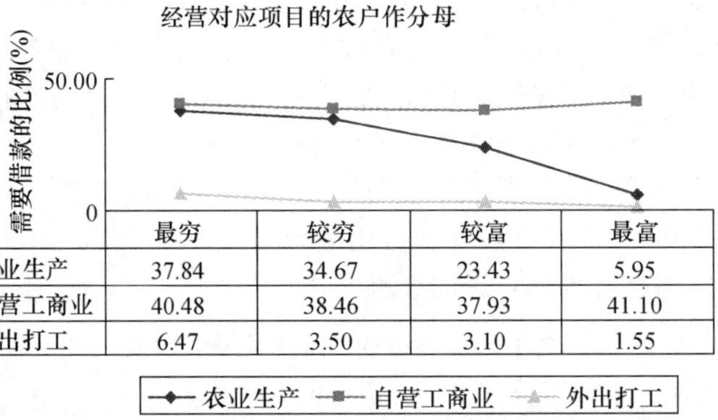

	最穷	较穷	较富	最富
农业生产	37.84	34.67	23.43	5.95
自营工商业	40.48	38.46	37.93	41.10
外出打工	6.47	3.50	3.10	1.55

图1　需要借款的农户占该资产水平、从事该项活动农户的比例

表2　不同地区从事不同经济活动的农户的借款渠道　　单位：%

	农业生产			做小生意		
	陕西省	吉林省	江苏省	陕西省	吉林省	江苏省
非正规无息	82.35	33.89	54.29	69.05	55.12	70.00
非正规有息	7.84	5.56	34.29	13.10	7.09	8.75
银行贷款	0.98	1.67	1.43	0.60	1.57	8.75
信用社贷款	8.82	58.89	10.00	17.26	36.22	12.50
	办企业			外出打工		
非正规无息	73.56	48.24	52.63	78.95	67.24	77.78
非正规有息	6.90	8.24	23.68	5.26	13.79	0.00
银行贷款	5.75	4.71	15.79	2.63	1.72	11.11
信用社贷款	13.79	38.82	7.89	13.16	17.24	11.11

表3　2007年年底不同资产状况农户存款、现金和出借资金（债权）的情况

频数	户均现金、储蓄及债券总额（元）	现金比例（%）	储蓄比例（%）	债券比例（%）
422	2 046	83.31	12.78	3.92
502	6 486	65.11	27.49	7.40
508	13 700	58.07	32.47	9.45
521	76 200	36.76	53.06	10.18
1 973	25 800	59.89	32.23	7.88

最后探讨农村土地流转的规模及其对金融需求的影响。土地流转可分为四类:有出无入、有入无出、无出无入和有出有入。“出”和“入”的定义分别是一个农户在六种土地类型的任意一项或几项中填写“请人代种”和“代人耕种”。在全部样本中,发生土地流转的农户共539户,占24.2%,其中有出无入类有191户,占8.58%,有入无出类有338户,占15.18%,有出有入类的比例很低。分省份看,吉林省土地流转最为普遍,陕西省次之。从实际耕种土地面积看,有出无入类农户大概将1/3的土地留作自家耕种,其余2/3请人代种;有入无出类农户实际耕种面积平均为23亩,其中代人耕种的面积为52%。如果以流入土地为基准,参与流转的土地面积占总调查面积的21.37%。

土地流转对农村金融需求产生多方面的影响。首先,土地流转虽对农户总体的借款需求影响不大,但它促进了从事农业生产的农户对借款的需求。从事农业生产的农户中需要借款的家庭为526户,其中有土地流转的家庭为168户,占32%,高于总样本中发生土地流转的农户比例。其次,土地流转提高了农户来自正规金融渠道的借款比重。在有出无入和有入无出类农户中,来自正规金融渠道的借款比例约为40%,而在无出无入类农户中这一比例仅为24%。这说明在发生土地流转后,农业银行等农村正规金融组织会进一步加强与农民的联系,这有可能提高目前建行、农行和工行在基层农村的地位,有可能把农村非金融市场的份额转移一部分到正规金融市场,从而提升农村金融服务。

4　长期增长的驱动因素

制造业成本优势的变化*

周其仁
北京大学国家发展研究院教授

经济预测非常重要,由于利益所在,大家不能不关心将来。但经济预测也是非常困难的事情,有一个原因,可能正如美国国家气象局门口的这么两行字:我们说对的,大家都忘了;我们说错的,大家全记住。中国的经济预测方面有些不同,说对说错大家都忘,这对于提高预测是不利的。要想提高经济分析能力、经济推测能力,一个有记录的、持续的平台就很重要,所以我们成立了"CCER 中国经济观察",由卢锋来主持,主角是宋国青。这个论坛一开要准备开十年,每季度一次。希望大家能记住每次讲的东西,不管是对是错,过一段时间再来看,从中来提升分析和预测的能力。

去年以来,我们对长三角、珠三角一些制造业企业做了调查访问。可以观察到一个现象,就是我国制造业企业的成本优势正在发生重要的变化。由于中国经济的国际竞争力在很大程度上以制造业为基础,所以了解这方面的变化可能对理解整个经济形势的变化趋势有帮助。

一、从两家公司说起

先从两家公司开始谈什么是制造业企业的成本优势吧。第一家是中国集装箱集团公司,它是深圳蛇口工业区的第一家公司,开始是中外合作,由外方管理。但企业的市场情况一直不好,到 1992 年公司差不多决定关门。这时一个叫麦伯良的中国技术员要求公司决策层给他一个机会,从 50 只标箱的订单做起,开始了他与中集公司的故事。1996 年中集开始扭亏,2004 年中集一年就生产销售出 157 万标箱,占世界集装箱市场总量的 58%。

第二家公司叫比亚迪,1995 年在深圳创立,选中了手机电池作为第一主打,每年销售

* 第 1 次季度报告会(2005 年 4 月 23 日)。

额以超过70%的平均速度快速增长。到2004年,比亚迪每天生产充电电池300万粒,其中镍镉、锂离子、镍氢电池销量分别居全球第一、二、三位。全世界平均每四台移动电话中就有一台使用比亚迪的电池。今天,比亚迪已成为全球领先的移动电话零部件制造商。

这两家公司给人印象非常深刻。它们当然是中国制造业的佼佼者。不过,这两家公司的故事都包含了重要的经济含义,可以帮助我们理解中国制造业成本优势的由来。

二、中国成本优势的由来

竞争优势可以有很多划分。第一种我想称之为独到性优势,就是一家公司或一个国家有能力制造市场欢迎、但竞争对手却造不出来的产品。至今为止,我的看法,这种独到性优势还没有成为绝大多数中国工业企业的竞争优势。第二种竞争优势可以叫成本优势,就是某种产品,你会造,对手也会造,但是在同等质量下,你的成本明显低,所以在市场竞争中有价格优势。上面我们看到的中集和比亚迪,并不是说欧美日韩公司不会造集装箱和手机电池,他们都会造,开始时也只有他们会造——那时是他们的独到性优势,但是后来中国公司会造了,开始可能还造得不那么好,再后来,质量上去了,但成本却比发达经济公司的低很多,在世界市场上的份额一下子就上去了。

中国制造业的成本优势,主要由三部分组合而成。第一个部分是数目巨大的廉价劳动力。改革开放之初,我国工人的平均收入等于美国工人的1%。经过二十多年的发展,到2002年和2003年的时候,有一个美国专家调查的结果,美国制造工人的平均时薪金为21.11美元,而中国只有64美分。这跟中国长期的贫穷,特别是城乡隔绝造成大量农村劳动力滞留在农业是分不开的。

第二个部分是改革开放急剧降低了中国经济的制度成本。开放使中国经济参与国际竞争,改革使旧体制下不能做、甚至不能想的发展生产力的经济组织方式,成为现实。其中三件事情最重要:(1)开放市场使得经济要素容易流动和重组;(2)产权界定有历史性进步,奠定市场交易的基础;(3)在政治统一的条件下开展了国内地区之间的经济竞争。加起来,就是中国经济运行的制度成本大幅度下降。

第三个部分,人力资本增长得很快,有利于生产活动的观念、知识和信息大范围传播,人的努力和干劲截然不同于“大锅饭和铁饭碗”时代,集中表现在中国制造业产品质量方面的显著进步。最突出的是,大规模制造的组织知识在中国有了用武之地,这种知识的进步,是中国成本优势的重要来源。

由于以上三项条件的配合,大约从20世纪90年代中开始,中国在世界经济舞台上显示出国际竞争力。

三、中国制造与“中国价格”

用结果来衡量成功好了。现在不单单集装箱、电池占了全球市场一个决定性的份额。其他方面,从玩具(占到了世界市场70%)、自行车(60%)、鞋(50%)、微波炉

(50%)、影印机(2/3)、个人电脑(2/5)、电视机和空调(1/3)和冰箱(20%)。Made in China的产品遍及全球,中国也被称为世界工厂。同时,中国也成为全球的大市场和大买家:最大的商用航空器市场、设备和工具市场、汽车市场、原油、原材料和粮食进口大国。2004年中国GDP占到全球总量的4%,居世界第六;按购买力平价算,占全球总量的13%,居第二位。2001—2003年中国GDP增量占全球增量的1/3,宋国青说中国已成为世界增量大国,这是有经济基础的。

中国制造业影响了全球经济布局。今年美国《商业周刊》有一期的封面标题就是"中国价格"(China price)。这篇报道举证了许多制造业产品的中国报价后说,中国价格"是最让美国工业界胆战心惊的词汇。你必须把产品售价削减30%,否则就将失去顾客。从家具生产商到网络设备公司,几乎所有制造商都受到了冲击"。设身处地想一想,一件美国的制造品,只要中国也学会了制造,并且产品质量提升到与美国产品可比,那确实是让美国工业界胆战心惊的事,因为竞争的经济规律必定要发生作用。那么现在发达经济的工业界如何应对呢?看来主要是三项。一个是"跑",就是把技术、资本、产业和服务转移到全球更有成本优势的国家地区,不光来中国,而且还有印度、越南等等。二是强化他们的竞争优势,主要是独到性优势,加快技术和商业组织的创新。最后一个反应,就是搞贸易保护,增加可以给美国消费者带来巨大利益的中国产品出口的种种麻烦。

四、新动向:要素成本上升

中国价格冲击了发达国家的一部分制造业,如何应对由他们去忙吧。但是中国自己也面临如何消化自己成功的挑战。上面讲到中国制造业的成本优势,在国际上开始大有苗头是90年代中。恰恰在那之前,中国经济的宏观环境有一个大变化,就是长期歪曲的汇率经过一次性调整后稳定下来,与美元挂起了钩。不是正式的联系汇率,但是稳定的挂钩。这对转型中的中国经济非常重要,因为转型经济的最大危险之一,就是政府靠滥发货币来对付转型时的各种矛盾。人民币币值稳定,减少了这个危险。可是谁不能事先完全料到,中国制造业的生产率提高恰恰在人民币挂住美元之后有了令人吃惊的加速。我的理解,主要就是上面讲到的成本优势的三大要件,廉价劳动力早就在,改革开放也开始了二十多年,唯有人力素质的提高和知识的进步,需要时间积累。积以时日,中国制造品的品质上去了,世界经济的大变局就开始了。

这就是宋国青所讲的,中国工业的生产率进步很快。就提高率而言,超过了发达经济。新矛盾于是来了,人民币与美元的稳定联系,不能反映各自生产率的相对变动。一个结果,就是中国产品的贸易顺差;另一个结果,就是大量外资进入中国——其实是进入投资回报较高的地方。两件事情加到一起,中国人赚回来的美元,外国人投到中国的美元,每一美元进中国要换出8点几块人民币。这应该是另外一种货币压力,不是政府滥发货币的压力,而是稳定的汇率不反映相对生产率变动的货币压力。大家可以看看去年宋国青的研究,基本判断是汇率不动利率就难免不动。刚才他又讲,总需求有反转之势,汇率不动,利率就应该动。两率都不动,政府就要辛苦了——行政干预一定要来。

回到"中国价格"对自己经济的影响。货币压力在市场上发生的时候,一般讲,绝不是各行各业、方方面面的价格一起变动，也就是价格总水平上升，而相对价格不变。如果真是那样，对经济倒无大碍。问题是没有那回事。常常一部分价格升得快，另外一部分不升，或升得慢。市场里的主体，几家欢乐几家愁。预期不同，行为就要变化。

可以看到什么呢？去年七月份以来我在公司调查时感觉到有一个新变化，就是中国制造业的要素成本升得比较急。第一个就是劳动力市场的变化，一些地方出现了所谓“民工荒”，其实就是劳动力供求形势在局部上、阶段上的变化。深圳今年提升了法定最低工资，最近我们看到缺工人的情况就减轻了。当然发达国家的工人阶级也非常关心中国工人的状况，我们知道现在许多大的订单签约之前，要派代表查看中国工厂的工人福利条件，不合要求的，要改善，不改就拿不到订单。这些变化对于提高中国工人、尤其是农民工的待遇，有积极意义。但是从竞争上看问题，人工成本的上升，要有消化能力；消化不了，竞争优势就会减弱。

第二个就是能源紧缺，集中在油、煤、电的供应上。这方面报道很多，研究中要注意一点，因为价格管制，能源短缺不完全反映到价格里，但是从企业角度看，为竞争获取能源的努力就反映到企业商务成本的其他方面，比如搞关系、跑部门等等。实际要增加资源，就是成本压力。

第三是土地，也是数量管制，地价和房租没有完全反映短缺。我们看到像华为、中集这样的一流企业，要扩大生产，土地也是很大的限制因素。温州工业用地拍卖，有 100 万元一亩的记录。当然是个别，但过去多少年，没有讲过这类个别。土地成为长三角、珠三角许多公司的第一位限制条件。

环保要求提高了，对企业在短期内是净成本。最后是政府税收，涨得比 GDP 快已经是很多年的事情了。

因为企业在市场上既是买家，又是卖家。它们在上游买要素，在下游出产品。目前制造业下游的竞争激烈，上游竞争也激烈。到了企业层面，上游竞争的激烈就是要素价格升、成本升；而下游竞争的激烈，却不容企业轻易提价。我们不知道这个局面可以维持多久，最近一些行业看到产出品价格全线上升。但是不容易，尤其国际市场上不容易，因为其他国家和地区的竞争压力正在上来。中国的制造业企业大体而言，夹在中间，怎样应对成本上升是一个值得观察的题目。

五、应对之道：案例研究

也看到一些成功应对的案例。在优秀的公司中，印象最深的是华为。2002 年华为提出过冬，最后逼出了一个战略就是冲到国际 3G 市场上拿单子，因为中国自己还没有开，但世界上有 120 个国家和地区开放 3G 了。为了竞争国际市场的单子，华为持续地坚持其企业的管理变革，使企业的管理达到了国际先进公司的水平，加大科研的投入力度。华为的基本经验就是靠管理变革和研发投入，应对了中国要素成本上升的压力。

许多中国公司会走华为之路。有舆论认为中国公司的技术限制难以逾越，有个别日本人甚至说中国公司连偷技术的热情都不足，当然言过其实。技术当然是一个问题。但是我们在调查中看到，应对成本急升挑战的障碍还是整体性的。比如为企业提供的金融服务，无论银行还是股市，实在乏善可陈。奇怪的问题是：中国制造业表现那么好，金融和其他高端服务那么差，这怎么加得起来？秘密就是开放，大公司和一些幸运的小公司得到境外金融的服务，我以为这是香港房地产价格重新上升的真正基础。其他小公司呢？靠体制外循环，就是地下、半地下金融，或正规金融服务的“非正规方式”。生产成本低、交易费用高，这应该是过去一个时期中国竞争力的模式。现在生产成本无可避免地在上升，交易费用或更广义的制度成本能不能大幅度降低，就变得至关紧要。

六、判断和抉择

基本的判断是，今后一个时期中国企业、地区和国家的竞争优势可能有很大的相对变化，竞争格局正在重新形成。一些公司从商务成本的高地开始向低成本地区转移。一些公司靠管理和技术的适度升级来应对，会成长出一批更有国际竞争力的企业。也有不少公司靠“扛”过日子，就是听任成本上升吞噬利润，逐步降低竞争优势。

要帮助企业在微观上应变，宏观经济政策非常重要。重要的事情有两件。一是反映经济温度的价格信号要真实，避免调控不了气温就调控温度计，徒然增加微观组织的活动代价。二是核心部门的改革要加快，关键是金融、土地市场和政府本身的改革。改革关系的不仅仅是短期经济稳定，而且是中国经济的长远竞争力。

我国劳动生产率增长速度估测*

——第一次全国经济普查结果运用和解读

卢 锋

北京大学中国经济研究中心教授

我的发言分四个部分。首先，简略介绍劳动生产率概念及其与经济追赶的关系；其次，讨论第一次全国经济普查数据对第二、第三产业 GDP 和就业人数所做的调整；再次，是在此基础上报告对两个部门劳动生产率做出的三种估计；最后，简单概括改革开放以来中国劳动生产率追赶发达国家情况以及今后的发展前景。

一、劳动生产率经济学 ABC

劳动生产率表示产出与人力投入的数量关系，是反映经济活动效率的一个基本经济概念指标。给定生产函数 $Y = F(L,K,N,A,\cdots)$，其中 L、K、N、A 分别代表劳动、资本、资源、技术等因素，劳动生产率就是产出除以劳动投入（Y/L），$([Y_t/L_t]/[Y_0/L_0] - 1) \times 100\%$ 是 t 期劳动生产率增长率。

劳动生产率指标的特殊重要性在于，劳动既是投入，劳动者又是经济活动最终需求者，是经济活动最终要满足的主体对象。劳动生产率在经济发展过程中，在反映一个国家或者是一个经济体的发展水平上，是一个具有根本性意义的指标。如果把经济追赶看成是人均收入和产业结构朝发达国家逼近的一个收敛过程，那么劳动生产率相对的、持续的增长，实际上就是经济追赶的一个根本性的条件。它既是必要条件，即经济追赶一定要有劳动生产率的提高；另外也是充分条件，即如果能实现持续的劳动生产率追赶就最终能实现经济追赶。从这两个简单关系可见劳动生产率是一个重要的指标。从经验数据来看，劳动生产率和人均收入有一个很简单却很重要的正向关系。中国很低的劳动

* 第 4 次季度报告会（2006 年 2 月 11 日）。

生产率，同时也对应很低的人均收入，对应很低的人均财富。中国在经济上缩小与发达国家的差距，一定需要劳动生产率持续提高这个必要条件和充分条件。尽管可以从很多角度观察中国经济追赶，但劳动生产率是一个很简单但很重要的角度。

经济学还认为劳动生产率在持续追赶中有一个特点，就是不同部门的追赶速度不同。通常情况下，可贸易品部门劳动生产率的追赶比较快，而不可贸易品部门劳动生产率追赶比较慢。这样两个判断按照我们的生活经验是很容易理解的。比如说一百年前一个工人只能生产几吨钢几辆车，而现在一个工人可以生产几百吨钢几十辆车，这些可贸易品部门劳动生产率可能发生了几十倍甚至更高程度的增长。理发等劳务则是经常提到的不可贸易品例子。尽管现在理发师用电动理发刀，比原来手动剃头刀快一点，劳动生产率有所提高，但幅度很有限。两个部门生产率的追赶不一样。理论上认为，不可贸易品部门的人均拥有资本量比较小，技术进步比较慢，所以劳动生产率增长比较慢。这一观察对现在某些个人服务行业仍比较适用，很多个人服务行业比如理发、餐馆服务、家政服务的劳动生产率增长可能比较慢。然而需要注意的是，当代经济有一个重要的特点，就是服务业出现了大量生产型的、B2B的、中间型的服务类型，这些服务行业存在生产率提升的巨大潜力和可能性。从这次经济普查数据也可以看到，这类服务业人均资本量相当高，技术进步的潜力也很大，因而认为服务业效率停滞的传统观点需要重新审视和修正。

在过去二十年中，七个发达工业国(G7)制造业劳动生产率年均增长率大约是3%，服务业劳动生产率年均增长率约为1%。从中可以归纳出两点：第一是服务业劳动生产率也有显著增长；第二是服务业劳动生产率的增长确实比制造业慢。上述讨论提示我们在观察中国经济成长时，要注意劳动生产率的变动，注意两部门劳动生产率的相对差异。在这方面，最新的经济普查数据给我们提供了非常有价值的信息。

二、经济普查对GDP和就业人数的调整

经济普查数据有两个指标与劳动生产率度量直接相关：第二、第三产业增加值和第二、第三产业就业人数。经济普查对这两个数据都做了重要调整，具体表现为以下几个方面。

首先，第二产业GDP的调整非常小，几乎可以忽略不计。其次，第三产业GDP的调整非常大。经济普查后2004年第三产业名义GDP为65 018亿元，比原来统计年鉴上的43 721亿元增加21297亿元，上调幅度48.71%；调整后年均增长率17.76%，比原来13.93%提高3.8个百分点。根据统计年鉴上和经济普查所公布的名义GDP和实际增长率，可以算出每个部门的通缩指数。图1报告，与2005年《中国统计年鉴》相关数据相比，经济普查后第二产业通缩指数变化很小，但是第三产业通缩指数有较大变化。第三产业2004年相对1992年隐含通缩指数(implicit deflator)从178升为226，上调幅度为26.97%，年均增长率从4.92%升到7.03%；同期第二产业隐含通缩指数从161升到164，调幅仅为1.86%。经济普查后第三产业实际增加值调高了17.2%。这17.2%和通缩指数变化27%相乘基本等于名义增加值的变化率。这说明数据之间是吻合的，在逻辑

上也应该吻合。打一个比方:三个运动员在一场比赛后得了前三名,颁奖时有三个台阶。远远看去第三产业也就是第三名运动员好像高度低估了,现在调高 48.7%。这由两个因素造成,一方面他的个头确实低估了 17.2%,另一方面第三名颁奖台提高了 27%。这一关系对于很多经济指标的估计是很重要的。

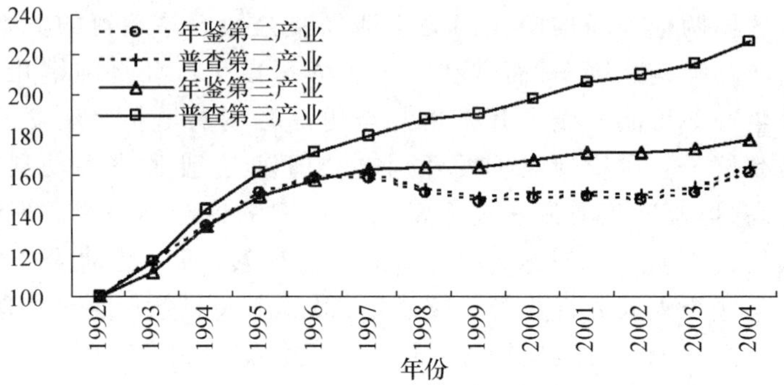

图1 "普查"与"年鉴"第二、三产业通缩指数比较

(1992—2004,1992 年 = 100)

再次,看一看经济普查后就业人数的变化。这一变化非常大,也引起一些媒体的关注。图 2 报告,根据经济普查前的统计年鉴数据,第二产业、第三产业的就业人数合计约等于四亿,经济普查公报中对应数字是三亿出头,调减了 9 000 多万。调减主要发生在第三产业,即 7 592 万人,这是一个很大的调整。

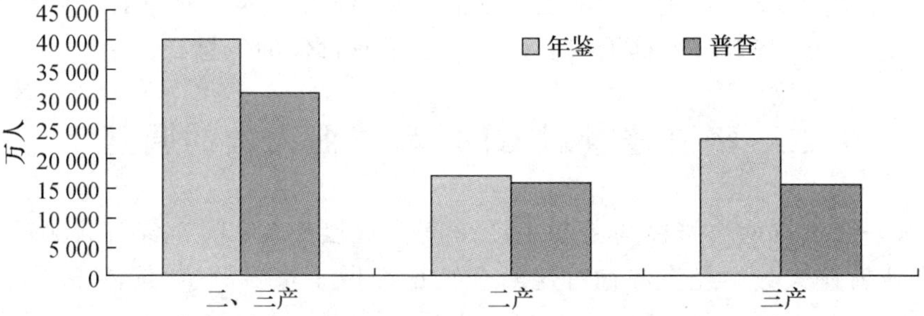

图 2 普查 2004 年就业人数与年鉴数据对比

三、对劳动生产率的三种估计

经济普查后 GDP 和就业人数都调整了,由此可以对两个产业的劳动生产率做出三种估计。第一种估计不考虑普查因素,仍然使用原来的统计年鉴数据;第二种估计使用经济普查得出的增加值和统计年鉴的就业人数;在最后一种估计中,增加值和就业人数都用普查数据。

第一种估计结果:2004 年第二产业劳动生产率实际值是 1978 年的 6.6 倍,年均增长率约为 7.53%;2004 年第三产业劳动生产率为 1978 年的 2.5 倍,年均增长率约为

3.59%。这是不考虑普查的劳动生产率估计。

第二种估计结果:和第一种估计相比,第二产业劳动生产率年均增长率的变化不大,还是7.5%左右。这是因为经济普查后第二产业增加值变化不大,而就业人数仍然用年鉴数据,所以劳动生产率也没有什么变化。而第三产业劳动生产率变化很大,其2004年的实际值从第一种估计的10 667亿元上升到12 504亿元(1992年价),年均增长率从3.59%调高到4.27%。

第三种估计结果:因为统计局还没有根据经济普查情况来对就业人数进行历史调整,现在做一个简单的估计。假设1992—2003年统计年鉴数据中就业人数的年度增长率是对的,根据2004年经济普查公报中的第二、第三产业就业人数,就可以计算出以前年度的、和经济普查就业人数口径一致的数据。图3报告的计算结果是:这种方法估计出的1992年以来劳动生产率的年度增长率与第二种估计一致,但实际值由于就业绝对数下降而上升。以2004年为例,第二产业劳动生产率变动较小(从26 590元增长到26 981元),但第三产业劳动生产率的三种估计分别为10 667元、12 504元和18 661元(1992年价)。

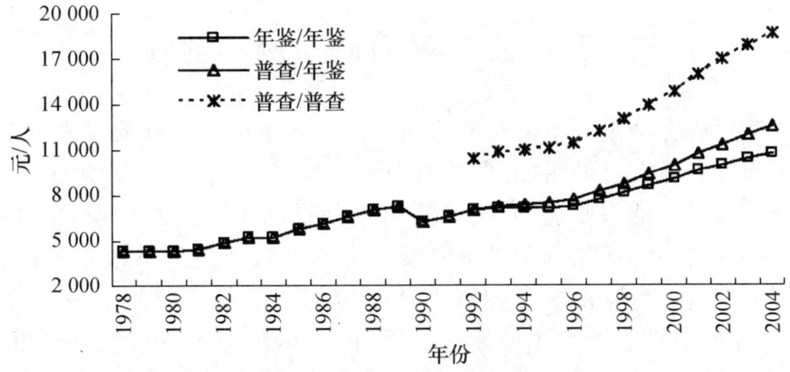

图3　第三产业劳动生产率实际值三种估计比较

(1978—2004,1992年不变价)

怎么解读三种估计结果,怎么选择估计数呢?我觉得增加值调整应该是可靠的。增加值的调整方面,学术界、政府部门、国际机构在过去对中国经济规模的估计有一个共识性的看法,即中国工业的经济规模可能高估了,而服务业可能是显著的低估,但是对于高估多少、低估多少分歧较大。这次普查数据就给出一个回答,结果是第二产业没有高估但是第三产业严重低估。刚才讲了,一方面是实际值低估了,一方面还有通缩指数的低估。这对理解中国经济规模是重要的信息,也是具有权威性的信息。

对于就业人数的调整存在需要讨论的疑问,可以从三个方面谈存疑之处。第一,如果第三产业就业人数的普查数据是对的,那么跟历史时期比较就发现它甚至比1994年的第三产业就业人数还要略微低一点。年鉴数据与普查数据如何协调存在疑问。第二,如果接受普查的第三产业就业人数,同时接受现在对城镇地区失业率估计(即便把失业率调高一倍这一推论仍然成立),那么农村劳动力在过去十年中反而增加了7 000万,经济高速成长时期农村劳动力反而增加也不好理解。第三,如果普查数据正确,农村劳动力数据也是对的，那么实际城镇失业率就很惊人，可能要高达20%—40%，这显然更是难以接受的。这三点疑问，现在也没有很好的解答，只是把媒体的讨论和个人的初步考虑提出来供大家参考。

首先，媒体有一些讨论，“CCER中国经济观察”项目工作人员唐杰还请教了国家统计局就业处的官员。他们提到普查数据是上报数据，而统计年鉴中的就业数据来源是住户调查。服务业有很多临时的摆摊设点、家政保姆等，在住户调查中可能被调查到，但因为没有单位可能没有反映到上报数据中。其次，上报单位有可能在客观上对自己的人数掌握不够。最后一个可能是用人单位可能存在压低上报就业数倾向。过去几年政府大力规范城市劳动力市场，促使用人单位规范化，这本身无疑是正确的政策，然而客观上是否可能使那些用工方面不够规范的企业和单位心存顾虑，在上报就业人数上有压低倾向？如果有这个因素，也会导致经济普查就业数据的低估。我这里讲的是初步的观察和猜测，尚未经过深入研究的检验。这些因素是否存在，重要性有多大，有没有其他因素起作用，解答这些疑问还要等待普查数据系统报告，也可能还要经过今后的普查来验证。

四、我国生产率追赶轨迹和前景

最后讲一下中外劳动生产率增长态势的比较。在中国改革开放以来的二十多年间，中国制造业和服务业劳动生产率比改革初期大概增长了六倍和三倍，显著高于发达国家。中国最近在国际上的一些表现，包括易纲老师讲的国际失衡现象，也许都可以放到我国劳动生产率相对快速增长的背景下考察。将中国劳动生产率增长率减去发达国家的劳动生产率增长率，就得到中国相对发达国家的劳动生产率增长率。图4显示，将1980年以来的相对劳动生产率增长率进行累计，中国制造业劳动生产率相对美国累计增长2.2倍，这是很多中国制造产品竞争力提升的重要微观基础；尽管中国服务业劳动生产率增长比较慢，但是外国也比较慢，所以相对增长差不了多少。中国相对G7的劳动生产率增长更快一些，因为美国经济调整比较到位而具有较高的劳动生产率增长率。

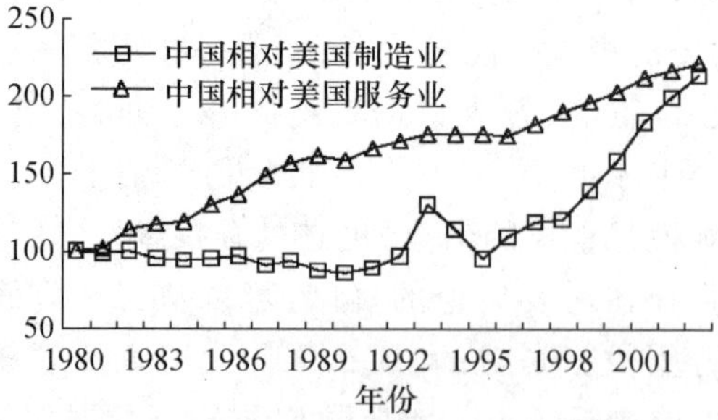

图4(a)　中国相对美国劳动生产率增长

（1980—2003，1980年=100）

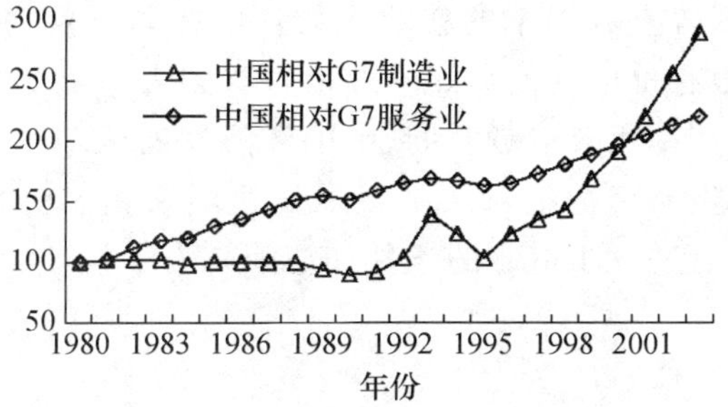

图 4(b)　中国相对 G7 劳动生产率增长

(1980—2003,1980 年 = 100)

在不同时段,劳动生产率的相对增长是不一样的。服务业劳动生产率的相对增长比较平稳;制造业劳动生产率的相对增长在 20 世纪 80 年代(根据任若恩教授的估计)反而是下降的,但是在 90 年代特别是 90 年代中期以后有了显著提高,所以劳动生产率追赶有一个加速的趋势。图 5 数据反映了这方面的情况。

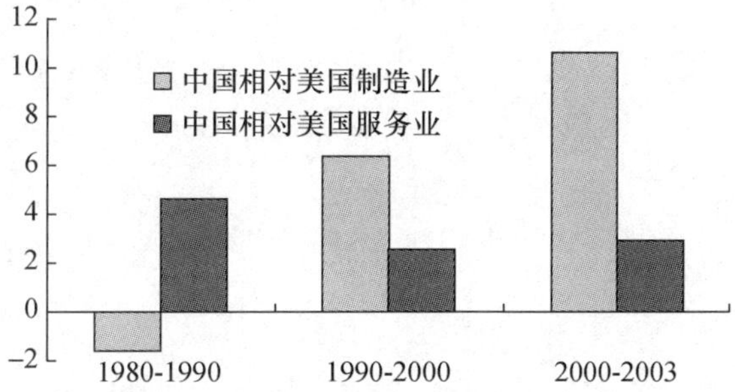

图 5　中国对美国分时段劳动生产率追赶(1980—2003)

尽管我国劳动生产率在过去十多年间发生了成倍增长,但是图 6 显示中国 2003 年制造业劳动生产率仅仅相当于美国的 8.8%,服务业是 6.5%。即使把过去两年中国的快速增长考虑进去,现在相对于美国也仍然是 10% 到 8% 的水平。即使把汇率低估的因素考虑进去,中国和发达国家相比,劳动生产率仍有很大差距,这种差距正好为我们提供未来进步的潜力和可能性。

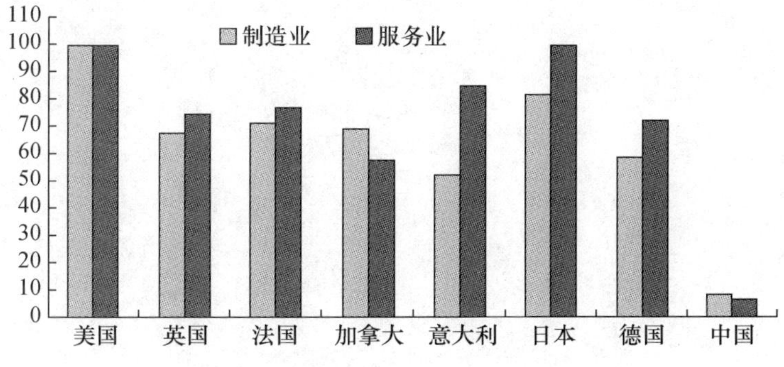

图 6　中国与发达国家劳动生产率差距

(2003 年,美国 = 100)

总结一下,尽管最新普查数据中的就业人数还有一些疑问,但是它对于观察中国经济追赶提供了很重要、很有价值的信息。另外也可看到大体上从20世纪90年代中期中国经济成长进入劳动生产率相对追赶时期,中国经济发展很多方面的现象与这一追赶过程有关。不过中国劳动生产率的绝对水平跟最发达国家相比仍然有10倍左右的差距,这一差距构成了中国今后进一步追赶的条件和空间。

我国资本回报率变动及其与投资增长的关系*

卢 锋

北京大学中国经济研究中心教授

如何看待投资增长是分析宏观经济形势的关键问题之一，观察资本回报率变动是认识投资增长根源的关键问题之一。针对前一阶段媒体的有关争论，“CCER 中国经济观察”研究组对改革开放以来我国工业资本回报率进行专题研究，今年元月 11 日召开研讨会，发表初步研究结果。我发言讲三点内容：一是简要汇报上述研究的主要发现，二是解释讨论中提出的资本回报数据误差质疑，三是初步讨论如何看待资本回报率与投资增长的关系问题。

一、我国工业资本回报率估测主要结果

我们在仔细分析相关数据的基础上，系统估测 1978—2006 年我国工业企业 9 个资本回报率系列指标，并得到以下几点主要发现：第一，我国工业资本回报率 1998 年以来呈现的真实而非虚幻的强劲趋势性增长。图 1 和图 2 数据显示，净资产净利润率从 1998 年的 2.2% 增长到 2006 年的 13.4%，总资产净利润率从 0.8% 上升到 5.5%。1978 年以来工业资本回报率走势，经历先降后升趋势性变动，似乎正在演绎出一个 V 字形态。

第二，在一个物价变动环境中会计核算固定资产方法会对资本回报率测算引入相关变量度量方法不一致问题，因而从经济学分析角度看会计利润率受到物价变动影响会高估或低估真实资本回报率。我们对会计利润率进行物价变动因素调整，图 3 报告调整后的数据显示，虽然物价变动对企业财务资本回报率有显著影响，然而真实资本回报率晚近时期同样显示强劲增长，如经过物价调整的 2005 年固定资产税前真实回报率约为 13.40%，税后净回报率应在 10% 以上的较高水平。

---

* 第 8 次季度报告会（2007 年 2 月 4 日）。

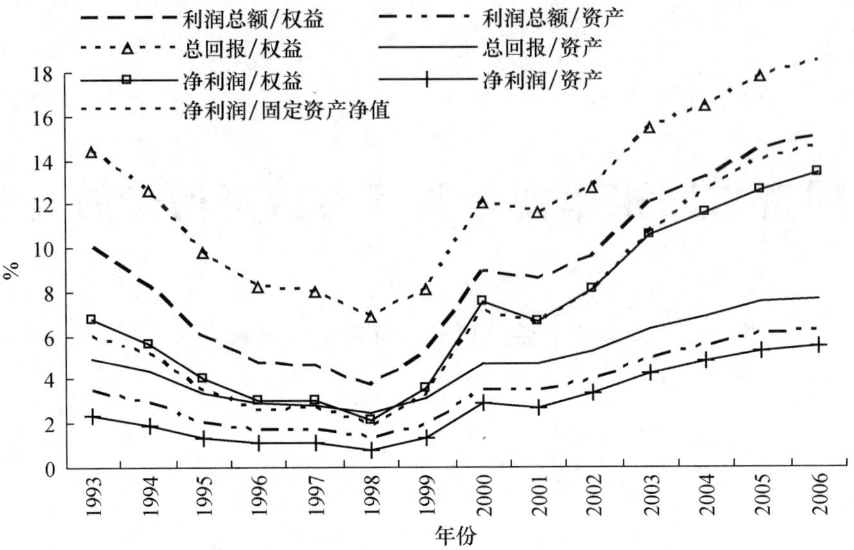

图 1　我国 7 种工业资本回报率估测（1993—2006）

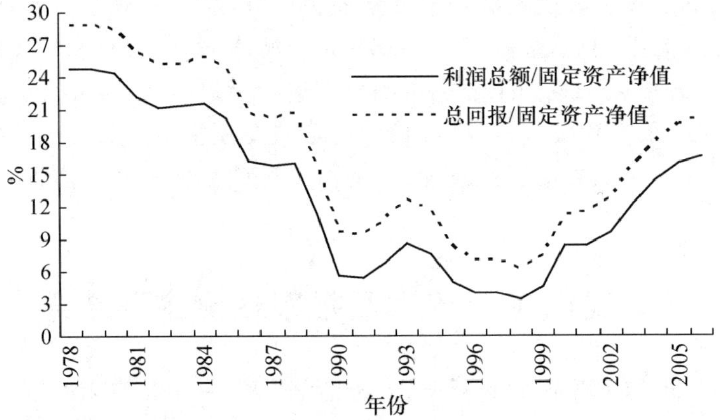

图 2　我国 2 种工业资本回报率估测（1978—2006）

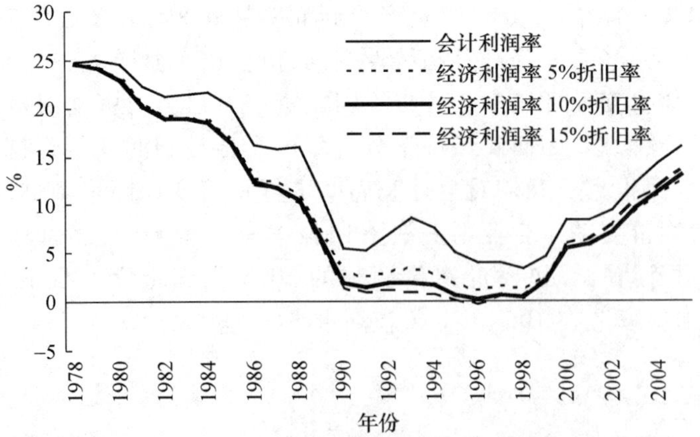

图 3　我国工业经济利润率与会计利润率比较（1978—2005）

第三，从图4报告不同类型企业净资产税前回报率看，私营企业资本回报率高出国有企业3—4成甚至7—8成，说明私营企业效率较高。然而过去8—9年国有企业回报率增长幅度较高，说明国有企业改革政策发生成效。

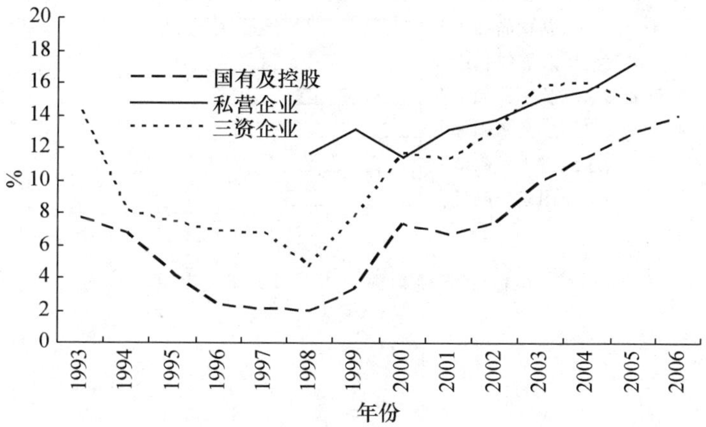

图4　我国不同类型企业净资产税前利润率(1993—2006)

不过图5和图6数据显示国有和私营企业利润来源结构大不相同，2005年国企74%的利润来自石油、电力、黑色冶金、烟草制品等四个垄断和管制程度较高行业，仅石油行业就占全部利润的43%。民营企业利润主要来自纺织、非金属矿制品、通用设备制造等高度竞争行业。这提示国企盈利增长相当程度仍依赖行政管制政策的扶持和保护。

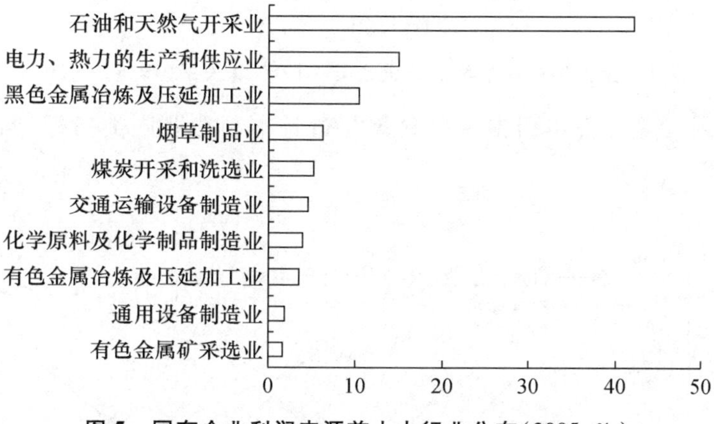

图5　国有企业利润来源前十大行业分布(2005,%)

第四，图7显示我国资本回报率与经济景气波动存在显著正向联系。晚近时期我国宏观经济运行经历了通货紧缩和景气高涨等不同周期阶段变动，同期资本回报率持续强劲增长，说明我国资本回报率变动主要代表某种趋势性变动，而不仅仅是宏观景气周期变动的结果。

第五，图8和图9比较我国不同类型企业资本回报率与日本和美国类似指标显示，虽然我国资本回报率在20世纪90年代中后期远远低于日本和美国，然而由于晚近时期

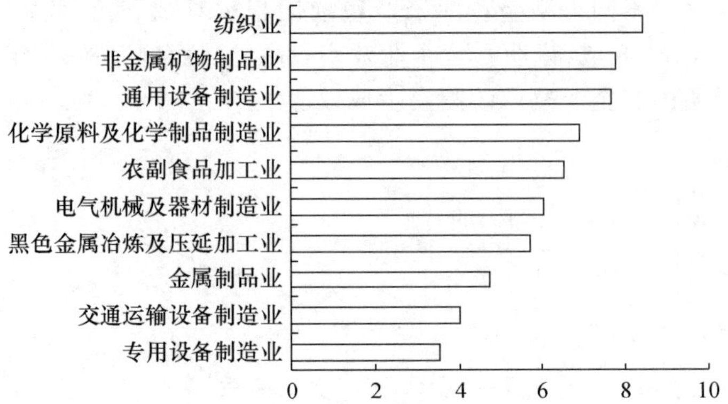

图 6　私营企业利润前十大行业分布(2005,%)

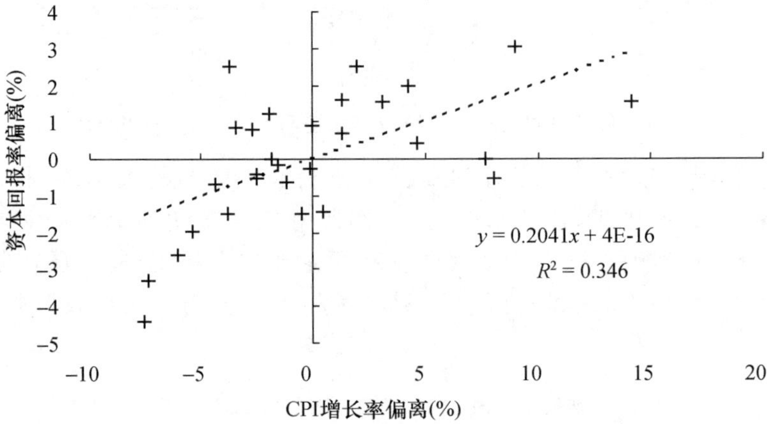

图 7　我国工业税前利润率波动与 CPI 波动关系(1978—2006)

快速追赶,目前私营企业资本回报率已显著超过日本制造业同类指标,同时快速逼近美国同类指标水平。

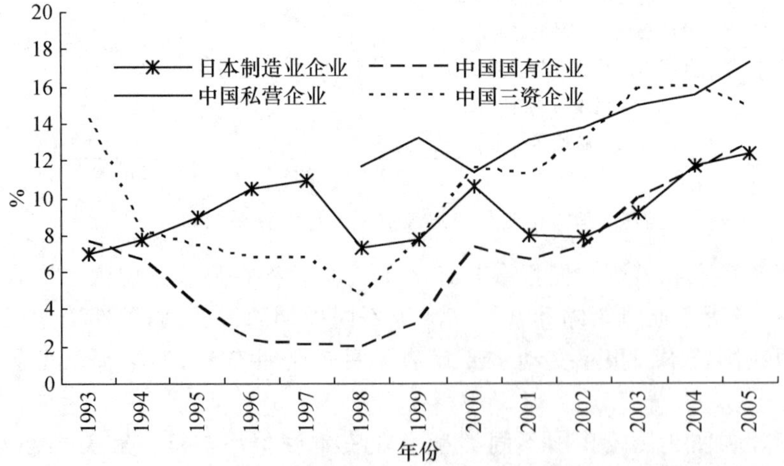

图 8　日本企业与中国不同类型企业税前利润率比较(1993—2005)

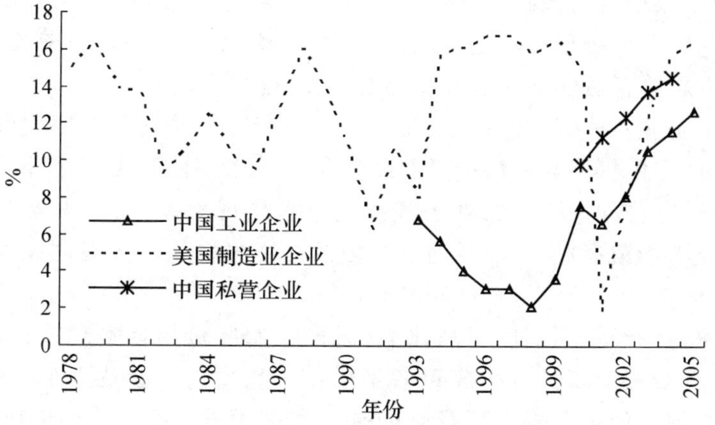

图 9　美国企业与中国不同类型企业净利润率比较(1978—2005)

二、样本企业数量增加对估计结果影响问题

研讨会上有专家提出企业样本数据不断"优化"可能高估回报率问题。依据统计局相关指标设计,进入我国工业部门常规统计对象的样本企业目前是国有和规模以上非国有企业,"规模以上"标准是年销售额 500 万元以上。这里涉及的是用一个数量指标决定多少企业进入抽样调查范围的统计样本确定问题,与经济学分析意义上相对某个假设目标函数的优化问题还是有实质区别。该指标口径从 1998 年开始实行,此前对应指标是乡及乡以上独立核算工业企业。图 10 数据显示近年样本企业确实在增加,1998—2005 年间样本企业从 16.5 万个增加到 27.2 万个,占工业企业增加值比重从 57% 上升到 94% 。

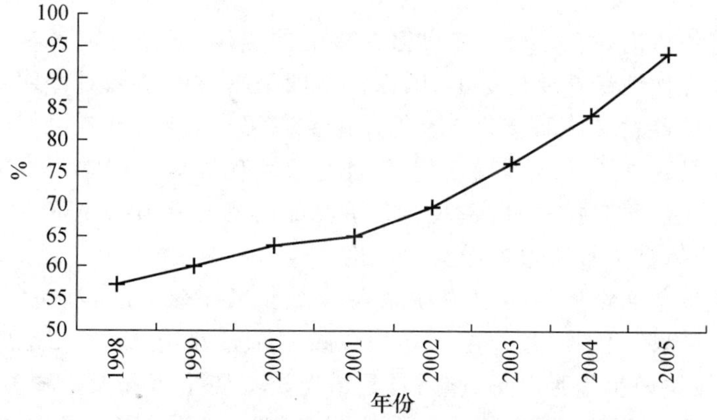

图 10　我国工业样本企业占全行业比重(1998—2005)

上述样本企业确定方式特别是样本数量不断增加是否必然会高估回报率?略加思考不难发现,用 500 万元销售额作为样本企业选择标准并不必然高估样本企业平均回报率。可以从销售额与利润率不同关系角度看。一种可能是企业销售额与利润率没有正

向关系，这时样本数量变动包括更多500万销售额以上企业进入样本，显然对资本回报率没有系统性影响。另一种可能是企业销售额与利润率具有某种正向关系，这也应是提出上述质疑观点思路背后的潜在假设。不过即便这一假设能够成立，样本企业增加一般也不会提升样本企业整体资本回报率，相反还更可能降低平均回报率。考虑这一推论最简单的情况是，假定销售额与利润率具有线性正向关系。由于更多企业达到500万元门槛刚进入样本统计范围时，通常会处于样本企业平均规模以下，样本规模扩大因素会降低整个样本企业平均销售额规模，并通过销售额与回报率线性正向假设关系降低样本企业平均利润率。

借用回报率讨论经常用到的身高比喻，假设我们度量指标是总人口中10岁以上人口的平均身高，假定一个较长时期成年老年死亡人数大大小于达到10岁门槛进入指标样本统计范围人数。如果影响平均身高的基本面因素没有变化，更多10岁人口进入样本显然不会提高样本人口平均身高，反倒会暂时降低平均身高统计值。

什么情况可能高估资本平均回报率？从逻辑上看不仅要假设销售额与回报率正相关，而且还要假设新进入样本企业销售额规模比原有样本企业平均规模更大，从而导致样本企业平均规模因为新进入企业变得更大。用上面身高比喻，需要进一步假设孩子到10岁平均身高就会猛得窜到比成年人还要高，也许才会出现样本企业优化高估回报率问题。总之，比较可能假设下，1998—2006年间工业企业样本变化更可能低估而不是高估平均资本回报率。

进一步分析，即便新进入企业回报率较高导致样本企业平均回报率增加，它对资本回报率观察研究也并不构成异在因素，而是从另一个角度说明近年中国企业资本回报率发生真实而强劲的增长，因而会加强而不是减弱我们度量研究提出的基本判断。

三、资本回报率与投资增长关系初步讨论

此前媒体有关讨论存在一个被各方潜在接受的假设，就是认为资本回报率高低是判定资本投资增长合理性最重要的标准，因而资本回报率估测结果对评估我国投资是否过热具有认识上的借鉴意义。阅读此前有关讨论文献可以看到，世界银行研究人员和单伟建博士大体都接受这一假设，他们的观点分歧主要表现为对于资本回报率增长程度判断的差异上。讨论我们研究报告时，一些参会朋友提出需要重新探讨资本回报率与投资增长之间的关系，媒体有关报道也提出类似评论。

这显示有关资本回报率问题讨论在深入。资本回报率争论实质上包含三个层面的相互联系问题：一是回报率增长速度有多快以及目前水平有多高；二是给定资本回报率增长，目前投资较快增长是否严重过热；三是给定资本回报率和投资增长性质判断，应当采用什么政策手段对投资以及总需求进行调节管理。如果说前一阶段媒体争论主要集中在第一层面，上述讨论情况显示有关意见分歧和探讨正在深入到第二层面。

这里涉及理解资本回报率与投资增长关系的两种侧重点不同的思路。一种思路认为如果资本回报率强劲增长，则说明我国近年投资增长和经济景气具有相当程度的微观基础，因而我国投资较快增长不一定等于投资严重过热。另一种思路认为目前投资过热

过快是主要问题，由于我国要素市场诸多扭曲以及环境外部成本没有内部化，即便资本真实回报率快速增长，仍有理由肯定投资过热过快。

这个问题需要专题研究，这里仅从经济学常识角度并结合相关经验证据做初步讨论。从一般理论角度看，对投资经济合理性或合意投资基本分析框架，是以资产或财富现值最大化为前提，通过比较资本边际收益与投资边际成本来判断均衡资本存量水平，从而对均衡投资水平提出解释。无论是最简化两期决策模型，还是净现值(NPV)多期决策模型以及比较股票未来收益贴现值与重置成本的“q 理论”，都体现了上述分析思路。

依据合意投资标准模型分析思路，资本回报率与合意投资增长之间存在简明确定的理论关系：如资本边际回报高于投资边际成本，则说明均衡意义上资本存量不足，通过较快投资缩小现有资本存量与合意资本存量之间的差别具有经济合理性。需要说明的是，这里所谓资本不足，不是评论人士理解的国际比较意义上我国与发达国家(如美国)相比较人均资本存量较低，而是依据比较资本边际回报与投资机会成本的均衡分析思路提出推论。均衡分析意义上投资不足或投资过多，与一国人均资本数量规模以及经济发展相对水平没有必然联系。即便是中国这样仍处于较低经济发展阶段的国家，如果投资回报大于融资成本仍可能存在投资过量问题，即便美国那样的发达国家，如果投资回报小于融资成本也可能存在投资不足问题。

上述理论常识对理解我们讨论问题具有提示意义。资本平均回报率持续增长通常与资本边际回报率增长存在正向关系，我国资本回报率近十年持续增长说明资本边际回报率也应持续增长，如果投资边际成本没有显著增长或者上涨速度低于资本回报率增长速度，则合意投资至少相对意义上应当较快增长。因而晚近时期资本回报率增长对新一轮投资增长应有重要解释作用。此前争论各方接受资本回报率与投资增长关系分析立场，其学理依据也在于此。

不过深入讨论这一问题还需要具体考察投资机会成本。给定资本回报率估测结果，对投资增长经济合理性依据解读的关键在于如何判断投资机会成本。虽然在比较成熟市场经济下对投资机会成本存在比较简便的衡量方法，估测我国经济转型背景下的投资机会成本涉及复杂的因素和困难。市场经济中利率是表示投资成本的最直接指标，下面先观察利率指标，然后再讨论影响投资真实成本的其他因素。

图 11 显示近年我国贷款名义利率分别约为 5%，利用适当物价指数调整后实际利率不到 1%。观察存款名义利率和 CPI 也会得到类似结果。这说明我国实际利率远远低于目前资本真实回报率 10% 左右水平。因而如果以利率作为投资机会成本度量指标，我国目前投资增长显然不能说太高。

利率对具有贷款能力企业具有实际融资成本含义，然而至少由于两方面原因，我国现行利率很可能会低估投资真实成本。一方面与利率调节机制及其决定的利率水平有关，另一方面与利率以外影响投资机会成本因素有关。我国利率形成机制尚未实现市场化，管制政策使利率难以灵活变动反映资金机会成本。另外人民币汇率存在低估压力背景对货币当局提升利率构成约束。也就是说，由于相关体制和汇率利率关联性等方面原因，我国现行利率很可能低于市场均衡利率，因而会显著低估投资真实成本。这一观察

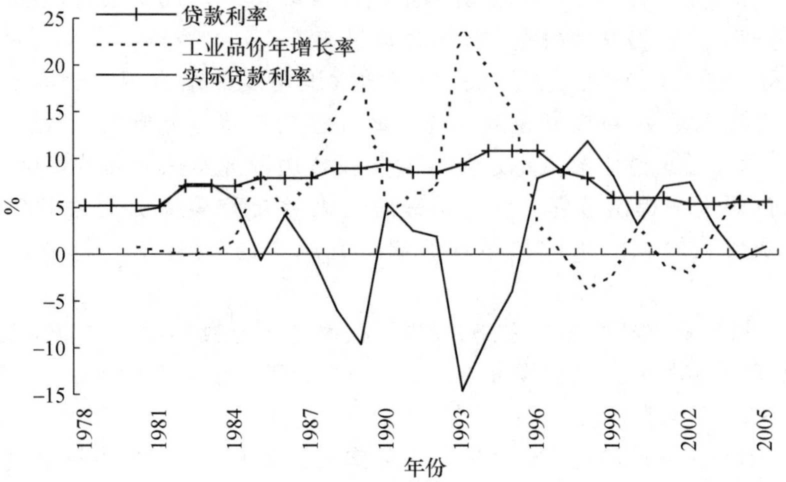

图 11　我国贷款实际利率变动(1978—2005)

同时提示我国宏观经济管理应更好利用利率工具,并且需要兼顾不同政策工具的协调性。

鉴于国内利率体制和政策局限性,还可以观察比较成熟市场经济国家的利率水平作为参考。图 12 显示美国过去近半世纪长期债券年实际利率平均值约为 3%,目前与长期趋势值很接近,比我国近年实际利率水平要高出两个多百分点。不过美国长期实际利率也远远低于我国目前资本真实回报率,可见如果把利率看作投资机会成本,我国近年投资较快增长应具有经济合理性。

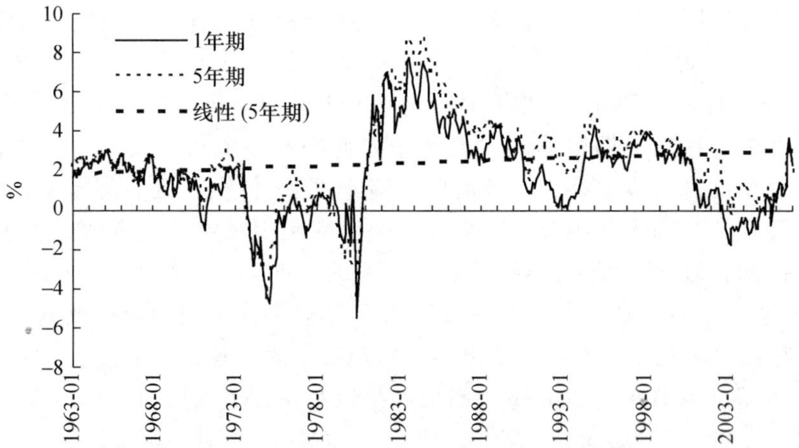

图 12　美国国债实际年收益率(1962.1—2007.1)

投资真实成本还受到利率以外因素的影响。综合有关评论意见,至少需要考虑五类因素。一是预期和风险因素。有评论认为,一般理论分析没有考虑投资风险,因而对投资成本估计不足;另外影响理性投资决策变量应是预期收益而不一定是现实收益;考虑这两方面因素会使资本回报率与投资增长之间关系更为复杂。这方面质疑不无道理。不过无论是采取"理性预期"、"适应性预期"甚至"傻瓜预期"等预期形成机制假说,都有理由假设近十年回报率趋势性增长会转化为预期收益率增长从而推动投资增长。从风险角度看，投资随机性风险应有可能通过分散化措施加以规避，只有系统性风险才会作为理性投资决策分析变量影响上述讨论结果。显然并不存在有说服力的证据能证明我国经济的系统风险近十年来持续增加。所以考虑这些因素后可能不会显著改变我国近年投资增长具有相当微观基础的结论。

二是税收、补贴或净补贴因素。企业获得净补贴会使权益回报率增长，然而由于社会通过政府转移支付方式为企业运营承担额外成本，因而对资本社会回报率会产生高估问题。我们在估测资本回报率时已经考虑企业直接和间接交纳各类税收贡献，还专门讨论了我国企业补贴政策和数据问题。不过由于 2004 年之外缺乏企业利润统计中政府补贴数据，未能在资本社会回报中扣除净补贴。从 2004 年经济普查数据看，该年净补贴占利润总额大约 3 个百分点，扣除净补贴后资本社会回报率大约要降低 0.5 个百分点。不过政府补贴可能主要发放给国有企业，私营及其他非国有企业获得政府财政补贴可能性较小，因而没有考虑净补贴对资本回报率派生误差应主要表现为对国有企业回报率高估。

三是工资成本可能低估问题。由于存在农民工被雇主拖欠工资情况，加上某些行业基本劳保和工作环境未能达到应有标准，因而需要考虑劳动力成本是否被低估的问题。我国一段时期确实相当程度存在拖欠农民工工资问题，特别是在各地基建项目——包括一些基层地方政府部门主持基建项目中尤其严重。不过近年政府大力整治这类粗暴侵犯劳动者作为市场交易主体基本权益行为，政府领导人亲力亲为帮助农民工讨工资，有关举措使这方面的情况得到显著好转。

在市场机制作用下，随着经济发展，工人工资和福利待遇会逐步增加，有关法律管制应推动这方面的改善，然而讨论经济分析意义上合理工酬和劳动机会成本，需要结合我国劳动力市场供求关系等基本国情条件。一般而言，使劳动力市场供求达到均衡的工资水平应大体等于劳动力机会成本。目前我国仍有大量农业劳动力有待向非农部门转移，城市不同程度面临失业问题困扰，这时通过政策手段人为大幅提升现在就业人员工资，虽然关心低收入者福利的良好意愿可以理解，然而从经济规律作用角度看难以真正实行，并且还会对正在寻求工作劳动者的利益带来负面影响。另外还要看到，某些行政垄断部门职工工资过高，表明现实生活中也存在高估劳动力机会的成本问题。综合考虑，劳动力成本低估因素对我们估计规模以上工业企业资本回报率影响可能不是很大。

四是土地投入成本可能低估问题。由于我国土地制度局限性等原因，在城市化伴随大规模土地用途转移过程，农民地权利益未能得到合理实现，构成我国现阶段经济、政治和社会矛盾的一个交织点，因而质疑我国工业用地真实成本低估观点确有道理。不过具体分析时需要把收入分配效应与资源成本低估效应区分来看。土地转移为工业和建设用地过程中农民作为土地事实所有者没有得到足够补偿，基本属于特殊制度和政策因素导致财富和收入分配不够公平问题，需要通过深化土地制度改革、提高补偿标准、倡导科学发展观等综合措施加以改进。然而这方面问题是否必然导致土地投入经济成本严重低估，还需要考察其他相关因素。

我国土地管制政策另一重要特点，在于对农地资源转向城市化和工业化利用转移进行严格数量控制，导致土地用途转移过程中显性和隐性成本都很高，这方面情况具有抬高地价和增加非农用地成本作用。如果朝进一步充分界定农民地权和增加市场经济机制配置土地资源方向转变，数量控制和行政管制程度降低，则可能会产生降低工业用地成本作用。这方面作用与低估土地机会成本比较孰大孰小，需要通过经验研究来判断。不过考虑现代农业快速技术进步可能使农业用地市场价值下降，借鉴现代经济发展背景下土地占社会财富总量大幅下降的国际比较经验，有理由推测在一个土地产权得到进一步充分界定和市场机制对土地资源配置发生更大作用的体制环境下，工业用地实际成本可能不会普遍大幅提高。

五是环境成本低估问题。在没有管制的竞争性市场环境下，工业生产利用资源和排放活动对环境影响，表现为厂商无需直接承担的社会外部成本。经济学原理说明，存在外部成本条件下市场均衡产量高于社会最优产量，厂商利润水平相应高估。依据科斯开创的新制度经济学理解，外部性带来缺乏效率问题本质上是产权界定不充分的结果，如果相关主体谈判协商交易成本为零，理论上可以通过把产权进一步界定给任何利益相关方来消除外部性扭曲效应。不过由于真实世界广泛存在交易成本，因而产权界定方式选择以及包括政府管制方式在内的综合应对措施对有效解决外部成本问题具有重要作用。我国目前处于工业化和城市化高速推进时期，对资源和环境带来较大压力，这方面矛盾也比较集中，评估投资合理性有必要考察环境成本问题。

讨论环境成本在思路上需要注意几点。一是需要注意过去几十年我国环境治理和保护在观念、立法和执法方面已经取得很大进展这一事实。钢铁等部门单位产出能耗水耗下降之类经验证据显示，促使环境成本内生化综合措施实际取得了显著成绩。由于我们仍处在工业化和城市化高速推进阶段，一些环境污染总量指标仍在上升，某些领域环境压力挑战仍很严重，然而我们面对的问题不是有无环境治理和成本对资本回报率度量的影响问题，而是现有治理措施派生环境成本与某种均衡意义上真实环境成本之间差距对资本回报率的影响问题。

二是需要针对问题特殊性寻求解决方案。经济成本通常利用市场交易派生的价格信息来度量，环境成本与市场失灵概念相联系，往往难以获得价格度量指标。为克服这一深刻性困难，需要采用调查居民支付意愿方式来推测环境真实成本，通过系统研究包括进行相关国际比较来合理推测环境成本。另外从经济分析角度讨论环境成本问题，需要注意一个“令人不愉快的事实”，就是良好环境作为需要耗费稀缺资源来提供的“特殊物品”，在消费需求方面具有“较高收入需求弹性”的经济属性。因而把发达国家环境评估标准全盘运用到我国，虽然尽快改善环境动机可取，然而并不符合经济规律，其实也不符合建设和谐社会的方针。

三是需要看到强化环境治理和提高环境成本会同时降低资本利润和劳动者收入。由于国民收入分配中劳动者收入所占比重通常高于企业盈余，大幅度提高环境成本对劳动者收入会带来更大负面影响。因而即便对不喜欢利润然而同情劳动者利益的人士，提高环境成本也具有双刃剑含义。科学评估环境成本同样应当体现“过犹不及”的传统智慧和均衡适度的科学理念。应当重视环境成本低估可能带来的负面影响，通过科学合理评估经济活动环境成本以求实现我国经济可持续增长和追赶目标；同时也不宜过度夸大环境成本，防止因为环境成本认识偏颇影响我们在经济持续增长可能性问题上的基本判断。

总起来看，部分环境成本可能已直接或间接反映在资本回报率估测数据中，当然也不能排除环境等社会成本尚未得到充分反应。比较合理反应真实环境成本后资本回报率会下降多少，是需要专门研究深入探讨的问题。不过考虑我国目前资本回报率与可观测投资机会成本之间的巨大落差，有理由相信考虑经济学分析意义上真实环境成本后，我国目前资本回报率仍会显著高于投资机会成本，因而仍有理由推论我国新一轮投资较快增长具有相当程度的微观合理性基础。

中国当前经济的主要问题与出路*

林毅夫

北京大学中国经济研究中心主任、教授

改革开放28年以来中国经济发展迅速,成就令人瞩目。改革开放初期大家非常关注的一些老大难问题已得到较好解决。例如,国企经过"抓大放小",剩下的主要集中在资源型和垄断性的高利润行业,过去"三分之一明亏、三分之一暗亏、三分之一盈利"的局面已经转变。金融部门也是如此,在20世纪末,国内承认的银行呆坏账比例是25%,国外有些学者则认为高达40%,经过过去几年的努力,三家国有大银行已经上市成功,农行也即将上市,银行呆坏账比例已经降到5%甚至更低。股票市场经过几年低迷,去年起恢复了活力,全流通的问题也已得到解决。尽管上述几个方面的改革还没有大功告成,但是现在都已不再是制约中国经济发展的主要矛盾。

旧的问题得到解决的同时也出现了新的问题。这表现在以下几个方面。(1)人均收入水平低。尽管我国过去28年实现了年均9.7%的经济增长,但人均收入水平还很低,去年才达2050美元,只有美国的5%,必须快速发展经济才能缩小和发达国家的收入差距。(2)投资增长过快,投资集中于某些产业,消费相对不足,贸易顺差过大。2003年以来投资平均每年增长25%,今年1季度投资增速尽管稍微放缓,但也达到了23.7%。而且,过去几年每年投资总是集中于某几个产业,例如2003—2005年的房地产、汽车、建材行业,2006年的化工行业。消费增长的速度并不慢,去年社会消费品零售总额增长13.7%,今年1季度同比增长14.9%,但是相对于投资高速增长所导致的生产能力的增加,消费增长无法消化已经建成的生产能力,而显得相对不足。国内消费相对不足导致出口增加、贸易顺差扩大。(3)资金资源过度密集,就业创造不足,可持续发展成问题。投资的规模虽然很大,但是,每个项目的资金过度密集,创造的就业就不足,城市里存在相当大的就业压力,大量农村劳动力处于隐性失业状态。另外能源和原材料的消耗过多,去年国内生产总值占全世界5%,但能源、钢材和水泥的消耗占全世界的15%、30%和

* 第9次季度报告会(2007年4月28日)。

54%，这种增长方式难以长期持续。（4）流动性过剩与不足并存，四大国有商业银行的流动性过剩，但是大量的中小企业和农户得不到贷款。（5）社会问题。城乡收入差距不断扩大，从改革初期的2.6∶1增加到现在的3.3∶1，为全世界最高水平，并且仍在扩大。收入分配存在不均问题，基尼系数已经超过0.45，突破了国际公认的警戒线。原来由政府提供的公共服务比如教育、医疗，随着市场化改革和价格放开后，出现一部分人"上学难、上学贵"和"看病难、看病贵"的问题，此外社会保障体系也不健全。

在此背景下，政府提出了以人为本的科学发展观：一方面要通过快速发展经济以缩小同发达国家的差距；另一方面要在经济发展过程中实现五个统筹，包括城乡、地区、经济与社会、人与自然以及国内与国际市场的统筹发展。实现国民经济又好又快发展，达到构建和谐社会的目标。

在国民经济快速发展的过程中，之所以会出现上述不能以人为本、影响社会和谐和经济可持续发展的问题，我认为主要的原因是市场改革不到位，体现在以下两个方面：

一是金融结构和资金价格。尽管股票市场的重要性在提高，现在的金融结构仍以大银行为主，去年通过大银行运用的人民币资金占整个金融体系的75%。大银行先天性地是为大企业大项目服务的，而在我国当前的发展阶段，资金回报率最高、最具有竞争力的是劳动密集型的中小企业。但是得不到金融支持成为阻碍中小企业发展的最主要障碍。以中小企业为主的服务业在国民经济中所占的比重2006年为39.5%，比2005年的40.0%低了0.5%百分点，和同等发展程度的发展中国家平均53%相比则低了13.5%。劳动密集的中小企业发展受到抑制，结果就是就业创造不足，城市新增就业困难，大量农村劳动力不能转移到城市非农产业，二元经济结构难以消除，使得工资水平受到抑制，加剧城乡收入差距和收入不均问题。农户得不到金融支持，仅仅依靠自我积累，农业产业化农业现代化发展缓慢，农民收入增长困难，进一步扩大城乡差距。

像我国这样发展阶段的国家，银行利率至少也应该有10%，现在贷款利率只有6.3%，利率明显受到抑制，获得贷款的企业相当于获得了4%的利息补贴。目前储蓄利率不到3%，即存贷款的利息差有4%左右，而其他国家存贷差一般只有1%。在贷款利率10%、存贷差1%的情况下，储蓄者能够享受的利率是9%，而目前还不到3%。储蓄者是收入相对低的人群，而贷款者是相对富有的人群。在利率抑制的情况下，相当于储蓄者补贴银行和能贷到款的大企业，造成"富者越富，穷者越穷"的结果，加大收入分配不均。

富人消费倾向较低，低收入的工人和农民消费倾向较高，收入分配不均抑制了国内平均的消费倾向。同时，中小企业和农户得不到银行贷款，发展生产只能依靠自我积累，进一步抑制了消费倾向，造成国内消费相对不足，增加了出口。资金集中在大银行还造成大银行的流动性过剩。为了赚钱，银行进行贷款的积极性非常高。在中国这样的发展阶段，产业升级的空间还非常大，在每一个阶段总会有一些很好的项目。对于这些项目，无论是企业还是银行都能看得到。如果资金投入的数量不那么多或适度的话，项目确实会赚钱。但是在目前的金融结构下，容易出现投资过度集中于某些同类型大项目的"潮涌现象"。比如2003年起每年都有几个行业投资增长超过100%。这也是产能过剩、贸易顺差、国际和国内市场不平衡的原因。最明显的例子是钢铁行业2003年大量进口，到

2005 年变成大量出口。

二是资源税费不合理。目前的资源税费是 20 世纪 90 年代初制定的，按照当时资源价格的 1.8% 征税，而且是从量征收。改革前的计划经济时代，以资源低价作为补贴国有企业发展的一种方式，这种定价方式一直持续到 90 年代。改革后国有矿山企业承担了退休职工、冗员等社会负担。为了补偿国有矿山企业，政府就征收很低的资源税费。随着市场化改革，自 80 年代开始，民营、三资企业也可以开矿，90 年代中期以后资源价格逐渐与国际接轨。在资源税费极低的情况下，那些没有沉重社会负担的民营和三资矿山企业就成为暴利行业。比如，一处地下煤矿的价值可高达几十亿、上百亿，而取得开矿权只需几千万，每年所交税费微不足道，成为收入分配不均的根源之一。由此造成寻租行为盛行，社会风气败坏。由于很多技术资金实力不足的企业进入，经常出现矿难。

我认为"金融结构和资金价格"与"资源税费"是计划经济遗留下来、改革没有到位，且影响科学发展观落实和社会和谐发展的两个最最重要的问题。

目前改革的方向：首先是改善金融结构，增加能够给中小企业和农户提供贷款的地区性中小银行。今年初第三次全国金融工作会议已提出以改善金融结构作为金融改革的主要任务。其次要放开资金、资源价格，提高资源税费，各种要素价格完全由市场竞争决定，反映相对稀缺性。这样企业选择产业、产品、技术时就会按照比较优势，进入能够充分利用相对便宜资源要素的产业，形成竞争优势，实现经济又快又好发展。

我们目前阶段的比较优势还是劳动力相对充裕，认为中国经济没有竞争力是片面的。中国在没有比较优势的产业是缺乏竞争力的，但是在具有比较优势的劳动密集产业的竞争力则是非常强的。多发展劳动密集型产业，一方面可以形成竞争优势，占有更大的市场，创造更多的剩余，以更快积累资本，使资本从相对短缺变成相对丰富，劳动力从相对丰富变成相对短缺，资金回报逐渐下降，劳动力回报不断上升，富人具有优势的资产（即资本）逐渐贬值，穷人的具有优势的资产（即劳动力）增值，改善收入分配。另一方面能创造更多就业机会，让只有劳动力的穷人分享经济发展的果实，使得农村剩余劳动力能够不断转移到城市，缩小城乡差距和地区差距。在收入分配得到改善以及中小企业和农户资金需求得到满足后，消费倾向就会提高，中国将会转向内需拉动型的经济增长，改善依靠出口解决国内产能过剩的情形。当价格充分反映稀缺程度，资源使用就会节约，环境的可持续性也能获得较好解决。

除了深化市场体制改革，政府职能也需要完善。政府最基本的职能是维持社会秩序。我国还处于转型时期，法律和金融体系的健全需要政府积极作为。如果能够按照比较优势发展，剩余会非常多，要素禀赋结构提升和产业升级会非常快。在这样的情况下，劳动力就业不仅取决于就业机会，还取决于就业能力。提高就业能力也需要政府发展教育。对于经济中一部分永久或暂时失去就业能力的人，需要政府通过二次分配的方式给予帮助。此外政府还要解决市场无法解决的外部性和信息不对称问题。一是金融机构监管。在金融业最发达的美国，华尔街是监管最严的地方。二是社会保障。如果人们都依靠自己的储蓄养老，那么为了应对天灾人祸所需储蓄会非常多。如果建立社会保障体系，每个人所需储蓄就会下降，可以增加国内消费需求。建立社会保障体系需要政府作为。三是公共卫生和医疗。这个领域存在标准的信息不对称问题，一方面要发挥市场作用,另一方面政府也要扮演适当的角色。由于医生具有信息优势而患者处于信息劣势,可能造成过度医疗等问题。政府需要提供最低的保障体系并进行公共卫生体制改革。四是产业升级通常出现在大家都看好的几个产业,但过度进入会造成生产能力过剩,政府在投资的信息和协调方面可以发挥一定作用。

要实现又好又快的经济增长,应该深化市场体制改革,让市场发挥基础作用,同时作为发展中国家和转型国家,政府也要扮演比发达国家政府更多、更积极的角色。

中国经济的增长潜力*

黄益平

花旗集团亚太区首席经济学家

根据经济历史学家安格斯·麦迪森(Angus Maddison)整理的过去两千年的世界经济数据,可以看到亚洲以及中国在世界经济中比重的变化。值得注意的有两个方面。

一是从两千年前一直到两三百年以前,中国在世界经济中的地位一直是举足轻重的,中国和印度经济总和占世界经济50%左右。随着西方发生工业革命,中国经济占世界的比重直线下降。最近中国和印度在世界经济中的比重重新强烈反弹。这也是现在人们对中国经济兴趣日益增加的主要原因。麦迪森预测2030年中国将成为世界上最大的经济体,对此不同经济学家在时间判断上存在差别,但看法基本差不多,即亚洲在今后的半个世纪到一个世纪肯定会成为世界上最重要的经济实体。各经济体占世界经济比重的变化见图1。需要注意的是,长期预测是很困难的。《经济学家》(*Economist*)曾在20世纪70年代预测二十年后的亚洲经济,当时认为最有希望的是菲律宾和印度,最没有希望的是中国和韩国,唯一一个国家不那么好但仍值得投资的国家是朝鲜。所以,对于长期预测数据不能过于看重,但仍能给我们启发。

二是从过去两千年的经济数据看,经济增长是一个近期才出现的现象:前1 800年的世界经济增长非常缓慢,人均GDP基本停滞不前。最近两三百年的经济增长是由工业革命引发的。经济增长的领导者从西欧开始,然后转移到美国,20世纪下半叶又转移到亚洲,最近中国和印度成为主要的推动力量。经济增长主要领导者在最近几百年内不断提高增长速度。欧美十九、二十世纪增长速度4%—5%,东亚二十世纪下半期平均7%—8%,现在中国和印度增长在10%左右。

中国和印度今后能不能维持10%的增长速度?对此存在乐观和悲观两种看法。乐观者认为,10%没有问题,甚至更高一点也可以;而悲观者则预期经济硬着陆随时可能发生。看经济增长能不能持续下去,最关键的一点是看经济增长源泉的构成。经济增长的

---

* 第9次季度报告会(2007年4月28日)。

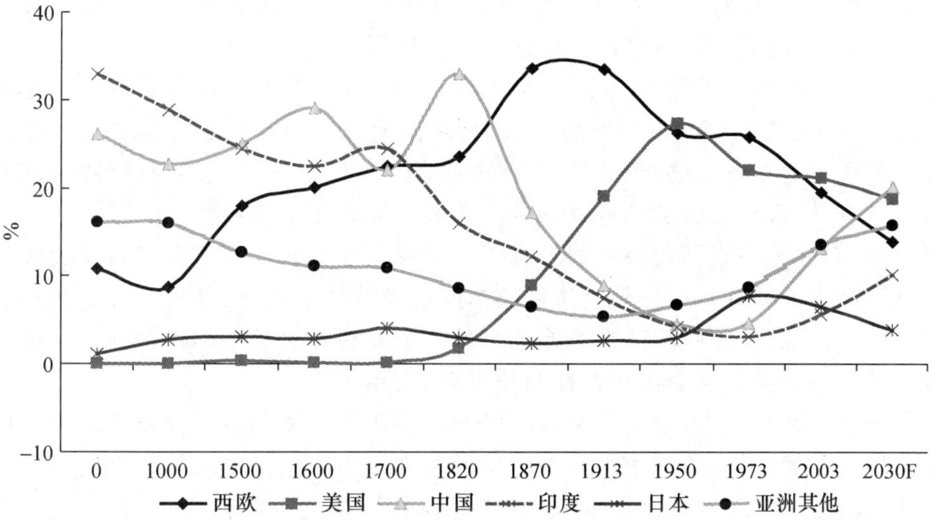

图 1　各经济体占世界经济比重变化

源泉包括要素增长和生产率增长。要素增长很重要,尤其是投资增长。只有投资增长才能够推动技术进步和生产率增长。但是生产率增长更为重要,没有技术进步和生产率增长的经济增长会无法持续。美国的经济学家保罗·克鲁格曼(Paul Krugman)写过一篇文章叫作《亚洲奇迹之谜》(The Myth of Asia's Miracle),认为亚洲经济增长不是一个奇迹。其中最主要的发现是尽管东亚经济增长非常快,但生产率增长非常缓慢,这会为下一步的经济增长带来问题。他还提到,前苏联利用国家机器动用大规模投资推动经济增长,在 20 世纪三十年代至五十年代经济增长非常快,但是由于没有一个好的市场机制,最后边际回报回落到零左右,最终在 80 年代出现经济崩溃。

和上述例子有所不同的是,在 20 世纪八九十年代,生产率增长对印度和中国的经济增长起到了非常大的作用,因此我们对中国经济能够持续高速增长有信心。有两个因素可以支持这样的判断。第一个因素是后发优势。尽管中国和印度增长高达 8%—10%,经济还远落后于世界水平,赶超潜力还非常大。亚洲经济增长和过去欧美经济增长存在一个很大的区别:欧美经济高速增长时是技术的领导者,不断推动生产前沿往外移;亚洲经济高速增长大多是一个赶超过程,我们离前沿仍然有很大的距离。因此我们仍然有很大的潜力通过赶超来实现较高的增长。第二个因素是经济改革会持续下去。过去二三十年中国和印度经济的快速增长,归根到底就是实行了市场化改革。市场化改革改善了生产要素的配置,推动了生产率的高速增长。从这两点来看,中国和印度的高速经济增长是可持续的。从中国经济的领先指标看,短期内保持 10% 的增长速度的可能性是非常高的。

对于中国和印度今后五年经济增长的预测,多数金融市场人士和经济学家认为增长速度将要回落。他们认为中国和印度的经济增长速度已经超过趋势水平,因此今后几年增长速度有可能回落。趋势水平没有精确估计,大致看来中国经济增长向 9% 靠拢而印度经济增长向 8% 靠拢。为什么会有这种看法,有多种多样的原因,现在可以看到的是,中国和印度经济都面临着一些短期的挑战。印度经济现在面临非常大的经济过热风险:

通货膨胀直线上升,经常账户赤字不断扩大,熟练工人和非熟练工人的劳动力成本都不断上升,基础设施的瓶颈日益显现。把这些指标放到一起考虑,结论只有一个,就是印度经济已经超过了趋势水平,所以印度中央银行过去一年一直在紧缩货币政策。这些情况说明印度在经历了过去两年的9%增长后,短期内有可能出现增长速度下降。中国虽然不存在典型意义的经济过热,但是出现了很多结构性问题,包括过度投资和对外部市场依赖过高,这些因素对今后长期持续的经济高增长可能会带来问题。

对于中国经济,一直是两种极端看法。一个极端看法是认为10%—12%的经济增长可以一直持续下去。既然这样的经济增长速度已经持续了五年,那么为什么今后五年就不能继续持续,今后十年就不能继续持续?另一个极端看法是中国经济即将崩溃的论断从来没有消失过。为什么会出现这样两种极端的看法?

林毅夫教授在《中国经济奇迹》一书中提出,中国由原来的计划经济重工业导向转向比较优势导向的经济战略,是中国经济出现巨大飞跃的原因。比较优势导向的发展战略其实是让市场来决定。回顾中国的改革,产品市场改革走得既快又远,而要素市场的改革非常缓慢。这在造成超常繁荣的同时伴随着成本扭曲等一系列问题。各种要素市场包括劳动力、土地、资金、环境都出现同一个现象,就是成本被人为压低。压低成本有主观上的原因,也有非主观的原因,但归根结底是由于以经济增长为中心的政策导向。邓小平说过“发展才是硬道理”,衡量发展最简单的指标就是GDP,GDP的衡量导致了对各种要素价格的人为的压低,包括提供的免税等。这样一个思路与过去计划经济实施的政策有很大类似。林毅夫老师在书中做过详细分析,计划经济时期实施重工业政策主要包括两方面:一方面在城市里推动重工业发展,同时在农村里设计一整套与此相配套的体系。宋国青教授在20世纪80年代做过统购统销的分析。之所以有统购统销、人民公社、户口制度,原因之一就是降低工业化的成本。通过对农民自由流动选择就业的限制,通过强制收购农产品以低价格提供给城市工业,可以在城市工业里创造“超额利润”,超额利润可以进行再投资,这样在短期内可以实现非常快的工业化过程。这样的策略在计划经济时期没有成功,但在今天显得比较成功。最主要的一个原因是以前没有市场引导要素配置,改革解决了这方面问题。另一个重要因素是,改革以前经济个体没有自主权,并且缺乏激励,这个问题也通过改革得到了解决。

我们经历的是一个逐步的改革过程,取得了很好的效果,但是也导致了明显的问题。例如没有对环境作出充分的补偿,实质上降低了生产者的成本。其他问题也是如此。现在经济中企业很有钱、老百姓钱不多也是和要素价格扭曲有关。消费发展较慢也与此联系在一起。改革中的成功和矛盾是同一个问题的两方面反映。因此,下一步可能是通过要素市场的市场化改革,由市场来决定它们的价格。可想而知,生产成本会逐步上升,但是否会导致经济增长速度回落有待观察。

认为经济增长10%有一定难度的一个原因是中国对外部市场的依存度越来越高。去年上半年经常账户盈余占GDP比例高达8%,这对于一个大国是非常罕见的。中国的出口已经占GDP的36%,并且出口每年增长20%—30%。这样一个不平衡的增长在过去并没有问题,今天却带来贸易争端、贸易顺差过大、外汇储备增长过快、汇率低估的问题。东亚国家的发展策略和中国有很多类似的地方,他们当初没有出现这些问题,理由只有一条:中国是大国,他们是小国。经济学里有一个小国理论,小国不影响世界经济总体均衡,小国快速增长给其他国家带来的冲击是微不足道的。而大国不一样,中国现在的出口占世界总出口的8%,并且不断上升,这给其他国家带来很大的调整压力。外界对中国的批评,除了政治因素,也有经济上的逻辑。中国的经济增长模式在过去相当成功,但未来很难长期持续下去。经济增长模式必须和面临的环境相配合,才能保持较快的增长。

前面讨论了中国经济的增长潜力,但是并没有给出明确的估计。一方面,我们认为现在的经济增长速度太快,未来可能有所回落;另一方面,中国经济将会保持高速增长,有一天会成为世界最大的经济,对此我认为毫无疑问。

转型之痒*

高善文
安信证券首席经济学家

高善文博士通过梳理历史数据,总结过去二十年中国经济基本波动情况,得出对当前中国经济形势的判断和未来经济发展趋势的预测。

一、过去20年中国经济基本波动情况

梳理过去20年中国经济基本情况是件繁杂的工作,在此讨论两个关键数据:

一是剔除价格因素后的1990—2009年固定资本形成总额的实际增速。图1是固定资本形成总额的实际增速,数据显示,过去20年来固定资本形成增长有两个高点,1992—1994年间以及2002—2004年间,这两个高点距离整整十年。虽然两段时间里的投资增长都有政府色彩,但关键原因却都是私人部门投资需求的增长。

二是在经济强劲增长时一些关键部门承受压力的情况,例如铁路吞吐量或者港口压舱情况,这里我们考察"发电设备平均利用小时"。图2是发电设备平均利用小时,数据显示,1993—1994年和2003—2004年,发电设备利用小时都经历了非常大的压力,虽然从数据上看1993年压力似乎没有那么紧张,但是1993年存在非常广泛的拉闸限电现象,2003年上海外滩夜间景观照明都很难保证,所以发电设备利用小时已经逼近极限,这说明当时基础设施支持经济增长的能力遭受非常大的压力。

* 第22次季度报告会(2010年7月24日)。

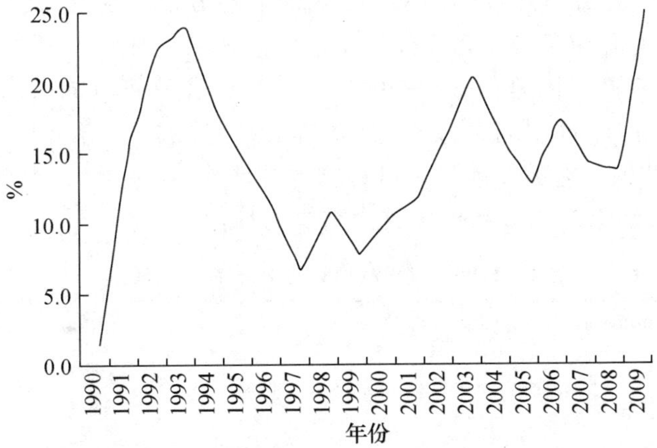

图 1　固定资本形成总额的实际增速(1990—2009)

资料来源:CEIC,安信证券。

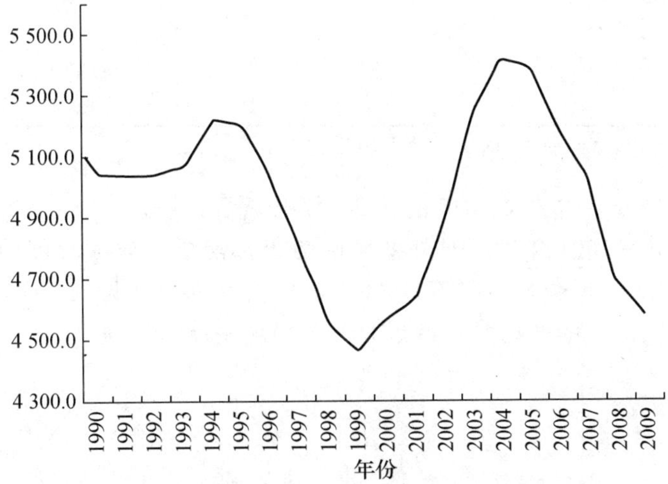

图 2　发电设备平均利用小时(1990—2009)

资料来源:CEIC,安信证券。

二、中央的宏观调控措施

当时背景下,针对经济波动,中央进行了相应的宏观调控。1993—1994 年后,中央严格控制货币信贷总量,接近四个月银行信贷供应都是负增长,同时对在建项目进行审核排队,严格控制新开工项目和固定资产投资;2003—2004 年,中央再次加强对信用的控制,整顿土地市场,处置"铁本案",清理全国固定资产投资项目。两轮调控也是相距十年的时间。

在 1995—1997 年宏观经济自身的周期力量的作用下,中国经济经历了非常大的变化,从对外收支平衡角度来讲,对外贸易盈余经历了趋势性的大幅度上升,尽管 1998 年受亚洲金融危机影响外需非常差,但1998年我国贸易盈余的规模却创了新高。十年后,2005—2007年中国对外贸易盈余再次经历了非常急速的上升。

1998年经济出现严重困难,1998—2002年宏观经济政策方向转为对经济增长提供支持,同时试图清除产能过剩问题,表1是产能过剩重点行业清单,资料显示,1998年、1999年时,政府对纺织行业的产能过剩进行物理性清除,如今钢铁、水泥等行业也存在严重的产能过剩问题,清除产能过剩再次成为重要的目标。

表1 1999vs. 2009:产量过剩重点行业清单

1999	2009
纺织	钢铁
烟草	水泥
玻璃	平板玻璃
石膏	煤化工
电解铝	多晶硅
拖拉机	风电设备
自行车胎	电解铝
……	造船
	大豆压榨

资料来源:国务院、国家经贸委、国家发改委历年文件汇编,安信证券。

另外,图3贸易盈余占名义GDP的比重,数据显示:尽管2000年中国出口的增长恢复得非常强劲,1999—2001年中国对外盈余趋势上都经历了较大程度的下降。同样的,在今年1季度出口大量反弹的情况下,2008—2010年1季度中国对外盈余也经历了较大程度的下降。可见,出口的波动对贸易盈余的解释从来就不够强。

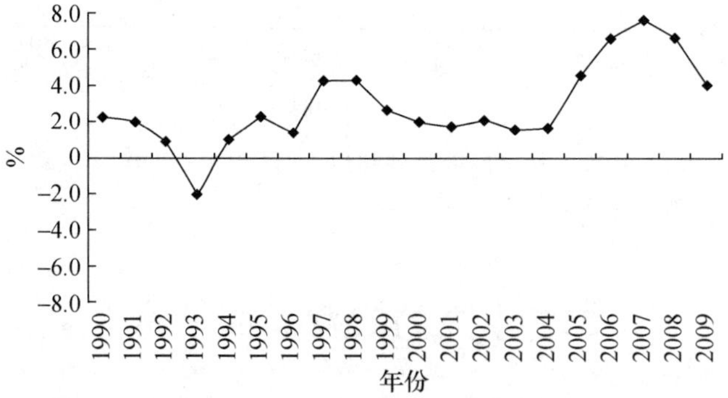

图3 贸易盈余占名义GDP的比重(1980—2009)

资料来源:CEIC,安信证券。

因此,整整相隔十年,中国经济都出现了贸易盈余周期性收缩,同时宏观调控政策的重点转向清除产能过剩和保增长。

三、经济周期末端的问题

在上一个经济周期的末端，经济扩张产生了很大的压力，银行体系不良贷款数量巨大，尽管各方面估计值不太一样，但不良贷款占比可能达到20%—40%，这主要是由于1993年经济扩张形成的。另外，当时A股市场也经历了显著的泡沫化，2001年上半年静态市盈率上升到接近70倍的水平，随后经历了五年时间泡沫才被消除。

站在本轮经济周期的末端，我们同样可以看到各领域存在的一些严重问题。从银行体系压力来讲，目前最重要的是银行体系与地方融资平台的压力。今年年初的数据是地方融资平台贷款余额占到银行贷款余额的20%左右，大多数地方融资平台都是空手套白狼，如果银行不能对这些贷款进行不断展期，这些地方现金流很快就会爆发出来压力。不过短期内这个问题还不会暴露。

第二个问题是房地产市场存在相当严重的泡沫，中国一线城市今年1季度租金回报率在2%—2.5%附近，上一轮如果说泡沫集中在股票市场，这一轮可以说集中在房地产市场。如果房地产市场泡沫不能得到很好解决，地方融资平台债务问题就会非常严重，如果房地产市场价格出现大范围下跌，地方土地很难卖出去或者很难卖到很好的价钱，这样银行资产质量就会出现很大问题，更不要说房地产牵连广泛，包括对资本市场也有深远影响。

从股票市场也很容易看到另外一个问题，股票市场结构分化达到惊人的程度，尽管所看到的蓝筹股主板市场估值处在相当低的水平，但是中小板、创业板估值水平之高令人震惊，那个市场平均估值水平应该都在70倍以上，这么高的估值很难长期维持。2006年、2007年主板市场静态估值也曾经上升到60倍的水平，但是这一次蓝筹股普遍被抛弃，而1996年市场追逐的蓝筹股在2000年的那轮牛市中也是被普遍淘汰的，但2000年指数还能涨这么高，这同指数的构成有关系。

但是为什么1996年、2006年市场追逐蓝筹股，2000年、2010年市场抛弃蓝筹股追逐创业板股票呢？背后一个深刻原因在于市场认为我国处在一轮经济周期的末端，我国处于新一轮经济周期即将开始的时候，不管新一轮经济周期从哪一年开始，它同上一轮经济周期蓝筹股、支柱行业都没有太大关系，2000年市场是这么看的，回头来看这种看法并不全错。

四、不同经济周期资本积累方向体现经济竞争力的提高

尽管资本总量在积累，但是在一轮一轮经济周期中资本积累方向是不一样的。这样一种变化本身就体现了经济的增长和发展，体现了制造业复杂程度和经济竞争力的上升。

这种上升有很多角度，一个角度是观察一个国家进出口结构的变化。制造业复杂程度的上升总是表现在越来越多地进口原材料和大宗商品，越来越多地出口复杂制成品和资本设备，而过去二十多年中国进出口结构的变化毫无疑问都是这样的。

第一个看纺织行业，图4是纺织净出口占比，数据显示，纺织行业的进出口占该行业

产出的高点大概在1997—2000年(2003年期间上升是同中国加入WTO等一次性刺激因素有关系)。这一轮经济周期强劲扩张同纺织业、彩电制造业没有太大关系,但是纺织业、彩电制造业同90年代那一轮经济周期有密切关系。

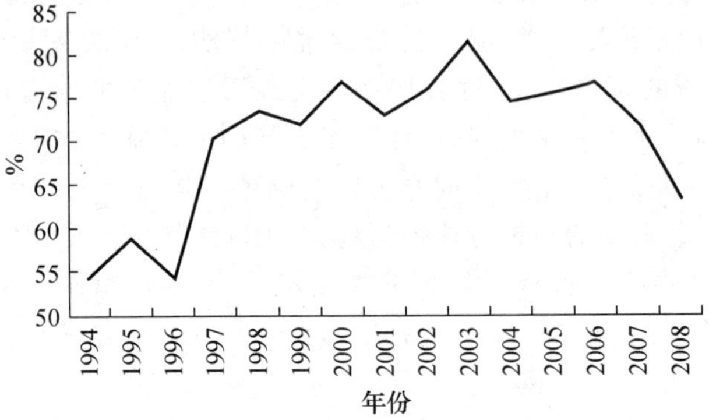

图4 纺织净出口占比(1994—2008)

资料来源:CEIC,安信证券。

另一个例子是看钢铁行业,图5是钢铁净出口占比,数据显示:中国在非常长的时间钢铁都是处在净进口状态,但是在这一轮经济周期鼎盛时期(2005—2008年)中国一跃变成钢材的净出口国,而且是全球第一大钢材的净出口国。

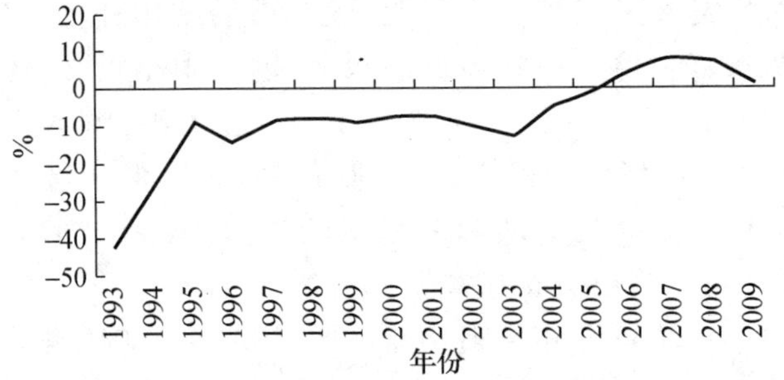

图5 钢铁净出口占比(1993—2009)

资料来源:CEIC,安信证券。

还有一个例子是中国的通用设备制造业,图6是中国通用设备净出口占比。数据显示:对这样一个有一定技术复杂程度的行业来讲,中国总体上不断从一个净进口状态逐步过渡到净出口状态,这表明在这个行业已经具有全球竞争力,在一定净出口平台上稳定下来,这样一个转变在2006年、2007年这一轮经济周期完成和达到。

1996年纺织、服装有非常大的净出口,2006年钢铁、相对复杂制成品有非常大的净出口。尽管从长期来看经济增长总是通过资本不断积累实现的,但是资本积累的方向、行业构成是非常不一样的,从很长一段时间来讲总是不断经历着变化,而且这个变化并不是沿着一个线性的均匀速度前进,总是表现出很强的周期性。

因此,从2009年开始,包括今明两年中国处在大的新一轮周期开始的位置,不可能由纺织行业、钢铁行业引领,新一轮周期由哪些行业引领,我们拭目以待。

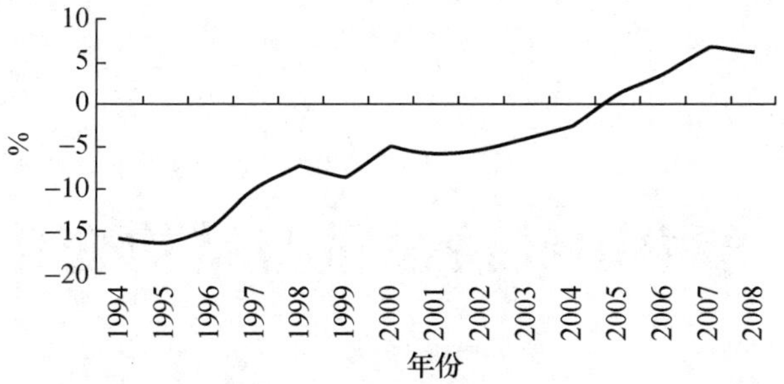

图 6　中国通用设备净出口占比(1994—2008)

资料来源:CEIC,安信证券。

五、对下半年的经济展望

下半年要着重看房地产市场。房地产销售面积增速在今年下半年或者明年维持在非常低的水平应该是大的趋势,受这样的影响房地产新开工面积和开发投资在今年下半年也将出现明显的下降,这将对经济增长构成非常大的压力。

在此背景下,尽管宏观经济政策可能会有一定程度的调整,但是无论对改变经济整个调整格局还是对改变经济增长率的基本态势来讲,都不会产生非常明显的影响,经济最终调整会向新一轮经济周期过渡,这仍然需要比较长的时间,仍然需要在体制层面取得一些突破,而且需要进一步的积累。

未来十年中国经济总量与结构变化趋势*

李雪松

中国社会科学院数量经济与技术经济研究所副所长

未来十年中国经济总量与结构变化的趋势有助于了解经济增长潜在水平的变化，从而为中短期宏观经济调整提供依据。李雪松所长的演讲以中长期分析框架为基础，分析和预测我国未来二十年的经济发展前景。在分析了影响经济中长期发展的主要因素之后，他以这些因素未来不同的发展趋势为背景，分析了我国经济潜在增长率、经济结构等指标可能的变化，并结合上述预测和分析为短期宏观经济政策的调整提出了相应建议。

一、影响经济中长期增长的主要因素

要对未来中国经济的长期走势做出判断，就必须分析影响经济中长期发展的主要因素及其影响经济增长的传导机制。从中长期来讲，这些因素主要集中在供给面；但同时也要注意，持续的需求面变化也能够通过影响供给面从而最终影响经济的中长期发展。这些因素主要有：

（1）人口与劳动力。其对经济增长的显著影响已有诸多讨论，劳动力结构的变化会对储蓄和投资产生显著影响，其传导路径是明显的。

（2）FDI 的增长率。尽管中国总投资中 FDI 比重正变得越来越低，但由于 FDI 会对技术进步的作用产生明显的外溢效果，因此其增长对于技术进步和全要素生产率变化也是至关重要的。

（3）国际经济增长。尽管它主要影响我国的总需求及出口，但如果金融危机之后国际经济增长持续低迷从而使得我国出口持续不振，其会给我国制造业投资和资本存量带来影响，从而影响经济长期增长。

（4）人民币汇率，它对出口和制造业投资方面有影响。

---

* 第 33 次季度报告会（2013 年 4 月 21 日）。

(5) 城镇化率,它对中西部地区投资的拉动和资本的形成会有一个推动作用。

(6) 研发投入。

(7) 教育投入。研发投入和教育投入这两个因素有利于提高全要素生产率,有利于增强经济增长的后劲。在这两个领域,政府一方面需要逐渐加大投资力度,另一方面还需要进一步提高资源配置的效率,使其对全要素的提高发挥更重要的作用。

以上述因素作为主要的外生变量,李雪松所长建立了中国宏观经济的年度模型。这一模型包括产出、价格、收入和消费、政府税收、金融、贸易、人口和就业、投资及储蓄共九大模块、153 个(内生)变量、37 个外生变量和 116 个方程。根据未来可能的走势,李所长将上述 7 个因素在 2010—2025 年间("十二五"到"十四五"规划期间)的变化分别进行设定,分为乐观情景、基本情景和悲观情景。

在基准情景中,对上述 7 个因素在"十二五"期间的变化基本以"十二五"规划为基本准则,对于"十三五"和"十四五"期间外生变量的设定是根据过去的历史演变规律和当前国际经济背景变化进行的。具体来说,对于人口增长率的设定在三种情境下没有差别,主要依据人口普查数据、人口结构、出生率和死亡率的变化;由于我国 FDI 增长率在"十一五"期间为 5.3%,因此将未来乐观情形下 FDI 增长率设定为比"十一五"的水平略低,即 5%,在基本情景下则是 3.5%。对于世界经济增长率,基本情境下设定为 2.5%,这对应于购买力评价法下 3.3% 左右的 GDP 增长率水平,将乐观情景下设定为 2.8%,这相当于购买力平价法下 3.5%—4% 左右的增长水平。可以看出,乐观情形下未来世界经济的增长率差不多是金融危机之前的平均水平,而基准情形中则比金融危机之前的水平低。最后,尽管实际走势还需要看汇率改革的步伐和节奏,但由于可能实现市场化,将 2025 年以前的人民币汇率变化假定为以 1.5% 的年平均速率上升的趋势。对模型外生变量的三种情景设定见表 1。

表 1 对模型外生变量的三种情景设定

主要外生变量	时期	三种情景		
		乐观情景	基准情景	悲观情景
(1) 人口增长率	"十二五"(2011—2015)	年均增长 0.428%		
	"十三五"(2016—2020)	年均增长 0.311%		
	"十四五"(2021—2025)	年均增长 0.176%		
(2) 城镇化率	"十二五"(2011—2015)	年均提高 1.1 个百分点,2015 年达到 53.0%	年均提高 1.0 个百分点,2015 年达到 52.5%	年均提高 0.9 个百分点,2015 年达到 52.0%
	"十三五"(2016—2020)	年均提高 0.8 个百人点,2020 年达到 57.0%	年均提高 0.7 个百分点,2020 年达到 56.0%	年均提高 0.6 个百分点,2020 年达到 55.0%
	"十四五"(2021—2025)	年均提高 0.7 个百分点,2025 年达到 60.5%	年均提高 0.6 个百分点,2025 年达到 59.0%	年均提高 0.5 个百分点,2025 年达到 57.5%

（续表）

主要外生变量	时期	三种情景		
		乐观情景	基准情景	悲观情景
（2）城镇化率	“十二五”（2011—2015）	4.0%	3.5%—4.0%	3.5%—4.0%
	“十三五”（2016—2020）		4.0%	
	“十四五”（2021—2025）			
（4）研究与开发（R&D）经费实际增长率	“十二五”（2011—2015）	年均增长 15.8%，2015 年 R&D 与 GDP 比率达 2.3%	年均增长 14.6%，2015 年 R&D 与 GDP 比率达 2.2%	年均增长 13.4%，2015 年 R&D 与 GDP 比率达 2.1%
	“十三五”（2016—2020）	年均增长 9.1%，2020 年 R&D 与 GDP 比率达 2.4%	年均增长 8.9%，2020 年 R&D 与 GDP 比率达 2.3%	年均增长 8.7%，2020 年 R&D 与 GDP 比率达 2.2%
	“十四五”（2021—2025）	年均增长 7.5%，2025 年 R&D 与 GDP 比率达 2.5%	年均增长 7.1%，2025 年 R&D 与 GDP 比率达 2.4%	年均增长 6.9%，2015 年 R&D 与 GDP 比率达 2.3%
（5）FDI 增长率	2011—2025	5.0%	3.5%	2.0%
（6）世界 GDP（汇率法）实际增长率	2011—2025	2.8%	2.5%	2.2%
（7）人民币汇率	2011—2025	年均升值 1.5%		

二、对未来经济走势的预测

在 GDP 增长方面，“十二五”期间 GDP 的潜在增长率在 7.7%—8.2% 的范围内：乐观情景下 GDP 的潜在增长率为 8.2%，基准情景 7.9%，悲观情景 7.7%；而在“十三五”期间（2016—2020 年），GDP 的潜在增长率在 6.7%—7.5% 之间变化：在乐观情形下为 7.5%，基准情形下为 7.1%，悲观情形下为 6.7%；“十四五”期间的潜在增长率则在 6%—6.9% 之间变化，乐观情境下为 6.9%，基准情景下为 6.4%，悲观情景则为 6%（图 1）。从实际情况看，去年中国 GDP 的增长率为 7.7%，与悲观情境下预测吻合，同基本情景预测中“十二五”期间 7.9% 的增长率相比偏弱。这主要是由于去年企业效益比较差，前十个月规模以上工业企业利润一直呈负增长态势，直到 11 月、12 月以后才上升到 5% 以上。而今年前两个月规模以上企业的利润已经上升到 7.2%，这说明企业利润有了明显好转，但之所以今年 1 季度的 GDP 增长率仍同去年 4 季度的 7.7% 一样，则是因为政府财政收入在 1 季度增长率有明显下滑，居民收入增长率也不及去年水平。因此尽管企业稍微好转一些，政府和居民收入增长却变弱了。特别重要的是消费的增长在 1 季度是明显低于去年同期和去年 4 季度的水平。剔除对高端消费的抑制这个因素之后，1 季度增长肯定要高于7.7%甚至7.9%的水平。而在外贸方面,1季度外贸增长水平高于去年4季度水平,3三月份又调下来了,反映了国际经济的不确定。总体来说,对应于预测7.7%—8.2%的潜在增长率,目前我国的调控方向应该向稳增长上调整。

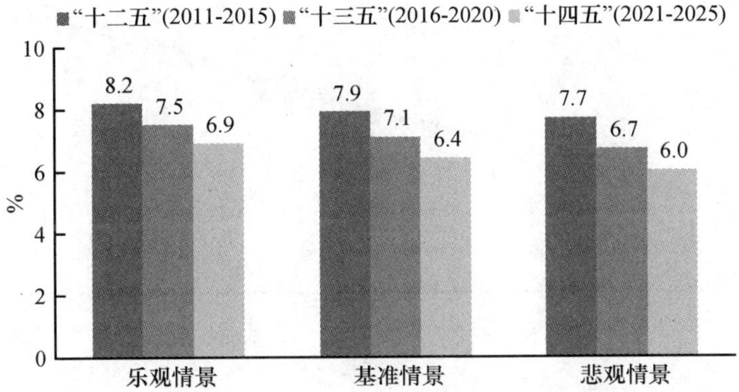

图1　2011—2025年中国经济增长潜力情景预测

在城镇居民收入变化方面,模型预测显示(图2)在三种不同情景设定下2020年城镇居民的收入均超过2010年的两倍,但在悲观情景下超出的比例不大。如果未来悲观情景真的发生,剔除价格因素后城镇居民要想达到十八大提出的收入翻一倍目标仍需付出一定的努力。而在农村居民收入方面,预测显示(图3)在基准情形下2020年时其收入大概是2010年时的2.2倍,这反映了我国的劳动结构和市场工资的上升。但由此引发的一个问题是,在GDP潜在增长率给定的情况下,如果城乡居民收入均高于GDP增长率,那么政府收入和企业收入就不得不要低于GDP增长率,从而引出了消费、投资、政府支出三者之间的一个匹配问题。尽管政府收入可以保持在个位数的水平,但是企业投资应该还要保持一个适当的增长水平,不能过低。因为如果企业收入持续增长过低的话,其获利能力就会受到抑制,经济增长也就会缺乏微观活力。总之,居民收入要达到两倍水平,需要在政府、企业和居民收入三者之间进行权衡,任何一方面都不能增长过快。

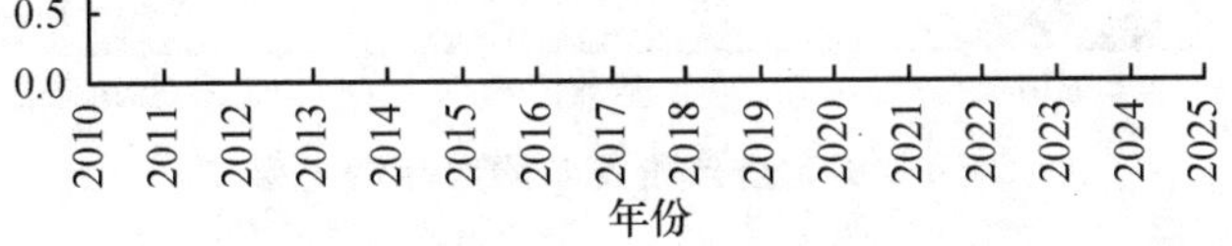

图2　城镇居民人均可支配收入变化趋势

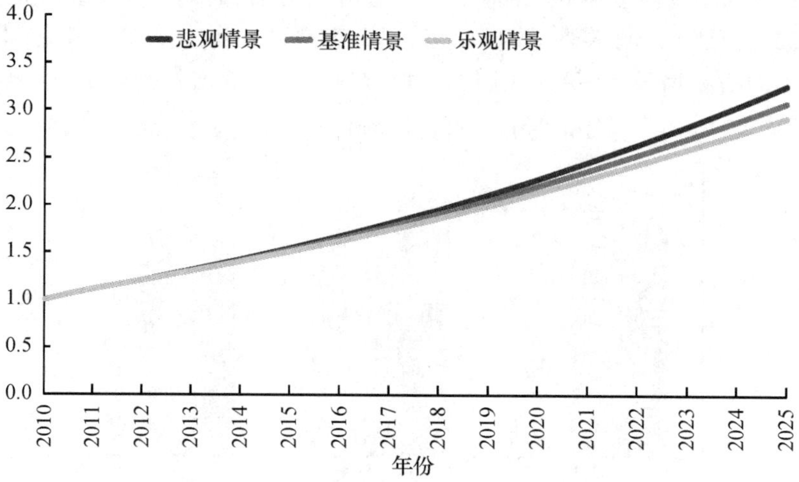

图 3　农村居民人均纯收入变化趋势

对固定资产投资测算的结果显示(图 4),无论在何种情景设定下,“十二五”、“十三五”、“十四五”三个五年计划内的实际投资率会随着时间的推移依次下降,但仍会保持较高水平。这同我国的劳动力人口结构有关。尽管目前新增劳动力在减少,但是适龄劳动力在 2025 年之前仍会保持较高的水平,这会使储蓄率和投资率也维持在较高水平(图 5)。而预测显示未来三个五年计划内的最终消费增长率会逐渐抬高,这与工资上升和社会保障的推行有很大关系(图 6)。在国际贸易方面,按以往的经验来看,国际贸易的实际增长率是 GDP 增长的两倍左右,名义增长率有可能达到 3 倍的水平,但预测显示(图 7)尽管未来名义出口仍会有 9%—10% 的增长,但扣除价格因素后同 GDP 增长率相差无几。因此未来我国贸易可能会比金融危机之前有明显下滑。

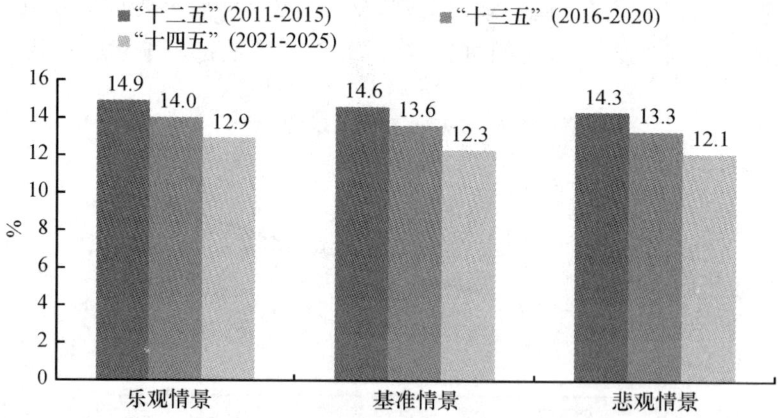

图 4　固定资产投资年均实际增长率

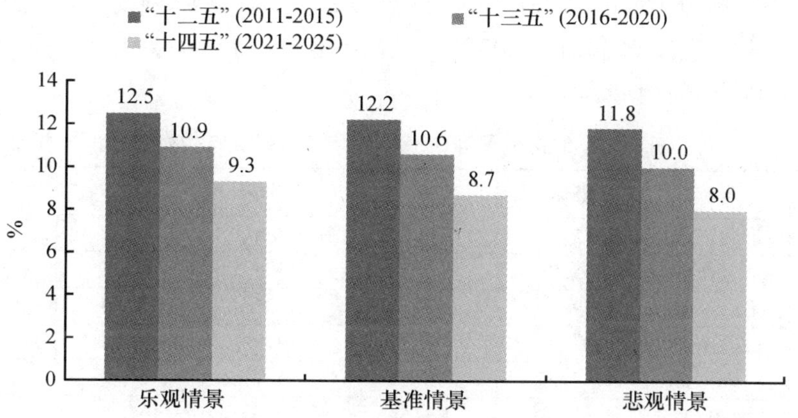

图 5　资本形成年均实际增长率

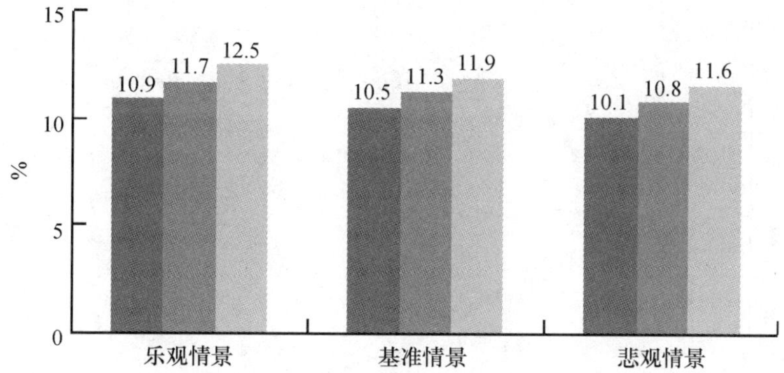

图 6　最终消费年均实际增长率

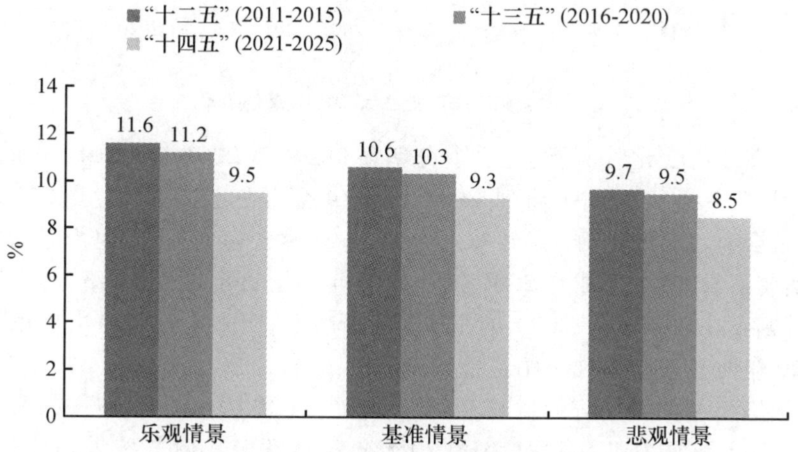

图 7　出口年均增长率

在经济结构方面(表 2 和图 8),从 2000—2010 年,我国第一产业比重下降了 5 个百分点,第二和第三产业分别上升了 0.8 和 4.2 个百分点。但模型预测显示,从 2011—2020 年,第一产业比重尽管仍会下降,但幅度有所减缓,降幅为 1.5%;尽管第二产业在

21世纪第一个十年的比重依旧是上升的，但在未来会有明显下降；对于第三产业，未来其占比会呈现加速上升趋势，相对于2001年—2010年4%的升幅，2011年—2020年其占比的上升幅度会达到7%。

表2 基准情景下2010—2025年中国经济结构变化 （单位：%）

结构指标	名称	2000年	2010年	2015年	2020年	2025年
三次产业结构变化	第一产业	15.1	10.1	8.6	7.0	6.3
	第二产业	45.9	46.7	43.8	42.5	41.1
	第三产业	39.0	43.2	47.6	50.5	52.1
支出法GDP结构变化	最终消费	62.3	48.3	49.9	50.3	51.2
	资本形成	35.3	48.1	49.7	50.0	49.2
	净出口	2.4	3.6	0.4	-0.3	-0.4

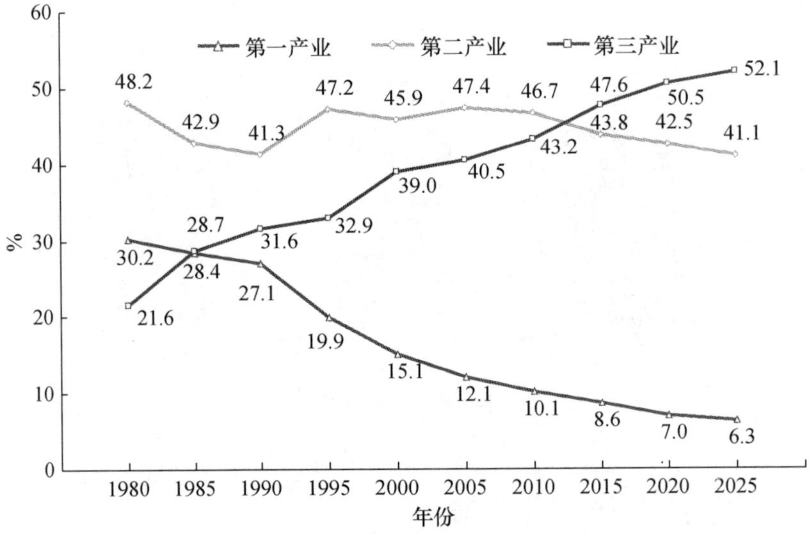

图8 中国三次产业占GDP比率的变化

在投资消费结构变化方面，变化也十分明显（图9）。2001年—2010年间，最终消费出现明显下滑，其比重从62%下滑到48%，下滑14个百分点，但预测显示2010年—2020年间最终消费会有小幅的上升，从48%上升到50%，尽管幅度较小，但由于对趋势有所扭转，因此也实属不易；资本形成在2001年—2010年间上升的幅度为13%，尽管仍会保持上升态势，其幅度在2010年—2020年间却会有所减小；而未来我国净出口也会逐渐走向平衡，到2020年时甚至会出现小幅逆差。

对于中国经济与世界经济的比较，模型预测如下（图10—图13）：按购买力平价法计算，中国经济总量会在2017年超过美国，2018年超过欧盟。但若按人均值计算，我国到2018年才能达到世界平均水平，2025年时仅是欧盟的二分之一，美国的三分之一。而按照汇率法计算，到2025年时我国GDP总量会达到美国和欧盟90%的水平，2030年之前有望持平；而如果从人均来讲，我国会在2025年达到世界平均水平，那时仅相当于欧盟的三分之一，美国的五分之一。

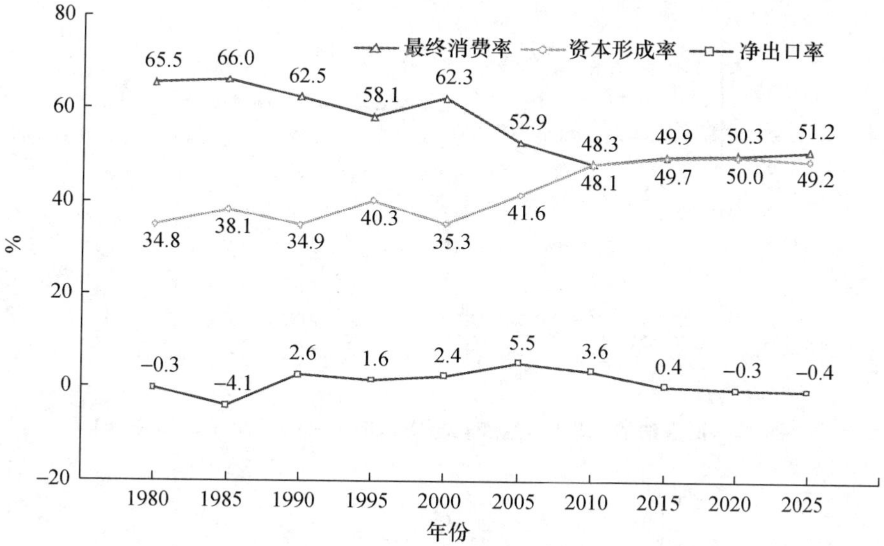

图 9　中国经济增长动力的变化

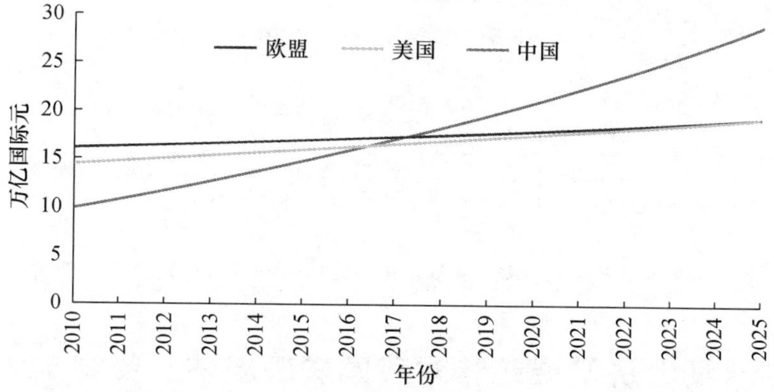

图 10　购买力平价法的 GDP 总量变化趋势(2010—2025,2010 年不变价)

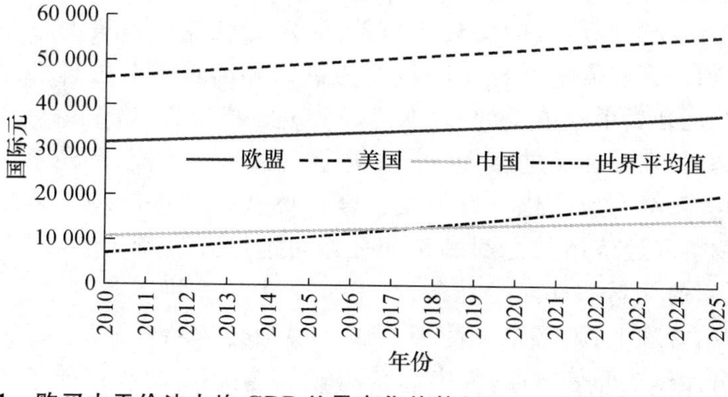

图 11　购买力平价法人均 GDP 总量变化趋势(2010—2050,2010 年不变价)

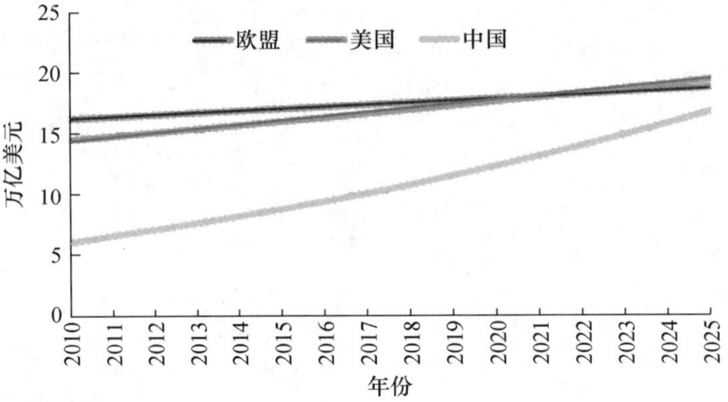

图 12　汇率法的 GDP 总量变化趋势(2010—2025,2010 年不变价)

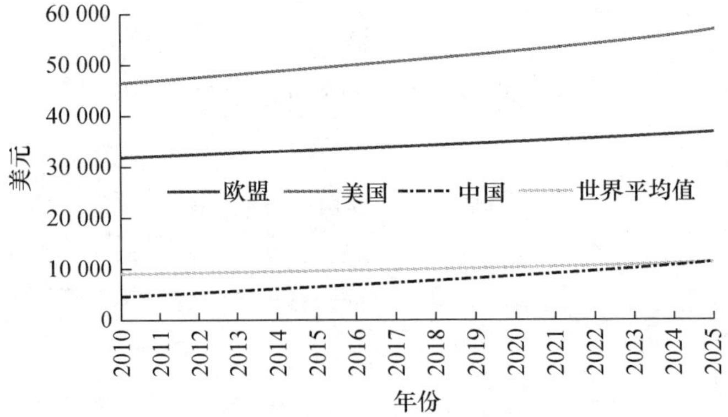

图 13　汇率法的人均 GDP 总量变化趋势(2010—2025,2010 年不变价)

三、中长期经济发展趋势对我国宏观经济政策制定的启示

随着新一届政府上台,之前的经济政策需要做出一些相应调整,以适应国内经济的低速增长、劳动结构和资源压力的变化。另外,制定宏观经济政策的思路也需要做出相应调整。政府必须将管理需求干预思路转变为供给和需求结合管理的思路。在需求管理上,无论是财政还是货币政策,应努力维持好促进经济增长、稳定物价和防范金融风险三者之间的关系。特别是在促进经济增长和防范金融风险方面,要注意未来我国物价和经济增长之间的关系会有所变化。目前发达经济体宽松的货币政策并没有引起物价大的波动,这暗示物价和经济增长之间的传统关系可能已经发生了一些转变。在中国,货币和经济增长之间的关系一直都很复杂,在未来全球开放的环境下是否会发生变化,仍有待观察。在供给管理上,则需要关注十八届三中全会的动向,对于新一届政府的改革路线、时间表和可操作空间等方面,大家都很期待,希望相应的改革能够平衡好各方面利益并有可操作性,从而为经济增长奠定基础。

中国经济转型的挑战*

——制度抑制消费增长

陈志武

耶鲁大学管理学院金融经济学教授

本文侧重分析中国经济为何在向降低出口依赖度、增加民间消费增长模式的转型过程中踯躅不前,着重从制度视角剖析其原因,并建设性地提出应对策略。

在过去六个月美元对加元、欧元和日元都贬值了20%,而人民币对美元的汇率基本维持在6.8:1的水平,也就是说人民币相对于其他国家的货币贬值了20%,这大大加剧了中国面临的通货膨胀压力以及来自欧盟国家的贸易保护主义压力,从而也加剧了人民币升值的压力。要改变目前的局面,就要推动经济转型、降低中国经济对出口和投资的依赖度、增加内需对经济的拉动作用。这一愿望已谈论了多年,但实际的结果总是差强人意。由此我们提出一个根本性的问题:为什么中国在增加对内需特别是民间消费需求的依赖度、减少出口依赖度的转型过程中总是步履维艰?我想从基础制度安排的角度来分析这一问题。

首先看一些实际数据。从图1可见,在过去半世纪,中国居民消费占GDP比重呈明显下降趋势,1952年这一比例为69%,到1978年改革开放之夕已下滑到45%,到1993年继续下滑至41%,到2004年缩减至35%;与之相对照的是政府开支占GDP比重持续上涨,从1952年的16%攀升至2004年的30%左右。纵观全球其他国家近60年的发展历程,中国情况非常特殊。俄罗斯居民消费占GDP比重在1991—2003年间从35%上升至55%,政府开支占GDP比重则维持在22%—25%。美国居民消费占GDP比重从1952年的64%上升至2004年的71%,联邦政府开支占GDP比重同期从16%下降至10%。巴西与美国相近,居民消费占GDP比重自1950年的51%上升至2003年的60%,而政府开支占GDP比重在这50年间维持在21%左右。

---

* 第19次报告会(2009年10月24日)。

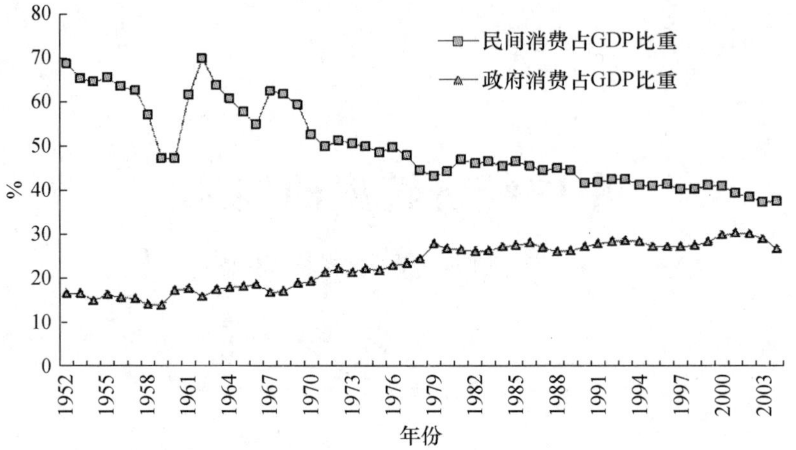

图 1　1952—2004 年中国民间消费与政府消费占 GDP 的比重

那为什么中国的民间消费占 GDP 比重以及政府开支占 GDP 比重与其他国家呈现不同的时间趋势？从制度层面看有两方面原因：一是民主宪政，二是国有经济。第一，在民主宪政国家里，政府的征税权和预算权受到国会和媒体等因素的制约，因此政府开支占 GDP 比重难以膨胀。而中国推出新税种和提高现行税率困难相对较小。比如最近为了抑制房价飞涨而在学界、业界呼声很高的物业税，此举虽可便利政府进行宏观调控、抑制房价，但以物业税这一财政工具转移居民财富的合理性还值得商榷。经济学家不仅要考虑征税的益处，也应关注税收收入将如何使用，不能只见其一，不见其二。

第二，与国有制经济相比，私有制市场经济下经济增长更易拉动居民消费。我和我的一名研究生利用 70 个国家 1980—2003 年的数据研究世界上不同国家居民消费增长对 GDP 增长的敏感性，即 GDP 每增长 1 个百分点，居民消费增长多少个百分点。研究结果发现，国有经济比重越高的国家，居民消费增长对 GDP 增长的敏感性越低。具体而言，根据 1980 年国有企业产出占 GDP 的比重将 70 个国家均分为 5 组，在国有经济比重最低的一组国家（图 2 中最左边的柱子），GDP 每增长 1%，居民消费增长 0.96%；而在国有经济比重最高的一组国家（图 2 中最右边的柱子），GDP 每增长 1%，居民消费仅增长 0.82%，中国就属于国有经济比重最高的这组国家。那为什么国有经济比重越高的国家，居民消费越难以随着 GDP 增长而增长？

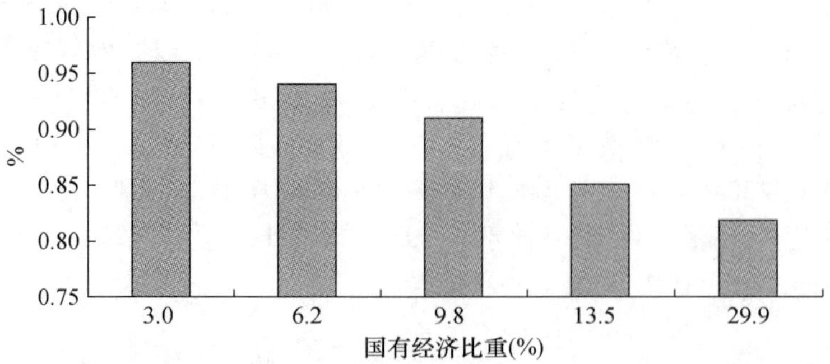

图 2　国有经济比重不同的五组国家居民消费增长对 GDP 增长的敏感性

为了回答上面这个问题，我们分别分析私有制经济和国有制经济中 GDP 增长对百姓收入的影响。私有制经济下，一方面 GDP 增长带动劳动收入上涨，另一方面土地、住房和股权等资产升值收益也被居民分享。例如美国 1999 年互联网鼎盛时期 4% 的 GDP 增长启动强劲消费增长。国有制经济下，一方面 GDP 增长带来土地等国有资产升值难以惠及百姓，直接制约居民消费增长。近年来在北京和省会城市出现了许多“地王”，但是土地升值的收益却较少被百姓分享。此外据我了解，北京的一些事业单位与区政府都有自己的资产管理公司，其中最大的可能是北京市国有资产经营公司，拥有 7 000 亿的资产。这些资产很多已经变现，并投资到对冲基金、私人股权基金和开放式基金中，为这些单位而不是为全民谋福利。建立国有制的初衷是通过国有资产升值降低居民税负、完善社会保障、实现共同富裕，这些目标并未兑现。现实中税负不断增长，1995—2008 年间国家预算内财政税收（不包含国企利润、国有资产和国有土地升值带来的国家收入）增加了 7.5 倍，而同期城镇居民人均可支配收入和农民人均纯收入仅上涨 2.8 倍和 2.3 倍（见图 3）。目前中国的预算内财政税收占 GDP 的 22% 左右，而美国联邦政府虽不享受国有资产和土地升值的收益，总税收也仅占 GDP 的 17% 左右。另一方面，政府代替百姓享受了资产增值收益，并将收益重点投资于国有企业，对全社会就业和居民收入增长产生不利影响。1990—2006 年中国国有企业固定资产投资对民营企业固定资产投资之比在 2.1 倍至 5 倍多之间浮动，其中 2006 年国有企业固定资产投资是 8 万亿人民币，相当于民营企业固定资产投资的 4 倍。然而 1997—2006 年国有企业提供的就业机会却逐年减少（见图 4），1998 年国企改制使国企减少了约 2 000 万的就业机会，1999—2002 年国企每年减少约 500 万的就业机会，近年来虽有所改善但还是每年减少 100 万—200 万的就业机会。与之相比，民营企业成为新增就业的主要驱动力，2006 年新增就业近 500 万。在找工作的人数保持不变时，就业机会增加会带来劳动力价格的上升，即劳动者收入会上升。

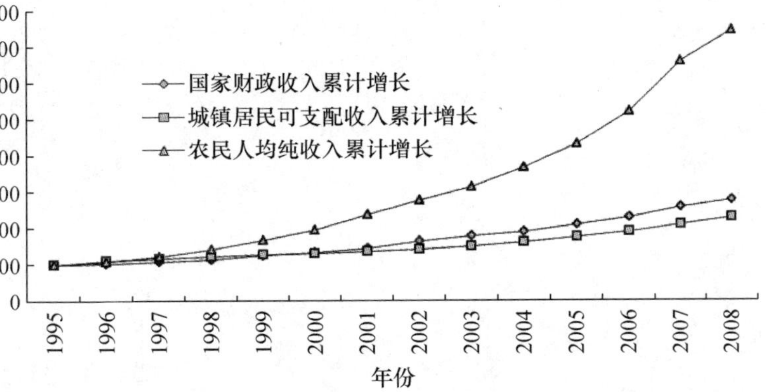

图 3　1995—2008 年国家财政税收、城镇居民人均可支配收入与农民人均纯收入增长情况（以 1995 年为基准）

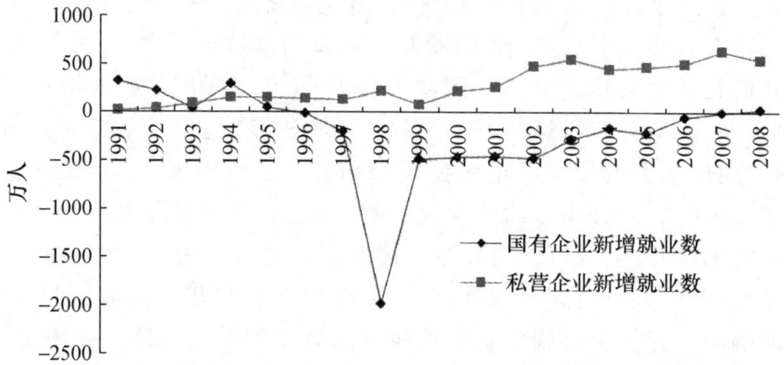

图 4　1990—2008 年国有企业与私营企业每年新增就业数

针对中国经济难以向消费驱动转型的现状及其形成的制度渊源，可以考虑推行三方面的改革。一是把各村土地均分给农民。二是把中央和省市国资委转变成 32 个“国民权益基金”，其中央企的“国民权益基金”股份均分给 13 亿公民，31 省市的“国民权益基金”股份以“本地公民多分、外省公民少分”的原则分配，并允许基金股份自由交易，实现真正的全民所有制。我特别强调民有化改革有别于私有化改革，政府仍可以对“国民权益基金”的运作执行一定程度的监管和控制，不会危及国家的战略安全与经济安全，但百姓可以更直接地分享国有资产升值带来的收益。三是推进民主宪政改革，对行政权力进行实质性制约。在座的各位只要是中华人民共和国的公民，你们也能从这些改革中受益，所以从这个角度说大家也许会支持我。

从“钱化”和资本化看流动性问题*

陈志武

耶鲁大学管理学院金融经济学教授

今天主要讨论流动性问题。从数据来看，很容易认为中国现在流动性已经不仅仅是过剩，而是非常非常过剩。图 1 表明，1980 年中国广义货币（M2）占 GDP 的比值为 20%，也就是说每一块钱 GDP 相对应两毛钱货币。到 2003 年这一比值达到 198%，货币供应增加得非常快。一般认为，货币供应速度应该和经济增长速度大体一致。但是中国在过去二十多年中货币供应量年均增长速度大致比 GDP 高 10% 左右，从而货币占 GDP 比值大致增加了 9 倍。根据这个数据，容易得出如下结论：中国的流动性已经非常过剩，中国的货币化、金融化程度可能发展太快。

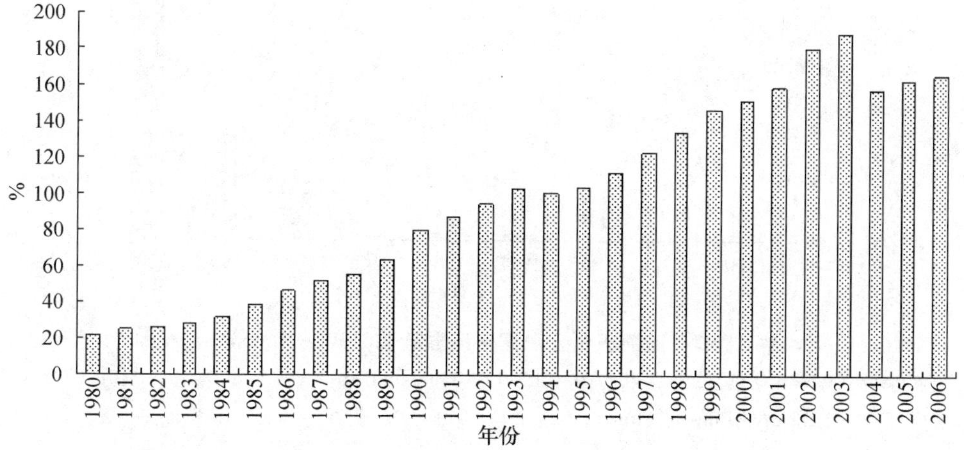

图 1　中国历年货币供应量与 GDP 之比（1980—2006）

资料来源：IMF。

* 第 10 次季度报告会（2007 年 7 月 29 日）。

正如后面将要讲到的那样，我们不能立刻就下这样的结论，还要深入了解中国经济货币化、金融化、资本化进程背后的机理，包括经济变迁、社会转型、政治制度变化等。这些因素都可能导致货币与GDP比值越来越高。同样让我感兴趣的是，在中国发展了这么多年以后，在货币化、金融化发展到现在的高度以后，中国经济的本质可能和28年以前是非常不一样的。越来越金融化的经济以及由此引发的宏观经济政策调整也是我比较感兴趣的问题。

表面上的流动性过剩不仅在中国存在，而且就像谢国忠经常说的，在全球范围内流动性也似乎过剩。为什么这种流动性过剩可能是表面的呢？因为我对经济史、金融史比较感兴趣，这里着重谈一下美国经济和金融变迁的历史，考察它的金融革命是如何发生的。从图2可以看到，1900年全美国金融资产总值（年末金融票据和各种各样证券的价值总和）约为640亿美元，1945年第一次超过一万亿美元，而到2006年这一数字上升到129万亿美元。稍作计算可以知道，第二次世界大战以后，差不多每隔十年，美国金融资产总量就会翻一倍。当然，我们可能觉得这样的绝对量数据意义不大，因为美国经济每年都在增长，为了支撑更大的经济，金融资产总价值当然应该同时上升。下面来看美国金融资产和经济的相对比重。图3显示的是所有证券和票据的总值与GDP的比例，这可以看作是衡量美国经济金融化程度的指数。这个指数在1880年为2.2，1900年上升到3.2，到去年年底约为10。也就是说，在今天的美国，每一美元的GDP大概需要10美元的金融票据和债券作流通。国内把金融经济称作“虚拟经济”，如此说来，美国经济的虚拟化程度越来越高。当然，我不是很喜欢用“虚拟”这个词，而宁愿采用“金融经济”的叫法，因为金融化（financialization）不是虚的，而是真的会给社会创造很高的价值。

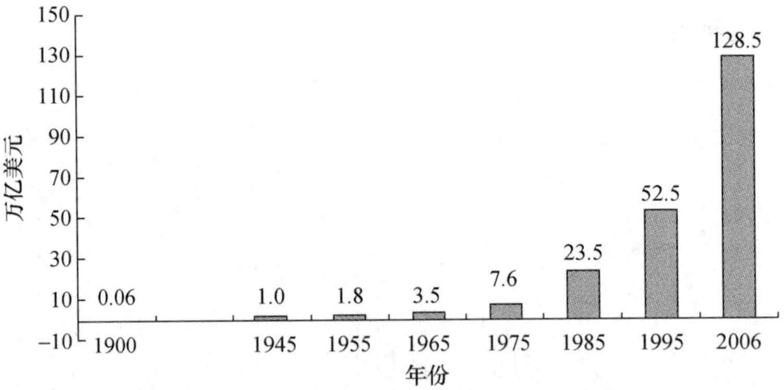

图2　美国历年金融票据证券总值（1900—2006）

资料来源：1900年数据来自Goldsmith（1969），Financial Structure and Development；1945年以后数据来自Federal Reserve Flow-of-Funds。

具体到不同的金融行业，过去26年在全球范围内，金融资本的供应量、金融化发展速度非常高，由此使基金等相应行业都发展非常快，这些行业因金融资本化的发展而产生。以对冲基金为例，1990年其管理的资本是2 000亿美元，去年年底则达到约1.8万亿美元，今年又增加很多。全球包括中国很多国家都在经历金融化、资本化的发展，由此导致金融资本在全球范围内的供应量大大上升。

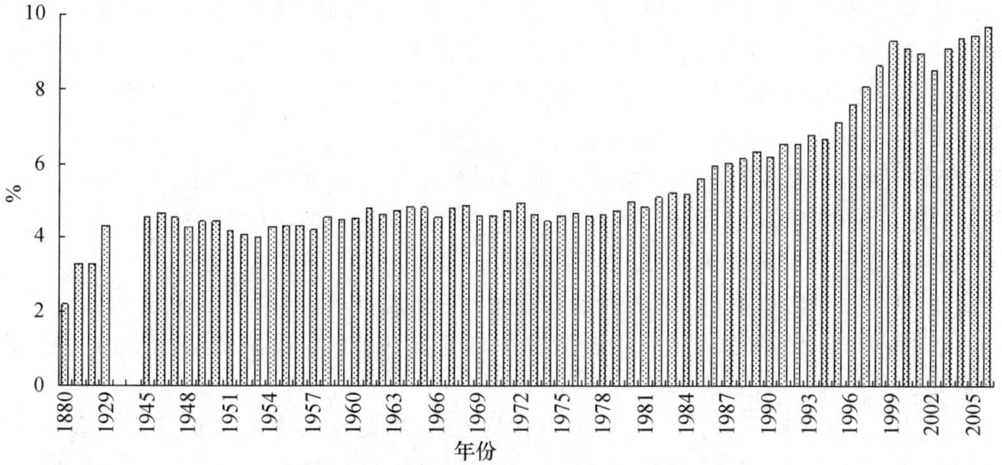

图 3　美国金融票据证券总值与 GDP 之比(1980—2006)

资料来源:1945 年以前数据来自 Goldsmith (1969), Financial Structure and Development;1945 年以后数据来自 Federal Reserve Flow-of-Funds。

在看完这些数据之后,有人会问,中国和美国这样迅速的金融化、资本化会不会导致金融不稳定和道德风险?至少在美国,这个问题还不严重。1980 年美国金融化的程度是 4.3,到 2006 年为 10,它在过去 28 年的增长和中国基本上是同步和同期的。美国过去 26 年的月度数据显示,萧条(recession)月份只有 16 个月,也就是说过去 26 年只有 1 年多一点时间经济出现负增长,其他时间经济总体波动是非常小的。因此,从这个意义上讲,高度金融化并不必然使一个经济、社会更加不稳定,实际上可能反而使其经济发展更稳定。

那么,这种金融化会不会带来其他一些问题?比如,会不会带来太多流动性?我认为,通货膨胀率是判断流动性过剩与否的最准确指标(当然房价等是否纳入通货膨胀率的计算是另一个问题),甚至是唯一最可靠的指标。不能因为我们口袋里的钱多了、银行的钱多了、资产价格上涨了,就说存在着流动性过剩,尽管它们也会提供一定信息。谢国忠和其他经济学家在讨论全球流动性过剩的时候没有考虑通货膨胀率这一重要因素。美国的通货膨胀率现在也就是 2%,西欧国家通货膨胀率基本上都是在 1%—2% 左右,日本的通货膨胀最近还是负值,而中国可能比较例外,上个月公布的通货膨胀率为 4.4%,根据宋国青教授的判断,接下来会继续上升。至少从全球的范围来看,表面上金融资产供应太多、流动性过剩,但又存在着普遍的低通胀。这本身就是一个很有趣的问题。它提示我们思考,现在的经济在结构和本质上究竟和以往的经济有什么差别?即为什么"钱"(金融资本)这么多,却没有出现每年 30%—40% 或者中国 1930—1940 年代的每年百分之几千甚至几万的通胀率?这背后的原因值得思考。

为了研究全球特别是中国经济这些年所发生的本质上和结构上的变化,我认为需要观察过去二十几年,特别是 1990 年以后中国"钱化"和资本化的情况。

为了理解"钱化"和资本化对流动性以及金融资本供应量的影响,首先要厘清以下几个概念:钱、资本和财富。这种区分还是很重要的。简单来说,钱是一个货币的概念,在所有的财富载体中它的流动性是最好的。不管一个社会有没有钱、有没有资本、有没有纸币或金属货币，它都有很多财富。财富不一定是钱，因为财富有可能不能被任意处置，比如说不能卖掉，所以可能无法变成钱，也就不是钱了。由此可以想象，在原来公有制下，所有的土地、所有的资源、甚至所有的劳动力都是属于国家而不能被交易，那时中国有很多财富，但是没有钱，就是因为那些财富不能被"钱化"。当所有的土地、企业、矿产资源、自然资源，还有我们未来的劳动力都可以被市场化买卖的时候，钱和财富的距离就会拉短，钱也自然多了。实际上，市场化越高，或说"钱化"越高的社会里，钱就越多。而这种"钱多"并不一定带来流动性过剩。

资本的概念相比财富小一些，但是在量上比钱又多一些。资本是能够产生财富的财富，其流动性介于财富和钱之间，或者从法律的角度讲，资本就是流动起来的产权，因此资本更多的是一个法律上的构造物。

对于钱、资本和财富这三个概念的理解是否到位，会在很多的法律法规中反应出来。比如说最近出台的《物权法》规定，农村土地的使用权可以转让，也就是说土地使用权所承载的财富可以钱化、可以卖出去，也可以自己使用，但是不能被抵押。这是很有争议的内容。以前的教科书上说，在旧社会，农民用土地、房屋抵押借钱，如果还不上钱，债权人就会占有所抵押的土地或房屋。正是那些教科书的原因，现在很多人担心，如果允许抵押农村土地使用权，那又会发生类似的情形。所以，现在不允许农村土地使用权、房产做抵押。从钱、资本、财富的划分来看，这等于是说现在农村土地使用权可以钱化，但不可以资本化。土地使用权作为一种财富，在不转让的情况下，要想为创业或其他投资提供资本，就必须可以抵押。通过抵押做资本化相当于是在自己使用和卖出去两个极端之间的一个选择，在不卖出土地财富的情况下把财富所包含的资本调动起来，让它变活。

钱化是为了缩短财富和钱之间的距离，那么，资本化是缩短财富和资本之间的距离。先来看美国经济史。美国也不是历来就如此的发达，1800 年美国农业人口占全部人口的 95%，也就是说，多数美国人在那个时期也是自给自足，很多人可能一连几个星期都见不到一块钱。当时人口流动也很有限，交通工具只有马车，不像现在有火车、飞机等交通工具。1800 年全美国基础货币供应量仅仅是 2 800 万美元，而现在中国国家外汇投资公司动辄就是 2 000 亿美元。19 世纪后半期，美国工业化迅速发展，随着铁路网络的建设，城市就业人数的增加，人口流动大大增加，城市化速度加快，社会结构解体，通过家庭成员之间来对养老、意外、生病等进行融资的家庭内部融资模式不再适用。伴随这些变化，美国金融化程度得到极大提高，由此产生的第一个结果是基础货币供应量大大增加。1900 年美国基础货币达到 25 亿美元，去年 M0 是 1 万 4 千亿美元。美国的金融化、资本化主要发生在 1860 年以后，19 世纪的主旋律是货币化。

中国改革开放以后的情形和 19 世纪后半期的美国比较类似。改革开放前人们出差要自带粮食、自带被褥等等，而不是带钱，因为当时没有太多东西被钱化。在这样以货易货的社会里，对钱的需求和供给都不会太高。后来外出可以不再自带粮食、被褥等，而是兴起了很多餐馆、宾馆，这种市场化当然增加对钱的需求和供给。另一个变化是，原来"在外靠朋友"的经济支持方式开始弱化，也就是说把原来在朋友之间一直发生的经济活动货币化，比如相互帮忙搬家转变为请搬家公司，钱的收入因此多了，钱的供应量自然也多了。社会结构方面的变化也和美国类似。在过去 28 年中，中国原来通过家庭和朋友来获得经济安全的方式，随着城市化、人口流动的增加而变得越来越不可靠，保险公司、银行、基金公司等等都在慢慢取代原来家族网络和朋友网络所提供给我们的经济保障，很多原来在家庭、朋友网络内部的隐性经济交易都在被外部化、显性化，都在以货币计算。比如，中国保险业上个月月底的金融资产是2.5万亿。在我看来，其中很大一部分是过去在家庭和朋友网络内部所提供的隐性保险功能的货币化、显性化，过去的隐性交易被保险公司取代后产生了2.5万亿的显性金融资本。中国的钱当然因此也多了。

讨论流动性是否过剩的问题时，我们必须考虑这种货币化的进程。在这个进程中，对钱的需要增加，人们的钱收入也在增加。当然，这种增加中有一部分是“虚”的，即原来通过亲戚、朋友的隐性经济交易一直是存在的，只不过现在有外部公司来取代了，都用钱来计算了，并且统计进GDP中来，表现为GDP和货币供应(M0，M1，M2)的增加。如果金融市场本身比较发达的话，这一部分货币供应增加不会带来通货膨胀压力。这也就是为什么今天的收入和流动性都在增加，但在全球范围内和几个月前的中国，通货膨胀都不是一个问题。

市场化缩小了钱和财富之间的距离，使财富“钱化”了。下面来看资本化。据我所知，以前研究资本主要集中在资本的好处和坏处上，而很少着力在这个“化”字上，也即如何使财富和未来的收入流转化为现在可以重新配置的金融资本。总体而言，资本的来源在一个社会包括以下四个方面：(1) 企业的资产(包括厂房、土地和其他有形资产)以及企业未来收入流，这是美国式金融资本主义的一个核心内容。(2) 土地和自然资源。(3) 个人的未来劳动收入流，这可能是任何一个社会最难资本化的，因为一个核心问题是人不能拿来直接作抵押。个人的未来收入流的资本化很难，但也有一些替代的方式，下面我们会具体再讲。(4) 政府的未来收入流。我去年的文章“治国的金融之道”专门谈过这个问题，政府要敢于把未来的收入流资本化，促进国家和人民福利的增进。

具体而言，对企业未来收入流进行资本化大致有两种途径，一种是在股票市场发行股票，另一种途径就是企业债券市场。我这里提供了美国股市总市值与其GDP的比值(图4)。与一般的视角不同，我看股市主要是从它将企业未来收入流折现并证券化的角度，而不是关注股市会上升还是下降。比如，分众传媒在纳斯达克的市值达到40亿美元。我们要问，分众传媒供给中国经济的这40亿美元金融资本是怎么来的？如果仔细计算，我们就会发现其中至少有35亿是来自于对分众传媒未来收入预期的贴现。换句话说，如果我们把分众传媒账面上5亿美元净资产看作是已经投入的区权资本，那么其市值的另外35亿完全就是分众传媒在纳斯达克上市之后，股市给其未来收入的贴现，也就是说，“分众传媒股票”本身等于把中国金融资本供应量增加了40亿美元，其中35亿纯粹是对未来的贴现，这些金融资本具有类似中央银行货币的流动性。如果没有股票市场的话，分众传媒的未来收入预期再好也不能给中国经济提供这么多的金融资本。

再具体一点讲，分众传媒董事长江南春相当于另一个央行行长，他在收购二十几个公司的过程中提供了很大的类似货币甚至优于货币的流动性。很多被收购的公司在分众传媒股票和现金之间选择了股票。换言之，在有了股市之后，不管是境内还是境外股市，只要上市公司有增发股票、做并购的权利，多几个上市公司就等于增加了很多中央银行，他们都有独立增发“私人货币”的权利，这些公司的股票就相当于货币(尽管其“货币

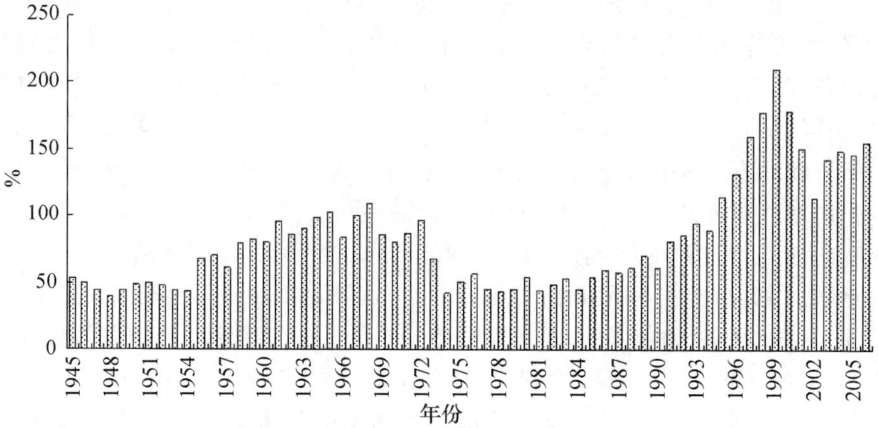

图 4　美国股市总值与 GDP 之比(1945—2006)

资料来源：Federal Reserve Flow-of-Funds。

性”一般低于政府货币)。我从很多境外私人股权经理那里了解到,过去一年里他们在中国的投资速度大大加快,这和中国 A 股市场以及全球金融市场所能提供的上市机会越来越多有关系。由股票这种“私人货币”带动经济增长的效果可能和央行增发货币的效果差不多,可能还更好。这也可以为从去年到今年头六个月工业增长速度如此之快提供一个解释。但是要注意,上述“私人货币”方式和央行发行货币的机制是完全不一样的,前者是分权、将发行权分散到各个企业,而后者集中在政府。股市的发展增加了整个经济的流动性,这种流动性不一定会增加通货膨胀压力。

把未来收入流贴现到现在、进行资本化的另一个结果是钱的概念发生变化。举个例子,假如一个中国人张三和美国人盖茨,过去和未来的收入流完全相同,他们两个的唯一不同是美国人盖茨可以将其未来收入的一部分通过金融市场转移到现在来使用,能对未来收入做资本化,而张三不能。这样产生的一个直接差别是中国人张三的钱是一个过去的概念,也即过去所赚的扣除消费等剩下的钱,是过去剩余收入的累计,比如说过去工作三十年,每年存 1 000 元,现在他的钱就是三万元。美国人盖茨也存下三万元,但他还可以将未来的收入流金融化,转到现在来使用,成为今天可花的钱的一部分。这样的第一个结果是,美国人盖茨会显得更加有钱,因为中国人的“钱”只包含过去的收入,而美国人的“钱”则是过去收入与未来收入贴现值之和。有人会质疑这种差别,认为无非是一个可以花未来的钱而另一个不可以。但实际的差别是很大的,因为我们可以借助这一部分资本化得到的钱来扩大自己未来的“用钱赚钱”投资机会,可以扩展未来创造收入的空间,会扩大未来投资的机会空间和选择空间。第二个结果是,尽管当初两方过去和未来收入都一样,但将未来收入做资本化的能力使美国成为资本输出国,而中国照样是资本输入国,要引入外资。

最后,讲一下内需不足的问题,即如何刺激国内的消费,使得经济增长方式从出口导向型向内需拉动型转变。为此,我在过去一年时间里搜集了有关美国个人劳动收入流贴现、个人信贷发展演变的历史资料(图 5)。我发现至少在 19 世纪 70 年代以前,整个美国的大众文化都是非常反对借钱消费的,直到 1928 年以前整个美国社会对于信贷消费都看得很负面，认为借钱花的人在品质和道德上都存在问题，认为他们贪图享受、不够自律。但是在20世纪20年代有两件重要的事情，一个是Julian Goldman Stores Inc.对于推动美国消费信贷起了很大的推动作用，使消费信用最大化的概念深入人心。另外一个重要的事情是GMAC（通用金融子公司）在1927年请哥伦比亚大学经济系主任塞利格曼做了一项消费信贷到底是好是坏的研究，把消费信贷的观念完全扭转了过来。在此之前，美国社会只同意生产性信贷，因为这种信贷总是可以支付利息的，而消费信贷只是消费的、享受性的。但是GMAC所提供的关于个人消费信贷的数据的研究表明这种观点是错误的。塞利格曼教授认为，所有的生产信贷和消费信贷都是一样的，都具有生产性。其解释是消费信贷所借的钱可以买更好的西装、更好的车，这样也许可以帮助借款人找到更好的工作以及在拓展业务时找到更好的客户。所以围绕这个人的所有的开支都是一种资本性的开支，可以使其人力资本增值。塞利格曼此后的一系列文章，引发了美国所有杂志和报纸对于消费信贷评价观念的彻底改变。

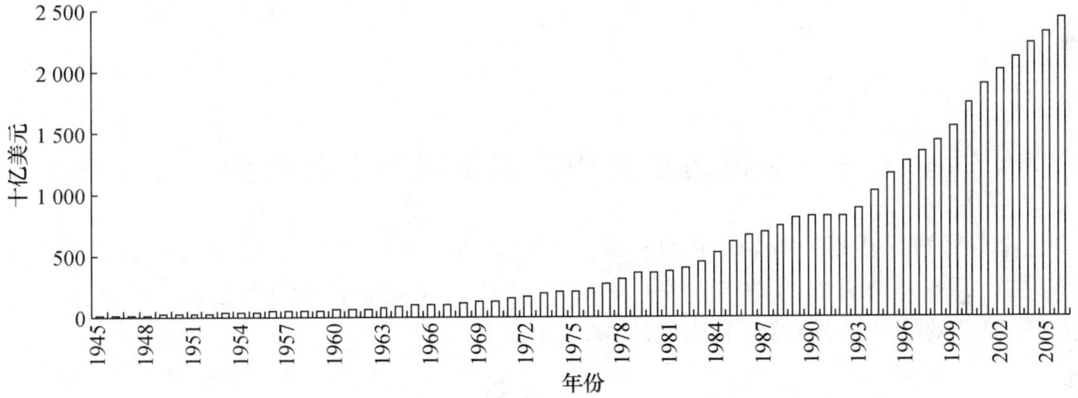

图5　美国消费信贷余额（1945—2006）

作为总结，我想说的是：对于今天的中国，尽管流动性越来越多，我们应该思考钱多的因素到底有哪些、有哪些因素会对通胀有很大影响、有哪些没有多大影响、还有哪些会对中国金融业结构调整形成非常大的压力。只有这样，才能更清楚和准确地看待当前的流动性问题。不要因为人们表面上钱多了或者因为货币供应相对GDP比重上升了，就认定有“流动性过剩”问题。钱再多、流动性再强，如果没有通货膨胀，就不存在流动性过剩的问题。

经济趋势下行的逻辑*

张　斌

中国社会科学院世界经济与政治研究所研究员

一、金融危机后中国经济增速下行趋势

金融危机发生后，中国 GDP 增长率呈现明显的趋势性下行，虽然中间经历了一轮刺激，但是下行趋势并没有改变（图 1）。目前的增长率是否已到底，是不是还会出现比 7.5% 更低的增长率，仍然没有明确的答案。

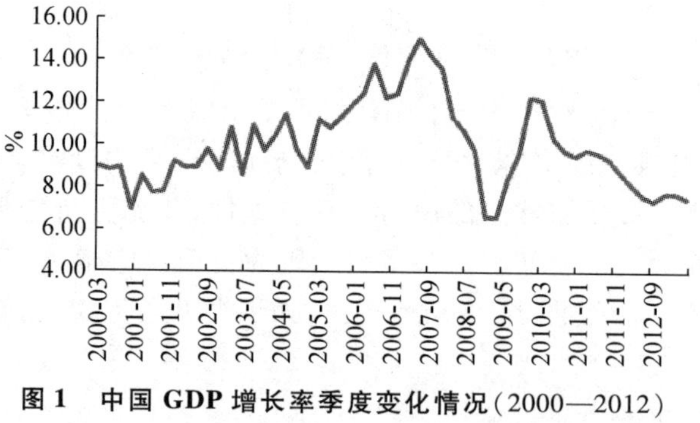

图 1　中国 GDP 增长率季度变化情况（2000—2012）

经过对 GDP 增长做简单的分解，容易发现促使增长率趋势性下行的最主要原因是净出口对 GDP 的贡献下降。金融危机发生之前（2000—2007）净出口平均每年贡献 1.21%（图 2），而危机之后（2009—2012），净出口每年平均贡献 -0.93%，二者之间的落差达 2% 左右。

* 第 34 次季度报告会（2013 年 7 月 20 日）。

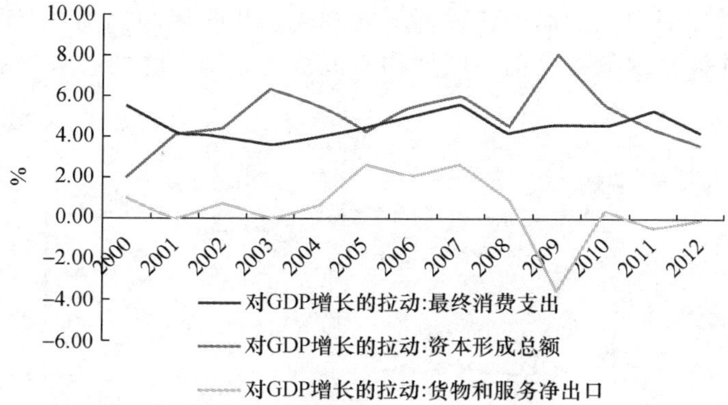

图 2　中国净出口对 GDP 增长的贡献(2000—2012)

以上对 GDP 增长的分解仅是基于等式关系。这是有益的初步观察,但还不是令人满意的解释,因为还不能找到微观基础,不能把个人、企业和政府的行为纳入解释。还需要进一步提问,为什么净出口的下降会带来中国经济增速趋势性的下行？这是本文要回答的问题。

除了增速下行,中国经济的结构在金融危机前后也发生了明显变化。首先,危机之前中国工业品在最终使用品中比重不断上升(图 3),而在危机之后则下降;服务业则在危机之前一直下降,危机之后不再下降。

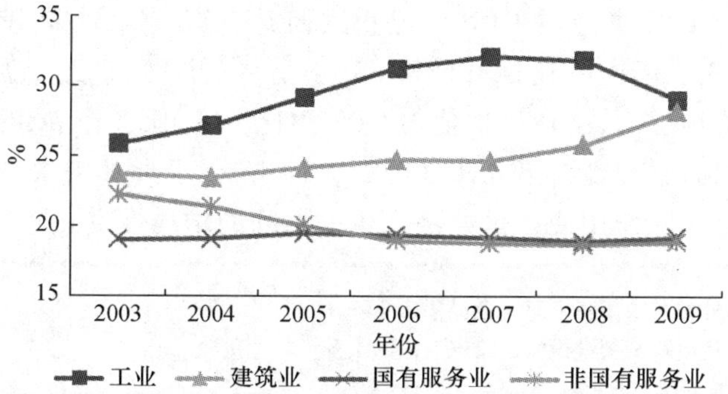

图 3　中国最终使用品中工业品占比情况(2003—2009)

其次,中间投入品结构中工业品比重也是在危机前不断提高(图 4),危机之后下降。

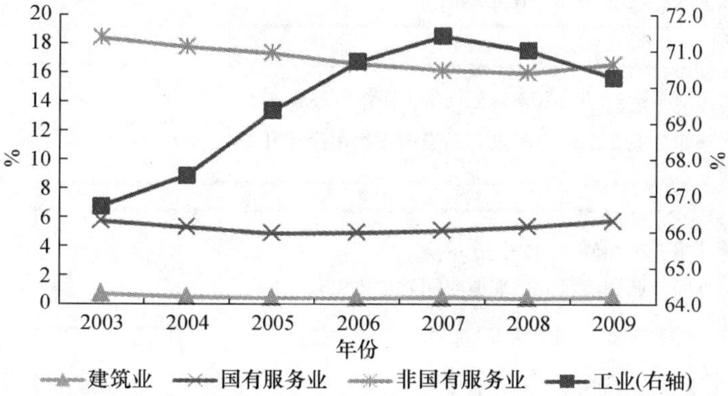

图 4　中国中间投入品中工业品占比(2003—2009)

最后,产业增加值中工业品的比重,除了2004—2005年间因为统计口径调整问题有一个大滑坡外,同样呈现危机之前不断增加而危机之后则下降的态势(图5)。

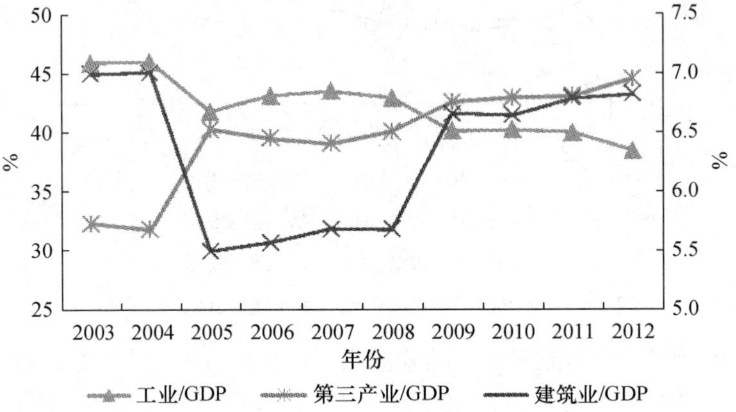

图5　中国产业增加值中工业品占比(2003—2009)

我们对以上所述现象进行关联与汇总(图6)。第一,从支出/需求结构上,金融危机发生后,我国外部需求下降,从而对工业品需求下降;与此同时,政府四万亿投资使市场对建筑业、服务业需求增加。第二,在最终使用层面上,工业品与GDP之比由升转降;建筑业与GDP之比上升;服务业与GDP之比止跌回升。第三,在中间投入品结构层面上,工业品在全部中间投入品中占比由升转降,服务业在全部中间投入品中占比由降转升。第四,再到增加值结构层面,工业增加值与GDP之比下降;服务业和建筑业增加值与GDP之比上升。由此可见,中国经济近几年面临两大冲击,一是外部需求减少冲击;二是刺激政策变化冲击,二者共同作用使中国经济发生一系列的结构性变化。

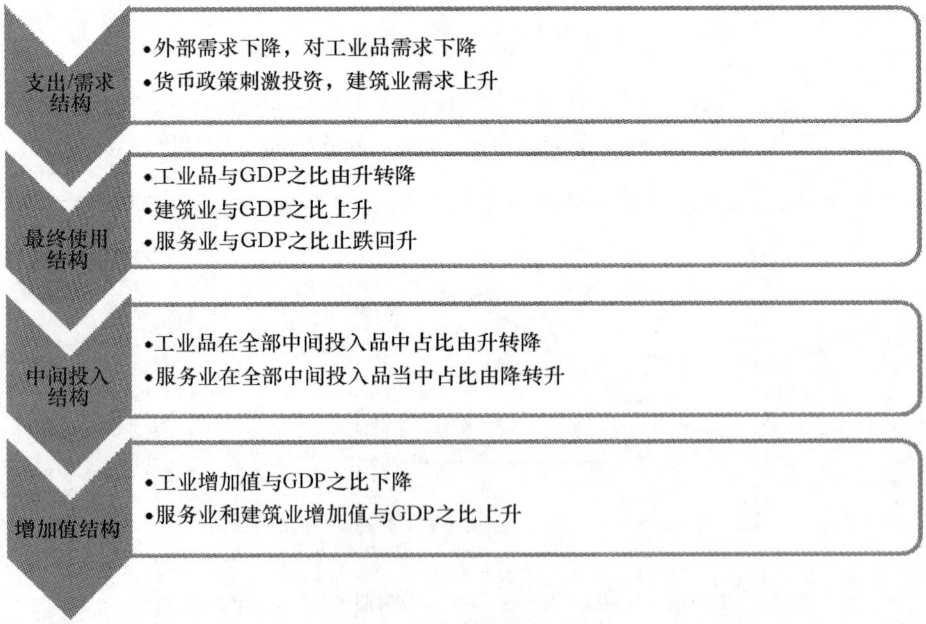

图6　现象的关联和汇总

经过这些分析后,我们提问题的方式就要发生变化,一开始提出的问题是为什么净出口下降带来中国经济增速的趋势下行?在看完这些证据以后,一个包括了上述问题,但是覆盖面更完整的问题是:为什么工业品部门占比在经济活动中有一个趋势性的变化,即危机之前上升,危机之后由于结构发生调整导致工业部门占比从各个角度衡量都在下降?后面我们还会看到,正是这种下降带来了经济增速趋势的下行。

二、决定经济增速的三个变量

一个经济体的增长取决于三个变量:第一是要素禀赋,包括劳动力、资本和土地等投入。禀赋问题就是有多少东西可以投入生产,这是经济增长理论中的关键问题。第二是给定要素禀赋,它们是不是都能参与到经济活动当中,要素参与率是多少,关键指标是产能利用率和失业率。这是经济周期理论最关心的问题。第三是要素生产率。给定要素投入,使用这些要素之后能够得到多少产出?这是要素生产率的问题,也可以理解为技术问题。本文着重讨论要素参与率和要素生产率的问题。

要素参与率取决于市场完善程度。在一个完全充分竞争的市场上,所有要素都会被完全利用,因此不存在要素参与率的问题。但是现实中不存在完美的市场,市场总有失灵或失效的地方。如果市场不完善,市场机制的一些缺陷将造成某些经济资源不能得到充分利用。

图 7 列出产品市场和要素市场的关系,它考虑的是产品市场跟要素市场的均衡。图中两条实线交点是完美竞争市场的均衡水平。如果要素市场垄断程度提高,则要素市场线左移;如果产品市场垄断程度提高则会让产品市场线左移。给定要素市场完全竞争,根据边际成本定价,而垄断市场则不根据边际成本定价,可能比边际成本高很多。在这种情况下,有一定垄断利润之后,更高的价格对应的产出更低。市场上不管是行政垄断还是自然垄断,垄断程度越严重,产品之间替代性就越差,对应均衡产出水平将越少。我们经常说有效需求不足,但实际上有效需求不足这样的表述并不准确。准确地说,应该是与既定市场缺陷对应的均衡产出水平较低,不足以充分利用给定的要素禀赋资源,所谓需求不足只是表象。

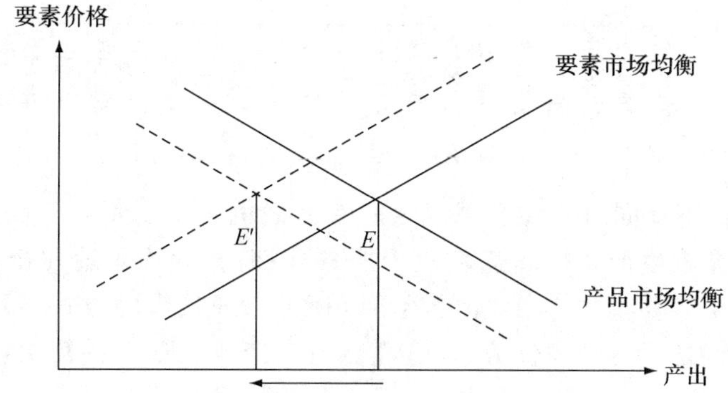

图 7　要素市场和产品市场均衡情况

中国工业部门和服务业部门市场完善程度不同。工业部门中80%左右充分竞争,而服务业部门只有50%左右,如旅游、餐饮等是充分竞争的,另外50%左右如医疗、教育、通信、金融等等有严格准入限制,竞争不充分。比较工业部门和服务业部门后可知,工业部门比服务业部门市场化程度高,产品替代弹性也较强。因此,当中国经济经历工业部门占比下降而服务业占比上升的时候,市场不完善的程度就加大,要素参与率也会下降,资源就更加不能得到充分利用。从资本和劳动的数据都可以看出中国要素参与率下降,比如图8的产能利用率数据和图9的PMI从业人员数据等。

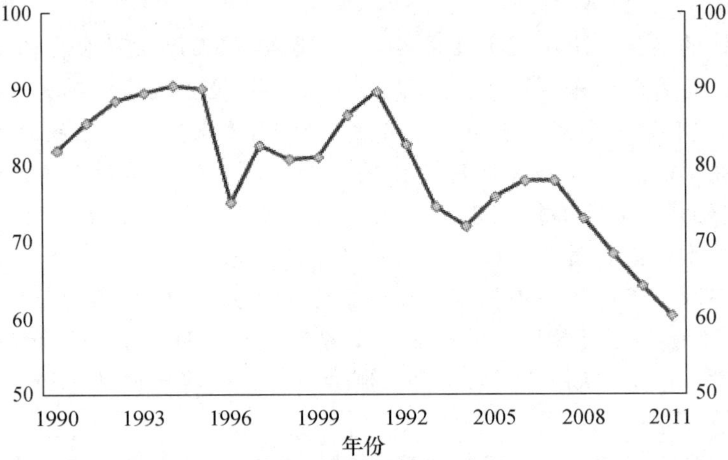

图8　中国产能利用率

资料来源:转引自IMF"People's Republic of China, 2012 Article IV Report", http://www.imf.org/external/pubs/ft/scr/2012/cr12195.pdf。

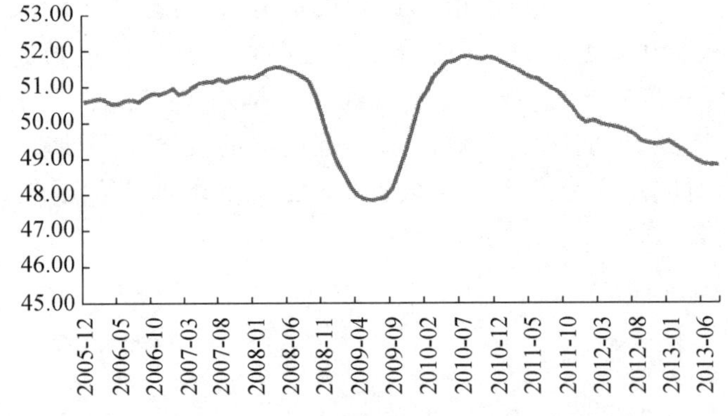

图9　中国PMI从业人员情况(12个月移动平均)

工业部门占比下降同时导致了要素生产率方面也发生了不利于高增长的变化。首先,一般工业部门要素生产率提高速度快于服务业部门,因为工业化产品比服务性产品标准化程度更高,更容易模仿学习,即使学不好还可以通过借的方式学习。其次,相比服务业部门,工业部门还具有规模优势,这方面在汽车产业表现得特别明显。最后,工业部门生产还有融资优势,厂商可以利用厂房、设备到银行做抵押获得贷款,它对金融发育程度要求不高,一旦有了融资支持,厂商就可以通过进口机械设备扩大生产。卢卡斯认为技术的进步就是生产过程的外溢效应，有生产才有技术进步。融资优势可以帮助企业不断扩大生产过程，从而获得新技术。相比之下，服务业存在一些提高生产率的难题，服务业产品非常不标准化，非常个性化，“学”和“借”都比较困难。比如美国的高等教育很好、印度的外科医生据说不错，但很难把它们借到中国来用。另外，服务业投资失败率比较高，而且也没有抵押品优势，从金融部门融资困难，因而也难以借助资本积累扩大生产，分享干中学的效率进步。一般而言，工业部门要素生产率进步一般高于服务业部门。

结合中国情况来看，中国的工业部门比重下降、服务业部门提高与生产率增速下降有关。目前，已有许多对中国要素生产率计算的相关研究，但是这些计算存在较多争议。根据 Conference Board 的数据（图 10），我国全要素生产率现状不容乐观。

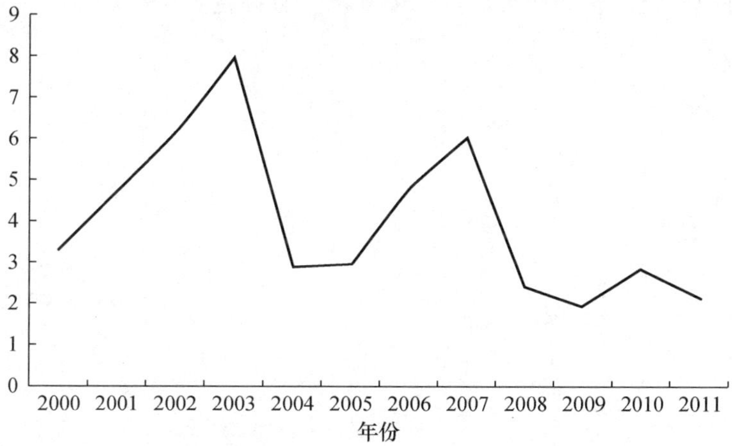

图 10　中国全要素生产率（2000—2011）

综上所述，金融危机发生后，中国经济活动由于外部冲击和经济刺激政策冲击，重心由工业部门转移到服务业部门，这对要素参与率和要素生产率产生负面影响，从而带动经济增长速度下滑。国外消费者没钱买那么多依托于完善市场机制的制造业产品了；而国内市场机制缺陷，不足以调动国内资源投入有效生产，而且生产活动所带来的技术外溢效应在下降。要素参与率与要素生产率的双双下降，造成了中国经济增速的趋势下滑。

三、对　　策

面临经济增长率下降，政府的对策应该怎么考虑？从短期来看，存在两难选择：一方面，更多的刺激措施可以提高要素参与率；另一方面，刺激措施会带来金融杠杆率不断提高、低效率投资、不良资产率提高，带来金融危机的隐患。面临这样的两难选择时，各国政府都不希望看到资源、福利遭到损失，特别是在就业方面。所以短期内，根据两害相权取其轻原则，应该选择合适的刺激，选择的标准是：第一，是否有效地提高需求水平，特别是增加就业机会；第二，是否有显著的正面溢出效应；第三，尽可能减少对其他部门投资的挤出效应。

这方面,北京等大城市的基础设施投资还有很大空间,比如北京南城林立的电线杆、糟糕的地下设施、城市中心区的城中村改造等。我们需要关注老百姓生活中特别需要但是没有办法自己完成的投资,以及那些有很强的外溢效应的投资。政府进行刺激是必要的,但是要找到好的刺激项目,通过改善投资提高我国的要素利用率。

从长期来看,依靠改革来完善市场、使资源能够得到充分利用是更好的选择。在政府职能改革方面,最后都涉及政府部门利益的调整问题。这个过程中,范围较广的改革往往行不通。从过去几次改革成功经验来看,每一届政府如果能够在一个重点领域里推进一个好的改革就已很成功。目前中国居民的生活与发达国家相比,工业产品消费相差不多,主要差距是居住、医疗、教育和环境等方面。如能在这些领域中的一个或者几个取得改革成果,对中国经济长期成长和百姓福祉都大有裨益。

解读“十一五”规划建议*

林毅夫

北京大学中国经济研究中心教授、主任

一、“十一五”期间面临的挑战

自1979年开始进行改革开放以来，总的来讲我国经济发展形势非常好。尤其在第十个五年计划期间，我国战胜了非典，克服了东亚金融危机的不利影响，迎接了加入世贸组织的挑战，走出了自1998年以来的通货紧缩，粮食产量大幅增加，农民收入增长速度回升，国民经济保持了较快的增长，对外开放的步伐加快，对外贸易的总量成倍增长。不过展望未来，我国经济仍然存在不少体制性、结构性的问题，必须在“十一五”期间解决。第一，生产能力普遍过剩，通货紧缩的压力仍然存在。在上一次的宏观论坛我曾分析认为在今年年底、至迟明年年初我国会出现通货紧缩，现在我仍然这样认为。而且，从严格的经济学定义来讲，实际上在9月份我国就已经进入通货紧缩，比我原来预计的还早一点。

如图1所示，从2003年7月份开始，我国终于走出了1998年以来的通货紧缩，居民消费价格指数一路上升，最高的时候是2004年7月、8月份，曾经超过5%。但是，2004年9九月份以后又开始下跌，今年9月份消费价格指数和上一年9月份对比，增幅只有0.9%。学术界一般认为，居民消费价格指数低于2%，国民经济就已经处在通货紧缩的边沿。例如在2001—2002年之间，就曾经有一段时间居民消费价格同比增长超过1%，但那段时间仍然被认为是通货紧缩时期。从图2所示的商品消费价格指数来看通货紧缩趋势更为明显，2005年9月份商品零售价同比增长已经到了零，而且这个趋势看来还会继续下去。

---

* 第3次季度报告会(2005年10月29日)。

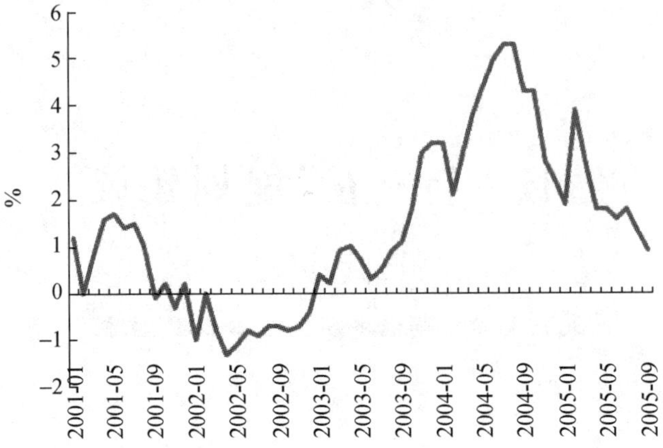

图 1　居民消费价格指数

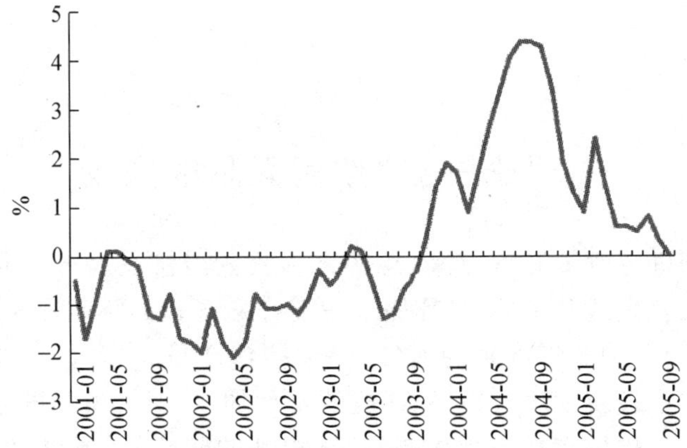

图 2　商品零售价格指数

其实,就是在 2003 年、2004 年的时候,通货紧缩的背后原因——生产能力全面过剩的问题也仍然存在。在 2003 年商品零售物价指数统计的 16 类商品中,有 12 类的价格是下降的;2004 年,16 类商品中有 10 类的价格也是下降的。也就是说,2003 年、2004 我国的总体物价水平走出通货紧缩是由少数几类商品价格上升较快带来的,一旦导致那几类商品涨价的短期因素消失,通货紧缩就会重新出现。况且,2003 年、2004 年物价上涨的商品中,有几类是由于投资过热造成的,等投资完成转化成生产能力,将进一步加剧生产能力过剩,这是“十一五”规划期间必须解决的一个问题。

第二,“活乱循环”的体制弊端还没有根除。自从改革开放以来,一直就有“一放就活,一活就乱,一乱就收,一收就死”的循环。1997 年以后,这个现象有所缓解,2003 年开始出现投资过热,2004 年 4 月份政府提出宏观调控控制投资增长过快,此后固定资产投资增长幅度确实下降,但是到今年 6 月份以后投资增长又一路走高,到今年年底的时候,估计固定资产投资同比增长率可能达到 28%,比去年增幅还高。

第三,外贸增长很快,外汇储备迅速增加,到今年 9 月底已经达到 7 690 亿美元,外汇储备如果继续增多,人民币升值的压力会加大。

第四，能源、电力消耗的弹性系数如图 3 所示，这几年提高得非常多。资源消耗过大，环境恶化，令人担忧经济发展的可持续性。

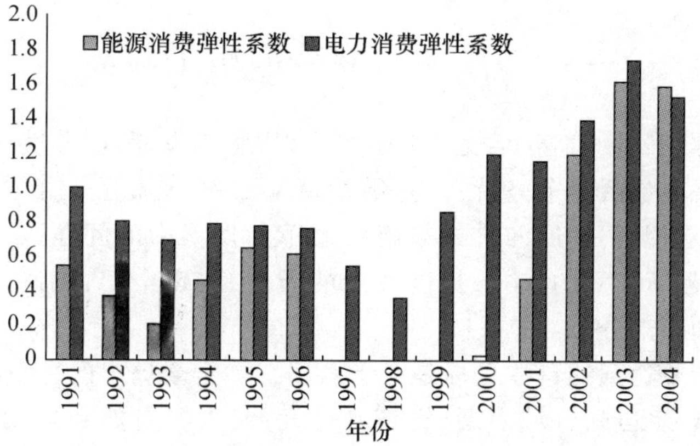

图 3　能源、电力消费弹性系数

第五，经济总体发展水平低，去年我国人均收入才 1 277 美元，和美国 4.01 万美元比较，只不过是美国的 3.2%。如果用更全面的“财富”来衡量(国内生产总值加上自然资源等)，中国和发达国家的差距就更多了。根据世界银行最新的研究报告，2000 年最富的瑞士人均财富达到 64.8 万美元，美国为 51.3 万美元，而我国人均财富才只有 9 387 美元，只有瑞士的 1.4%，美国的 1.8%(图 4)。

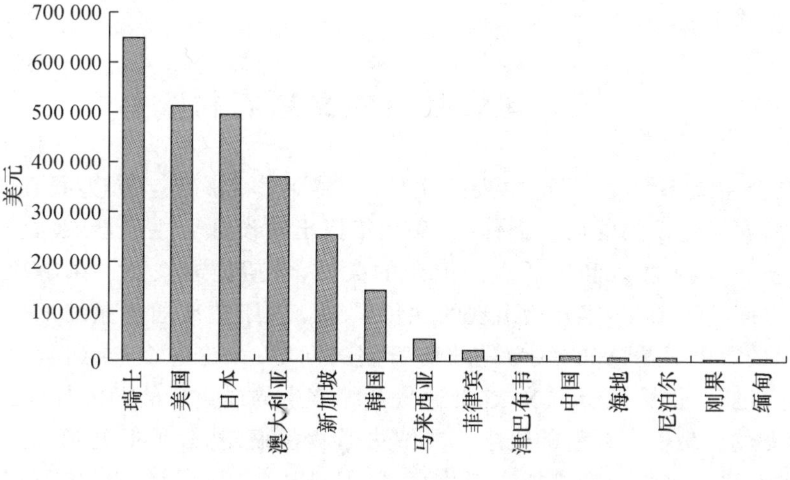

图 4　人均财富

第六，城乡收入差距、地区收入差距大，各项社会事业的欠账多，可能影响社会稳定和将来经济的继续发展。

第七，改革不到位，财政、金融、国企方面都存在不少问题。从财政来说，这几年中央财政收入增长非常快，但是，县以下的财政入不敷出，有些研究表明现在地方政府的负债已经达到 8 000 亿。

第八,政府、市场关系尚未理顺。体制转轨过程中,经常需要政府加强干预和控制,但是,这和建立社会主义市场经济的目标不一致。

二、"十一五"规划的两个亮点

针对以上问题,第十一个五年规划明确提出以"科学发展观"作为未来经济发展的指导原则。科学发展观包括两个坚持:一是继承从邓小平以来就一直主张的,以经济建设为中心,发展是硬道理,用发展的方式来解决改革和发展中的问题;二是强调以人为本,转变发展的观念,创新发展的模式,提高发展的质量,实现全面、协调、可持续的发展,这是科学发展观的创新部分。

科学发展观所要达到的具体目标是在十六届三中全会提出的"五个统筹",即在发展过程中必须统筹城乡发展、区域发展、经济社会发展、人与自然和谐发展、国内发展和对外开放。作为科学发展观具体落实的政策措施,"十一五"规划提出"六个必须"和六项任务:"六项必须"是必须保持经济平稳较快发展,必须加快转变经济增长方式,必须提高自主创新能力,必须促进城乡协调发展,必须加强和谐社会建设,必须深化改革开放;"六项任务"是建设社会主义新农村,推进经济结构调整和经济方式的转变,增强自主创新能力,促进区域协调的发展,加强和谐社会建设,深化体制改革、提高对外开放水平。

"十一五"规划和过去相比,有两个亮点。第一个亮点是提出了建设社会主义新农村,第二个亮点是强调必须增强自主创新能力。其他内容在过去都提过,是过去政策的延续和进一步落实。

三、建设社会主义新农村

"建设社会主义新农村"写进中央的文件,我感到非常高兴。因为我在 1999 年比较早地提出了新农村建设的倡议。为什么 1999 年提出建设社会主义新农村?一方面源于长期对农村发展、城乡收入和生活水平差距的关注,希望能够找到一条解决这个问题的出路。另一方面源于 1998 年开始出现的通货紧缩。关于造成通货紧缩的原因有各种说法,有的认为是货币问题,有的认为是政府管制的问题,无论怎么样,通货紧缩的出现一定是生产能力过剩,供给大于需求,这是通货紧缩产生的最重要的经济基础。

生产能力过剩是一个存量的概念。要解决通货紧缩,就必须把过剩的生产能力存量消化掉,一种办法是靠流量的增加来消化存量,但是从各国经验来看,单靠流量增加是一个非常缓慢的过程。当时我提出一个"存量需求"的新概念,能不能找到一个既有需求的愿望又有支付能力,但是由于结构性或政策性的原因而无法满足的"存量需求"?在一般市场经济国家不管是投资还是消费需求,只要有支付能力就应该能够得到满足,所以不会存在未满足的存量需求。但是中国是转型中国家,有不少政策性、结构性的限制,让一些需求没有办法实现。我分析当时我国存在四个方面的存量需求,两个是在投资方面,包括外国对中国直接投资和民间投资;两个在消费方面,包括城市的商品房、汽车消费和农村消费。释放前三项存量需求的政策这几年都已经实施了。第四项存量需求的量最大，即使到2005年的今天，我们58%的人口还是在农村，消费水平远远低于城市。生产能力过剩的那些产品，在城市里基本上已经接近饱和，可是在农村还有相当大的空间。

限制农村消费的因素有两方面：一是农民的收入水平太低；二是农村和生活有关的基础设施严重不足。“建设社会主义新农村”被写到“十一五”规划的建议里，并且作为“十一五”期间要完成的六项任务的第一项，政府将会以更大的财政支出来支持农村和生活有关的基础设施的建设，这些建设本身是投资需求，对于消费需求的启动还可以起到四两拨千斤的作用。同时农村的基础设施的建设一般是劳动力密集型的，所用的原材料也都是当地产的，可以给农民创造很多就业机会，这也是增加农民收入的一种方式。我个人判断，对农村基础设施建设的投入，每投入一块钱至少有九毛钱变成农民的收入。而且，过剩生产能力消化掉了，投资的机会增加，创造出更多就业机会，农村劳动力向非农产业转移的速度可以加快，农民的收入将进一步提高。当然，更重要的是新农村建设还能缩小城乡差距，只有农村生活也现代化，才会有一个现代化的中国，也只有这样我们才能构建和谐社会。所以，社会主义新农村建设是一个一石数鸟的政策。

四、自主创新：动力或是陷阱

自主创新到底是经济发展的动力还是陷阱？不断的技术创新是经济长期增长的动力，这不会有什么疑问。在现在高度发达的欧美国家，18世纪之前的一两千年，人均收入的年均增长率只有0.05%，需要将近1 400年人均收入才能翻一番。工业革命以后这两百多年，人均收入平均每年增长2%，37年就能翻一番。导致这种巨大变化的最重要原因就是工业革命之后，技术创新的方式从经验积累转变为以科学为基础的实验，技术创新的速度加快。

发达国家由于在生产中已经使用了最新、最前沿的技术，技术创新只能靠自主研发。对于后发国家来讲，在绝大多数产业技术创新有两种可能方式：引进或是自主研发。到底哪一种比较好，需要通过成本和效益的比较决定。后发国家在能够引进技术时，其成本通常远远低于自己发明技术的成本。因此，后发国家如果能够比较好地靠引进技术作为技术创新的动力，有可能维持二十年、三十年、甚至更长时间远高于发达国家人均收入平均每年2%的增长速度。日本和“亚洲四小龙”在追赶发达国家的阶段，以及我国改革开放这二十几年来的高速增长经验就是最好的例证。

我国目前的发展阶段和总体的技术水平和发达国家还有很大的差距，在引进技术上还有相当大的空间，引进技术、消化技术仍然是我国技术创新的一个主要来源，因此，温总理在做“十一五”规划建议的说明中，仍然强调要利用好全球科技资源，继续引进国外先进技术，积极参与国际科技交流和合作。

自主创新就我国而言可能主要体现在如下四个方面：第一，外国的许多技术适合外国的要素禀赋结构，中国劳动力成本比外国低得多，引进外国技术时，在不牺牲产品质量的前提下，生产流程中许多步骤可能可以用劳动替代资本，这样可以进一步降低成本，这种流程的创新，需要我国的企业自主来完成。第二，我国有比较优势，但是，没有比我国发达的国家在此产业有比较优势，这个产业的新产品和新技术的创新只能由我国自主来完成。像摩托车，现在中国已经是全世界生产摩托车最多的国家，而且过去生产摩托车的国家都基本上已经退出了，像日本、德国、意大利。在这种情况下，中国的摩托车要创新，当然必须自主研发。第三，我国有比较优势，在此产业上我国的企业和发达国家企业的技术差距很小，我国的企业要技术升级时难以从发达国家的企业引进技术，我国的企业也必须进行自主创新。在许多电子产业的终端产品，尤其是那些我国有非常大的国内市场的产品上，我国的企业就处于这个阶段。第四，在国防安全上必要，但是又不可能从国外引进的产品和技术。

在前三类的自主创新中，创新的主体是以市场为导向的企业，其研发的技术一般是在企业现有技术基础上的延伸，成功的概率较高，所需的资金投入较少，研发出来的技术、产品较能符合市场的需求，这方面的自主创新的投资效益会较高，只要政府在税收和采购上给予一定的优惠，企业就有可能靠自身的力量在开放竞争的市场上取得成功。

在强调自主创新的重要性时也必须避免一种新的赶超，试图在和我国的产业比较优势距离很远、和我国企业现有的技术差距非常大、研发资金需求巨大的领域，去和资本丰富、风险承担能力强的发达国家的企业直接较量。赶超的行为只有在政府的巨额保护、补贴下才能继续下去，如果要保护的企业太多、范围太广，政府就只能靠扭曲资金、外汇的价格，以行政的手段来配置稀缺的资源才能实现，这样就不可能完善社会主义市场经济体系，经济增长方式的转变就会有困难，科学发展观的目标也难以实现。

五、人民币是否有大幅升值的空间

如果我国的经济继续保持强劲的增长，从长期来看人民币的汇率会升值，这应该是无可争议的。但关键的问题是，现在人民币是否低估，如果是，到底低估多少，是 10%、20%、30% 还是 40%？由图 5 贸易顺差占国内生产总值的比重来看，从 1990 年开始，最高点是 1997 年、1998 年，当时外贸顺差占 GDP 的比重达到百分之四点多，今年又升得比较高，估计会超过 5%；，但是，从图 6 外贸顺差占外贸总额的比重来看，估计今年可能接近 7%，然而，这个比例还远低于 1997 年、1998 年的 12%，并且也低于 1999 年的水平。可是，1998 年、1999 年时，国际上炒的是人民币贬值，由此可见炒人民币升值还是贬值并不是根据人民币的汇率以及贸易的实际情况。

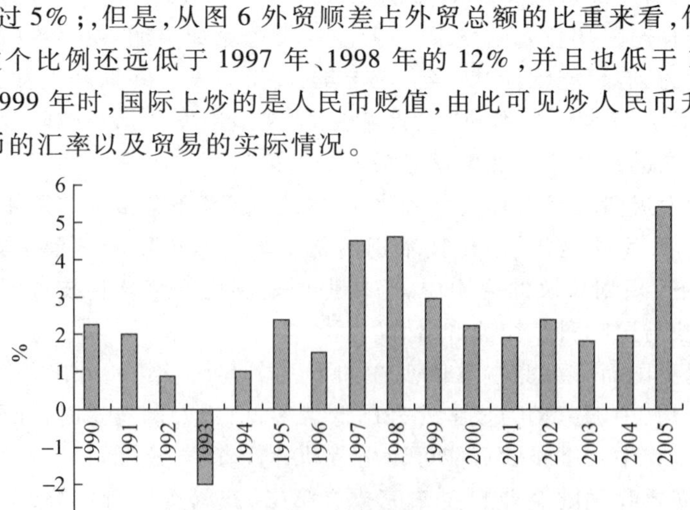

图 5　贸易顺差占国内生产总值的比重

今年贸易顺差为什么会加大？有几个可能原因：第一，预期人民币升值的外国企业提前进口了中国的产品，而我国企业延后了进口；第二，我国前两年投资过热，在钢铁、水泥等行业的投资今年建成开工，产能增加，国内消化不了，这些产品从进口变为出口。

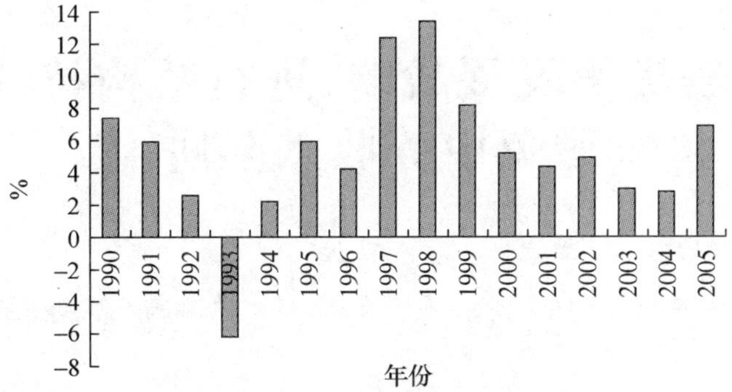

图 6　贸易顺差占贸易总额的比重

人民币升值的压力主要来自于这几年对美贸易巨额的顺差，然而，采取固定汇率的我国固然和美国有巨额的顺差，采取有管理浮动汇率的国家这几年对美的贸易顺差也同样加大，尤其采取完全自由浮动汇率的国家，像日本、欧盟，虽然对美元升值了很多，对美国的顺差也是加大的。因此不能简单地说，中国对美贸易顺差加大就是因为中国采取固定汇率和人民币低估造成的。实际上，对美贸易顺差的主要原因是美国居民的储蓄低和美国政府的财政赤字，如果美国居民和政府的行为不改变，人民币就是升值，对美的巨额顺差还是会继续存在。

就当前我国经济的实际情况来看，外贸出口如果减少将使已经过剩的生产能力更为过剩，大幅升值对我国不利，采取有管理的小幅度波动是最佳的选择。在上一次报告会上我谈到，由于我国的资本账户没有开放和人民币不能自由兑换，投机人民币的成本一年在10%左右，如果人民币每年升值在2%—3%左右，投机人民币将会亏本。所以，只要我国政府在政策上明确表明，在有管理的制度下维持人民币汇率小幅度浮动的决心，外国的炒家赚不到钱，就会放弃投机人民币汇率，人民币的汇率就会恢复1994—1997年间那样根据我国外贸和经济运行的实际情况小幅度的上下浮动。

遵循比较优势发展战略，进行结构持续升级，避免中等收入陷阱*

林毅夫

世界银行前首席经济学家、高级副行长、北京大学国家发展研究院名誉院长

中国改革开放三十多年来取得了巨大成就，国内生产总值以平均每年9.9%的速度持续增长，从一个非常低收入的国家发展成为一个中等收入国家。1979年，中国人均收入不及非洲国家平均水平的1/3，而到2011年，中国的人均收入达到5 400美元，今年应能超过6 000美元，将近非洲国家平均收入水平的5倍。中国取得骄人成绩的同时也有很多问题令人担忧，包括收入差距的急剧扩大、环境的不断恶化和贪污腐化的日益严重等。最近经济增长速度放缓，许多国外声音质疑，中国会不会出现硬着陆？一旦出现硬着陆，再加上社会腐败、收入分配问题，可能造成中国整个政治跟社会稳定不能维持，进而导致经济增长继续减速。

中国如何避免中等收入陷阱，是一个很现实的问题。回顾历史，通过分析1950—2008年的最新数据，可以看到全世界200多个国家和地区中，只有28个经济体的人均收入与美国的差距缩小了10个百分点或者更多。这28个经济体中绝大多数是欧洲国家，如果再剔除掉石油和钻石生产国，只剩下12个经济体，这意味着什么？从第二次世界大战到现在，世界上将近200个国家和地区实际上陷入了低收入陷阱或者中等收入陷阱，真正打破这个陷阱的国家和地区是非常少的。

当然，并不能断言，从低收入变成中等收入，再继续从中等收入变成高等收入是不可能的。这12个国家和地区中，许多是我们的近邻。比如，20世纪50年代的韩国和中国台湾，人均收入都只有美国的10%左右，他们当然算是低收入经济体，60年代以后它们的经济开始持续发展，到2008年的时候人均收入都超过了美国的60%，已经成为高收入经济体。同样，日本、新加坡、中国香港当时的人均收入只达到美国20%的水平，与我们

---

* 第31次季度报告会(2012年10月27日)。

现在的情况相仿,但他们经历了持续经济增长之后,日本曾经达到美国80%的水平,现在降到70%多,而新加坡、中国香港的人均收入都达到美国的80%甚至更高。所以东亚经济体有能力从低收入变成中等收入然后继续走向高收入。而且,这不仅存在于东亚经济体,其他地区和国家也有出现。

以爱尔兰和智利为例(图1),从20世纪初开始,两国基本一样,一直占美国人均收入百分之四十左右,这种相似情形一直持续到七八十年代。但是80年代末以后,智利跟美国的差距没有缩小,爱尔兰却在2005年、2006年左右实现了人均收入与美国持平。由此看来,中等收入陷阱不是必然。既然第二次世界大战以后,基本上亚非拉所有的国家在取得政治、经济独立之后,都在努力发展本国的经济,追求国家的现代化,试图缩小跟发达国家的差距,那么为什么只有那么少的经济体成功,而大多数经济体失败?我们有一句话,思路决定出路,在我看来,大部分发展中国家发展绩效差强人意是思路错误所致。

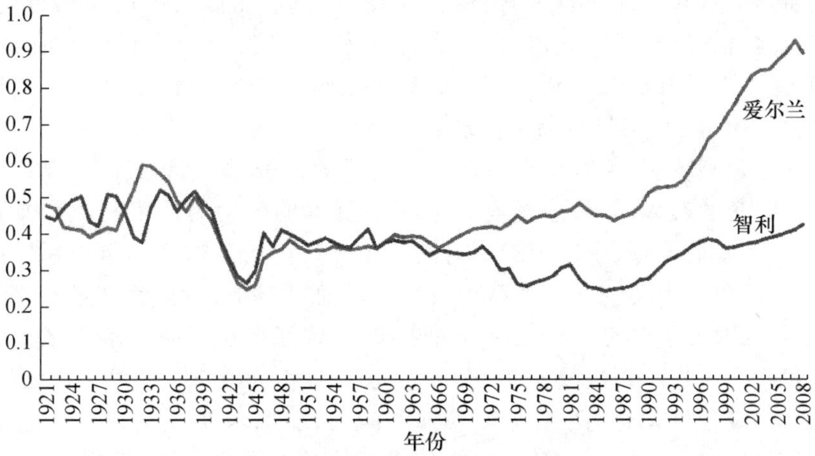

图1　爱尔兰和智利人均GDP和美国之比

不管是发达国家、发展中国家还是落后国家,在18世纪的工业革命,进入到现代经济增长以后,其经济持续增长的最主要决定因素是能否实现技术不断创新、产业不断升级,资源配置不断从低附加价值部门转向高附加价值部门。50年代的时候,主流的发展理论是结构主义,不管是社会主义国家还是非社会主义国家,当时的政策都与中国的"超英赶美"政策类似。他们称作是进口替代战略,中国则称之为重工业优先发展战略。当时的认识是发达国家民富国强,是因为其人均劳动生产率非常高,是因为拥有现代化的产业。发展中国家之所以落后,是因为落后的农业经济或者矿产经济,劳动生产率低。因此,要变成现代化的国家就要有现代化的产业,而为什么没有现代化的产业,当时他们诊断为市场失灵,并主张政府直接干预,克服市场失灵,以直接动员资源来发展那些先进产业。然而,那些产业不符合发展中国家的比较优势,企业在开放的市场中没有自生能力,政府被迫实行各种保护补贴。政策推行二三十年之后,这些国家与发达国家的差距不仅没有缩小,还进一步扩大了。到了七十年代末八十年代初,新自由主义的"华盛顿共识"取代了结构主义成为主导思想。当时认为发展中国家经济绩效普遍较差,是因为没有一个完善的现代市场经济体系,将发展中国家的失败归咎为政府失灵。因此,按照华盛顿共识提出的休克疗法，就是要建立一套让市场经济体制良好运行的自由化政策。在这种政策引导之下，发展中国家在八九十年代的实际绩效比六七十年代还差，平均增长速度降低，危机发生频率提高。

那么，成功国家和地区是怎样的情形呢？实际上，他们既未按结构主义来发展经济，也未按华盛顿共识来进行经济改革，他们在每一个发展阶段都充分利用了自己的比较优势。起初，往往推行劳动力相对比较密集的产业，利用其竞争力，积累资本，实现产业不断升级，当然这个过程必须以市场为基础。在产业升级过程中，政府因势利导，有所作为。对于东亚经济体，不管是日本、韩国还是中国台湾，或者是中国大陆，这几年政府都发挥了相当重要的作用。

仍然将爱尔兰和智利对比来看，智利在70年代以前一直实行进口替代战略，经济未能有起色。70年代以后，根据华盛顿共识的思想，智利一直努力克服政府失灵，完善市场。如果按照华盛顿共识的内容来看，他们做得非常好，比如按照世界银行的企业经营指标衡量，它在全世界排名第40位，刨除发达国家，它在发展中国家名列前茅。但是70年代以后，它基本上没有出现过新的产业，结构变迁基本停滞，创造就业相当困难，收入分配不断恶化。90年代，英特尔为了实现生产地区分散化，想到拉丁美洲设厂建基地，它一开始洽谈的是智利政府，英特尔提出几十亿美元的投资，要求政府做好基础设施建设，并且为其提供配套的教育，以供应拥有合适人力资本的劳动力。智利政府却认为，这是市场的事，不应该政府干预，予以拒绝。哥斯达黎加政府听到这个消息以后，和我国政府常做的招商引资那样，由总统亲自率队到英特尔的总部邀请，应允为其进行必要的配套。结果，哥斯达黎加改变了曾经百分之九十的出口产品都是农产品的落后情形，实现了产业结构升级和收入增长。再看爱尔兰，爱尔兰原来被称为欧洲的乞丐，虽然其教育水平非常高，社会、法制条件也很好，又有英联邦的政治制度，也讲英语，但就是不能创造就业，导致大量人口外流。爱尔兰实际上50年代开始就有产业政策，只要证明投资的企业是为了出口，政府就有各种优惠。1987年以后，它有所改变，开始实行选择性的产业政策，政策优惠只针对信息、电子、化工和制药这四个产业。政府积极到国际上把美国的跨国公司引进来，很快就形成了几个非常有竞争力的产业集群，爱尔兰经济就起飞起来，成为欧洲的小虎。

鉴于中国目前所处的阶段，要避免中等收入陷阱，最主要的是以下两点。第一，怎样创造条件让经济能够不断按照比较优势发展，充分利用后发优势，实现快于发达国家的产业升级和技术创新。第二，过去这三十几年改革推行的双轨制遗留了许多对市场的扭曲，这些扭曲带来收入分配不断恶化，引发贪污腐化等各种问题，所以要深化改革，建立完善的市场体制。但是在这个过程中，经济发展不是静态上的资源在现有产业之间的配置，靠市场这双看不见的手就可以。产业升级和技术创新的过程必然会伴随着诸多外部性问题和协调问题，如果中国政府像智利政府那样，认为市场就可以完成，那么许多新产业不能出现。如果没有新产业，即使有很完善的市场制度，也不会有技术不断创新和产业不断升级，这样中等收入陷阱或者低收入陷阱就会成为必然。

在产业升级上政府应发挥因势利导的作用，对于位于世界技术、产业链内部的产业我国政府可以按新结构经济学"增长甄别和因势利导"框架中的"两轨六步法"来帮助企业利用后发优势，加速技术创新，产业升级。对于接近或已经位于世界产业链前沿的产业，我国政府可以借鉴发达国家对技术创新和产业升级提供帮助的惯常方式来发挥因势利导的作用，发达国家主要通过四种方式：专利、对基础科研的支持、政府采购，以及对使用某些技术或产品的行政指令。对于这四种方式中的后三种，因为政府资源是有限的，它必须把有限的资源做一个策略性的配置。这个策略性配置必须支持某些特定的有前途的产业。

如何克服中等收入陷阱，对中国未来的发展和改革至关重要，关键是，如何平衡市场跟政府的作用，在未来的改革开放过程中，一方面要完善市场经济体制，另一方面政府要发挥因势利导的作用，克服困难，创造条件，不断地实现技术创新和产业升级。

超越低成本优势：中国经济如何避免落入中等收入陷阱*

庄巨忠

亚洲开发银行副首席经济学家

2012年10月27日，亚洲开发银行与北京大学国家发展研究院在第31次CMRC中国经济观察报告会发布双方合作的“超越低成本优势的增长：中国如何避免中等收入陷阱?”报告。亚洲开发银行副首席经济学家庄巨忠博士介绍报告主要观点，并就中国如何避免中等收入陷阱提出相关政策建议。

一、中等收入陷阱的概念

中等收入陷阱至今没有一个严格定义，通常指一国人均收入达到中等水平后经济停滞的一种状态。通常大家把它与拉美和某一些东南亚国家联系在一起。中等收入陷阱有许多典型的例子。拉美国家如巴西、墨西哥等（如图1所示），东南亚国家如菲律宾、马来西亚、泰国。这些国家20世纪60年代的时候已经是中等收入国家，现在还是中等收入国家。而日本、韩国、中国台湾则是成功跨越中等收入陷阱的反例。虽然各个国家陷入陷阱的原因不同，一个共同特征是当劳动力由过剩变为短缺、劳动力成本上升时，产业不能实现升级，导致一国既无法与低收入国家以低成本优势竞争，又不能和高收入国家在高价值产品上竞争。而跨越陷阱国家的一个共同点恰恰是它们能够通过创新促使产业升级，从而加入高收入国家的行列。

一国如何通过不断创新实现产业升级？对此有共识也有争议。共识主要有两点：一是产业升级需要大量勇于创新的企业，因为企业是创新主体。二是政府应提供一个鼓励创新的环境，其中包括政治与经济的稳定、良好的基础设施与人力资本、有效的市场竞争机制、健全的金融体系、社会的包容、健全的法制、产权保护以及廉洁高效的政府。争议

* 第31次季度报告会(2012年10月27日)。

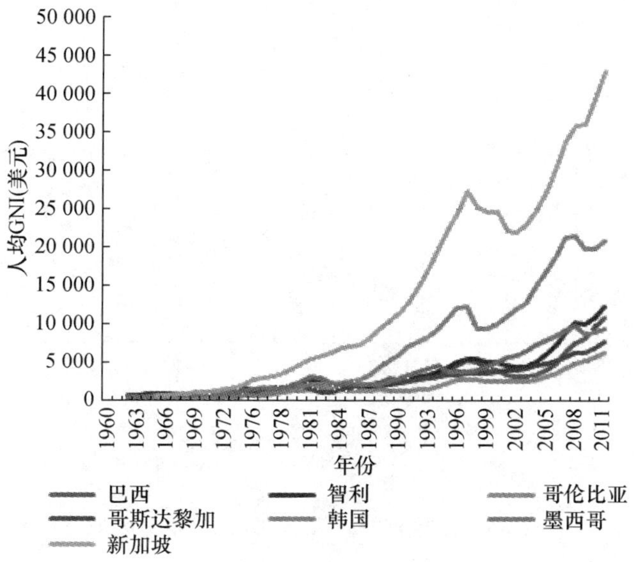

图1　人均国民总收入

主要集中在如何实施产业政策。每个国家国情各异,政策的着力点也应不同。

二、中国落入中等收入陷阱的风险

中国三十多年经济的差强人意是思路错误所致。高速增长主要可归结于以下几个因素。一是改革开放。二是生产要素价格低廉,生产要素包括劳动力、资本和能源。三是政府在经济转型过程中发挥了积极的作用,解决了发展中国家经常碰到的市场"失灵"问题,如信息不对称、协调不完善等。其他成功因素还包括国民的高储蓄率、大规模基础设施投资、人口红利以及稳定的社会环境。

但中国经济发展也伴随很多问题,这些问题也使中国面临落入中等收入陷阱的风险。报告讨论了六个主要问题。第一是中国技术生产力水平与发达国家相比还有很大差距。如图2所示,尽管中国劳动生产率高速增长,但2009年其水平只有美国的10%左右。中国虽是世界上最大的科技产品出口国,但大约80%是加工贸易,附加值很低,iPod, iPad, iPhone就是典型的例子。产业升级需要一大批勇于创新的企业,但是中国民企规模相对较小,国企生产效率激励机制有待改进。

第二是工资上涨与人口老龄化会侵蚀中国的低成本优势。如图3所示,近年来中国实际工资增长率超过了劳动生产率增长率,沿海地区开始出现劳动力短缺,工资上涨,中国正在接近刘易斯拐点。且人口老龄化,人口红利逐渐消失。

第三是经济增长来源不平衡。需求方面主要是居民消费不足,供给方面主要是服务业发展相对落后,如图4所示,我国服务业就业占比只有34.6%。经济结构失衡很大程度上反映出体制改革不到位。如高投资率与要素价格扭曲,国企和地方政府过分追求高投资与扩张的行为有关;市场准入限制、城市化程度低导致服务业发展滞后。对出口的

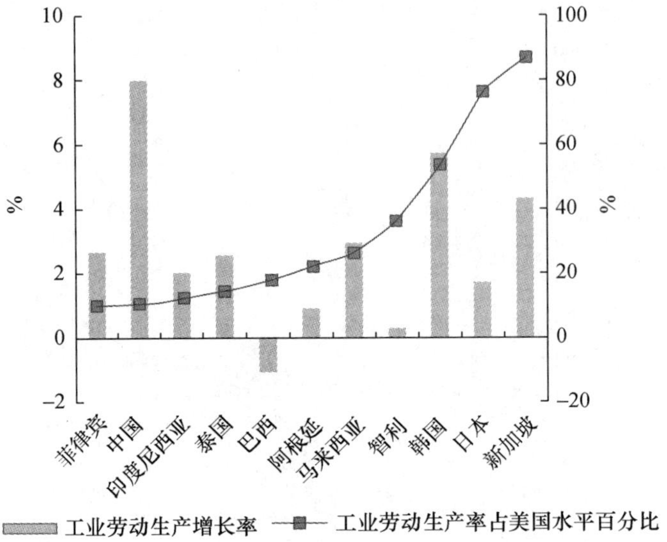

图 2　各国劳动生产率水平和增长率

过度依赖增加一个国家对外部经济环境的脆弱性。持久的贸易顺差也会加剧全球的经济失衡,并导致其他国家采取贸易保护主义。要素价格的扭曲,一方面提高了出口的竞争力,另一方面也会削弱中国企业创新和产业升级的动力。

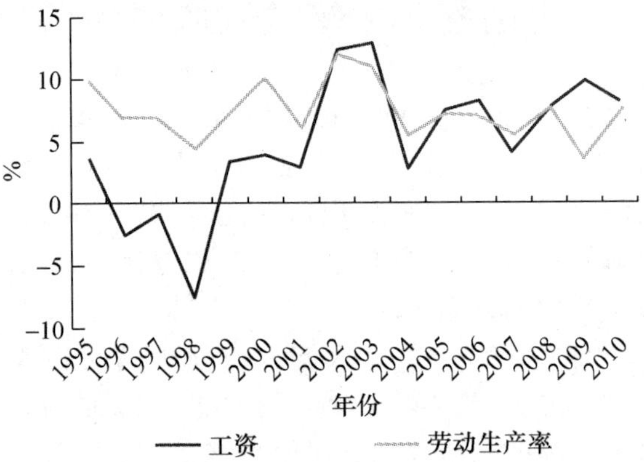

图 3　中国实际工资、劳动生产率增长率

第四是收入差距扩大。改革开放初期,中国人均消费的基尼系数仅为 30 左右,2008 年达到 43.4,在亚洲属于偏高水平。如图 5 所示,中国农村贫富差距比城市更大。虽然技术进步、全球化分工可能导致收入差距扩大,但在中国收入差距的扩大也反映了经济改革不到位。如户籍制度、大量行政干预资源配置产生寻租机会、政府公共服务投入不足等。

第五,能源与水资源的制约与环境可持续性。中国已经成为最大的二氧化碳排放国。图 6 显示,中国是空气污染最严重的国家之一。如果不采取有效措施,中国水资源短缺和能源供应安全也可能成为将来增长的制约因素。

第六是日益挑战的外部经济环境。如图 7 所示,最近几年中国已经成为各国采取歧

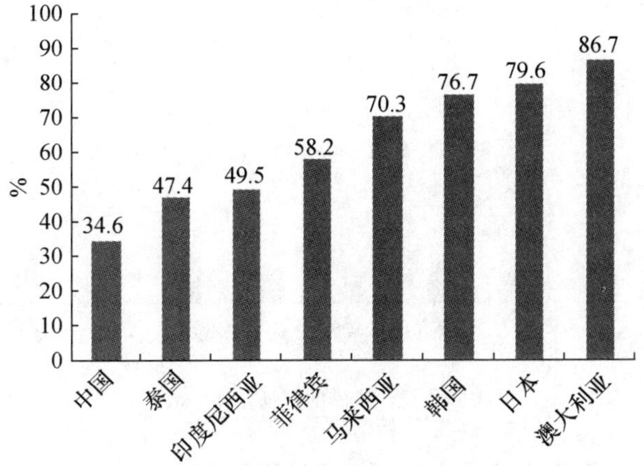

图 4　2011 年各国服务业就业占总就业比例

视性贸易措施的首要目标。中国在制订经济政策时需充分考虑政策的外溢因素，以保证稳定和谐的外部经济环境。

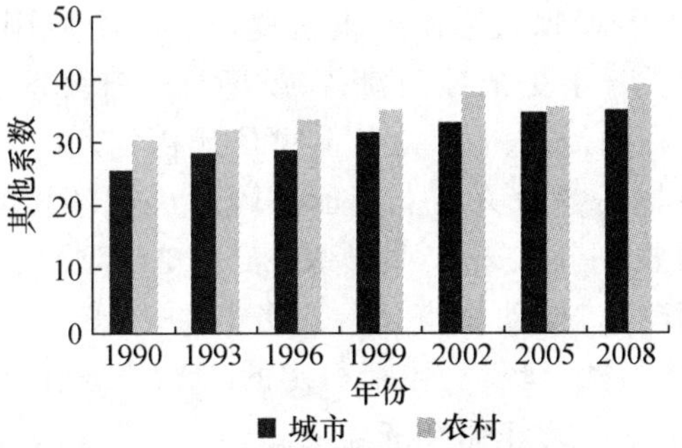

图 5　1990—2008 年中国农村与城市收入差距

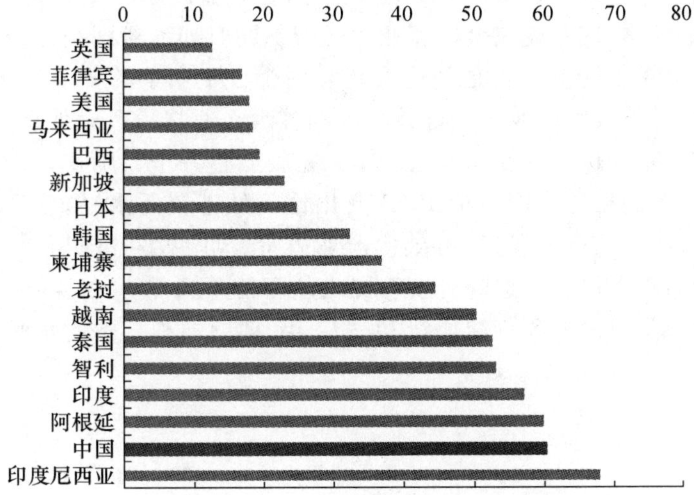

图 6　2009 年空气污染世界排名(PM10)

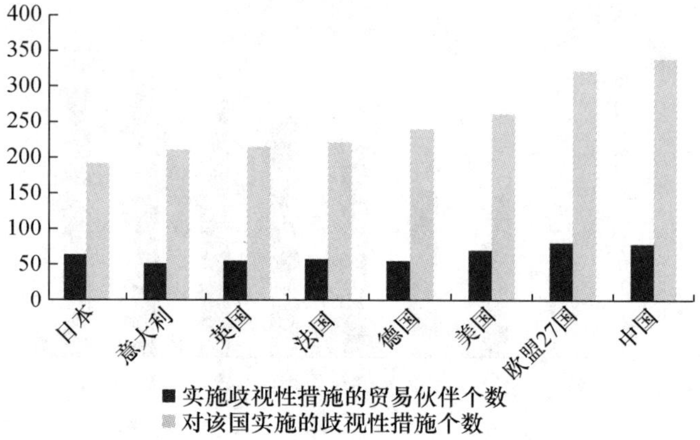

图7　2008—2010年歧视性贸易措施前八目标国

三、中国跨越中等收入陷阱的政策选择

中国应如何避免落入中等收入陷阱？报告提出了六个原则和三个对策。六个原则包括：在低成本和创新的关系上更依赖创新；在市场与政府关系上更依赖市场；在消费和投资关系上更依赖消费；在内需与外需关系上更依赖内需；在增长与分配的关系上更加兼顾增长与分配；在发展与环境的关系上更加兼顾发展和环境。三个对策包括：一是要超越低成本优势，通过科技创新实现产业升级，推动知识型经济的发展；二是要深化企业、要素市场和财政体制改革，推动城市化与服务业的发展，以促进经济结构的调整；三是要保持一个良好的经济与社会环境，包括稳定的宏观经济、健全的金融系统、社会和谐与包容、环境的可持续性、稳定的外部经济环境。

关于如何推动创新和产业升级，报告提出了一些具体措施。第一是要深化企业改革。图8显示国企利润率远远低于私营企业。国有企业改革主要是进一步弱化行政干预，完善公司治理结构，使企业完全以商业化运行。同时加强对国企监督与绩效评估，防止腐败现象发生。对于民企主要是创造民企与国企公平竞争的环境，特别在市场准入、融资和税收方面，此外鼓励企业通过合并与收购扩大企业规模。对外企主要是给予国民待遇，鼓励公平竞争，并保护其知识产权。第二是要营造一个鼓励支持产业升级的环境。图9显示，与世界各国相比中国目前R&D支出比例处于较低水平。产业升级需要鼓励市场竞争、增加公共基础科学研发、有效的产业政策、风险投资机制和知识产权的保护。第三是要增加人力资本投资。把政府教育支出从目前不到GDP的4%增加到5%，把成人平均受教育年数从目前的8年增加到11—12年，即韩国和日本的水平，同时继续推进教育体制改革。

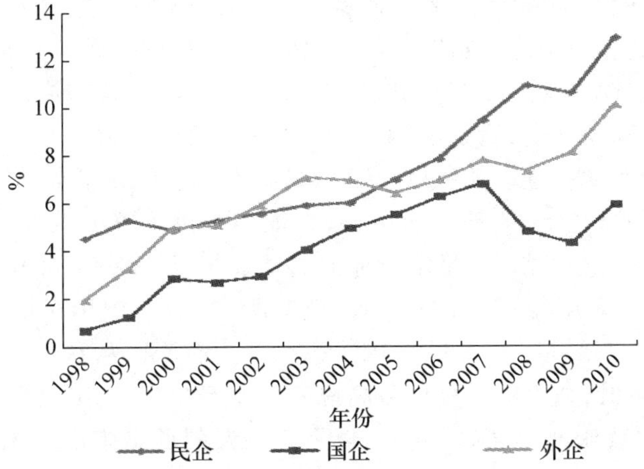

图 8　1998—2010 年中国国企、民企和外企资金利润率

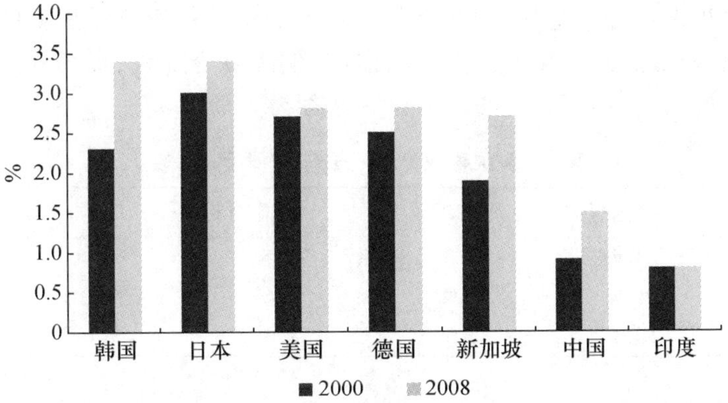

图 9　各国 R&D 支出占 GDP 比例

在要素市场改革与财政体制改革、推动城市化与服务业发展方面,报告提出以下几个方面。劳动力市场改革主要是改革户籍制度、降低劳动力流动阻力,同时健全劳动力市场机制,比如劳动保护、最低工资、集体协商和失业保险等建设,兼顾就业保障与劳动力市场的流动性。金融体制改革是进一步推动金融市场化,包括利率市场化、鼓励民营资本、国有银行商业化、资本市场发展和金融包容性,解决中小企业融资难问题,并进一步增加汇率的弹性,并根据国内金融改革进程逐步推进资本项目开放。土地市场改革主要促进土地流通与土地市场的发展,使土地定价机制更加合理。财政体制改革包括优化支出结构和增加对公共服务的支出,如教育、医疗、社会保障。同时改革税制,加速增值税、房地产税和个人所得税改革,增加个人所得税的税收份额,增加国企利润上交力度,理顺地方政府收支关系,完善预算系统。

报告认为服务业将成为中国重要的经济增长来源,且是创造就业的主要途径。2010 年中国服务业占 GDP 不到 44%,低于马来西亚的 46%,菲律宾与印度的 55%。且中国服务业就业占总就业比例更加低,2011 年只有 35%,而韩国为 77%、日本为 80%。要着重推动生产性和高附加值服务业的发展,如金融、电信、交通、医疗卫生、教育、咨询中介、科研、传媒法律等等。同时消除宏观政策对制造业的倾斜，使人民币汇率更加富有弹性。在税收信贷方面做到服务企业和制造企业一视同仁，并把服务企业营业税改为增值税。

提高增长的包容性主要是要缩小城乡和地区差异，增加公共服务投入，保证机会平等，建立公平合理的税收制度，增强法制建设，确保社会公平，预防与杜绝腐败。中国收入差距50%源于城乡差距与地区差距。缩小城乡收入差距需要推进城市化与服务业的发展，以进一步促进农村富余劳动力的转移，为他们提供足够的就业机会。缩小地区差距需要继续实施西部大开发战略，推动产业向内地转移，消除劳动力流动的障碍。

我要强调中国个人所得税的改革。如表1所示，目前中国个税占GDP比例只有1.3%左右，OECD国家平均是8.7%，中国个税调节力有限。从税率上比较，中国个税税率和其他国家相比不低，如中国工资税最高税率是45%，OECD国家平均大概是42%，日本是50%，其他大多数亚洲国家都在40%以下。主要问题是中国个税税基小，45%的个税率要到很高的收入才开始征税。如图10所示，中国45%的个税起征点是人均国民收入的二十几倍，而OECD国家、日本和韩国都在5倍以下。另外个税实施不力，该交税的不交税。在中国提倡包容性增长，增加个税对收入的调节作用应是重要的一方面。为此中国应扩大税基，降低最高税率起征点，并且逐步实现综合征税，提高税制的渐进性。收入高的人要多交税，这是中国走向高收入国家必须要走的一步。

表1 各国税收结构(占GDP比例)比较 (单位:%)

	中国	马来西亚	韩国	日本	OECD
公司所得税	3.6	8.1	3.5	2.8	2.9
个人所得税	1.3	2.2	3.6	5.2	8.7
消费税	10.4	3.9	8.5	5.1	11

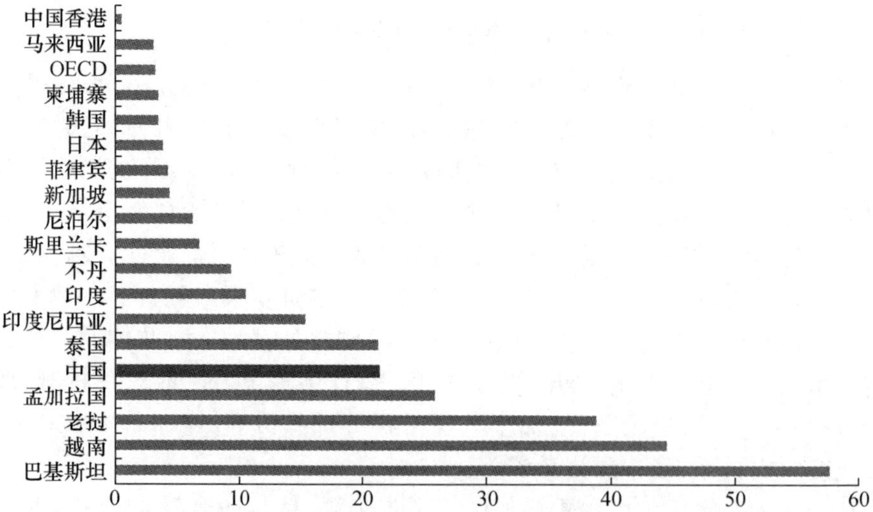

图10 2009—2012年各国最高个税起征点(人均国民收入的倍数)

在进一步市场化过程中，保持宏观经济与金融系统稳定非常重要。资本账户开放要根据国内金融体制改革进程来推进。同时要加强国际与地区经济合作，提倡共同发展。

中国在制定经济政策时需要充分考虑外溢因素。积极参加 G20、AEPC，ASEAN +3 这种多边合作机制，增加对国际经济政策与治理结构的影响力。

四、展望中国经济

报告最后对中国经济未来 20 年发展做了情景分析。如果报告提出的改革思路能得到有效实施，中国有望在 2030 年前成为高收入国家。具体来说，中国有潜力在 2010—2020 年达到年均 8% 左右的增长率，2020—2030 年保持 6% 左右。按 2010 年不变价计算，中国人均国民收入在 2030 年将可达到 16 500 美元。而根据世行目前的划分标准，中国在 2025 年将可成为高收入国家。以市场汇率计算，中国在 2026 年将可超过美国成为世界上最大的经济体。以购买力评价计算，中国将在 2016 年超过美国成为世界上最大的经济体。根据东亚的经验，这样的增长速度是有可能的。日本在成为高收入国家的前 10 年年均增长率是 10% 左右，韩国是 8.5%，中国台湾是 7.7%，而报告预测的中国大陆是 7%，是一个可能达到的目标。

最后，我来总结一些报告的主要观点。中国过去三十几年的高增长相当程度上依赖于低成本优势，但是未来几年因为接近刘易斯拐点及人口老龄化引起劳动力成本上升，低成本优势对增长的贡献将逐步减少，经济增长将要更多依赖创新和产业升级。由于改革没有到位，经济高增长也带来了一系列的结构性问题，如增长来源失衡、收入差距扩大、资源利用效率低下、供给制约和环境恶化。此外，中国也面临日渐复杂的国际经济环境。以上问题可能制约中国产业升级。为避免落入中等收入陷阱，中国需要三方面对策。一是超越低成本优势，通过科技创新实现产业升级；二是深化改革并推动城市化与服务业的发展，促进经济结构调整；三是保持一个稳定的经济与社会环境。如果能有效实施以上对策，中国有望在 2030 年前成为高收入国家。

持续推进制度建设,冲破技术天花板*

贾　康

财政部财政科学研究所所长

从短期来看,今年4季度宏观经济运行走势应该说不难预判,最大可能性是在4季度实现经济运行企稳筑底以后回升,全年GDP增长7.5%的目标有较大把握在年度内如愿实现,而且可以使我们对明年经济运行进行较好的年度规划安排。因为4季度经济回升会有惯性,如果延续到明年1季度,正好对应于今年1季度下滑0.8个点的低基数,所以明年1季度宏观数据会比较好看,整个市场信心会进一步增强,对于景气的提升和经济的稳定有一定正面效应,而且"稳增长"措施还会继续发挥积极的政策效应。这些归结为一句话,就是从短期和年度中国经济的运行来看,问题不大。

但这次季度报告研讨的重心是把视角从短期转向中长期,对此我非常赞赏。中国经济发展的中长期问题,实际上涉及一些更深层次的问题,它们是伴随经济社会的转轨过程,特别是配套改革的攻坚过程出现的,是制约我们长远可持续发展的问题。

低劳动成本优势曾经支持了持续三十多年被称为"中国奇迹"的中国经济快速增长,但这种优势,或者说中国比较优势中一个很重要的组成部分,在最近一段时间里明显滑坡。民工荒问题几年前已经出现,现在较普遍了,不少中心城市的保姆雇工市场上都出现了"高价"、"稳不住人"的局面,实际用工成本明显急剧提高。而成规模的像富士康这样的企业,其用人紧张局面也总是不能够得到有效缓解,即使现在转移到了与沿海拉开一定距离的中原地区,比如河南,也很快就出现了类似原来在深圳出现过的紧张局面。经济学理论中讨论的刘易斯拐点确实正在逼近。学者的数据分析显示,我国人口红利在2015年之后将迅速消退,同时老龄化压力会迅速显现。

特别要指出,这个过程中还有其他很多矛盾的凸显,出现中等收入陷阱问题。我们必须正视这个非常有挑战性、而且对中国现代化命运有威胁力的深刻问题。有些学者说不要简单套用拉美的情况,中国情况跟他们有诸多差异,但是大的逻辑其实是高度一致

* 第31次季度报告会(2012年10月27日)。

的:那些国家开始发展一直很好,但一旦达到中等收入阶段之后,却难以前行。中国前面三十多年以平均9.8%的速度增长,但如果继续按照原来的套路,是不是就可以像邓小平勾画的三步走战略那样在2050年前后如愿实现中华民族的伟大复兴?决非如此简单。现在已有一系列令人担忧的问题,如果这些问题处理不好,这样的前景就会被不确定性因素所困扰,就不能够有把握地说中国可以避免拉美和其他一些经济体走过的道路:到了某个时刻突然增长失速,其他问题也一起表现出来,跌入某种低速增长的状态而一蹶不振。

目前,中等收入经济体中“两头够不上”的两难现象比较明显,一方面,低劳动力成本优势丧失,另一方面,产业升级换代能力和高科技附加值又没有培育出来。此时,民众还很容易形成羊群效应,造成“民粹主义基础上的福利赶超”压力。老百姓到中等收入阶段以后,对迅速致富、迅速享受高档生活充满憧憬,且公民意识不断提升,对政府所作所为都可能感到不满意。只要某个公民出来发声,表明感觉政府什么地方没有做到位,要求尽快改进,在互联网和微博时代,这种声音立马一呼百应。政府面对这样的压力,自然而然要考虑回应民众呼声。拉美国家普遍套用直接选举这个政治框架,谁想当选,就要给出尽可能让民众满意的允诺,当选之后要连任,就要竭尽全力实现这种允诺。在这样的体制之下,他们并没有走远,民粹主义的福利赶超一旦没有了后劲,从云端跌落尘埃,就往往造成福利赶超没有了,经济赶超也泡汤了,一蹶不振几十年。

中国现在很多社会现象与此有相似之处,同时伴随政府公信力的迅速滑坡,导致威权快速递减。这种迅速滑坡中,是不是还可能出现政治学中的“塔西佗陷阱”呢?也就是说中等收入陷阱式的威胁发展到某一个临界点,政府再说什么,哪怕推出非常好的值得肯定的政策改进和制度改革措施,老百姓都不认账,只要政府发声就会迎来一片讥讽一片攻击,到了这个程度,局面将更加不可收拾。只要稍微有点远见,就可以观察到中国十八大是非常关键的历史节点,十八大以后必然引出一轮顶层规划的全面配套改革设计,将体现应有的远见和配套水准,以更大的决心和勇气深化改革。当然,除了有很大的勇气实施改革以外,还要更好地与民众互动,面对利益已经分化,各种诉求明显有所区别的现实,要更好地引导中国社会方方面面,学会理性交流和探讨,在共和导向之下更多注入建设性的东西,对冲互联网上出现的暴戾之气,从而带来更多的正能量。这个报告已经从战略层面延伸到可操作层面,这些思路是从学者的角度和政策研讨设计者的高度来关注这些问题的,值得进一步探讨。

报告中强调了技术更新换代方面所碰到的问题,目前在中国值得高度关注。现在长三角、珠三角普遍出现发展壮大起来的、一定规模的民间资本为主的标准股份制企业,无法突破其升级换代的技术天花板,典型的是温州几十家当地代表性企业的老板以“跑路”避祸。如果实体经济层面的升级换代迟迟上不去,一旦竞争力丧失,资金链吃紧,加上外部压力的作用,以高利贷和准高利贷为基础的资金融通体系就禁不住这个压力,只能断裂。断裂的同时,整个经济生活便会进入非常严重的局部危机。温州这样的事情,是由高端决策层亲临一线坐镇指挥,应急处理进行“灭火”才平息事态,实际上现在还余波未平,也逼出了以温州为先导的金融综合改革,后边延伸出的很多改革应该与之一起发力突破技术天花板。在使中国实体经济真正如愿升级换代的同时,必须也解决制度天花板的突破问题(如建成多样化的、有效的、可持续的融资制度)。

对于制度天花板,现在大家普遍关心的还有减税问题。财政的结构性减税原则早已确立,但还有人认为应该全面减税,大幅度减税。我认为,我国当下全面减税逻辑上是不成立的,需要有增有减。直接税,比如个人所得税部分,不是简单的减少的问题,而是要更好地降低低端税负,同时增加高端税负的问题。另一些项目,比如房产税,其改革试点还要往前推进。另一个不是结构性减税而是实现结构性增税的事项,就是资源税。它对突破技术天花板、产品升级换代有重大意义。它可以促成配套改革来校正现在经济生活命脉层面的基础能源价格不合理,堆积如山的非常严重的矛盾导致比价关系多年不能理顺,价格形成机制越来越背离市场经济内在要求,副作用越来越强的电力部门的过度垄断和对电价的行政管制等一系列问题。实际上,目前中国千千万万的市场主体并不能感受到基础能源这种资源制约的经济压力,自然将节能降耗看成是无关痛痒的事情。

资源税改革的启动,可使稀缺、金贵的资源表现出它的分量,依法透明地、可预期地加入以从价税收为代表的与市场经济波动内恰的价格形成因子。这样激励所有企业一起努力节能降耗,一起开发有利于节能降耗的工艺技术和产品。这种税负变化,从煤传导到电,会导致电价上涨,促使大家更注意省电,节约能源。平时所说的低碳可持续发展,无非就是各个主体的具体经济活动组成的一个经济过程。所谓淘汰落后产能就是要靠经济杠杆的力量处理千千万万的市场经济主体怎么自发去节能降耗的机制问题。政府要做的是,在力度操作上,保证大多数企业可以通过努力继续生存,少数企业淘汰出局。以社会保障系统负责解决人员的分流安置问题,并及时适度提高最低生活标准,使得实际收入水平不下降,其他中等收入及以上的人自动改变消费习惯,顺应低碳化的经济压力。这些想法都可以在此报告的基础上继续讨论。需要强调的是,要重视以制度建设支撑我们突破实体经济更新换代的技术天花板。

关于中国增长潜力和教育公平的两点评论*

姚　洋

北京大学国家发展研究院教授、中国经济研究中心主任

我想对报告①主要做以下两方面评论。

首先是中国经济增长的潜力问题。对于这一点的判断很容易受到短期因素的影响。这几年中国经济增长的下降很明显,主要有两方面原因,一是国外需求的下降明显,今年中国的出口和房地产业额增长和去年相比都下降了10%,而二者对GDP的贡献也大概在10%左右,因此经济增长下降2%是十分自然的事情。但我相信在未来的十年内世界经济恢复到20世纪90年代初的水平是很有可能的,而国内房地产市场在很大程度上是受到政府政策变动影响的。因此我十分同意林毅夫老师的观点:从长期来看,中国仍有潜力保持8%的经济增长率。通过对比其他经济体也有助于做出这一判断:在达到我国2010年收入的水平之后的10年间,日本增长率达到了9.6%,而韩国达到了9%,因此中国没有理由不保持8%的增长速度。庄博士的论文中提到,按现价计算到2026年中国额经济总量才能超过美国。而根据我们的计算,中国到2021年就可以实现这一目标。如果按照从2009—2011年间,中国同美国的GDP差距从三倍缩小到两倍多这个速度计算,我们目标的时间还能够提前,大概到2018年中国就能超过美国成为世界最大的经济体。

谈到增长潜力,我们的眼光不仅要聚焦在未来十年,而且要看未来20至30年间,中国是否还能保持持续增长的势头。即使2021年中国成为世界最大经济体,按人均现价计算,中国的收入按人均计算也不过1万美元左右,仍未达到发达国家水平。因此,到那时我国仍将面临着如何维持经济长期增长的问题。

其次,就刚才宋立刚教授提到的教育问题,我想进一步发表自己的看法。尽管在亚洲我国并不处于领先地位,但中国教育总量的增长是非常快的,我对中国教育的总量并不担心。目前,中国已有80%的适龄青年高中就读,23%的适龄青年大学就读,预计到

---

* 第31次季度报告会(2012年10月27日)。

① 亚洲开发银行与北京大学国家发展研究院在第31次CMRC中国经济观察报告会发布双方合作的“超越低成本优势的增长:中国如何避免中等收入陷阱?”报告。

2020年适龄青年进入大学的比例会达到有40%。目前中国的人均收入仅相当于日本1962年的水平,但日本在20世纪70年代的28—22岁之间大学生比例才达到22%,因此可以说中国教育现在超前了十年。

报告中提到中国的劳动力总量会在2015年会开始下降,但由于教育水平的提高,我想动力总量的下降也并不是大问题。清华大学的李洪彬用双胞胎数据进行的教育回报率研究发现,在中国高中和大学阶段的教育回报率最高,在这一阶段多接受一年教育能够增加未来10%的回报。我们现在20—30岁人口的教育水平比50—60岁的人口高4.3年。如果按照10%的回报来算,新一代要比老一代的劳动生产率提高43%。尽管可能存在高估,但我想这一数字起码应在25%—30%之间的。由此来看,尽管一些人在抱怨退休年龄过早导致劳动力资源的浪费,但从教育回报率来看,这个阶段的早退休也许并不是一个坏事。

现阶段中国最大的问题是教育资源的不平等上,这主要体现在城乡教育水平差距持续过大。根据北京大学中国家庭动态跟踪调查2010年的调查,城乡教育水平无论从哪个年龄段来看,差距都在2.4年左右,且从未缩小。这显然是造成城乡差距的重要原因。

教育资源分配不均不仅会对收入分配造成影响,更重要的是会对中国经济增长带来负面影响。试想一下,现在年轻打工者的月工资大约为两三千,到2020年时会达到1 000美元左右,按这个速度增长,到2030年时,会达到2 000美元左右。但就他们的教育水平来看,其教育程度并不足以支持如此高的工资水平。现在2.4亿的外出务工人员中,一方面年轻人占到一半,另一方面有80%的务工人员的教育年限低于9年。按现价计算,没有一个国家能够达到9年以下教育水平的劳动者月收入为2 000美元。即使在美国,高中肄业生的月收入也不可能达到这一水平。

在达到中等收入水平之后,教育之所以显得更加重要的原因是高中和大学阶段教育回报有一个规模报酬递增过程。在收入较低的水平上,由于教育回报比较高,将教育资源集中分配给少数人是没有问题的。但当教育资源总量较多时,平均分配教育资源会更好。

要摆脱中等收入陷阱,教育的公平是非常重要的。尽管教育部去年发布的《2020年教育与改革发展纲要》对我国适龄人口的教育进行了全面的规划,但我认为在以下两个方面仍有待加强。第一是贫困地区的教育问题。根据斯坦福大学教授Scott Rozelle对中国贫困地区的调查发现:贫困地区有40%的孩子患有贫血,近视的孩子中仅有千分之几的佩戴了眼镜,很多孩子还患有蛔虫,这都会对孩子的学习造成一定的障碍。在这些问题上,政府还应加大投入。第二是对于已经离开学校的劳动力,政府还应加大再培训和继续教育方面的投入。巴西近些年情况的好转和收入不公平现象的改善,很大程度上应归功于卢拉政府在教育和公共卫生方面的投入。长期而言,一个国家的人力资源还是最重要的,特别是对发展中国家而言,缺乏高素质的人力资源是无法完成向发达国家的成功转型的。我们应当想到,在我国,绝大多数人的教育水平仍没有超过9年,在这一点上政府应当做得更多。

关于经济普查年度GDP核算的变化*

许宪春

国家统计局国民经济核算司司长

从去年年底到今年年初，国家统计局陆续发布了第一次全国经济普查后的2004年GDP数据，以及在此基础上经过修订的1993—2003年的GDP历史数据，这在国内外尤其是经济界引起了较大反响。这里对经济普查年度GDP核算的变化情况做一个简要的介绍，共包括十二个方面。① GDP资料来源的变化；② GDP计算方法的变化；③ GDP核算范围的变化；④ 某些具体问题处理方法的变化；⑤ GDP核算分类的变化；⑥ GDP数据的变化；⑦ 修订后的GDP数据的使用；⑧ GDP数据的变化对有关问题的影响；⑨ 关于《经济普查年度GDP核算方案》；⑩ 关于GDP历史数据的修订；⑪ 非经济普查年度统计调查制度的改革和完善；⑫ 关于非经济普查年度GDP核算方案的制定。

第一，GDP资料来源的变化主要表现在三个方面。首先是企业财务统计资料的变化。企业财务统计资料是计算GDP的重要依据。在常规年度（即非经济普查年度），企业财务统计资料主要包括规模以上工业企业、资质以内建筑企业以及限额以上批发、零售、餐饮企业的财务统计资料。这三个范畴都是统计上的术语，有自己特定的含义。比如规模以上工业企业包括全部国有工业企业和年产品销售收入在500万元以上的非国有工业企业；资质以内建筑企业是建设部根据企业的资质情况确定的；限额以上批发、零售、餐饮企业也有各自的标准。常规年度统计不能提供财务统计资料的企业，主要包括三类：一是资质以外的建筑业企业；二是限额以下批发、零售、餐饮业企业；三是其他类型的服务业企业，例如商务服务、租赁服务、计算机服务等（大都是新兴服务业和私营所占比重较大的行业，常规统计所能提供的资料较少）。此次经济普查针对这些企业设置了财务状况调查表或经营状况调查表，以获得其财务统计资料。其次是个体经营户资料的变化，包括从事批发、零售、餐饮、建筑等行业的个体经营户。在常规年度，这些个体经营

* 第4次季度报告会（2006年2月11日）。

户的增加值核算主要依靠工商管理资料,但并不是所有的个体经营户都在工商管理部门进行了登记,所以工商管理资料是不完整的。这次经济普查对在工商管理部门登记和没有登记的个体经营户都进行了调查,为相应经济活动的增加值核算提供了比较完整的资料来源。最后,与企业主营业务活动不同的附属产业活动资料。例如一些批发零售企业、建筑企业,很可能还单独从事一些其他类型的产业活动,例如工业生产活动。常规统计调查没有包括这部分附属产业活动,而经济普查针对附属产业活动单位专门设置了调查表,提供了相应的产业活动资料。

第二,GDP 计算方法的变化可以概括为两点。首先,针对常规统计中缺乏统计资料的企业、个体经营户和附属产业活动单位提供的调查资料,经济普查年度 GDP 核算设计了相应活动增加值的计算方法,不再采用相关资料推算增加值的方法;其次,经济普查年度 GDP 核算同时采用了生产法、收入法和支出法三种 GDP 计算方法,能够同时提供三种方法的计算结果。常规年度 GDP 核算也用了这三种方法,但是只是工业和农业增加值计算采用了生产法,其他行业增加值计算采用的是收入法,所以不能提供完整的生产法和收入法的 GDP 计算结果。

第三,GDP 核算范围的变化可以概括为两方面。一方面,利用经济普查资料拓宽了核算范围,比如说,与企业主营业务活动不同的附属产业单位和以前由于未经过工商管理登记而遗漏的个体经营户,现在被纳入到 GDP 核算范围了。另一方面,利用住户调查资料拓宽了核算范围,主要是指居民住房出租服务。在常规年度,这部分服务没有纳入到 GDP 核算范围,而像北京、上海等大城市,这部分活动的规模是很大的;在经济普查年度,利用住户调查资料把这部分活动纳入到 GDP 核算范围了。类似的还有保姆、家教等家政服务,在常规年度,GDP 核算没有包括这类活动;在经济普查年度,GDP 核算包括了这类活动。

第四,某些具体问题处理方法的变化。在常规年度的 GDP 核算中,一些问题的处理方法与国际标准处理方法是不一样的,这里有很多复杂的原因。例如,金融媒介服务比较特殊,它不是直接向用户收取费用,而是通过贷款利率大于存款利率,通过存贷利差这种间接的方式来获得收入。如何估算金融媒介服务的费用,这是一个难点。在常规年度,把各产业部门利息支出净额作为中间投入处理,把居民储蓄利息作为金融业增加值处理,这种处理方法是不合理的,与国际标准处理方法也不一致。在经济普查年度,把金融媒介服务产出分摊到各产业部门和最终使用部门,作为相应产业部门中间投入和最终使用部门的最终使用处理,居民储蓄利息不再作为金融业增加值处理。

再如计算机软件支出。按照 1968 年的国际标准,计算机软件支出是作为中间消耗来处理的,而 1993 年最新的国际标准把计算机软件支出作为资本形成处理。我国常规年度 GDP 核算,没有明确规定计算机软件支出是作为固定资本形成还是作为中间投入处理,而经济普查年度 GDP 核算明确规定,计算机软件支出作为固定资本形成处理。

再如居民自有住房虚拟折旧处理方法的变化。在常规年度,居民自有住房价值按历史成本价格估价;在经济普查年度,居民自有住房价值按当期建筑成本价格估价。在常规年度,农村居民自有住房虚拟折旧率为 2%,城镇居民自有住房虚拟折旧率为 4%;在经济普查年度,农村居民自有住房虚拟折旧率调整为 3%,城镇居民自有住房虚拟折旧率调整为 2%,因为城镇的住房质量要好于农村,住房使用年限要长,所以对折旧率进行了调整。

以上四个方面的变化都对 GDP 数据产生影响,但是影响最大的是资料来源的变化。在 GDP 的增加量中,约 90% 产生于资料来源的变化。

第五,产业部门分类和支出项目分类的变化。在常规年度,产业部门被划分为 26 个类别,而在经济普查年度,被细化为 94 个类别。居民消费支出项目也进行了细化。在常规年度,农村居民消费支出和城镇居民消费支出分类较粗,而在经济普查年度,利用农村和城市住户调查资料进行了细化。在常规年度,货物和服务出口及货物和服务进口没有进一步划分,而在经济普查年度,利用国际收支平衡表资料进行了细化,例如货物出口细化为一般货物出口、加工货物出口和其他货物出口。

第六,GDP 数据的变化。经济普查之后,经济普查年度的 GDP 总量从 136 876 亿元修订为 159 878 亿元,增加了 23 002 亿元,提高了 16.8%。其中第三产业增加值增加了 21 298 亿元,提高了 48.7%,从而第三产业增加值占 GDP 的比重也发生了变化:从 31.9% 上升到 40.7%,提高了 8.8 个百分点。第一次第三产业普查之后,也对第三产业增加值做过修订。具体情况是:将 1991 年第三产业增加值调高 1 430 亿元,调高幅度为 24.7%,第三产业占比从 28.7% 上升到 33.4%,提高了 4.7 个百分点;将 1992 年第三产业增加值调高 2 275 亿元,调高幅度为 33.1%,第三产业占比从 28.2% 上升到 34.3%,提高了 6.1 个百分点。

第七,GDP 数据的使用。根据有关部门规定,"十五"时期经济和社会发展情况的评价,2005 年及以后年度的 GDP 核算,"十一五"时期经济和社会发展规划的制定,都以经济普查年度 GDP 数据为重要依据。所以经济普查年度 GDP 数据非常重要,影响宏观经济分析、规划和决策。

第八,GDP 数据的变化对有关问题判断的影响。一些重要的比例关系如财政收入、财政支出、教育支出、研发支出、M2 占 GDP 的比重,万元 GDP 消耗的能源、钢材、铜、铝、铅、锌、用水量等指标,都随 GDP 数据的变动而变化。GDP 数据调整之后,关于对我国经济发展情况的判断会产生什么样的影响呢?首先,经济增长方式仍然是粗放型的,中国消耗的重要资源占 GDP 的比重仍然很高。其次,关于服务业发展水平的判断仍然没有明显的变化。印度、孟加拉国、哈萨克斯坦等国家第三产业增加值占 GDP 的比重都比我国经过经济普查修订后的相应比重还要高 10 多个百分点,所以我国的服务业增加值所占的比重仍然很低。最后,关于最终消费和资本形成总额比例关系的判断也没有显著的变化。消费率有所上升,但不如预期的明显,原因在于在最终消费上升的同时,存货也在上升。此外,GDP 数据修订可能对中国承担国际义务产生一定的影响。由于联合国计算各国的会费是用连续六年的 GDP 和人均 GDP 计算的, GDP 历史数据的修订有可能影响我国承担的联合国会费,维和费用,还有很多国际机构的费用,也都可能受到影响。所以,经济普查年度 GDP 数据的修订对各方面的问题产生不同程度的影响。

第九，简要介绍一下《经济普查年度GDP核算方案》。制定这个方案的目的包括：首先，提高经济普查年度GDP核算的科学性和规范性，从而提高GDP数据的准确性和完整性。其次，保证地区与国家之间、地区与地区之间GDP数据的可比性。要避免计算不同的产业部门增加值时采用不同的方法，也要避免国家和地区之间、地区与地区之间GDP核算采用的方法不一致。如果没有一个统一的方案，大家各行其是，那么数据就缺乏可比性。最后，提高经济普查年度GDP核算的透明度，这也是有关国际组织的要求。数据的透明便于GDP数据的用户理解、监督和正确地使用GDP数据。数据越透明，用户越信赖。这个方案确定了经济普查年度GDP的核算范围、产业部门分类和支出项目分类，规范了经济普查年度GDP核算的资料来源和计算方法，并尽可能保证透明度，让用户知道经济普查年度GDP是如何计算出来的。

第十，GDP历史数据的修订。经济普查年度GDP数据被修订之后，为了保证GDP历史数据与经济普查年度GDP数据的可比性，需要对GDP历史数据进行修订。这也是国际惯例，例如美国对其GDP历史数据做了12次修订。本次修订的范围很广，既包括生产核算（年度核算和季度核算）GDP历史数据的修订，也包括使用核算（年度核算）GDP历史数据的修订。生产核算GDP历史数据修订到1993年，这是因为经济普查年度GDP数据调整较大的部分是服务业增加值数据，而第一次第三产业普查之后，已经对1993年以前年度的第三产业增加值数据进行过系统的修订。对于GDP使用核算数据，我们初步打算修订到1978年。但是，居民自有住房虚拟折旧处理方法的变化、金融媒介服务处理方法的变化等影响整个GDP历史数据，所以由于这些方法的变化将使GDP历史数据一直修订到1952年。

历史数据修订采取趋势离差法：第一步，利用1992年核算数据和2004年原有核算数据计算出原有历史数据的趋势值；第二步，利用1992年核算数据和2004年新的核算数据计算出新的历史数据的趋势值；第三步，计算1993年至2003年原有历史数据的趋势值和实际值的比例系数；第四步，利用上述比例系数调整新的历史数据趋势值，得到历史数据的修正值。

第十一，为避免经济普查之后GDP数据大起大落，要改革和完善非经济普查年度的统计调查制度。例如建立部分服务业企业和个体经营户的抽样调查制度，建立、健全有关管理部门的服务业常规性统计调查制度，建立资质等级以下建筑业企业和个体经营户的抽样调查制度，建立规模以下固定资产投资和计算机软件支出抽样调查制度，建立健全价格指数统计制度。

第十二，关于非经济普查年度GDP核算方案的制定。GDP历史数据的修订是为了保证以往年度的GDP数据和经济普查年度的GDP数据之间的可比性。而要保证以后年度的GDP数据和经济普查年度的GDP数据之间的可比性，就要制定非经济普查年度的GDP核算方案，规范它的核算范围、基本分类、资料来源和计算方法等等，从而也保证地区数据和国家数据之间、地区数据与地区数据之间的可比性，并提高非经济普查年度GDP核算的透明度，便于用户正确理解和使用GDP数据。

此外，对于统计指标的涵义也需要更加明确的表述。例如中国官方统计中的投资包括专业统计中的固定资产投资额和GDP核算中的固定资本形成额两个不同的指标。专业统计中的固定资产投资额包括土地投资额,而土地并不是当期生产的,所以不包含在GDP核算的固定资本形成额里。专业统计中的固定资产投资额与国际标准中的固定资本形成额指标是不可比的,而GDP核算中的固定资本形成额与国际标准中的固定资本形成额指标是可比的。此外,房地产开发商建房的销售收入和投资成本之间有一个差额,专业统计中的固定资产投资是不包括这个差额的,而GDP核算中的固定资本形成额中包括这个差额。很多人对此不是很了解,因此需要在制定方案时把这些问题明确写出来,避免统计数据的误读。

环境经济评估与预测[*]

——来自北京十年入户调查证据

胡大源

北京大学中国经济研究中心教授、副主任

一、北京居民问卷调查简介

在过去的10年间，北京大学中国经济研究中心分别于1996年11月，2000年11月和2005年11月组织完成了三次"北京市居民问卷调查"。三次调查均采取分层随机抽样的方法和入户调查的方式，由经过培训的北大研究生和本科生担任调查员，在北京城八区（东城区、西城区、崇文区、宣武区、海淀区、朝阳区、丰台区、石景山区）走访了数千户北京居民，完成了近2 000份调查问卷，获得了大量第一手资料。

调查内容涉及住房、交通、环境、医疗、教育、治安、就业等社会生活的重要方面。三次调查均包括综合类问题和环境、交通等部分内容，但又各有侧重：1996年重点了解住房和金融改革问题，2000年重点分析互联网的影响，2005年重点研究医疗与保健方面的问题。调查结论可对北京城八区600万城镇居民进行统计推断，在95%的置信度下平均抽样误差小于4%。

综合三次调查来看，北京居民对住房、治安、教育等问题一直高度关注，而对交通、环境、医疗的关注程度不断上升（图1）。总的来看，北京居民对于环境污染的不满意程度有所缓解，如对湖河水质、空气质量、垃圾清运、城市绿化和环境噪音的不满意程度呈下降趋势，但是对自来水质的不满意程度却明显上升（图2）。最近的这次调查结果显示，70%的北京居民认为过去五年中北京的空气质量有所改善，但是通过进一步分析"不满意"、"一般"和"满意"的比率可以发现，真正感到满意的人并不多，只是许多原来选择

* 第4次季度报告会（2006年2月11日）。

“不满意”的人现在转向“一般”了。

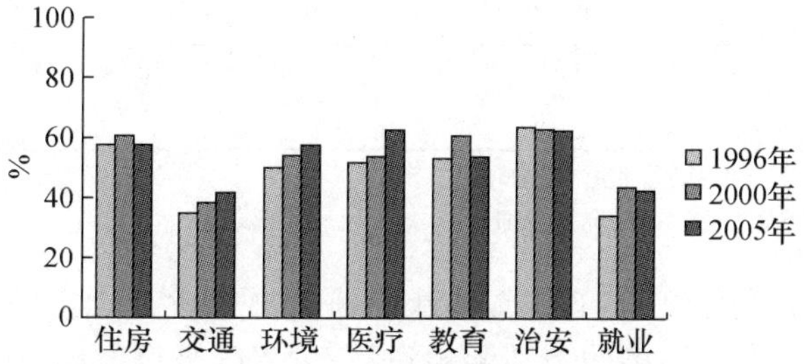

图1　选择“非常重要”的户数百分比

资料来源:北京大学中国经济研究中心北京居民问卷调查。

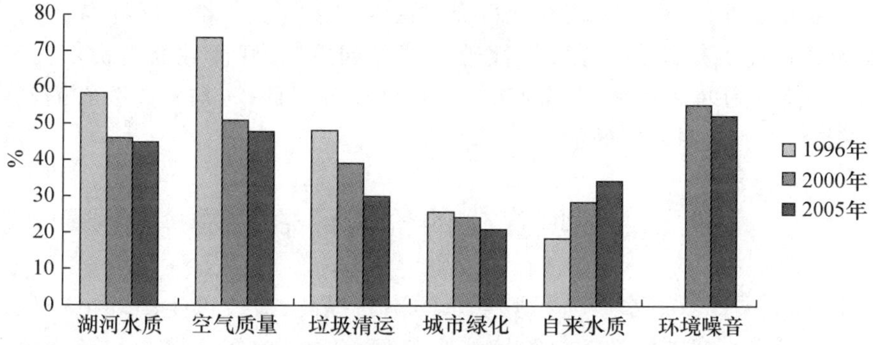

图2　调查问题中居民不满意的比率变化

资料来源:北京大学中国经济研究中心北京居民问卷调查。

二、北京空气质量的变化

空气污染防治是北京环境保护工作的重点。目前北京96%的天数中首要污染物为悬浮颗粒物。在20世纪80年代至90年代,北京曾是世界上悬浮颗粒物污染最严重的大城市之一。根据联合国全球环境监测系统的观测数据,1980—1984年北京年平均颗粒物浓度是399微克/立方米,远远超过当时世界卫生组织建议的60—90微克/立方米的年平均标准。表1显示了十年来北京空气质量的变化情况。以1993年和2001年两次申办奥运会为契机,经过多方努力,北京空气污染物排放量降低,颗粒物年平均浓度得到改善。其中最明显的下降发生在最近几年。2004年总悬浮颗粒物数据没有公布,而公布了可吸入颗粒物平均浓度。医学研究表明,可吸入颗粒物可以通过呼吸道进入肺部,对人体造成危害。尽管可吸入颗粒物占总悬浮颗粒物的比重并不固定,但在一定程度上有相关性,从公布的可吸入颗粒物可以推算总悬浮颗粒物浓度大约在每立方米260—280微克之间。根据北京环境状况公报,2004年可吸入颗粒物年均浓度增加主要是受春季沙尘和秋冬季大雾天气的影响。

表1　北京近年空气中的悬浮颗粒物

年份	1995	1998	1999	2000	2001	2002	2003	2004
总悬浮颗粒物	370	379	364	353	370	373	252	270*
可吸入颗粒物(PM10)							141	149

注:* 推算值(北京环境状况公报中未公布)。
资料来源:北京市环境保护局的观测数据。

在许多中国北方城市,沙尘在空气总悬浮颗粒物中所占比重约在35%—59%之间,北京地区约为43%。沙尘污染的不利影响包括:危害呼吸道健康,污染室内外环境,降低能见度,影响市容和交通,损害北京的国际形象。近年来的一项研究成果表明,在我国若干主要城市,影响健康的空气污染物依次为:可吸入颗粒物、二氧化硫、氮氧化物。2008年夏季奥运会将在北京举行,从现在起世界各国对北京的关注将不断提高。

我国环境和自然资源数据的可靠性曾一度受到质疑,观测数据常常不公开,在一定程度上限制了对于环境和资源问题的深入分析和研究。此外,与定期公布的经济统计数据相比,许多环境和资源数据的偏差要大得多。

三、环境变化的价值评估方法

近年来,随着居民收入水平和环境意识的不断提高,对改善生态环境和保护自然资源的意愿日益增强。在国民经济核算体系中如何综合考虑经济发展与环境保护及资源利用之间的关系受到社会各界的广泛关注。“绿色GDP”从理论研究转为实际运作的一个关键环节就是如何对环境质量的变化进行价值评估。

对于环境质量变化的价值评估主要有三种方法。第一种方法是通过成本加总来估计价值损失。这是一种较为保守的方法。以沙尘暴造成的空气颗粒物污染为例,沙尘污染造成环境质量下降的价值变化可以通过分析加总医疗保健费用、清扫费用、财产贬值损失、能见度降低损失来估算。然而这种方法有两个显而易见的缺点,常常受到经济学界的批评。一是成本加总估算的结果通常仅包括环境损害的部分价值,因而会严重低估环境质量下降造成的危害。二是这种价值评估没有考虑到人们为适应环境变化而进行自我调整的能力,在方法论上不符合经典的经济学思想。因此,在过去20年间环境经济学兴趣逐步转移到对显示偏好法和陈述偏好法这两种环境估价方法的研究。

第二种方法,显示偏好法(revealed preference)通过人们的行为显示出的偏好对环境质量变化进行价值评估,常用方法包括享乐定价法(hedonic price)和旅行费用法(travel cost)。对于存在交易市场的物品,市场价格通过交易行为反映出人们的偏好。比如清洁的水可以在市场上买到,对于清洁的水的估价就可以参照其市场交易价。对于不存在交易市场的物品,仍可通过存在市场交易的物品做间接推算。比如清洁的空气,美国经济学家曾用享乐定价法借助房地产市场价格对波士顿的空气质量变化进行价值评估。国外学术界通常借助旅游成本估计用旅行费用法评估旅游胜地的环境变化。然而,由于我国的房地产市场尚处在发展初期,同时私家车尚未进入大部分中国家庭,自驾车旅游也远不如发达国家那么方便,显示偏好法目前很难应用于评估中国的环境经济问题。

第三种方法是表述偏好法(stated preference)。最常用的方法是CV直接调查法(contingent valuation),也有人译作“或然评价法”以及“状态评价法”。这种方法通过问卷调查直接询问民众对于环境变化的支付意愿,操作较为灵活便利。在过去的十年中我们进行的三次调查中都应用了CV直接调查法,在问卷中设计了一些问题直接询问北京居民对于降低颗粒物污染的支付意愿:

“北京市空气中颗粒物(煤烟、粉尘等)含量居世界各大城市前列,为改善北京地区的空气质量,多年来有关部门一直在为减少煤烟污染做努力,并通过北京上风地区的植树造林来降低北京风沙污染。市有关部门正在考虑通过天然气进京工程来进一步改善北京的空气质量。如果可以将北京空气中颗粒物污染含量降低一半,您的家庭每年最多愿意支付________元?”。

CV直接调查法的批评者主要认为这种方法得到的结果不够稳定,以及有些调查结果与现有的经济学结论不一致。但是从我们三次调查得到的结果来看,北京居民对空气质量改善的愿付值的频率分布相近,表明居民支付意愿的分布确实存在相对稳定的基础。从每年每户平均愿付值来看,1996年为157元,2000年为158元,2005年为223元,有明显的上升趋势。对于环境改善的支付意愿的增长与收入的提高是分不开的。同期北京居民的家庭平均月收入从1996年的1 825元增加到2000年的2 943元和2005年的5 375元。在同一时期的调查结果还表明,收入较高者的平均愿付值也较高。此外,对于空气质量要求高的人对改善空气质量的平均愿付值也较高;健康状况相对差的人对改善环境质量的平均愿付值较高。这些结论与经济学基本原理是一致的。

由于CV直接调查法基于对被调查者的询问,因此也有学者担心“假设的问题得到的只是假设的回答”。此外,被调查者还可能出于对策或抵触心理而不能如实的表述,甚至不能确定自己的答案。问卷设计和调查实施等关键环节的失误也会导致CV直接调查法的偏差。

CV直接调查法的优点是适用面广,操作灵活,能综合反映环境污染造成的损害,特别是被动使用价值(passive use value),包括存在价值(existence value)、遗产价值(bequest value),期权价值(option value)、非使用价值(nonuse value)等。这种综合反映能力是经济学家最看重的。例如,在1989年美国埃克森油轮泄漏案中,如果仅从损害的角度考虑,将清理泄露的原油的成本作为对环境损害的估计,则有可能大大低估其环境损害。由于该案涉及的诉讼费用之大、赔偿金额之高,都是前所未有的。为了鉴定CV直接调查法的可靠性,美国国家海洋与大气管理局(NOAA)专门成立了其中包括Arrow和Sollow两位诺贝尔经济学奖获得者在内的专家组。专家组的最终结论是:在不存在交易市场的情况下,精心设计且规范实施的CV直接调查法可以得到较为可靠的调查结果。他们就问卷设计和调查方式也提出了一些建议,以提高CV直接调查法的可靠程度,如通过调查员做面对面询问的方式比邮寄的方式更为可靠。

CV直接调查法的结果在宏观方面可以用于环境经济核算,综合考虑经济发展与环境保护及资源利用之间的关系;在微观方面可以用于分析某项特定的环境政策或环境工程的经济效果。例如,陕西天然气进京工程正在逐步改变北京的能源消费结构,用天然气代替煤炭作为燃料可以显著降低煤烟和二氧化硫等空气污染物的排放。从十年中三次入户调查得到的数据来看，对于空气改善的支付意愿逐渐提高，每户北京居民的年平均愿付值从1996年的157元增长到2005年的223元。北京城八区居民约为220万户，如果按最近一期的调查结果进行估计，北京居民年平均支付意愿的总和将超过4.9亿元，而陕京输气管道建设一期工程投资约33亿元。相比之下，这项工程除气费以外的环境收益约七年可以超过输气管道建设投资。因此，天然气进京工程具有非常好的成本效益比。

四、未来北京空气污染的变化趋势

关于北京未来的环境预测，可以概括为三句话：燃煤造成的污染物将持续下降，汽车尾气污染很可能上升，由春季沙尘天气造成的空气污染存在很大的不确定性。

随着陕京输气管道二期工程建设的完成和投入运营，天然气将进一步代替煤作为燃料，从而进一步降低煤烟和二氧化硫等空气污染物的排放。但北京汽车尾气污染排放量的变化则很大程度上取决于机动车的数量的变化。在2000年的入户调查中，有10.29%的家庭拥有小汽车，而北京城八区居民约为219.9万户，由此推算得到的私家车拥有量(22.6万辆)与有关部门的统计数 (22万辆)非常接近。在2000年的调查中，27.48%的家庭表示有意在未来五年内购买小汽车，由此推算得到的购买意愿为60.4万辆。在过去四年中北京城近郊区实际销售家用小汽车约为60万辆，此前调查显示的购买意愿已基本得到实现。在2005年的调查中，未来五年内打算购车的家庭比例上升到39.1%。假定城八区户数仍为219.9万，则未来五年内对于小汽车购买意愿则高达85万辆。北京居民的购买意愿并不一定都会变为购买行为，在北京居民不买车的主要原因中，财力不足的比例在过去十年中显著下降，而交通拥堵和停车困难的比例则逐渐上升。因此，未来五年中北京交通畅通和环境保护的压力将持续增大，可能不得不在适当的时候采取一些限制措施，机动车排放标准也有可能进一步提高。

春季沙尘天气造成北京空气污染的不确定性主要涉及以下几个问题：沙尘暴及沙尘天气与人类活动的关系如何？新中国成立以来沙尘暴发生的频率是否呈上升趋势？沙尘源在哪里？控制与治理沙尘暴的政策与措施的效率如何？

通常的看法是：随着人口的增长，食物供给的压力增大，人们在干旱/半干旱地区的过度开垦，破坏了生态平衡，从而加剧了荒漠化过程，致使沙尘暴频繁发生。根据原国家环保总局局长解振华2000年在中科院创新战略论坛上的演讲，沙尘暴在20世纪50年代前是每三十年一次；60年代至70年代每两年一次；90年代每年一次；2000年十一次。此后中央气象台专家对媒体公布的强沙尘暴发生次数为：60年代8次，70年代13次，80年代14次，1990年至2001年30次。然而，近两年中科院专家研究了近50年的气象台站观测记录发现强沙尘暴发生的频率并非呈上升趋势：50年代48次，60年代68次，70年代89次，80年代47次，90年代36次。其中影响北京的7次较强沙尘暴均发生在1964—1971年间。与人为因素相比，天气因素(东亚大气环流的周期变化)对沙尘暴发生频率的影响更大。由于天气因素的变化周期很不稳定，因此难以准确预测未来两年中沙尘暴发生的次数及其严重程度。

对于沙尘暴来源，在2000年的入户调查中，超过50%的北京居民认为来自内蒙古高原，其次是北京郊区，接下来是蒙古戈壁，最后是西伯利亚。2005年调查结果中的主要变化是蒙古戈壁取代北京郊区成为第二位的沙尘源。对于这类专业性的问题，居民的印象很大程度上受媒体报道的影响。地质专家认为风沙源于内蒙古浑善达克沙地的干涸湖泊，水利专家关注内蒙古及河北等省的超载过牧和草原退化，林业专家强调京津周边的农牧交错区和农耕区的风蚀，气象专家强调沙漠和戈壁等远距离沙尘源，认为四成沙尘来自境外的蒙古国。

近年来，国家有关部门投资数百亿对沙尘暴进行控制和治理。但沙尘暴的控制与治理涉及多学科、多部门。国家林业局注重营造防护林，农业部负责旱地耕作与草原放牧，水力部强调水土保持，中国气象局进行沙尘天气的预报与监测，国家环保总局关注空气中的颗粒物浓度，中科院寒旱所（包括原兰州沙漠所）对沙漠化课题进行长期专门研究，中科院植物所对内蒙古地区的荒漠化控制也有重点研究。各家专业知识不同，判断结论不同，建议措施也不同。在内蒙古的乌兰察布盟和河北的张家口地区都可以看到在生长良好的天然草地上挖出大片的树坑，准备植树造林，这种追求形式的做法不但治不了沙尘暴，而且会进一步破坏在长期天然条件下形成的原生草地植被。历史的教训值得注意，不尊重自然规律，日后会受到自然规律的惩罚，到那时为纠正错误将付出高昂的代价。

气候变化应对与节能减排*

胡大源

北京大学国家发展研究院教授

首先简要回顾联合国气候变化国际谈判在1990年和2000年前后发生的主要事件，分析各主要国家当前的处境以及影响政策制定的主要因素，从而可以更好地判断未来各国应对气候变化的立场和策略。然后，介绍全球公众意愿调查结果，以及关于气候变化问题不确定性的讨论的最新情况。最后，在分析我国能源消费结构的基础上，讨论政府和企业在制定气候变化应对策略和节能减排措施时应当考虑的若干关键问题。

一、气候变化国际谈判与各国对策的影响因素

1988年世界气象组织和联合国环境规划署联合建立了政府间气候变化专业委员会，简称IPCC（Intergovernmental Panel on Climate Change）。1990年联合国成立政府间谈判委员会，来自135个国家的代表开始起草《联合国气候变化框架公约》（以下称公约），1992年巴西里约热内卢联合国环境发展大会通过公约。公约提出了工业化国家和发展中国家在气候变化应对中承担"共同但有区别的原则"。这个原则基于以下事实：地球大气中累积的温室气体主要源于发达国家在经济增长过程中的排放，发展中国家的排放占比很低。然而，在未来一段时期的经济发展过程中，发展中国家的温室气体排放量仍会有所增加。因此，发达国家与发展中国家在共同应对气候变化的行动中承担的责任与义务应有所区别。

在共同但有区别的原则基础上，公约区别了缔约方与非缔约方。缔约方当时有35个工业化国家，包括24个经合组织成员国以及前苏联和中东欧11个"向市场经济过渡"的国家。缔约方多为发展中国家，以"77国集团"加中国为代表。公约并未规定强制性的国家减排目标和时间表，但要求缔约方在20世纪末尽量将其温室气体排放控制在

---

* 第20次报告会（2010年2月27日）。

1990 年水平并提供相关信息，并向发展中国家提供资金以支付他们履行公约义务所需的费用。公约于 1994 年 3 月生效，并规定每年举行缔约方部长级会议(Conference Of the Parties)，从 1995 年的柏林会议到 2009 年的哥本哈根会议共举行了 15 次。

1997 年 12 月在日本京都召开的缔约方第三次大会上，149 个国家和地区的代表通过了《京都议定书》。议定书规定从 2008—2012 年间，主要发达国家的 6 种温室气体排放量要在 1990 年的基础上平均减少 5%，其中欧盟削减 8%，美国削减 7%，日本和加拿大削减 6%。对发展中国家虽未规定强制性减排目标，但要求中国和印度等排放大国制定自愿削减温室气体的减排目标。

2000 年 11 月在海牙召开的缔约方第六次大会上，美国与欧盟利益冲突尖锐化导致会议被迫中断。次年 3 月，美国布什政府以“议定书中未包括发展中国家减排义务和美国履约成本过高”为由宣布退出《京都议定书》。欧盟通过反复协商和谈判，直到 2004 年 11 月，才促使另一个摇摆不定的温室气体排放大国俄罗斯批准了议定书。从 1997 年年底的京都会议到 2005 年年初《京都议定书》生效，经历了 7 年多的时间。在此期间，多数发达国家只是在等待观望，并未将议定书规定的减排目标付诸实施。

目前由于统计上的困难使联合国公布的各国二氧化碳排放量只更新到 2006 年。表 1 列举了部分国家 1990—2006 年的碳排放变化情况，以及 2006 年各国的 GDP 与能耗指标。从 GDP 与能源消费相比不难看出，英国的单位 GDP 能耗较低，中国、印度等发展中国家以及俄罗斯还有很大的改进空间。20 世纪 90 年代，前苏联中东欧国家在转轨过程中由于经济下滑使碳排放显著下降，德国 16% 的减幅受益于东西德合并。从节能减排来看，英国应该是这一时期最有成效的发达国家，有望实现《京都议定书》规定的减排目标。相比之下，多数发达国家同期的碳排放却不降反增，实现议定书规定的减排目标的希望不大。发展中国家的 GDP 与能耗变化密切相关，发展较快的国家碳排放增幅也相应较高。此外，各国碳排放的增幅还和基准期经济水平有关。从联合国公布的碳排放数据来看，那些在 90 年代以来经济发展较快的低收入国家，1990 年以来的碳排放增幅可达数倍甚至数十倍。

表 1　主要国家经济与温室气体排放指标

国家	GDP (10 亿美元)	能源消费 (百万吨油当量)	二氧化碳排放 (百万吨二氧化碳)			温室气体减排目标
	2006 年	2006 年	1990 年	2006 年	排放变化	《京都议定书》
美国	13 201.8	2 340.3	5 059.4	5 975.1	18.10%	-7%
日本	4 340.1	530.5	1 144.3	1 273.6	11.30%	-6%
德国	2 906.7	344.7	980.4	880.3	-16.00%	-8%
英国	2 345.0	233.9	590.4	557.9	-5.50%	-8%
法国	2 230.7	276.0	395.6	408.7	3.30%	-8%
意大利	1 844.7	185.2	399.3	448.0	12.20%	-8%
加拿大	1 251.5	272.0	456.0	560.4	22.90%	-6%
俄罗斯	986.9	646.7	2 496.3	1 577.7	-36.80%	0%
澳大利亚	768.2	122.0	277.9	390.4	40.50%	8%

（续表）

国家	GDP（10 亿美元）	能源消费（百万吨油当量）	二氧化碳排放（百万吨二氧化碳）			温室气体减排目标
	2006 年	2006 年	1990 年	2006 年	排放变化	《京都议定书》
中国	2 668.1	1 717.2	2 414.4	6 103.5	152.80%	
印度	906.3	537.3	690.6	1 510.4	118.70%	
巴西	1 068.0	209.5	208.8	352.5	68.80%	
南非	255.0	127.6	333.6	414.7	24.30%	
韩国	888.0	213.8	241.6	475.3	96.70%	
墨西哥	839.2	176.5	384.7	436.2	13.40%	

资料来源：(1) United Nations；(2) World Bank；(3) IEA。

各国在哥本哈根气候大会上的立场在很大程度上受此前的表现影响。无望完成《京都议定书》规定的减排目标的发达国家，在讨论 2020 年减排目标时自然底气不足。欧盟承诺 2020 年温室气体总体排放量比 1990 年减 20%，并提出如果美国等发达国家做出相应承诺，则欧盟将减排目标提至 30%。被称为“伞形集团”的美日澳加等国由于此前的碳排放增幅较大，对欧盟的提议并未做出积极的反应。美国政府在会前公布 2020 年温室气体排放量在 2005 年水平上减 17%，仅相当于在 1990 年水平上减排 4%。日本政府 2009 年宣布到 2020 年将在 2005 年的水平上减排 15%，相当于在 1990 年水平上减排 8%。澳大利亚在会前承诺将在 2000 年的水平上减排 25%。能源丰富但经济发展缓慢的俄罗斯承诺在 2020 年前将在 1990 年水平上减排 25%。

过去十余年来发展中国家的立场不断出现分化。小岛国联盟担心海平面上升，支持欧盟的减排方案。一些欠发达国家关注“适应”问题，希望获得更多资金补偿。巴西对国际气候谈判态度积极，自愿承诺减排，宣布到 2020 年温室气体排放量将减少 36.1%—38.9%，主要靠减少亚马孙热带雨林和巴西稀树草原的林木砍伐和焚烧。印度于会前宣布在 2020 年之前将碳排放强度在 2005 年基础上降低 20%—25%，同时印度表示不会接受一个具有法律约束意义的减排目标。石油输出国组织成员国担心利益受损，强调经济与社会发展，反对发展中国家承担减排义务。

由于各国面临的情况和涉及的利益不同，这次哥本哈根气候会议难以达成具有法律约束力的减排协议。不但发展中国家与发达国家利益冲突尖锐化，发展中国家之间，发达国家之间的矛盾与冲突也在加剧。从近期的全球经济状况和公众意愿的变化趋势来看，今年在墨西哥城召开的气候会议能否达成被各方接受的具有法律约束力的减排协议仍是疑云一片。

不同收入阶段对环境问题评价不同。归结起来，各国政府气候变化对策受以下因素影响：经济发展与人口变化，气候变化对本国的潜在影响，公众的感受与认知，地域性环境污染治理，能源消费结构。此外，科研成果与媒体宣传也会左右公众对气候变化问题的关注度。与常见环境问题不同，气候变化问题的特殊性在于未来可能造成难以逆转的大范围长期影响，且存在很大的不确定性。

据联合国公布的各大洲人口预测，欧洲已于 20 世纪末达到人口总量高峰，此后人口将逐渐减少。其他各大洲要达到人口总量高峰至少还需要二三十年。不久前发布的联合国 2009 年《人类发展报告》表明:世界上"人类发展程度"最高的 25 个国家和地区中,欧盟国家占了 18 个。

欧盟的特点是经济较为成熟,人口下降,能源需求相对稳定,新能源技术领先,减排优势明显。因而在以往气候变化谈判中欧盟常处于主导地位,并凭借其经济和能源技术方面的有利条件,试图通过气候变化谈判改变原有的全球经济格局,取得对美国的竞争优势。美国的优势在于经济实力强,传统能源技术领先,但人口与能源需求仍在持续增长,基础设施和消费模式既定,能耗较高。

在这种背景情况下,美国在哥本哈根大会上提出以主要发展中国家的减排行动公开透明化("三可")为附加条件的资金提供方案,以转移发展中国家的注意力,改变其以往在国际气候谈判中所处的被动地位,并弥补其退出《京都议定书》造成的负面影响。

美国提出的"三可",即碳排放的"可量度、可报告与可核实",实际上将发展中国家自愿减排行动与发达国家由于历史累积排放而应承担的减排义务同等对待,违反了"共同但有区别的原则"。如果借"三可"之名,来束缚发展中国家的社会经济发展和摆脱贫困的努力,则难以被发展中国家所接受。回顾过去十几年的国际气候谈判历程,气候变化问题实质上是国家利益博弈的问题。

二、公众意愿与气候变化问题的不确定性

2009 年 12 月皮尤发布的全球态度项目(Pew Global Attitudes Project)调查结果(图 1)显示,认为"全球变暖是非常严重问题"的百分比中国仅为 30%,在进行调查的 25 个国家中排在最后。中国人为何不太关心全球变暖?《半月谈》杂志的一项调查显示,"中国人最关心的事情里,排在前五位的分别是:收入差距扩大;看病贵、上学贵、买房贵;就业难、劳动者维权难;社会保障滞后;反腐倡廉亟待加大力度。而环境问题,仅仅排在第七位"。然而,在同一调查中,当问到是否愿意"支付更高的价格应对全球变暖问题"时,

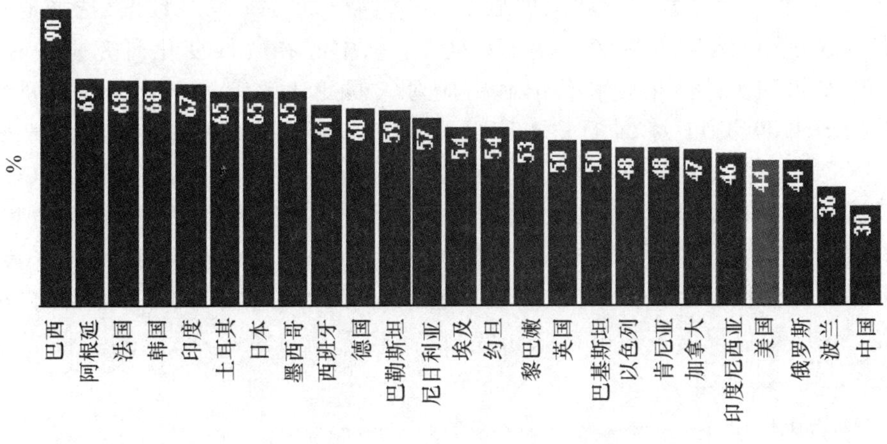

图 1 "认为全球变暖是非常严重问题"的各国认同百分比

资料来源:Pew Global Attitudes Project, December, 2009。

中国被调查者的认同率却高达88%，居25个国家之首。

这种看似矛盾的调查结果却有其耐人回味之处。目前在中国，人们通常认为应对全球变暖而支付更高的价格是一件在道义上应该做的事。但在现实中还只是一种假设，并不需要付诸实施。因此民意调查得到的回答或许只是一种假设的回答。退一步来看，如果上述调查结果确实反映了人们的意愿，政府则应顺应民意，加快理顺长期以来扭曲的能源与资源的价格，以促进节能减排。

2009年10月美国调查结果①显示，认为全球变暖是有确凿依据的回答者所占百分比从2008年4月的71%下降到2009年10月的57%，认为这是非常严重问题的回答者占比从2008年4月的44%下降到2009年十月的35%。比较美国2006—2009年历次抽样调查结果，无论是民主党人，还是共和党人，还是独立人士，相信全球变暖有确凿依据的人数比率都在逐年下降。

尼尔森公司与牛津大学气候变化研究所在2009年10月对全球消费者的调查结果②表明，与气候变化问题相比，各国消费者更为担忧的是所在地区的空气污染和水污染。与以往相比，对气候变化表示担忧的人数比率由2007年的41%下降到2009年的37%。2009年全球各地区相比，拉美地区对气候变化表示担忧的比率最高，达57%，其次是亚太地区，达到43%，而北美洲则仅有25%。各国家相比，由于受台风、地震和海啸等自然灾害影响，菲律宾、印尼、泰国和墨西哥对气候变化的担忧比率最高，分别为78%、66%、62%、62%。但与此同时，受经济衰退和金融危机影响，在54个国家和地区中有35个对气候变化的担忧在下降，如波兰下降了23%，加拿大下降了22%，葡萄牙下降了18%，瑞典、西班牙和中国台湾下降了17%。这项在哥本哈根气候大会之前进行的调查还显示，58%的被调查者对气候科学家研究表示信任。

然而，哥本哈根气候大会前后发生的一系列气候门事件却引发了公众对政府间气候变化专业委员会(IPCC)公信力的质疑。2009年11月，黑客入侵了英国东英吉利（University of East Anglia）大学气候研究中心的计算机服务器并盗载了该中心主任菲尔·琼斯(Phil Jones)教授等气象学家大量电子邮件和有关气候变化的文件，随后在一个气象科学家网站上公布。“这些邮件和文件显示，一些科学家涉嫌操纵数据，选择科学流程，支持其碳排放导致全球气候变暖加剧的结论”。该中心在气候变化研究领域有广泛的影响，为IPCC第四次评估报告和英国制定应对气候变化政策提供数据等重要参考依据。琼斯教授于2009年11月24日宣布辞职，该中心随后接受政府有关机构的调查。

“IPCC一直以独立的、科学权威的姿态出现，但由于先天的政府背景，IPCC各种评估及相关活动不可避免地被打上了政治因素的烙印，成为各国和国际上各利益集团争夺科学话语权乃至制高点的重要舞台”③。2010年1月IPCC正式承认，其2007年发表的气候变化第4次评估报告中存在重大“失误”，喜马拉雅冰川将在2035年消失的结论严重违背事实。该结论仅根据一篇电话采访完成，而且采访对象表示，他的主张“纯属猜测”。

---

① 资料来源：http://people-press.org/report/556/global-warming October 22, 2009。

② 调查样本为54个国家中27 548位消费者在线访问。

③ 高云、孙颖、林而达、刘洪滨，“IPCC在国际应对气候谈判中的地位和作用”，收录于《应对气候变化报告》，社会科学文献出版社，2009年。

就此事接受采访的美国国家工程院院士黄锷认为："对于气候变化的研究，本应当出现各种不同的声音，但现在的学术界，却出现了'变暖'说一家独大的局面。之所以出现这种现象，是因为目前 IPCC 是支持'变暖'说的主要力量，而 IPCC 的研究又是国际气候谈判科学依据的主要来源"。2007 年世界著名预测专家 Green 和 Armstrong 教授通过对 IPCC 发布的全球气温变化评估报告进行审查分析，评估其预测方法及步骤，发现至少违背了 72 项长期预测的准则，其中大部分违背造成的后果是严重的，他们认为"出自科学家的预测未必是科学的预测"①。

今年以来英国《卫报》等媒体的报道推动了对气候变化研究中的不确定性和 IPCC 第四次评估报告有关结论的讨论，主要集中在以下几个方面：

（1）全球变暖在变化率和变化量上都并没有显著变化，过去十余年间地球并没有明显变暖，然而依照 IPCC 的报告结论气温本应升高 0.2 度。

（2）IPCC 的模型有可能高估气候对温室气体的敏感程度，而低估了自然波动，这意味着这些模型在估计影响时会有向上的系统偏差。

（3）人类活动排放温室气体造成全球变暖的逻辑推理还不够完善。对于气候变化科学并未达成共识，尚有很多问题未解决。

（4）IPCC 报告中有忽略不同声音的倾向，尤其是在那些决策者最有可能读到的部分。

气候变化问题的特殊性在于：在未来可能造成难以逆转的全球性长期影响，并存在多方面的不确定性，因此会受到全球的关注与期盼。然而，科学研究与信仰不同，要正视涉及的不确定性，应尊重不同的观点和看法，须接受实践的检验。2008 年 4 月中国科技部等 6 部委与联合国有关机构及世界气象组织在北京召开的"气候变化与科技创新国际论坛"，在"气候变化的重点科学问题"上，国内外 17 位特邀专家的报告中有 13 位谈到了气候变化模型和预估的不确定性②。

"不确定"并非不"不环保"。气候变化研究中的不确定性主要包括：气候变化的原因存在不确定性③、气候变化的预测存在不确定性、气候变化的影响存在不确定性④。国际上对气候变化持怀疑论的代表人物丹麦学者隆伯格也是一位环保主义者。他认为"在环境问题上，人类不能漠不关心和无所作为，但目前弥漫的夸大其辞和悲观论调，只会给人类带来不必要的恐慌，并且把有限的资源和精力浪费在一些臆想的问题上，或者去搞一些所谓的运动，从而忽略真正亟待解决的问题，例如非洲的饥荒"。

中国有句古话，兼听则明。历史的经验表明：片面或夸大的宣传虽然也会取得一时的成效，却难以持久，有时甚至会起到相反的作用。国外无论是发达国家（如美英等国）还是发展中国家（如巴西）都十分重视对气候变化不确定问题的研究。中国专门研究气候变化问题的学者群体原本就不大，对于气候变化不确定问题的研究就更为薄弱。气候

① Kesten C. Green and J. Scott Armstrong, "Global Warming: Forecasts by Scienctists Versus Scientific Forecasts", *Energy and Resource*, Vol 18 No. 7, 2007.

② 刘燕华，《气候变化与科技创新》，科学出版社，2009 年。

③ 丁 汇、林尔达、何建坤，《中国气候变化——科学、影响、适应及对策研究》，《中国环境出版社》，2009 年。

④ 姜冬梅等，《应对气候变化》，中国环境科学出版社，2007 年。

变化问题是一个涉及面广泛、影响因素众多的复杂系统问题,需要通过长期观察来总结规律得出结论。在此之前人们的探索和认识过程可能会经历多次反复,各国应对政策与国际谈判也会不断调整、与时俱进。

三、能源消费结构与企业应对策略

尽管气候变化问题存在多种不确定性,但无论在政府政策还是在企业运营层面,倡导节能减排的方向总是正确的。但节能减排的出路在何方,世界各国并非没有争议。然而,必须根据本国的具体情况制定节能减排政策则是不争的事实。

表2列举的数据显示,在世界能源消费结构中,石油、煤炭、天然气等化石能源之和占比近90%,非石化能源主要靠核电和水利。中国的能源消费结构中突出的特点是煤炭占到70%。其他煤炭在能源消费结构中占比较高的工业化国家,如德国、美国和日本,所占比率也只是在四分之一左右。相比之下,法国的核电占比较高,英国的天然气占比较高,加拿大的水利占比较高。

表2　各国能源消费结构比较　(单位:%)

国家	石油	天然气	煤炭	核电	水利等
美国	38.5	26.1	24.6	8.4	2.4
加拿大	30.9	27.3	10.0	6.4	25.4
法国	35.7	15.4	4.6	38.6	5.6
德国	38.0	23.7	26.0	10.8	1.5
英国	37.2	39.9	16.7	5.6	0.6
日本	43.7	16.6	25.4	11.2	3.7
中国	18.8	3.6	70.2	0.8	6.6
世界	34.8	24.1	29.2	5.5	6.4

资料来源:BP Statistical Review of World Energy, 2009。

同石油和天然气相比,我国的煤炭资源丰富,储量多、分布广、煤质较好,开采成本也比较低。多年来煤炭在我国能源消费中占65%—70%,其中约有一半用于发电。火电在我国的发电量中约占80%,其中绝大部分是煤电。电煤在我国经济发展中的重要地位不但加重煤炭生产的压力,而且增加温室气体排放。据有关专家计算,如果用石油或天然气替代煤炭作燃料,二氧化碳排放可分别下降20%和40%,同时还可以大幅度削减氮氧化物和硫化物的排放。

作为一个负责任的发展中大国,尽管气候变化问题存在着多方面的不确定性,但我国政府仍然会为实现自愿减排承诺而持续努力。要在2020年实现我国单位GDP二氧化碳排放比2005年下降40%—45%,就要改变过去的粗放的生产方式,在各行各业落实节能减排的目标。自2005—2008年单位GDP能耗下降速率平均每年3.33%。如能保持这一减排速率,我国至2020年单位GDP能耗则可降低近40%。此外,2020年我国非化石能源占一次能源消费的比重如果能提高到15%,则碳排放强度还可以再减少10%。这就要求降低煤炭所占比例,提高水电、核电及其他可再生能源的占比。2008年我国非化石能源在能源消费结构中的比例已接近10%。近年来我国风电与核电的装机容量增长很快，照此发展速率，完全可以在2020年之前实现非化石能源占比超15%的承诺。

政府现在要管的事情太多，不同时期的工作重点也常会改变。因此，要在实际工作中落实节能减排目标并提高非化石能源的所占比重，单靠行政命令和舆论宣传是不够的，结果往往是虎头蛇尾，流于形式。要想从根本上解决问题，政府部门就应当在深入调查研究的基础上，弄清情况、顺应规律、理顺机制。

弄清情况，就是要切实做好能源与环境统计，准确了解现状，及时把握变化。顺应规律，就是要研究人们在特定环境下的行为特征，依据规律来制定措施。例如，长期以来我国集中供热采暖综合利用效率低，当民用建筑开发商与物业管理为同一公司担当时，开发商就有积极性通过分户供暖设施的安装来促使用户减少不必要的能源消耗。理顺机制，就是要理顺能源与自然资源价格。过低的能源价格实际上是在照顾弱势群体的同时对没必要补贴的群体进行补贴，助长了能源的浪费，同时也加重了环境污染。在理顺价格的同时根据实际情况找出适当的补贴办法已被实践证明是一条更为有效的解决问题的途径。

公众的态度也会在很大程度上影响我国能源消费结构的改变。就国外情况来看，自20世纪70年代以来，国际上一些环保组织一直在致力于推动政府退出核能。一方面出于对核泄漏的担忧，另一方面考虑到目前核废料的处理问题还没有完全解决。清华大学前些年对我国公众核能接受性情况所做的调查显示：80%的被调查者对我国发展核能表示支持，但不到一半的人支持在当地发展核能。

对于能源生产企业，低碳经济的关键在于能否降低新能源的生产成本，提高稳定性。目前我国水电的生产成本约为每度0.3元，火电约为0.4元，风电约为0.8元，太阳能约为1.5元。核电的投资建设成本约为火电的两到三倍，但运行成本低于火电。从长期来看核电成本可以降到与火电相当的0.4元左右。如果企业的生产成本降不下来，单靠国家的资金补贴，将难以保证企业的持续发展。

近年来，越来越多的国内外企业意识到制定气候变化应对策略对企业发展的重要性，但大多侧重于宣传报道层面。企业通过广告宣传来倡导环保理念，从而提高企业的公众形象，从短期来看无可厚非；但从长期来看，企业的持续发展还是要审时度势，通过科技和管理创新来降低成本，适应需求，提高企业的市场竞争力。

不久前我们实地考察了新建的深圳万科大楼，其独特的“漂浮的地平线、躺着的摩天楼”的设计理念巧妙地解决了建筑形式与使用功能间的关系，不但可以降低能耗而且增加了景观绿地，还有利于空气流通；在建筑结构上独辟蹊径，采用斜拉桥式的支撑体系，竟然比传统支撑方式的建筑费用还要低；内部装修与办公用具多采用竹制材料，不但成本低而且新颖别致；可动式外遮阳表面既美观又可降低能耗。作为绿色建筑示范项目，人们通常注意到万科大楼新颖的建筑造型和众多节能措施的应用，然而更具可持续发展魅力的是其造价的降低。

交通建设与经济增长*

郭小碚

国家发展改革委综合运输研究所所长

交通建设是一个关于交通运输发展的总体概念，它不仅仅指基础设施建设，还包括运输系统建设和运输服务建设。我准备从三个方面介绍：一是关于交通运输与综合运输的基本认识；二是不同历史时期中国交通运输事业的发展及与经济社会发展的关系；三是利用经济危机加快交通基础设施建设。

一、对综合运输的基本认识

近些年，在国家文件中频繁使用了“综合运输系统”或“综合运输体系”这个词语。“综合运输”的概念是20世纪50年代从苏联引入的，由部分专家和学者建议并被纳入《十二年科技发展规划》之中。根据该规划，国家于1958年筹建了综合运输研究所，隶属于中国科学院，研究业务由国家政府部门领导（当时定为国家经济委员会领导）。

建立一个机构必须有明确的任务。1957年在建立综合运输研究所的计划任务书中提出的任务是：“在社会主义经济制度下，应形成完善的全国统一的运输网体系。但是只有在科学解决了各种运输业的综合利用，才能发挥最大的技术经济效能，才能为国家取得最大的和最合理的节约”。

综合运输研究所筹建后，由国家经委张国坚副主任兼任所长，他提出的研究任务概括为“一个核心、两个综合、三个关系”。一个核心是按照社会主义的经济规律，探索交通运输业发展及利用问题，也就是紧紧围绕经济发展进行交通建设。两个综合中包括综合发展（规划和建设）、综合利用（运行统筹与衔接）。现在我们会注意到，在交通运输领域里用得很多的是“衔接”这个词，其实当初建立综合运输研究所时已经提出了这个要求。三个关系指交通运输业与国民经济、各种运输方式之间、各种运输方式内部等比例关系。

---

* 第20次报告会（2010年2月27日）。

综合运输体系指综合发展和利用铁路、公路、水路、航空和管道等运输方式，按照其各自技术经济特点，形成运输网络布局合理、运输工具高效低耗、运输组织管理先进的交通运输综合体，实现交通运输的可持续发展，创造国民经济和社会的整体经济性。所以，综合运输的内涵更多的是要体现在国民经济的效果方面。

综合运输是一个先进的科学理念。现在我们讲以人为本也好，讲可持续发展也好，其实在综合运输的概念里面已经包括这些内涵。它与交通运输的概念有所区别。交通运输是国民经济的一个产业，它的基本要求是完成人和物的运输，只要能完成这个目标，交通运输就达到了目的。而综合运输不仅仅是完成人和物的位移，还要求实现运输的经济性，而且其经济性是体现在国民经济层面上。这是综合运输与交通运输的一个本质区别。

我想简单地就综合运输概念给大家作一个简要的提示。在目前的科技发展水平下，交通运输中的五种方式各有所适合的运输范围、服务特性（技术的和经济的，等等），其互补性多于竞争性。比如说，铁路是一种可以满足大宗物资运输需求的运输方式，它的优势是中长距离、大宗货物的运输，但它不能门到门。而公路更适合于小批量、中短途、主要是产成品货物的运输，但在大载重车辆和高速公路的环境下，也承担一些长距离大宗物资的运输。比如现在大家还经常看到的公路运煤，我认为这只是一种特例，如用户对煤质煤种的要求、煤炭供需点运输条件等，并不能完全代表公路运输的基本特性。

二、交通运输支持了经济社会的发展

自 1949 年以来，中国交通运输事业取得了很大成就，交通运输较好地支持了国民经济与社会的发展。如果按照交通运输的服务水平分析，我们可以将新中国成立以来的交通运输发展划分为三个阶段。

第一阶段是新中国成立后到改革开放初期。这三十年间中国铁路、公路、内河运输线路里程快速增长，公路从解放初期只有 8.1 万公里，到了 1978 年年底增长到 89 万公里，铁路及内河航道也有成倍的增长。另外，在这一阶段中运输网布局显著改善，初步形成了交通运输工业体系。从总体上看，国家交通网的主要骨架和运输通道初步建立，尽管质量有待提高，但系统已逐步确立。旅客和货物运量在这一时期分别增长了 14 和 45 倍。

但也要看到在 80 年代初，我们交通运输成为了国民经济发展的薄弱环节。在座的同志如果年龄大一点，会有很深的体会。当时出门的时候买一张票都很困难，航空运输基本上为特殊服务，一般的老百姓是不能坐的。铁路客货运输都很紧张，公路长途客车跟现在差别很大，旅客座位都是木条的，一排坐 5 人，一边 3 人，一边 2 人，车内没有空调。

我认为这一时期运输能力与经济社会的运输需求矛盾相对突出。铁路干线严重不足，旅客运输能力极为紧张。当时运输紧张是常态，比较突出的是乘车难、托运难，不像我们现在的春运，是短期时间内的运输紧张。重点物资、特别是煤炭运输格外紧张。现在尽管煤炭运输也有问题，但是我们要看到现在的煤炭产量将近 30 亿吨，和当时不是一个量级的比较。由于那时期实行的是“计划经济”，运输也是计划行为，没有现在的服务理念,因此运输紧张的矛盾被部分掩盖。

第二个阶段是改革开放以来到21世纪初。在80年代中期,国务院发展研究中心马洪同志组织开展对2000年的中国进行研究和展望,由综合运输研究所负责对2000年中国的交通运输作了一个专题研究。当时提了三个战略目标供选择:一是满足经济社会发展的运输需求,并具有后备能力,交通运输成为先行;二是基本适应经济翻番、人民生活小康的运输需要;三是不适应运输需求增长,交通运输仍为突出的薄弱环节。

经过改革开放后二十年的发展,中国的交通运输形势出现根本性的变化。其中有两个重要因素:一是我们的经济从80年代开始的大起大落,到了90年代后期形成相对平稳的发展态势;二是经过多年的建设,交通基础设施有了很大的变化。从1978年到2000年年底,铁路营业里程达到6.9万公里,增长了32.7%;公路通车里程达到140.3万公里,增长57.6%;通航民用机场为139个,增长78.2%;沿海港口深水泊位达到526个,增长2.9倍。

这一时期交通运输形势的根本性变化还体现在三点。一是国家主要运输大通道的框架初步构建。一方面是运输骨架网络初步成型,当然这个任务到现在并没有完全完成;另一方面是运输通道质量快速提高,标志是高速公路及航空的发展。不过,当时的铁路还是处在缓慢的建设周期之中。

二是长期困扰交通运输业的运能不足现象开始缓解。到了90年代后期,特别是由于亚洲金融危机使当时我国的经济增长放缓,另一方面是运输能力快速提高,两者的共同作用使运能不足现象开始缓解。

三是交通运输供给主要矛盾开始从数量需求向质量需求转变。应该说这个转变到现在仍然在进行,从原来我们走不了、运不出,到了现在希望能够走得舒服一点,走得快一点。

第三个阶段是新世纪初到2010年的"十一五"末。我们在2008年开始做了一个"十一五"综合运输发展规划的中期评估,去年又做了一个"十二五"的思路。我们利用2008年、2009年的初步数据,再结合今年的增长情况,大致推算到今年年底铁路运营里程可以增长到9.2万公里左右,仅去年一年就增加了6 000公里。公路通车里程为390万公里。交通部在2005年对公路通车里程作了调整,原来不包含村道,从2005年开始把村道加进去了。如果按照以前的统计口径,到今年年底大概270万公里。长输油管道里程增长非常快,主要是因为我们现在的天然气供求快速增长,促进了天然气输送管道建设,比如现在的西气东输管网,相继建设了一线工程、二线工程。民航机场大约可到170个,沿海港口深水泊位可达到1 600个。

2010年和2000年相比,我国交通基础设施变化非常大,但这还没有反映出质量提高因素,比如铁路提速、高速铁路和高速公路的修建,以及我国港口现在的大型泊位为30万吨级,而在1978年的时候,我国的一个万吨泊位都是很自豪的。

因此我们有个结论,认为目前的交通设施和运输服务能力基本适应了经济社会发展需求。虽然现在对这个判断的争议很多,有相当一部分的人认为"基本缓解"比较合适,但我认为"基本适应"或称"初步适应"可能更客观一些。到去年,全国30多万亿GDP经济总量的资源要素流通、13亿人口人均每年21.6次、1747公里出行需求及人均年19.5

吨、8306吨公里的货物运输需求都是由交通运输所保证的。2008年发生汶川地震后在很短的时间内全国物资人员都调运上去了，也表明了交通运输系统对经济社会发展的保障能力与支持作用。另外，从2005年到2007年，我国经济经历了一个高速增长，全国GDP平均增长达到12%，交通运输在这一时期也没有拖后腿。

与此同时，我们也应该看到我国交通基础设施能力仍存在一些局部不适应。这个局部主要是特定时期或者特定地区，即部分空间与部分时间，比如说春运期间，但春运这个问题到任何时候都不能完全解决。大家都是搞经济的，如果按照春运的需求来配置运力，等春运之后运输企业将出现很大的设备、设施闲置，成为经营者的负担。另外一个问题是，我们的运输服务质量与发达国家的差距仍然较大，这种软能力比设施建设、设备提升更为艰难。

交通运输是经济社会可持续发展的基础条件，它发展的第一个阶段是满足和保障人民的衣食住行。这可以说是在我们过去、甚至到了80年代还在追求的目标。我认为我们现在已经能够达到第二阶段，即交通运输支持经济快速增长。下一个高级阶段就是要促进交通运输引导经济与社会发展，例如在城市规划与建设中，交通运输如何能够引导城市合理布局、引导城市经济社会健康发展等。这一点在今后会越来越显现。

对未来交通运输系统的发展和完善，我们需要认识到交通基础设施建设任重道远，要建设一个完善的交通运输设施网络还有很长的路要走。我国交通运输网密度相对比较低，铁路每百平方公里仅为0.9公里，公路大概在40公里左右，而日本分别是6.14公里和305公里，美国分别是2.26公里和66公里。美国国土面积比我们稍微小一点，但人口不到我国的四分之一，而美国有600多万公里的公路及20多万公里的铁路。

我国的国家高速公路发展很快。按照国家高速公路网规划，一共有8.5万公里高速公路。现在除了建成的，大部分已经开工。另外各省还有高速公路规划，加起来也应该有15万公里左右，按里程算我们已经超过了美国。但如果按质量还是有差距的。美国高速公路有8车道、10车道、12车道，而我国一般为4车道，少量为6车道、8车道。所以，国外有的国家按照高速公路的车道数作为指标进行比较也是有一定道理的。

现在我国的交通运输系统进入了新的发展阶段。第一，交通基础设施建设仍然处于加快发展时期，大规模交通基础设施建设将在2020年左右完成。现在国家已经批准的10多个交通运输发展的专项规划，比如有国家综合交通网中长期发展规划，铁路发展规划，高速公路发展规划等。原来的规划设想都是在2020—2030年以后完成，但现在看起来都会提前完成。甚至在“十二五”期间，也就是2015年之前，相当部分都会建成。所以，在“十二五”期间，我国交通建设还是一个高潮。此外，还要考虑到交通基础设施或者交通基础网完善以后，所涉及的改造和更新的问题。

第二，交通运输系统建设正处于从交通基础设施系统建设向运输服务系统建设转变时期。现在虽然交通基础设施建设还要加快，但是交通服务系统的建设更重要。比如说，我们现在有路了，但是有没有高水平的服务质量，这是我们要考虑的。大家可能听到很多词语如“零换乘”也好，“无缝衔接”也好，其实都体现了运输服务的质量。

第三，要进一步完善综合运输体系，促进交通运输引导经济和社会发展。交通运输引导作用包括两方面：一个是规划布局的问题，一个是产业结构的问题。比如我国现在某些需要大运量的物资，如果仍然按照现有模式、现有增长速度去发展的话，国家环境压力会很大。因此，我们现在开始考虑交通运输如何用最小的运量保证全社会的生产与生活。比如目前我国煤炭运输所占比例很大，铁路货运量中煤炭将近占一半，有人提出输电可大大减少货运量，但输煤还是输电，20 世纪 80 年代就做过这种分析：煤炭产地主要在西北，发电需要耗费很多水资源，西北地区水资源又偏少。还有，过去在输电技术和经济上还存在一些问题，最后还是只得大量实行输煤。现在，特高压输电技术取得成功，会不会使输煤输电问题发生变化，这很值得研究。另外，发电所需要大量的环境支持，而西部地区的环境又相对恶劣，这些情况也都要综合考虑。但我们还是希望，未来能够通过交通运输来引导经济和社会的发展。

三、利用经济危机促进交通基础设施建设

我们所经历的两次经济危机都对交通运输的发展起到了促进作用。1998 年的亚洲金融危机之前，公路里程增长年均为 2.57 万公里。金融危机爆发后，中央为了应对危机爆发，采取了积极的政策，加大了对交通基础设施的投入，重点是公路建设，一年就增加了 6.21 万公里的公路里程，之后从 2001—2005 年平均每年增加了 10.6 万公里。这说明我国靠基础设施建设应对金融危机，有效地应对了金融危机影响，并对交通运输的发展起到了很大作用。

亚洲金融危机促发了高速公路建设的新高潮。从 1998—2005 年，全国高速公路从 8 700 公里增加到了 41 000 公里。当然，还有一个客观发展阶段，即高速公路建设到了一定阶段以后会加快。我国高速公路产生于 20 世纪 80 年代后期，90 年代后期正处在加速发展阶段，因此，我国高速公路快速发展并不完全是经济危机的影响。但经济危机发生后，中央加大投资对高速公路的发展无疑产生了很大的作用。

在经济危机时期，投资交通基础设施建设有一箭双雕的作用。一是短期内能提振经济、保障就业、创造需求，实现经济平稳增长；二是它加快了交通基础设施建设，能提高运输供给能力，尽快改变交通运输业长期滞后状况，促进交通运输先行发展地位与引导作用的实现。应该说，这些交通设施肯定要建，但由于经济危机的影响，增加了投入能够更早地实现交通规划。如果再考虑到我国过去交通基础设施发展滞后的状况，则更具积极和显著的效果。

本次为应对美国次贷危机引发的全球金融危机，我国实施了 4 万亿投资计划，其中交通固定资产投资为 1.5 万亿元。2009 年，交通固定资产投资达到 2 万亿元，相比 2008 年的 1.3 万亿增长了 48%。在全部交通固定资产投资中，铁路投资为 7 000 亿，增长 80%，公路投资达到 10 000 亿，增长 53%，水路投资为 1 100 亿，增长 12%。2 万亿元投资拉动全年 GDP 增长 0.86 个百分点，对经济增长的贡献率达到 10.6%，这是相当可观的。所以，扩大交通设施投资对防止经济下滑、促进经济增长效果较为明显。而且我所的研究显示，以扩大交通投资作为扩大内需、促进经济增长的手段，短期效果十分明显，其作为应急措施效果显著。

这些效果与交通基础设施建设投资的特点密不可分。第一，交通基础设施建设的投

资规模大。高速铁路投资每公里为1亿元,高速公路每公里造价也在5000万元以上。第二,投资的覆盖范围广,东中西部、城市农村都存在大量投资项目。第三,投资要消耗大量建材,支付大量劳动力费用,产生了就业和收入。第四,它的建设周期长,所以能较好抵消经济周期的负面影响。第五,在建设过程中它能明显带动相关产业。

投资交通基础设施,实际上是通过短期经济拉动产生长期经济支撑作用,这个作用体现在三大方面:一是交通基础设施发展能降低运输费用,稳定物价并促进土地开发;二是交通基础设施发展可以降低经济成本,提高区域资源范围;三是交通基础设施的改善可以扩大贸易区域,有助于优化资源配置,对城市化进程具有显著推动作用。

最后,我对今天的演说进行总结:第一,交通运输在国民经济中具有基础作用,是社会运行的最重要因素之一。第二,交通设施基础是实现交通运输服务的基本条件。第三,利用交通基础设施建设拉动经济是一项短期行为,但可以产生长期作用。完善的基础设施,对经济发展和社会进步都具有非常大的支持作用。第四,交通基础设施建设不是目的,应把握好运输服务的终极目标。

基础设施投资规模、结构与效益*

张长春

国家发改委投资研究所所长

基础设施投资在快速工业化城镇化过程中对经济社会发展发挥着支撑作用,也是近年来各方面关注的热点。国家发改委投资研究所张长春所长就我国基础设施投资规模、结构、效益等进行了概括性介绍与分析。

一、基础设施投资规模

基础设施投资规模、存量规模和供给能力与国民经济的适应性问题,关系到经济社会发展的方方面面。要对这一问题做出客观、全面分析,今天下午时间远远不够。我这里只能给各位做一个概要性分析。

一段时间内基础设施投资规模合理与否,原则性的判断依据是基础设施供给能力与经济社会发展是否相适应。由于基础设施建设周期一般较长,大型骨干基础设施项目从投资决策、投资实施到形成能力,需要 3—5 年甚至更长时间,这就需要基础设施投资要适度超前于经济社会发展。等到某类基础设施不能适应国民经济发展时,再考虑增加投资,项目建设直至形成供给能力期间,基础设施对经济社会发展的瓶颈制约就会出现。

既然基础设施投资规模合理与否主要看它与经济社会发展是否相适应,我们可以通过基础设施投资占全部投资的比重来观察这种适应情况。表 1 中列出了 2003 年以来我国几类主要基础设施投资占城镇投资的比重;2003 年及以后数据统计口径有变化,为方便比较,表中采用了 2003—2011 年的数据。2003—2011 年,这几类基础设施投资占城镇投资比重在 19.5%—15.5%之间,平均为 18.6%。2008 年扩大政府支出应对危机,投资比重出现了一个小高峰,其中铁路和公共设施投资增加较多。

* 第 28 次季度报告会(2012 年 2 月 25 日)。

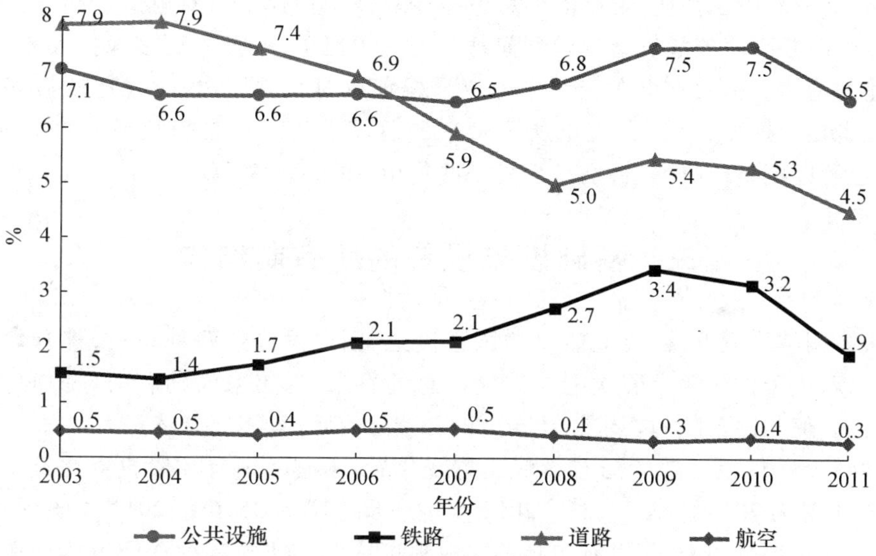

图1　2003—2011年交通、公共设施投资占城镇投资比重变化

上述比重数据其实并不能充分说明这些领域的投资规模是否适度。从近年来主要基础设施供需情况看,曾经长期制约经济社会发展的基础设施瓶颈问题,总体上有了很大缓解,有些领域出现了适度超前。个别领域在个别地区还出现了一定程度的重复建设问题。

这种情况下,社会上不少人士担忧基础设施的投资多了,过剩了,影响投资效益。这些担心的出发点是好的。但在基础设施投资的过多与过少问题上,迄今为止尚未见到有说服力的论据。关键的问题在过与不过上。要准确回答这一问题,必须有基础设施供给与需求间适应程度的全面数据,而迄今为止尚未见到有说服力的系统性数据。

以公路投资为例,有人指出公路特别是高速公路投资过多,理由是某个地方高速公路上车辆极少。这种说法有欠科学。某个人某个时点或某个时段对某条高速公路车辆流量的观测,具有极大随机性,这种个别随机的观测结果无法作为判断高速公路投资过多或过少的依据。

用人均、地均、GDP均等指标衡量基础设施存量或投资额,并将这些指标进行国际比较,也欠严谨。原因是受人口密度、地形地貌、资源产地与经济中心分布、经济结构、发展阶段等因素影响,相同数值并不能代表基础设施供需相同的适应程度,有时可能相差巨大。

基础设施供给应适度超前于经济社会发展对它的需求,多数人在这一观点上能够求得一致。但困难在于几乎无法找到科学的数量指标,来准确判断全国范围内基础设施供给与需求的适应程度,从而也就难以准确判断基础设施投资是过多或是过少。往往是基础设施对发展构成严重制约时,人们才会准确地判断基础设施投资滞后了。

应对危机的4万亿投资,主要投向民生、基础设施等领域。财政资金的公共性是决定投资方向的重要依据。实际上,4万亿是包括了政府投资和所带动的其他社会投资如自筹资金、银行贷款等的一个大数,政府拿出了4万亿中的1/3左右的资金,这其中还包括了即使不扩大支出,每年也需要安排的政府投资。

当时之所以提出这一投资规模,很重要的原因是面对较多企业特别是沿海较多加工企业倒闭,大量农民工失业,希望能够尽量减少总需求快速下行对就业、城乡居民收入的影响。在当时并不清楚危机会发展到何种程度的情况下,选择了更多地扩大支出这一效果更明显的措施。扩大支出在应对东南亚金融危机时我们用过,效果比较显著,政策工具运用上也比较娴熟,对扩大支出所能带来的总需求的增加心里比较有底。回过头来看,当时也可以更多地减税,特别是少发一些货币,少放一些贷款。

二、基础设施投资的所有制结构

从所有制结构上看,社会上热议的国进民退、国退民进这两种说法,都有数据支持,都有道理,取决于你从哪个层次上看问题。总的看来,近年来鼓励和引导民间投资的效果是显著的,但与国务院的要求和社会上的希望还有距离,需要继续努力。

从城镇投资口径反映的国有投资比重变化看,国有及国有控股投资比重从 2003 年的 64.3% 下降为 2010 年的 42.3% ,2011 年进一步下降为 35.6% ,2011 年统计口径有所调整,包括了一部分 2010 年没有包括的农村地区投资。非国有投资所占比重快速提高,这是总量数据反映的国退民进情况。如果从行业大类看,情况就与总量反映的情况不尽一致。在表 1 所列出的主要基础设施领域中,电力行业国有及国有控股投资比重下降较多,由 2003 年的 88.3% 下降到 2010 年的 76.3% ,但道路、航空、水利、公路设施下降幅度都不大。表中所列几类基础设施下降了近 8 个百分点。如果你再看这些大行业中的具体行业,就会发现铁路旅客运输等细分行业,国有及国有控股投资比重近年来不降反升,国进民退特征明显。

这仅仅是固定资本增量上的情况,如果从资本存量和影响力看,因时间越往前,国有投资比重越高,有的行业甚至全部为国有投资,这些行业国有资本存量远高于目前的投资比重。一些行业如银行业尽管在逐步打破垄断,有了一定比重的民间投资,但因这些行业影响力很大,与经济社会发展和人民群众生活密切相关。在国有经济占较大比重的情况下,即使近年来民间投资有所增加,社会上仍会感觉到国有对民营的挤压,在货币、信贷紧缩期更是如此。

表 1　2003—2011 年国有及国有控股基础设施投资占投资比重　　(单位:%)

年份	2003	2004	2005	2006	2007	2008	2009	2010
城镇投资合计	64.3	57.8	51.5	48.0	44.5	43.0	44.6	42.3/35.6
电力等	88.3	81.1	77.7	77.8	78.0	77.8	79.3	76.3
交通运输仓储邮政	94.2	93.5	91.2	90.4	88.8	87.9	88.5	87.2
铁路运输业	99.0	99.0	98.2	97.5	98.3	98.4	98.2	96.8
道路运输业	96.9	95.2	93.2	93.2	91.8	91.0	91.9	91.9
航空运输业	99.5	98.2	93.5	86.1	85.9	85.6	86.9	91.5
水利管理业	98.7	97.7	96.5	95.3	95.1	92.5	92.7	92.7
公共设施管理业	94.4	92.2	90.9	89.7	87.6	87.1	86.0	85.2
电力交通水利公共设施小计	94.3	93.0	91.1	90.1	88.3	87.6	87.6	86.4

三、基础设施投资的区域分布

在基础设施投资的区域分布上，为落实西部大开发、东部等老工业基地振兴等区域发展战略，促进公共服务均等化，近年来不断加大内地基础设施投资。图 2 给出了 2003—2010 年部分基础设施投资在东部、中部、西部和东北地区的分布。2003—2010 年全国铁路投资中有 40.5% 投向西部地区，同期投向西部地区的道路投资占全部道路投资的比重也达到 32.7%。包括交通在内的基础设施投资向西部倾斜，改善了西部基础设施条件，降低了企业的外部成本，促进了沿海地区产业向内地转移。

铁路投资在四大区域的分布从高到低排序依次是西部、东部、中部和东北部，公共设施依次是东部、西部、中部和东北。公共设施投资中地方资金的比例要比铁路投资中更大一些，东部地方政府财力较西部强，公共设施投资东部所占比重就较高。

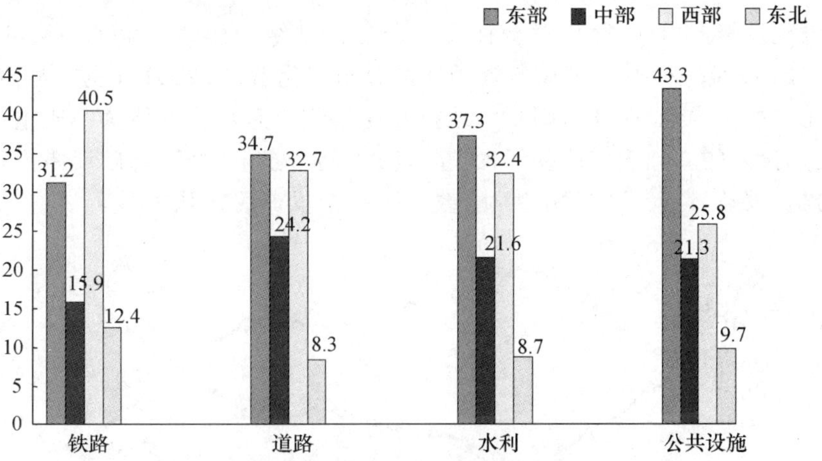

图 2　2003—2010 年基础设施投资的区域分布

再看东部、中部、西部和东北地区内部交通、公共设施投资占区内全部投资比重。从图 3 给出的数据不难发现，东部、中部、西部道路、公共服务设施投资占区内全部投资的比重。最高的是欠发达的西部，西部道路投资占西部全部投资的 8.7%，公共设施占 8.1%。其次是较发达的中部，中部道路投资占 6.7%，公共设施占 7.1%。最低的是发达的东部，东部道路投资占 4.7%，公共设施占 7.0%。东部地区经过改革开放后连续较大规模的投资建设，基础设施渐趋完善，进入新世纪后，基础设施投资占区内投资比重与此前相比，有明显下降。而内陆地区无论是交通体系、城乡公共设施水平还较低，对发展的制约还较明显，增加投资、改善基础设施条件所带来的效率、效益提高也较显著，要促进发展，就需要较多基础设施投资。

分 31 个省、自治区、直辖市看，两个领域投资比重最高的是西部的西藏，道路投资比重达到 25.8%，公共设施达到 12.9%；比重最低的是东部的山东，道路投资比重为 2.4%，公共设施为 2.0%。基础设施投资占区内投资比重的顺序与区域发展水平的顺序相反，主要反映了投资在行业结构上的阶段性特征，发展水平越低，基础设施投资占全部投资的比重会越大。

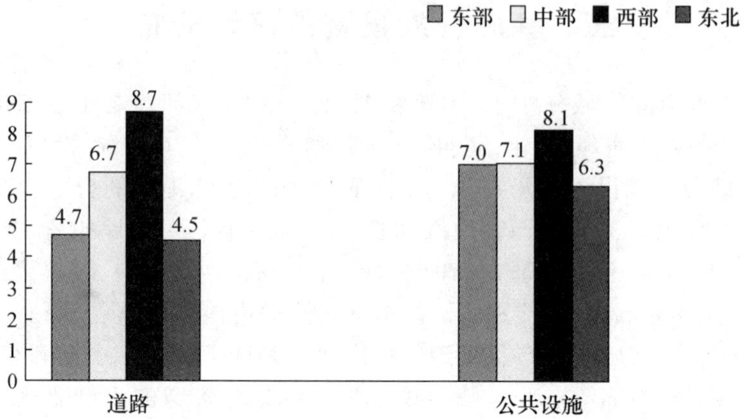

图 3　2003—2010 年道路和公共设施投资占区内投资比重的区域分布

基础设施投资向内地倾斜，对全社会投资的区域结构变动产生了积极的推动作用。从图 4 给出的 1990—2010 年城镇投资的地区分布变化看，以 2007 年为分界点，此前东部地区投资比重高于内地，而此后则是内地投资比重超过东部。促使这一比重变化的重要原因，是先期投入的基础设施改善了投资环境，提高了投资收益，基础设施投资所带来的各区域在投资收益、风险等方面的变化，改变了社会投资的区域选择。

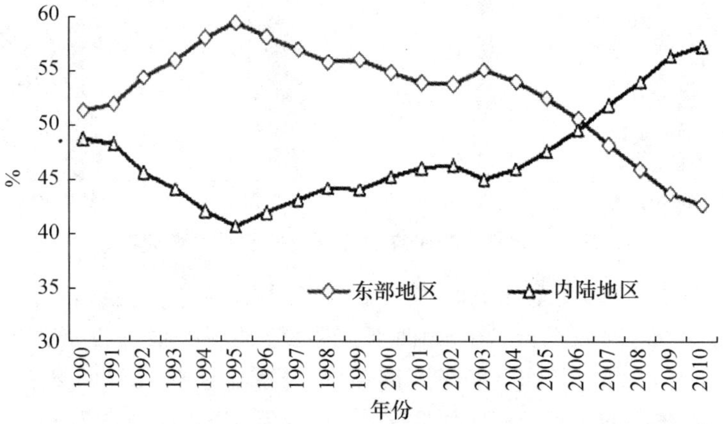

图 4　1990—2010 年投资地区分布

基础设施投资向内地倾斜，还对扩大民间投资发挥了重要促进作用。从开始加大内地基础设施投资与内地民间投资快速增长的时间上看，后者滞后前者 6—8 年。图 5 列出了“十一五”时期民间投资在 31 个地区的平均增速，不难发现：民间投资增速较高的地区集中在内地，增速较低的地区以东部省份居多。

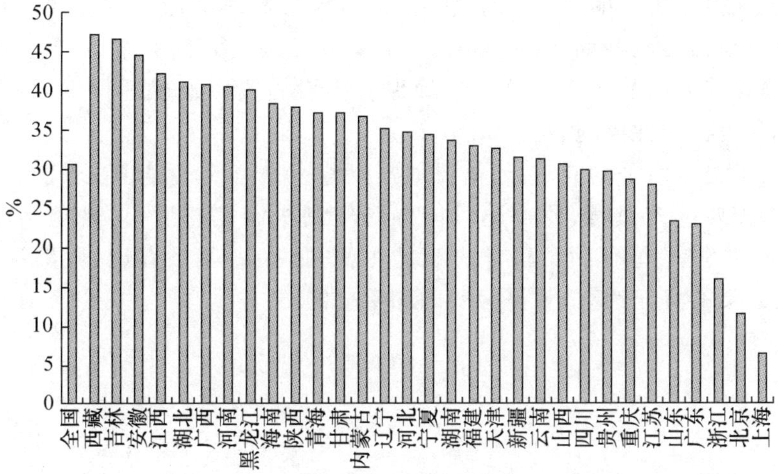

图 5　十一五时期各地区民间投资增速

简要总结一下:从投资规模看,基础设施投资占城镇投资比重随经济周期和政策变化在 15.5%—19.5% 之间变动,有波动但波幅并不太大,主要是全社会投资额已经较大,基础设施投资变动对其占全社会投资比重的影响并不明显。从所有制看,非国有投资比重有所增加但增幅有限,重要行业仍以国有投资为主,扩大民间投资的余地还很大。从行业投资的区域分布和区域内部行业投资占区内全部投资比重看,主要基础设施地区间投资分布,体现了区域开发战略、公共服务均等化政策意图,也反映了地方财力和地理环境差异。总体上看,新世纪以来,基础设施投资向内地倾斜明显,这种倾斜对改善内地投资环境,吸引东部产业向内地转移,扩大民间投资,促进内地经济发展和人民生活水平提高,发挥了重要作用。

四、总量适度与结构优化问题

基础设施投资领域需要深入研究的问题很多。一是在基础设施投资规模,或投资占全社会投资比重上,如何把握适度超前,使基础设施供给大体上能与经济社会发展对它的需求相适应,既不要出现明显的瓶颈制约,也不要出现严重过剩。二是如何保持基础设施内部各领域、各行业的投资结构合理,避免因各领域各行业在投资上"苦乐不均"而损失资金效率。三是如何更好地发挥基础设施投资在区域开发、促进城乡间区域间公共服务均等化中的作用。有些基础设施投资在当期难以见到明显效益,但对促进区域协调发展和对经济社会的持续较快发展,促进公共服务均等化,有长远和根本性影响,适时适度地加大欠发达地区、农村地区基础设施投资,兼顾当期与长远效益,是需要认真研究的问题。四是如何更好地鼓励和引入民间投资进入基础设施领域。

基础设施投资规模、结构、效益等问题的根本解决,需要从体制机制入手。基础设施投资的资金来源绝大部分是公众税收,使用税收向社会提供公共产品或准公共产品,其供给决策需要有相应的公共选择机制。公众对公共产品或准公共产品的需求怎么发现?光靠我们不行,而是要建立健全公众需求意愿表达机制。从资金属性和投资目的看,需要提高基础设施投资决策的民主化水平，真正体现公共事务由公众做主。长期以来，投资主管部门在项目咨询、咨询评估、公示、听证等方面做了大量工作，效果也很好，但还需要进一步加强这些方面的工作。这才是确保基础设施投资规模适度、结构合理、效益提高的长效机制，是根本性措施。

在提高民主决策水平的同时，还需要加强一些行之有效的科学决策方面的工作。体制机制的完善需要一个过程，我们不可能等到体制机制完善后，再来搞基础设施建设。在体制转型期，加强一些有利于科学决策的工作，如提高项目咨询、咨询评估工作的质量，加强相关人员的责任约束，就是必要的和重要的。

中国的基础设施投资——现状与评价*

张　军

复旦大学中国经济研究中心主任、教授

改革开放三十年来，尤其是邓小平同志南方谈话二十年来，中国经济实现了高速发展，其中一个重要的方面就是基础设施建设取得显著成就。我认为对中国基础设施建设问题进行研究具有重要的理论价值和现实意义。以下首先从学术研究文献角度概括基础设施定义，并介绍它在经济发展中的重要性；其次回顾改革开放以来中国基础设施的资本形成过程；最后从融资方式和效益两个方面对我国基础设施投资现状进行分析与评估。

一、基础设施的定义及其在经济发展中的重要性

在发展经济学领域，较早提出基础设施这一概念并对其进行深入研究的，是第二次世界大战以后以 Paul Rosenstein-Rodan、Ragnar Nurse 和 Albert Hirschman 等为代表的一批发展经济学家。在他们那里，基础设施被称为 social overhead capital。Ragnar Nurse 还注意到了教育和公共医疗卫生事业在经济发展中的重要作用，认为社会管理资本不仅包括公路、铁路、电信系统、电力、供水等，还包括学校和医院。他认为，这些基础设施的作用在于能够提高私人资本的投资回报。

20 世纪 80 年代末开始，世界银行组织了一系列关于基础设施的研究工作，并在 1995 年发布了其研究成果《1994 年世界发展报告：为发展提供基础设施》。在这份报告中，世界银行着重研究了所谓的经济的基础设施，并将其定义为永久性工程构筑、设备、设施和它们所提供的生产性服务。这些基础设施包括公用事业（电力、管道煤气、电信、供水、环境卫生设施和排污系统、固体废弃物的收集和处理系统）、公共工程（大坝、灌渠和道路）以及其他交通系统（铁路、城市交通、海港、水运和机场）。Prud' homme (2004) 在一项为世界银行提供的报告中将基础设施分类进一步细化，具体如表 1 所示。

---

* 第 28 次季度报告会(2012 年 2 月 25 日)。

表 1 Prud'homme (2004) 中关于基础设施的分类

服务项目	基础设施
交通	公路,桥梁,铁路,隧道,港口等
供水	大坝,蓄水池,水管等
水处理	下水管道,污水处理车间等
灌溉	大坝,水渠等
垃圾处理	垃圾箱,垃圾焚化炉等
供热	集中加热设备,供热管道等
电信服务	自动交换机,电缆等
能源	发电厂等,输电线,煤气管道等

经济学家研究基础设施对经济发展的重要作用的时间并不长。最初的研究将基础设施作为独立变量,并视为影响经济增长的重要因素。这些研究认为基础设施对私人部门的产出、生产率以及资本形成都有正效应,可能会帮助私人部门生产性投资回报率提高,改善当地基础设施可以提高私人部门回报,也即基础设施对私人投资的"挤入效应"。Aschauer (1989) 作为最著名的经验研究,其对美国的基础设施的产出弹性进行估计高达 0.39,是私人投资的两倍,他还发现公共基础设施投资的边际生产率高出私人投资边际生产率 3 到 4 倍之多。世界银行在《1994 年世界发展报告》对绝大多数发展中国家基础设施投资做了很好的研究,其估计的基础设施产出弹性约为 1。虽然有很多人质疑这一结论,但至少这些结论突出强调了基础设施对经济发展的重要性。研究中国基础设施产出弹性的文献也很多,弹性水平的估计值通常在 0.2—0.7 之间。

二、改革以来中国基础设施的资本形成

基础设施的资本形成状况可以从流量和存量两个方面来考察。在本文,我们参考世界银行(1995)和 Prud'homme (2004) 的定义并结合数据的可得性,选取恰当的指标来度量中国基础设施的水平和发展状况。具体而言,我们选取了四个指标:交通基础设施、能源基础设施、通信基础设施和城市基础设施。其中前三个指标是以其功能进行分类的,而最后一个指标则比较特殊,专指城市的基础设施。这主要是因为:第一,该指标在《中国统计年鉴》是作为一个单独的项目报告的,可以得到十分明确的数据;第二,该项目中所包含的各个子指标都包含在世界银行的定义中。

交通基础设施由三个子项指标组成,即铁路营运里程、内河航道里程和等级公路里程。其中等级公路是指高速公路、一级公路和二级公路的总里程数。能源基础设施由电力消费量和能源消费量两个子项指标组成。通信基础设施在统计年鉴中可获得的数据较多,涵盖了邮政、电信和互联网三大方面。其中,邮政基础设施由邮政局所个数和总邮路长度两个指标衡量,电信基础设施由长途电话、无线寻呼用户、移动电话用户、长途自动交换机容量、本地电话局用交换机容量、移动电话交换机容量和长途光缆线路长度来衡量,而互联网基础设施主要包括互联网人数和长途微波线路长度。城市基础设施指标主要包括:城市用水普及率、城市燃气普及率、每万人拥有公交车辆、人均拥有道路面积、人均

公共绿地面积、每万人拥有公共厕所。显然，这些指标也都包含在世界银行的定义中。

就交通基础设施方面,最直观的感觉是过去三十年间中国铁路、公路变化很大。但如图 1 数据显示,中国铁路建设相对滞后,在 1978—2007 年间,中国铁路里程从 5.17 万公里增加到了 7.8 万公里,增长 50%,年均增加 1.4%;公路里程则增加了 3 倍,民用航空里程增加了 14.7 倍。2004 年,国务院通过《中长期铁路网规划》,提出 2020 年中国铁路里程达到 12 万公里的目标,平均每年投资 7 000 亿,共约 3.5 万亿。现在中国铁路里程为 9.1 万公里,“十二五”规划的目标则是于 2015 年实现 12 万公里铁路里程的目标,还要实现高铁里程 4.5 万公里(目前是 1.3 万,其中新建 4674 公里),西部地区铁路里程 5 万公里的目标。同时,图 1 显示中国高速公路里程已接近 8 万公里,这一成就在世界排名第二。

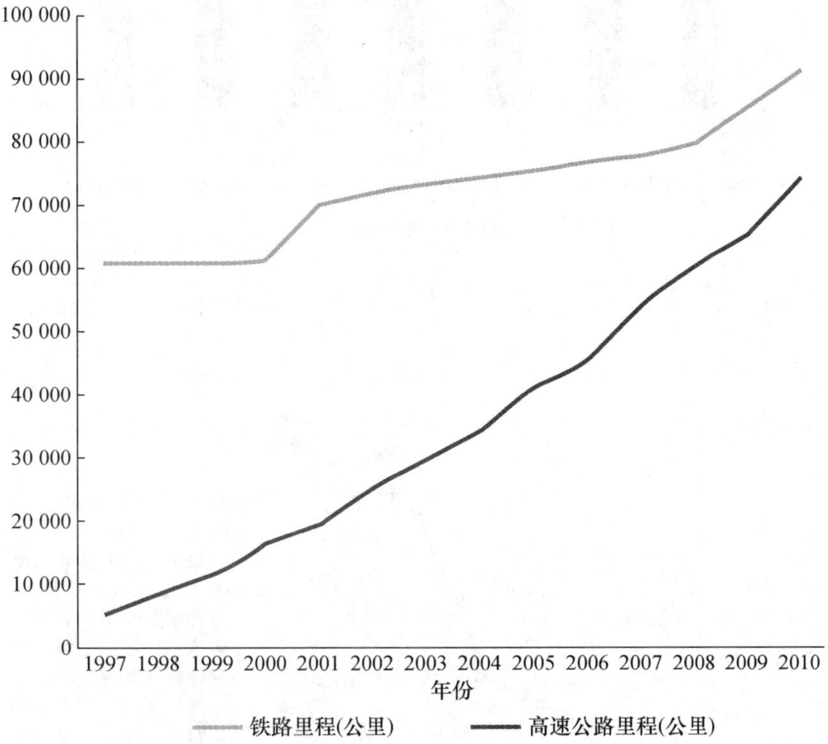

图 1　铁路和高速公路里程(1997—2010)

除了铁路以外,城市轨道交通发展也非常快(图 2)。以上海为例,国家发改委批准上海地铁里程于 2015 年年底达到 850 公里,远远超出纽约或伦敦地铁总里程。但是现在城市轨道交通,95% 集中在东部 11 个省市,其中长三角很多二线城市轨道交通发展很快。

图 3 显示,刻画城市公用设施存量的 9 类指标在 1994 年以后增长都非常快。这与 1994 年起开始实施分税制关系很大。

由于度量基础设施存量的各种指标有着不同的单位,我们无法简单地进行算术相加。为了观察基础设施存量水平在地区之间的变动差异,我们采用了主成分分析法(PCA)来克服这个加总的问题。我们用 PCA 方法计算了 1985 年、1988 年、1990 年、1993 年、1995 年、1998 年、2001 年、2003 年各年各地区的主成分分析结果,并对东中西三个地

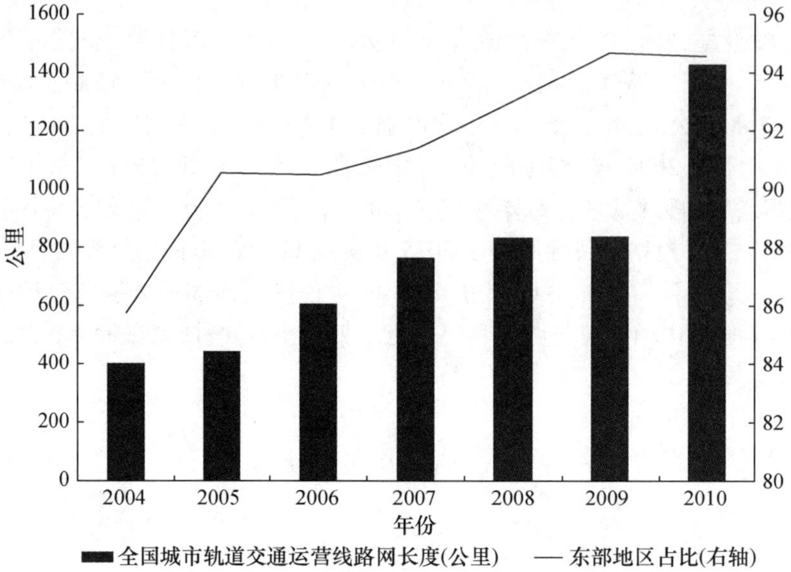

图 2　城市轨道交通里程(2004—2010)

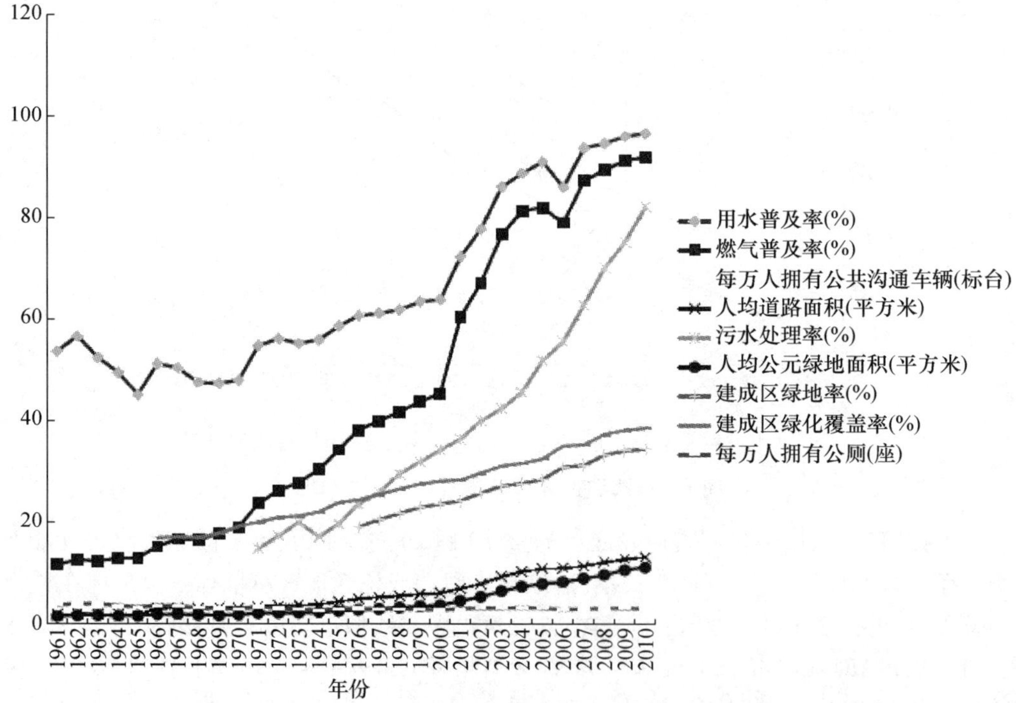

图 3　城市市政公用设施存量变化(1981—2010)

区做了比较。从图 4 可以看出,东部基础设施存量至 20 世纪 90 年代中期开始呈现不断上升的趋势,之后在高位徘徊。西部在 20 世纪 90 年代中期前基础设施存量所占比重一直下降,之后略有上升。中部所占份额基本的趋势是温和但持续地下降。

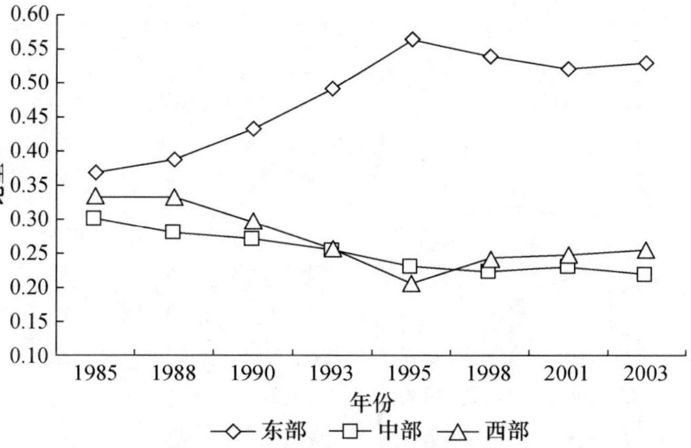

图 4 改革以来中国基础设施存量水平的地区差异

同时,我们用 PCA 方法计算出各省份基础设施存量相对比重的变化。表 2 显示从 1988—2003 年,基础设施存量水平在全国所占比重上升的省份按增加大小依次有北京、广东、天津、浙江、福建、海南、辽宁、上海以及西部地区的宁夏、青海和新疆,东部的江苏和山东的比重几乎没变化(虽然在 1988 和 1998 年间的比重有一定程度的提高)。

表 2 各省市基础设施存量的排名

省市	1988 年		1993 年		1998 年		2003 年	
	比重(%)	排名	比重(%)	排名	比重(%)	排名	比重(%)	排名
北京	1.42	25	2.26	23	2.87	16	4.73	6
天津	1.04	26	1.09	27	1.50	24	1.39	26
河北	3.57	12	3.75	12	3.31	12	2.78	17
山西	2.92	20	2.49	20	2.45	21	2.31	21
内蒙古	3.46	14	2.62	19	2.12	23	1.91	23
辽宁	3.31	18	4.75	6	5.18	5	3.94	7
吉林	2.70	22	2.40	21	2.67	18	1.83	24
黑龙江	3.67	9	3.84	10	3.07	14	2.81	16
上海	3.45	16	3.81	11	3.67	10	3.55	10
江苏	5.86	2	6.41	3	6.19	4	5.81	3
浙江	3.58	11	4.36	7	4.92	6	5.24	4
安徽	3.57	12	3.19	15	2.52	19	3.51	11
福建	2.72	21	3.74	13	4.29	7	3.71	8
江西	3.45	16	2.74	18	2.49	20	2.95	14
山东	5.08	5	5.73	4	6.26	3	4.89	5
河南	3.72	8	3.95	9	3.91	8	3.59	9
湖北	4.98	6	4.34	8	3.48	11	3.05	13
湖南	5.83	3	4.84	5	3.90	9	3.49	12
广东	5.13	4	8.93	1	12.16	1	14.12	1

（续表）

省市	1988 年		1993 年		1998 年		2003 年	
	比重（%）	排名	比重（%）	排名	比重（%）	排名	比重（%）	排名
广西	3.46	14	2.77	17	2.90	15	2.73	18
海南	0.71	27	1.66	26	1.07	27	0.85	27
四川	9.60	1	6.90	2	6.53	2	7.47	2
贵州	2.45	23	1.81	25	1.45	25	2.08	22
云南	4.51	7	3.48	14	3.27	13	2.91	15
陕西	3.62	10	3.03	16	2.35	22	2.73	19
甘肃	2.95	19	2.39	22	1.40	26	1.68	25
青海	0.66	28	0.50	28	0.65	28	0.73	28
宁夏	0.39	29	0.35	29	0.60	29	0.54	29
新疆	2.19	24	1.87	24	2.83	17	2.68	20

图 5 显示在 2003—2009 年间，前三项指标衡量的基础设施投资总额占全社会固定资产投资比重的 26% 左右。根据全社会固定资产投资占 GDP 的比重，我们可以框算出基础设施投资总额占中国 GDP 的 13% 左右，这一比例远超世界银行 1994 年报告中给出的经济基础设施投资占 GDP 比重不少于 5% 的政策建议。

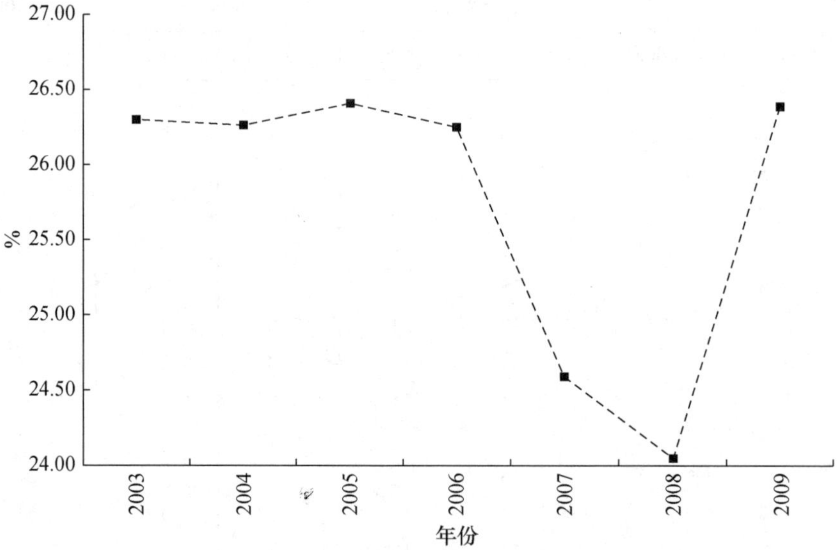

图 5　按三项范围口径计算的全社会基础设施投资占全社会固定资产投资的比重

图 6 显示城市市政公用基础设施投资变化要比 GDP 变化超前一些，是短期内拉动 GDP 变动的一个重要因素。

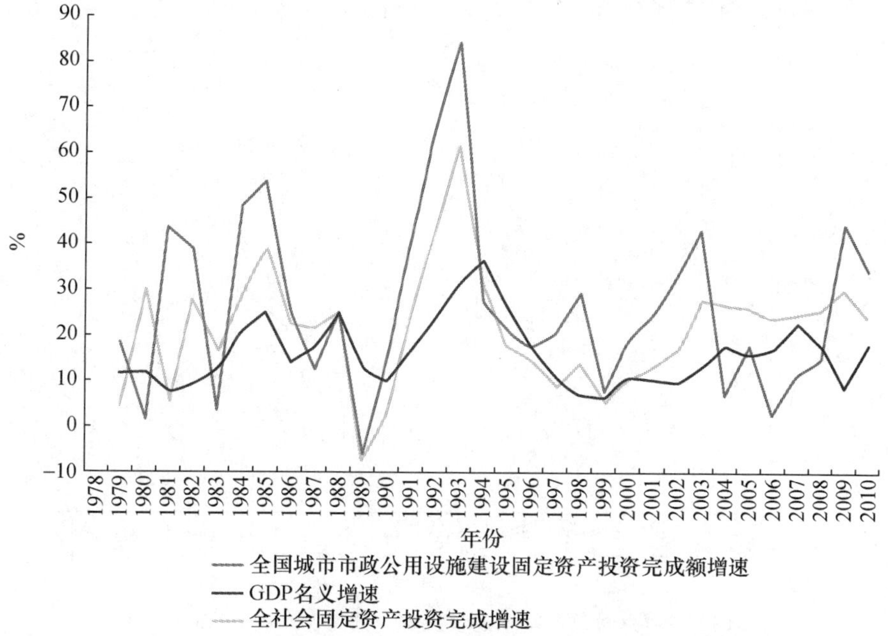

图 6　城市市政公用设施固定资产投资增速

图 7 显示 2002 年以来城市市政公共基础设施占全社会固定资产投资比例逐年下降至目前的 4% 左右，而改革开放以来历史平均水平为 6% 左右。这是因为虽然城市市政基础设施投资在加快，但由于其他种类基础设施投资增速更快，从而导致城市市政基础设施占比相对下降。

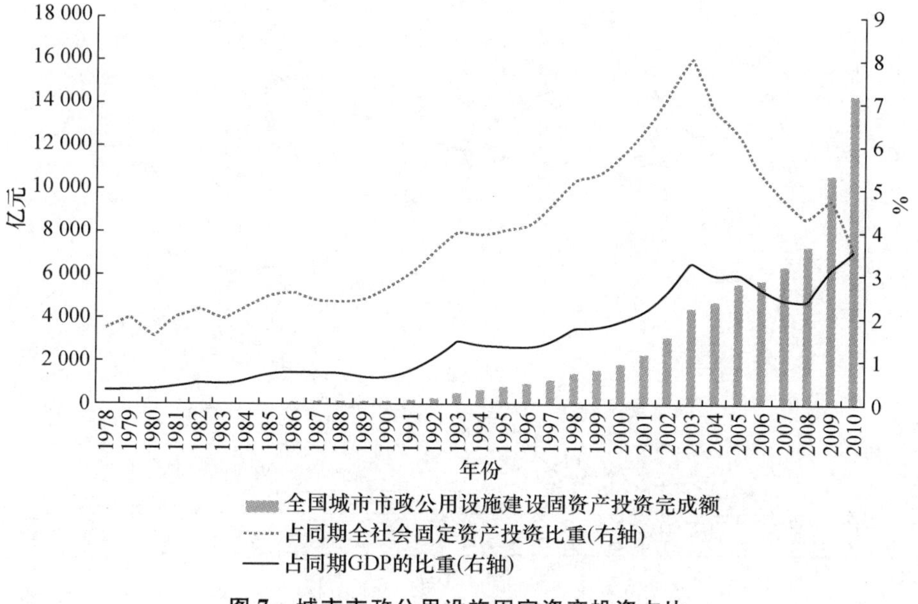

图 7　城市市政公用设施固定资产投资占比

从基础设施建设资金来源看，图 8 显示中央财政在基本建设投资中所占比例经历了下降的趋势，目前只有15%左右。.

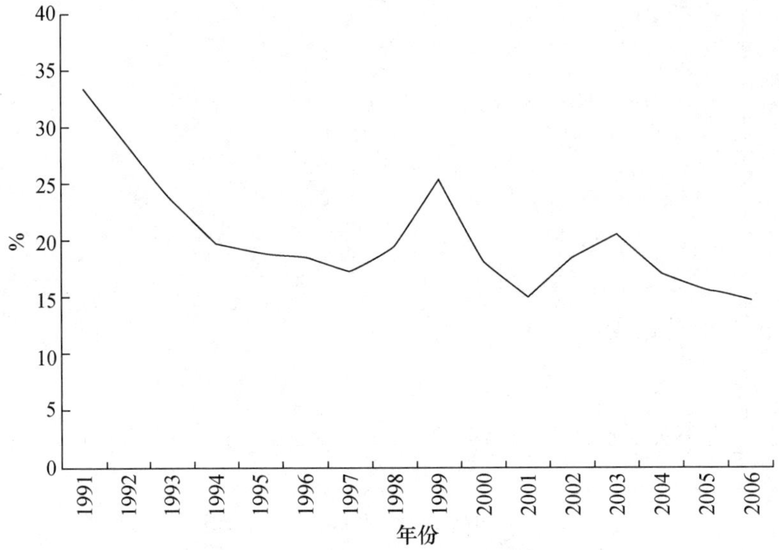

图8　中央财政占基本建设投资中的比例(1991—2006)

现阶段城市公用设施建设资金来源中，图9显示中央财政所占比例几乎可以忽略不计，地方政府财政占比1/3，其余则来自国内贷款和自筹资金，其中地方财政和国内贷款占比呈上升趋势，而自筹资金占比则呈下降趋势。我们认为土地财政增加了地方政府在城市公用设施中的投资，银行贷款则通过地方融资平台进入城市公用设施投资中，从而降低了自筹资金比例。

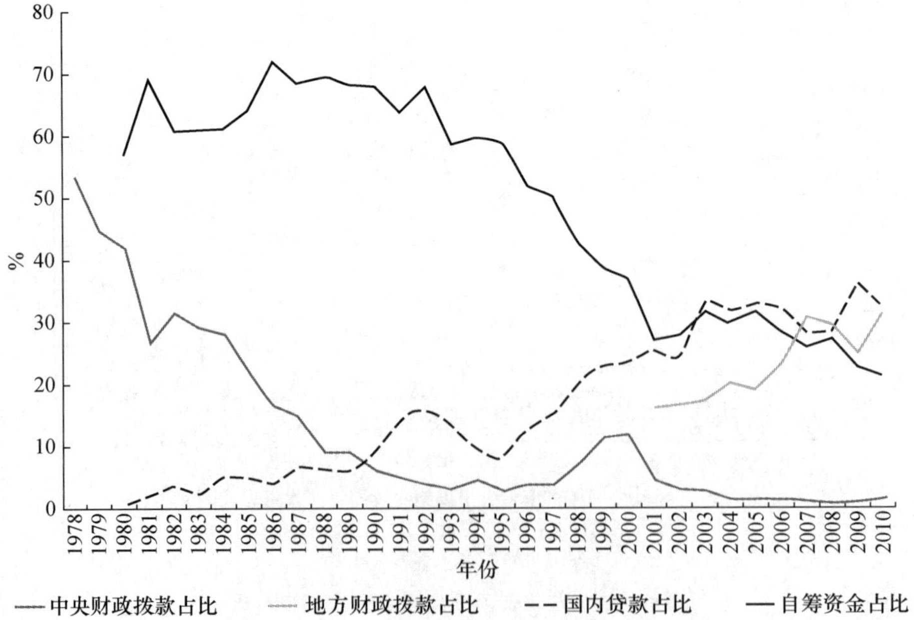

图9　城市市政公用设施固定资产投资资金来源变化

在城市建设固定投资地区分布上，图 10 显示东中西部的投资水平差距还是存在的，其中东部城市基础设施建设投资占全部城市基础设施投资的 60% 左右，中西部则各占 20% 左右。但现在中西部地区城市基础设施投资增长更快，这种地域差距会随着时间推进逐步缩小。

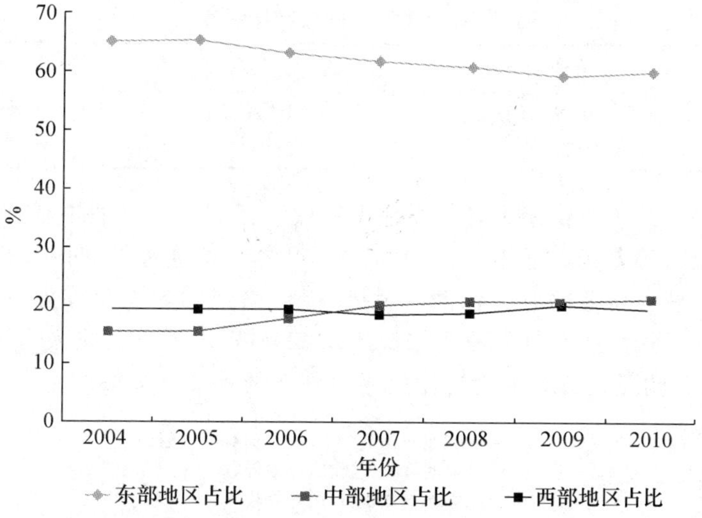

图 10　城市建设固定资产投资的地区差异（2004—2010）

三、基础设施投资的融资与效益

我们研究中所涉及的基础设施融资问题主要有地方融资平台、基础设施资产经营和资产证券化等，其中地方融资平台问题争议最多。

根据审计署报告，目前地方融资平台约一万家，债务规模 10.7 万亿，其中五大银行[①]发放贷款规模约占总债务规模 10%，其他股份制银行的贷款规模要大一些。表 3 显示，地方融资平台的债务存量要比地方政府财政收入总量高很多，2009 年地方融资平台全部贷款从存量上讲大概是地方财政收入流量的 1.7 倍，但我们认为这并不必然造成地方融资平台较大违约风险，关键是要看地方政府如何利用财政收入和其他资产处置的收入来化解这一问题。

表 3　地方财政收入和政府融资平台债务规模　（单位：元）

	地方财政预算内收入	地方财政预算外收入（预测数）	地方财政收入总和	政府融资平台额	倍数
2008 年	286 497 900	77 386 572	363 884 472	410 000 000	1.13
2009 年	325 810 000	110 662 798	436 472 798	740 000 000	1.70

资料来源：国家统计局、东方证券研究所。

① 此处五大银行是指四大国有商业银行加上交通银行。

城投公司在形成债务同时也形成资产，目前江浙沪地区融资平台负债率多数维持在55%左右，以上海的ST地铁（申通地铁）为例，表4显示其负债率在55%左右，中西部地区融资平台负债率要高些，但整体上这一比例是比较稳定的。另外，城市投资公司的主要债务构成是政策性贷款。

表4　ST地铁的资产与债务　　（单位：亿元）

年份	营业收入	资产总额	负债总额
2009年	49.41	1 831.42	1 105.73
2010年	57.01	2 050.31	1 257.17

地方融资平台的债务偿还主要依靠地方财政、土地收入、目的税种、收费公共服务收入和资产经营收入等方式。近年来，地方财政收入连年高速增长，每年增幅超过20%，这是地方融资平台债务偿还的有力保障。另外，近年来地方政府预算外收入大幅提高，其中土地出让收入是最大的预算外收入来源。图11显示土地出让收入占地方政府预算外收入80%左右，这也是地方政府偿还融资平台债务的重要资金来源。

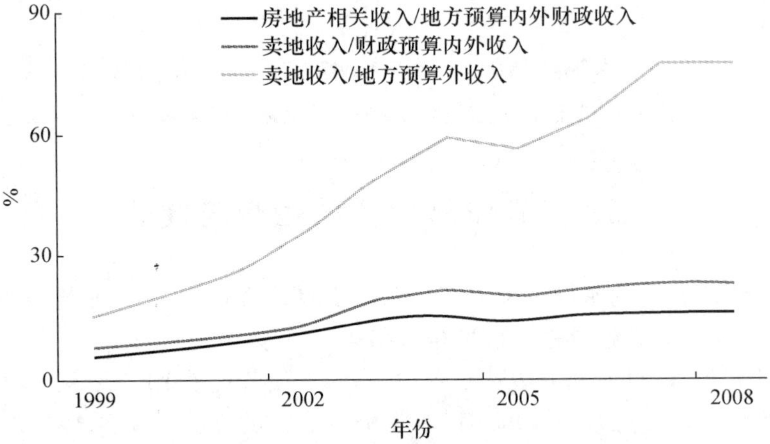

图11　地方政府土地出让收入

地方政府偿还融资平台贷款的一个可能资金来源是通过征收目的税种，如财产税、房产税等，但设立这些税种的阻力比较大，原因在于对拍卖的土地再进行征税实际上是双重征税。

地方政府为融资平台贷款融资的另一个资金来源是对一些基础设施形成的公共服务进行收费，这种方法涉及的一个重要问题是如何为公共服务定价。目前中国铁路、城市轨道交通等公共服务定价机制还是按过去计划体制形成的做法，没有太大改变，总体上缺少一个比较灵活，充分考虑需求变化的定价机制。以上海地铁为例，目前上海地铁票务收入只能勉强用于偿还银行利息，本金依然需要靠财政收入偿还。因此，研究制定一个灵活合理的公共服务定价机制对地方政府偿还融资平台贷款有重要意义。

地方政府还可以通过资产经营获得收入，以偿还融资平台贷款。由于城投模式在形成债务的同时，也形成了大量资产，如果很好地开发这些资产，就能形成稳定收入。目前主要资产经营方式有出让专营权、股权转让组建合资公司、组建上市公司、托管经营和授权经营等，但讨论最多的还是资产证券化。以沪宁高速为例，图 12 报告了沪宁高速建成通车以来的流量和盈利情况。1997 年沪宁高速在香港通过资产证券化募集资本遭遇挫折，因为投资者并不看好沪宁高速的回报。但图 12 显示，2000 年以来沪宁高速净利润增长速度很快，去年其经营收入是 42 亿，毛利率高达 80%，是非常优良的资产。

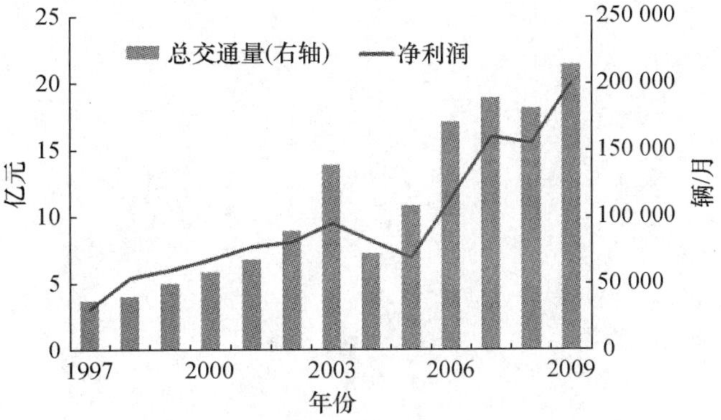

图 12　沪宁高速的流量和盈利变化

关于基础设施的投资回报率，我们根据上市公司披露的数据进行匡算，高速公路平均回报率在 10.5% 左右，也即十年即可收回投资。

由于涉及折旧，对基础设施资本回报率估计较为复杂。我们的估算结果显示电力和水汽供应行业资本回报率在 12%—14%，而铁路则只有 5% 左右的资本回报率，需要 20—25 年才能收回成本。基于这些判断，我们认为回报率较高的行业向民营企业开放相对容易，但在基础设施投资周期长、回报率相对低的情况下如何很好吸收社会资本是一个值得研究的问题。

5　劳动市场与企业改革

争议四起的经济原因*

周其仁

北京大学中国经济研究中心教授

本文讨论几场影响广泛的争议。这些争议无一例外，都涉及国有资产的转让和定价。我认为要讨论的问题恰恰是这些争议本身。本文的发现是：争议四起的经济根源正在于国资独特的经济性质。由于争议四起，国资转让的难度可能增加，速度可能放慢，但是国企国资怎样适应市场经济的挑战，并没有、也不可能因此就消失。

一、三场大争议

让我们先看最近一场争议。2006年3月6日，一年一度的"两会"召开期间，全国人大代表、中国人民大学校长纪宝成在人大小组会议上发表了"大中型国企海外上市导致国有资产严重流失"的谈话。据权威的《人民网》2006年3月8日上午9:14发出的报道，纪宝成披露"至2005年年底，在海外上市的近310多家中国企业的市值已经达到了3700亿美元，……其中80%都是具有垄断性资源的优质国有企业"。然后，纪宝成根据"这些企业均是以低市盈率在海外上市，价格比国内资本市场同类企业价格低20%以上"，宣布"1993年至2005年大中型国有企业在海外上市过程中，涉及国有资产流失至少600亿美元。"报道转述纪宝成的评论："这个数目非常惊人！"

当然非常惊人。试想不过十年之间，中国仅在海外上市的国企就被控流失资产5000亿人民币。以金额算，这笔资产差不多相当于国资委宣布过的全部经营性国资净资产的16%。如果这笔资产没有流失并且被套现，那就至少相当于2005年国家全部财政收入的六分之一！是的，要是纪宝成的上述指控属实，非引发一场九级地震不可。

纪宝成的惊人之见首先引起学者的不同意见。中国社科院金融研究所易宪容在第一时间提供评论："企业上市后，机制改进了，市值增加了，却反过来说资产流失了，真是

* 第5次季度报告会(2006年4月30日)。

奇怪！”几天后，《香港商报》报道了国资委主任李荣融的回应——国资委则是尊重企业的决定，“到哪里去上市是各个企业根据自己的情况，企业是自主决策的单位，我们尊重它们的决策，它感觉国际上有利，就国际有利，它认为是国内有利，那就国内有利。”同时，李荣融直言不讳“我的观点认为还是先国外，然后国内，主要是我们的中央机构和地方机构需要一些国际经验。”最后他表示，“对于国企海外上市，国资委仍持支持态度，不会收紧相关的条件。”

同一天，纪宝成发表了反驳意见。“认为企业海外上市是市场选择，我觉得是站不住脚的”，因为“现实市场经济中，海外上市的企业个别利益与社会利益会产生巨大的背离，简单采取市场自由选择，势必会产生‘市场失灵的问题。因此，从国家战略利益的高度、从社会长期利益的角度，对大规模盲目海外上市进行干预和约束就是合理的。”此外，纪宝成还提到“企业股权过度国际化带来的问题”，包括威胁“发展战略安全”、“金融安全”和“产业安全”。就此，国企海外上市不仅引发资产流失问题，甚至是无法以美元来衡量的国家经济安全问题了（见 3 月 13 日《上海证券报》）。

然后，卷入争议的包括学者、官员和大型国企负责人，他们对纪宝成的“国企海外上市导致严重资产流失”论，或赞成、补充，或批驳、纠正。国内外媒体大量报道了这场争议中各方的不同意见和论据。一家网络媒体还不失时机地进行了民意调查，在面对“你认为国企海外上市是否造成国有资产流失”问题时，认为“造成国有资产流失”的占 75%，认为“市场价格是合理的“占 14%，选“说不清”的占 9%（见 5 月 7 日网易网站）。

其实，这场围绕“国企海外上市”的争议，是 2005 年“国有银行海外上市是不是被贱卖”争议的继续和扩大。是年中国建设银行完成境外上市，中国银行也引入国际战略投资机构并准备到境外上市，期间有关国有银行股权转让的数量与价格、国有净资产的溢价水平、IPO 价格以及上市后建行股价变动的含义等一系列问题，都引起过公开的争议。所有批评集中到一点，就是“银行贱卖”——“贱卖”者，国有资产流失也。

这些批评引起了央行、银监会等主管机关、中银、建行负责人以及一些学者的回应。其中，中央汇金公司总经理谢平的解释最为系统。谢平说，把部分国有商业银行的股权卖给外国投资机构，有一个明确的、不可动摇的前提，那就是中国保持对这些银行的绝对控股权——不是 51%，而是 66% 以上。在此前提下，引入外国战略投资者，希望带来治理结构的改善，带来新的技术，带来管理和风险控制。至于是不是贱卖，要看到引进战略投资人在先，IPO 上市在后，如果投资人不冒风险进来的话，IPO 价格也不见得会像后来那么高，所以，不能说因为这两个交易环节存在差价，就认为是贱卖。具体说到美洲银行和建行谈到最后一天的时候，他出的价高于当时花旗愿意出的价，当时又没有别人出价，在这样的情况下我们决定卖。最后为什么不在国内上市，主要就是等不起，因为不知道股改什么时候完成，也不知道排到什么时候可以上市。加上国际上透明度的标准、监管标准对我们大股东来讲是有利的。①

相比之下，2004 年以后那场围绕地方国企改制的争议，反倒显得像一场茶杯里的风暴。是年夏天，香港中文大学郎咸平教授，高调指控海尔、TCL 和科龙等三家公司的改制

---

① 此处谢平讲话来自网络，如引用有误，由笔者负责。

和兼并重组是“侵吞国资”、“国有股权的稀释和转移”以及“瓜分国有财产的盛宴”。虽然这三家公司中的两家是“大集体制”（海尔）和“乡镇集体制”（科龙）的企业，但这并不妨碍郎咸平把问题升格为“所有产权改革都在侵吞国有资产”，并主张“结束‘国退民进’的产权改革”，甚至“改变国家政策的方向”、把中国变成“大政府主义的国家”。

上海、北京两地一批教授、研究人员或联名发表声明、或上书人大、或举办研讨会声援郎咸平。国资委领导人叫停大中型国企的管理层收购，并出台“不得向管理层转让股权”的政策文件（一年多以后“松动”这条禁令，又引起一片批评）。包括吴敬琏、张维迎和笔者在内的部分研究者则不同意郎咸平的轻率指控。我的回应主要批评郎咸平对三家公司缺乏最基本的第一手调查研究，并指出所谓“郎顾之争”根本没有什么学术内容，而是一个司法问题，即如果三家公司的改制重组确实存在“侵吞国资”的问题，就应该依法处置被控方侵吞国资的行为；如果指控不成立，则应当处置控方诬告。

二、问题和困难所在

这三场争议涉及同一个问题，就是国资的转让和定价。为了认识问题所在，我想先问一句：资产转让在市场经济里非常普遍，应该无日无之，为什么偏偏涉及国资，就一而再、再而三地引发大规模的争议？

比方李嘉诚差不多每天在买卖资产，盘进盘出的，从来没听说有什么争议，尤其不可能引发把许多人卷进来的争议。真要有人发现李嘉诚“贱卖资产”，那还不是好机会，哪里还有工夫忙于指控？

当然如果处置资产的主体是公司，也可能因为成员的不同意见而对资产的转让和定价有分歧。比如这次英格兰皇家银行入资我们的国有商业银行，他的董事会里也有不同意见，股东们更有不同意见。他们的意见当然不是中方贱卖，而是苏格兰银行这次“买贵”了。不过他们有公司章程，也有一套程序来解决股东之间、董事之间对资产转让和定价问题的分歧，无非就是审议、投票、决策。少数意见被否决了怎么办？可以心怀不满，也可以把自己那份股权卖掉了事，就是不需要没完没了的争议。英国报纸也有报道，不过一篇消息也就够了。

有了这样的参照，我认为“争议四起”本身就是问题。问题的根源，在于这里发生转让和定价的国资具有特别的性质。最主要的是两点：(1) 国资在法律上是属于全体中国人民的财产；(2) 全民怎样充当国资的主人，怎样履行资产主人的权利和义务，从来没有一套清楚的章法。

先谈第一点。国资属于全体人民，法律上这样写过——事实上也没有、或不可能有其他的表述。但是，国资形成于那样一个历史时代，就是任何公民作为私人都不能合法拥有生产资料。国资当然是生产资料，因此，全体人民只能作为一个不可分的主体，共同拥有国资。这与现代股份公司不同，因为股份公司的共同财产来自每个个人股东具有清楚权属的私人财产。

中国的国民人数早就天下第一，而全民的范围又在不断变化——中国人不断有生有死，还不断有人从未成年转为成年。这样一个人口数目极其巨大、组成范围不断变化、在财产权利方面又永不可分的主体，究竟怎样履行自己作为全民资产主人的职责呢？

这就带出国资的第二个特征，那就是从来没有一套清楚的章法。没有的原因，不但是因为从社会主义改造到改革的历史环境充满动荡和变数，国资的管理体制一直没有稳定下来，而且是因为不可分的“全民”，在事实上不可能具有实际的行为能力，因此也不可能对“主人行为”有任何清楚的界定。章法者，行为的清楚界定也。主体的行为难以清楚界定，章法从何谈起呢？

其实，国资从来在政府和政府部门手里，由政府官员实施管理。是好是坏，历史功过可以任人评说，但这就是国资的实际产权状况。套用现代经济学的术语，国资是由政府代理人管理的资产。问题是，委托人何在？在历史和现实中，究竟委托人——全民——怎样实施资产委托，怎样监督委托的过程和结果，代理人又怎样接受委托，要负什么样的责任，怎样在代理过程中被监督？这些问题的答案，从来付之阙如。这也是我为什么认为“委托—代理”模式在研究国企国资方面难有用武之地的原因。

困难就在这里。国资在法律上、在公共意识里属于全民资产，但是实际上又从来由政府部门和官员打理。在国资的法律所有者与实际管理者之间，从来没有形成清楚的章法界定委托、代理、监督的权利和责任。这是国企国资非改不可的理由，也是国企国资难改的原因。

为什么过去没有争议？我的理解是在计划经济时代和改革早期，国资转让还没有提上日程。国资原来无须转让，因为向来通过行政指令调拨。一个国家项目放在广州，还是放在北京，不需要谈判、协议，更无须定价。其实过去很多有关国资项目的决策，背离经济规律，资产早就贬值，或者说早就“流失”，但是“肉烂在锅里”，没有市场价格的显示，想看也看不出来。另外一个原因，过去有关国家投资的不同意见限于高层和内部，几乎没有公开报道。发生了什么事情都不知道，哪里会有不同的看法和争议呢？

三、由来已久的困扰

走市场路线，资产转让和定价的问题无可避免地就要提上日程。可是由于上文讲到的原因，国资的转让和定价又面临与生俱来的困难。道理在于，资产转让涉及资源使用权和收益权的永久性变革，不同个人的估值差别极大。现代股份公司是以私产为基础的公产，个别股东与其他股东看法不同，可以按照公司章程处理歧见，更可以“匿名退出”——卖掉自己的股份而无须其他股东的同意。国资是历史上消灭私产基础上形成的公产，“主人”之间对资产转让的个人估值不同，既没有消除分歧的程序，也无法选择退出，麻烦就大了。

其实国资转让的困难，早就在改革中出现了。不过早年的办法，可能是深知问题的重大和困难，采取的是躲避或回避的策略。以中国股市为例，举世闻所未闻的“股权分置”或“部分股权不流通”究竟是从哪里来的？答案简单，就是为避免“国资流失”而来。想想看呀，上市的国有股一旦流通，市价涨了好办——国资保值增值是也——可是一旦落价，特别是落到低于发行价、甚至低于净资产值的水平，又作何交代？回头看，当时的选择也实在聪明：国有股干脆不交易，免去天天跟着股价涨落吵“流失还是不流失”。问题是,小聪明酿成另外一个大问题,到今天还没有解决完。

再看国有银行庞大的不良资产。这里我们不讨论为什么发生了那么多的不良贷款,而讨论已经发生了的不良贷款为什么没有得到及时处置,非累计成一个天文数字,才集中解决?答案也简单:已发生的不良贷款一旦处置,价值损失就浮到表面,人人可以看见。不处置呢?因为账面资产价值不变,谁能说"资产流失"呢?这也解释了划归资产管理公司的银行不良资产,处置起来为什么困难重重。先是搞"债转股"——那么硬的债权都得不到履行,转成了"很软"的股权,还不等于给负债国企派发"永久发免除财务成本"的红利?等到资产管理公司按照国际惯例把不良资产打包重新定价,争议就开始了!

这说明国资转让和定价的困难来自国资的基本性质,不是技术性的权宜之计可以对付过去的。比较而言,郎咸平公开声明反对国资转让、要求退回"大政府体制",在逻辑上还有一致性。纪宝成的言论却存在也许论者本人都没有意识到的悖论。因为纪宝成指控"国企海外上市至少流失资产600亿美元"的根据,是海外资本市场的市盈率低,国内股市的市盈率高,两率之差导致国资严重流失。问题是天下多个股市之间的市盈率总有差距,今天你选市盈率最高的地方上市,明天别的地方变成最高,你要不要跟着转?你不转,纪校长就要批评资产流失。来回转移吗?那就不叫上市,而只能叫"跳市"了。讲到底,除非天下存在市盈率永远不变的市场,否则怎样做也难逃资产流失的指控。我的看法,如果纪宝成是严肃地对待自己言论内在逻辑的话,他唯有与郎咸平保持完全一致,就是根本不赞成国资在任何市场上市。

四、国资不转让的代价

那么,国资不转让有没有代价呢?要是不转让也管得好好的,也能够为国家的强大和人民福利的增长不断做贡献,大家为什么不赞同国资不得转让的主张?倘若国资不转让,就没有定价的麻烦,自然也就没有什么资产流失不流失的争议。

问题是,国资不转让也有代价。明显的代价就是那以万亿人民币计的国有商业银行的坏账和问题贷款,国有企业的经营亏损和资不抵债。认为国企国资不改革、不重组、不转让,资产就没有流失的见解,不是无知,就是欺骗。难道还要年年月月日日靠"吃了财政吃银行,吃了银行吃股市,吃了股市吃土地"去对付吗?那些资源,难道不是全民财产,就可以白白耗费而无动于衷?

国资不转让,就要放弃转让带来的全部收益。放弃的收益是什么?就是成本和代价。实不相瞒,我自己对政府保留控股权、仅把小股权转让给市场的模式有保留和怀疑。但保留归保留,怀疑归怀疑,只能留待进一步的观察和验证。对于在海外上市的国企,行为有改变,管理有改善,机制有变化,这是所有观察者有目共睹的。从企业的角度看,资本引入的同时带来技术、管理思维和公司治理结构方面的进步,当然是海外上市的重要收益。不转让,这些收益统统没有。就是国内上市公司,问题累累,多少股民欲哭而无泪,是事实。但是与传统国企比较,也不可同日而语。在传统国企体制下,我们作为财产主人,知道总共有多少国资吗?拥有权益凭证吗?看过报表吗?参加过决策投票吗?分过红吗?这是前年回应郎咸平时我问过的问题,此处不再赘述了。

就是争议不休,本身也是一项代价。人的生命有限,什么享受不好,非要争议不断?为科学问题吵来吵去,也许还可以增加知识。“郎旋风”引来的争议,到底增加了我们哪方面的知识?基于利益的判断分歧难以避免,也值得花费时间和精力,可是国企国资从来不提供公民个人的收益权——国企利润要不要上交才刚刚开始讨论、就是上交与公民个人的关系还有待考察——吵来吵去的,还不如看《无极》。

五、减少争议之道

能不能减少一点无谓的争议呢?我以为难。在权利主体不清楚的限制条件下,一项选择的收益成本难以清楚衡量,经济问题非转化为公共政治问题。比如上文讲到国资转让有代价,不转让也有代价,原则上可能对,但是孰轻孰重,大家的看法又不可能一样,又要吵,还是免谈为上。

不过要是勉为其难,在思路上寻找减少争议之道,我还是可以列出以下三个方向来供读者参考。第一是治本之策,讲过了,就是干脆停止国资转让。事实上,只要转让的代价过大,特别是形成政治和社会的压力,国资转让势必减缓速度、缩小范围。这在局部上,已经是经验的事实。在这种情况下,就要考虑上文提到的“不转让代价”,并据此判断国资转让政策的趋势变化。

在学理上,也要考虑废止转让权的国资怎样运营?一个可能的模式是“免费开放的高速公路”,就是国资不作为经营型资产,甚至不收费,对所有国民开放。另一个稍加变通的模式是不要求国资增值,但可以收取一个营运成本保持资产得到良好管理并为国民提供公共服务,类似一个国家公园,对大众开放,好好管理,但不许盈利。这些问题看来要讨论起来,不过很明显,目前仍然庞大的国资不可能全部进入上述模式。

第二个方向是规范国资的转让权。这里也有几个层面,一是行政性规范,就是由政府主管部门即国资委主导,以行政规章的形式对国资转让进行规范。二是把国资转让提交到人大层面,由人大立法并监督行政机构。三是公民行使国资主人权利的制度安排。这个方向也不可能直接解决国资转让的定价问题,但可以为国资的转让定价提供“程序合法性”。这个方向也要求争议各方提供建设性意见,因为无论哪一种规范都需要吸收大量信息。

第三个方向是近年我自己在调查观察中看到的,就是从国资的实际产权状况出发的改革探索。这里包含几个要点。首先,中国那样大,国资那样多,不能全部到国家一级来解决问题。十六大文件讲的“产权分级”是一个基础。就是说,最大量的国资由地方一级管理和决策,比如海尔的事情由青岛去讨论,相关各方接受就可以;联想的事情由科学院相关各方决定,不能因名责实,全部由全国人民来讨论。其次,国家一级的中央国有资产,国资委管理,但也要一定可行的程序去决策。

总之,围绕国资转让和定价的争议四起,是进入转型的国资派生出来的一种经济现象,根源在于国企国资的经济性质。“争议四起”本身已构成国资转让的一项制度成本。在经历了地方国企大规模改制、中央国企成批海外上市之后,国资转让的步伐在客观上可能减缓,并需要一段时间来准备进一步完善规范国资转让和定价制度。从长期看,实践不会终止,探索还将继续。

先收租，后交利，收租与减税并行*

张曙光

北京天则经济研究所学术委员会主席

本文题目和目前大家关注的宏观问题的关系似乎不是很紧密，实际并非如此。我之所以讨论这个题目，有三个原因。第一，去年国务院发布了一个关于国有资本经营预算的文件。根据这个文件，财政部和国资委发布了中央国有企业收益上交的暂行办法。这个办法规定从今年起，中央国有企业要向国家交利润。第二，我国当前经济中一个重要现象是国有部门的垄断不是在减少而是在增强。这会影响到中国经济的运行。第三，当前宏观经济形势是1季度通货膨胀在上升，经济增长在下滑。在这种情况下，为了治理通胀，货币政策不可能松（尽管紧缩的空间不大）；为了保证经济稳定，需要配套的财政政策，其中一个重要的办法是减税？能不能减税，怎样减税？这涉及我要讲的内容。

要讲这个问题，要从国有企业的改革说起。简单说，国有企业改革有两个非常重要的内容：一个是产权改革，一个是国家和国有企业利益关系的改革。大家都说国企改革是从放权让利开始。这种观点并没错，但分权化不等于市场化，也不必然引向市场化。不管是国家向国有企业分权，还是中央（政府）向地方（政府）分权，都是在计划经济和国有制的范围内来进行的。而中国市场化改革的实质是打破国有经济垄断，放松对非国有部门的政府管制，在国有经济旁边增长出一个日益强大的非国有经济，于是才开启市场化的大门。1978年以前的放权并没有引向市场化，而1978年之后的放权却引向了市场经济，我想道理就在于此。

国有企业的产权改革有两个方面的突破。一个方面是抓大放小和国有企业的民营化。大家知道，改革开放初期，国有部门由于体制僵化，在竞争中败北，很大一部分国有企业亏损，特别是中小国有企业日子更难过。中小国有企业是地方企业，地方政府为了摆脱困境，减少负担，寻求突破，在20世纪90年代中期搞了国有企业民营化，把一部分小国有企业卖掉。到了1995年，国家把“抓大放小”作为国有经济重组的方针在全国推开，

* 第12次报告会（2008年2月24日）。

结果是把一大批国有企业变成非国有企业,增强了市场经济的基础,并使国有企业退出了竞争性领域。另一个方面的突破是股份化改造。这里的股份化改造不是国有部门互相参股,而是民间资本和外国资本参股国有企业。从20世纪90年代中后期开始,股份化改造逐渐从制造业发展到服务业,以至到现在的金融保险这些领域。由于民间资本和外资的进入,就把原来的国有独资企业变成一个公众公司,扩大了市场经济的基础。当然,这两个方面的改革突破也有问题,比如,治理结构和政企分开的问题还没有解决,改革过程中也可能出现了一些国有资产流失问题,但我认为成绩是主要的。如果没有这个改革,市场经济和中国经济都不会有今天这样的发展。

除了产权改革,国家和国有企业的利益关系也进行了改革。如,放权让利时的利润留成,1983—1986年的两次利改税,1994年的分税制等,都是这方面改革的内容。通过这些改革,在一些方面理顺了国家与国有企业的关系。但问题并未完全解决。

国家和国有企业的利益关系是通过三个重要的经济概念和范畴表现出来的:租金、税收和利润。租金是资源的贡赋,税收是提供公共服务的报酬,利润是资本投资的收益。这三者之和是企业的总收入扣除成本后的毛收入。与这三个概念对应的是国家的三种身份:一个是资源所有者,一个是公共管理者,一个是资本投资者。国有企业产权改革背后实际上就是围绕国家和国有企业利益关系进行的。整个改革过程都渗透着这个问题:到底国家和企业各拿多少,怎么拿,拿的先后次序怎样。改革初期实行放权让利中的利润分成,所体现的就是这个问题。实行利改税之后,国有企业向国家交税并暂免交利,所体现的也是这个问题。现在让国有企业交利,所体现的还是这个问题。

在计划经济体制下,国有企业的管理体制是利润全部上交,支出全部下拨,于是租、税、利三者煮成一锅无法分开。利改税以后,利润和税收这两个东西开始分开了。二者的分开具体体现在以下几个方面。第一,不管是国有企业还是非国有企业都必须向国家交营业税和所得税,结束了国有企业不交税的历史。第二,在国有企业交税的同时,实行了一项政策"拨改贷",即国家不让企业交利,但也不给企业投资。企业用利润去投资视同国家投资,投资形成的资产是国有资产。第三,中央鉴于国有企业的困难,在分税制文件中明确规定以下过渡措施,即1993年之前成立的国有企业暂时免交利,微利企业上交的利润也不退库。可以看到,分税制和利改税确实是规范国家和企业关系的一个重要办法。现在要国有企业交利,并不是否定以前的改革,只是把过去的暂免交利改成重新交利而已。

国有企业上缴利润符合改革的方向,而且符合现在的实际。国有企业改革初期遇到的困难,经过背水一战,到现在有很多企业利润大增。国有企业去年利润增长30%,利润总额达到1.5万亿左右,今年1季度增速虽然有所下降,但仍有9.5%。在这种情况下,国有企业向国家上缴利润有其合理性。

承认国有企业交利的合理性并不意味着我同意国资委和财政部的《暂行办法》,因为在某种程度上,这个政策在理论上是一种混淆,在实践上也不是一种前进。为何我对这个政策持这样的态度?关键在于这个文件混淆了租金和利润这两个范畴,不仅未理清国家和企业的关系,而且在一定程度上混淆了这种关系。我认为我们需要认识到以下几点:第一,租金是资源要素的价格,不是投资资本的收益。无论国有企业还是非国有企业,只要使用国家的资源都要向国家交纳租金。第二,在土地租金方面,地租有绝对地租和级差地租之分,国家不应该参与绝对地租的分配,但可以参与级差地租的分享。即使土地是私人所有的,国家也可以通过征税分离一部分级差地租,这是由级差地租的来源决定的。比如一条道路的通车、地区规划的改变会使得地租大量上升。第三,收租和交利的方式不一样。租金要通过征税的方式拿走。弄清了这个问题,也就弄清了政策中混淆的地方。

也许文件制定者会说:我们对租和利做了区分,比如垄断性企业交利比例是10%,一般性企业交5%,军工和科研企业不交。我认为这个说法也是没有道理的。虽然是一个国家,但国家作为资源所有者、公共管理者与资本投资者的身份是不同的,所以它拿的东西也是不同的,拿的方式、拿的次序上也不一样。现在国资委提出要中央国有企业上交利润,但国资委并没有得到授权可以分享国家租金。投资取利是资本所有者的行为,在这方面国有资本和私人资本没有任何不同,但收取资源租金是资源所有者的行为。况且,从次序上来看,收租在先,交利在后。在中国既然资源是国家的,那么收租应是国家的行为,不能混同为资本所有者的投资行为。我想这不是中国的特色,而是一个普遍的原则。现在通过交利的方法来收租,这不是一种混淆又是什么?

中国的国有企业特别是国有垄断部门的利润是怎么来的?现在很多人在讨论国有垄断部门时都用一般的产业经济学或者管制经济学的理论来解释。这个理论可以解释中国的一部分问题,但不能解释中国的全部问题。垄断部门面临一条向下倾斜的需求曲线,是价格的决定者,它,可以把价格定在均衡价格水平之上,可以提高价格而减少市场供给,这样一方面造成了效率的损失,另一方面造成了财富的转移,把大量的消费者剩余转化为生产者剩余,变成垄断部门的超额利润。在中国,垄断利润大量存在,比如电信部门的高价就是垄断的结果。目前国有垄断企业的利润占到国有企业利润的三分之二。这种解释符合产业经济学理论或管制经济学理论。不过,垄断部门也在用这个理论为自己谋取利益。为什么两大石油公司向国家要补贴?因为国家管制了成品油的价格,炼油企业不能随便提价,于是造成了亏损,就得向国家要补贴。国家也认为,自己因为管制了价格而理亏,就同意进行补贴。前年补贴了100亿,去年补贴了50多亿,今年又要补贴100多亿。

但是,中国国有垄断部门的利润有第二个来源,而且是非常重要的来源,那就是资源要素的低价。这是现代产业经济学和管制经济学解释不了的。我国现行资源要素的管理体制仍然沿用了计划经济体制下那一套做法,即国家把资源要素授予某个部门使用,而象征性地收取很少的资源税和资源使用费。国有农垦系统共有国有农场2 000多个,占地5.88亿亩。全国大中型国有矿山企业占地0.113亿亩。这些国有农场和国有矿山均未向国家交纳地租。在《矿产资源法》中没有有关租金的规定。矿产资源使用税原来是8—24元,1994年提高到24—30元,这个水平是很低的。2006年石油价格上涨很快,现在国家也只是对每桶40美元以上的部分征收20%—40%的“特别收益金”。至于广播电视通讯频道等资源更是无偿使用(去年中央电视台广告收入达200多亿)。资源要素的低价格导致垄断部门的成本被大大低估了。有人估算,国有农场和国有大中型企业占有的土地租金加上煤炭石油的租金大概是3 796亿。如果加上城市土地、其他资源和人文景观资源，租金大概上万亿。

资源要素的低价格使得国家向国有垄断部门进行大量的利益输送，造成两个非常荒唐的后果。首先，它把租金变成了利润，变成了企业经营者的经营业绩。这就给企业经营者占取全民财富打开了方便之门。在此情况下，我们无法评价国有企业的经营状况，于是国有垄断企业管理者可以拿几十万、几百万、上千万的年薪。其次，通过这种利益输送养肥了一个庞大的利益集团，利益集团凭借手中垄断权力挥霍老百姓的财富，要挟政府。大家想一下，最近油荒中两大石油公司的行为表明，随着垄断利益集团做大，严重的问题还在后面。

总结一下，国家与国有企业利益分配问题很重要，在处理上应该是先收租，后分利。如果租金的问题不解决，其他的问题都解决不了。这个问题还牵涉到另一个重要的问题，现在国家税收去年五万一千多亿，今年 1 季度又增长 33%。这种情况下，我们能不能实行一些减税的办法，以避免经济下滑危险？政府在这个问题上行动相当迟缓。对他们来说，有钱当然是好的，能多收钱更好。所以政府在收钱上的积极性很高，而在减税上的积极性相对差得多，两税合一的姗姗来迟和增值税转型的久拖不决就是证明。根据本文建议，收租必然进一步增加政府收入。我认为，政府收入增加为减税提供了条件，使减税的政策能够得以实施。如果收了租而不减税，那国家的收入会更多。国家收入更多，我们改革可能就更难，因为改革都是在日子混不下去的时候推进的，日子很好过的时候是不可能改革的。所以收租和减税要同行，而且收租和减税的后果是不一样的。收租主要来自国有垄断部门的交纳，减税是面向全社会的，对整个社会有利。通过这样一个办法就可以对整个社会财富分配政策进行一个重要的调整。如果搞得好，我想不仅资源问题可以解决，而且中央和地方一些利益关系也可以解决。中央和地方的利益竞争虽然促进了中国的经济发展，但也确实扭曲了中国的市场行为和政府行为。所以，税制改革是中国改革的核心问题，要引起大家的关注。

加大对中小企业支持力度*

张　涛

中国人民银行调查统计司司长

本文在分析中小企业融资特点基础上，探讨如何帮助中小企业进一步发展。

为什么要支持中小企业？基本考虑是中小企业提供的就业岗位多，在增加值中占有份额比较大。就业是否充分是衡量一个经济是否健康发展的非常重要的标志。在欧洲各国，雇员人数250人以下的公司所雇员工在就业整体中的份额基本在60%左右，雇员人数50人以下的公司所雇员工的份额也大都超过40%。美国雇员人数250人以下的公司所雇员工的份额比欧洲低，但也达到40%。这些数据显示，中小企业在就业中占有举足轻重的地位。就业岗位多意味着在总量上对增加值的贡献也会比较多。

我们国家中小企业数量也很多，发展也比较快，在我国经济中所起到的作用是非常大的。2007年6月末，中小企业法人单位数同比增速7.3%；2008年6月末是9.1%。2007年上半年，以中小企业为主的私营企业从业人数同比增速13%，2008年上半年是11.3%。

通常讨论的中小企业融资难，在我国主要是指中小企业贷款难。需要强调的是，中小企业贷款难不仅是我国的现象，在国际上也存在。世界银行2008年11月的一份专题报告统计了全球40多个国家的中小企业贷款发放情况，结论是中小企业在银行信贷方面明显居于劣势。如果以小企业获得银行信贷资金份额为1，那么大企业是3，中型企业是1.2。从信贷成本来看，如果大企业为1，那么中型企业是1.3，小企业是1.4。从不良贷款率来看，大、中、小企业分别是3.9%、5.7%、7.4%，中、小企业分别比大企业高出46%和90%。中小企业的信贷成本和风险都高于大企业。

我国这方面数据尚未公开，有关部门在努力增加这方面透明度，不久大家会看到这方面数据。今天跟大家介绍根据推算得出的一些结论。首先，我国大、中、小企业不良贷款率在每一个组别上都比国际平均水平低。其次，我国中小企业不良贷款率相比大企业差距要比国际平均水平高，中、小企业的信贷风险比大企业高出160%和500%左右，差距

* 第18次报告会（2009年7月25日）。

非常之大。最后,相比而言,我国对于中小企业的贷款支持力度是大于国际平均水平的,我国的大、中、小企业的贷款在各类企业贷款当中的份额比国际平均水平更合理,换句话来说,我国大企业占贷款比重相对少一些,中小企业的贷款比重相对多一些。我国金融机构和中小企业反映的中小企业贷款金额满足率分别是 83.6%、82.8%,二者平均是 83.2%,而发达国家对应指标是 82.8%、发展中国家对应指标是 78.1%。

国际经验表明中小企业贷款难有三个基本原因。首先,中小企业信息缺失。中小企业生存时间短,经营不稳定,较少与银行发生业务往来,商业银行难以掌握足够的信息来判断信贷风险,导致银行难以对其发放贷款。根据国际数据来看,中小企业的生存周期比较短,生存周期超过 4 年的中小企业比例很小。其次,大企业需要的资金量大,银行放贷操作成本小、风险小,因此大、小银行均倾向于向大企业放贷,挤占了中小企业的信贷资源。如果我们的直接融资渠道比较多,大企业就可以更多地利用直接融资,从而可以将信贷资源让出一部分给中小企业。最后,中小企业在经营规模和市场影响力等方面处于相对弱势,对市场和宏观经济环境波动更为敏感。

此外,界定中小企业也存在困难。各国标准五花八门,包括资产、销售额、人数等,即使都以人数为标准,具体数值也不一样,可参见表 1。我国在 2003 年由四部委联合发布根据行业划分的中小企业标准,对不同行业有不同标准(参见表 2),很难确定谁是中小企业。如果识别就比较难,相关评估和支持就更为困难。此外,我国的中小型企业标准非常高,比如建筑业 600 人以下是小型企业,600—3000 人的是中型企业,而在国外绝对是大型企业,这个标准将来需要仔细再推敲。

表 1　各国/地区中小企业定义

澳大利亚	微型(雇员少于 5 人),小型(雇员 5—19 人),中型(雇员 20—199 人)
文莱	微型(雇员少于 5 人),小型(雇员 6—50 人),中型(雇员 51—100 人)
加拿大	商业:小型(雇员少于 100 人),中型(雇员 100—499); 服务业:小型(雇员少于 50 人),中型(雇员 50—499)
智利	微型:雇员少于 5 人,销售额小于 74 500 美元;小型:雇员 5—49 人,销售额少于 776 566 美元; 中型:50—199 人,销售额小于 150 万美元;大型:雇员 200 人以上,销售额少于 310 万美元
中国香港	制造业中小企业:雇员数少于 100 人;非制造业中小企业:雇员数少于 50 人
印尼	小型:总资产少于 2 万美元,销售额小于 100 万美元; 中型:总资产小于 10 万美元,销售额小于 500 万美元
日本	制造业:雇员少于 300 人等要求;批发业:雇员少于 100 人等要求; 零售业:雇员少于 50 人等要求;服务业:雇员少于 100 人等要求
韩国	采掘业、制造业和运输业:小型(雇员 50 人)、中型(雇员 51—300); 建筑业、商业和其他服务业:小型(雇员 10 人)、中型(雇员 11—20 人)
马来西亚	工业:雇员数不超过 150 人,年销售额不超过 660 万美元
墨西哥	工业:微型(0—30 人),小型(31—100 人),中型(105—500 人),大型(501 人以上)
新西兰	少于 19 名雇员
新几内亚	少于 200 民雇员
秘鲁	近三年平均销售额少于 1 700 万美元
菲律宾	小型:少于 100 人,资产 150 万—1 500 万菲律宾比索; 中型:100—199 人,资产 1 500 万—6 000 万菲律宾比索

（续表）

俄罗斯	自己经营的或公共部门、慈善团体持有的产权不超过25%；同时，按行业有雇员数要求，工业（100人以下）、农业（80人以下）、零售业（60人以下）、批发业（50人）等
新加坡	制造业，资产少于1 500万新元；服务业，雇员少于200人，资产少于1 500万新元
中国台湾	制造业、建筑业和采掘业：雇员数少于200人，实收资本小于8 000万台币； 商业运输以及其他服务业：雇员数少于50人，营业收入小于1亿台币
泰国	小型：少于50人，固定资产少于2 000万泰铢； 中型：50—200人，固定资产2 000万—10 000万泰铢
越南	小型：少于30人，注册资本少于10亿越南盾； 中型：31—200人，注册资本10亿—40亿越南盾之间

表2　我国统计局等四部委联合发文对七个行业中小企业的定义

行业名称	指标名称	计算单位	中型	小型
工业企业	从业人员数	人	300—2 000以下	300以下
	销售额	万元	3 000—30 000以下	3000以下
	资产总额	万元	4 000—40 000以下	4000以下
建筑业企业	从业人员数	人	600—3 000以下	600以下
	销售额	万元	3 000—30 000以下	3 000以下
	资产总额	万元	4 000—40 000以下	4 000以下
批发业企业	从业人员数	人	100—200以下	100以下
	销售额	万元	3 000—30 000以下	3 000以下
零售业企业	从业人员数	人	100—500以下	100以下
	销售额	万元	1 000—1 5000以下	1 000以下
交通运输业企业	从业人员数	人	500—3 000以下	500以下
	销售额	万元	3 000—30 000以下	3 000以下
邮政业企业	从业人员数	人	400—1 000以下	400以下
	销售额	万元	3 000—30 000以下	3 000以下
住宿和餐饮业企业	从业人员数	人	400—800以下	400以下
	销售额	万元	3 000—15 000以下	3 000以下

另一方面，中小企业也的的确确需要外部的资金。无论是欧洲国家还是美国，外部融资始终是中小企业资金来源的重要渠道，其中包括商业银行和储蓄银行的贷款。获得融资，特别是外部融资，的的确确是中小企业赖以生存的核心。

可以考虑从以下方面入手加大对中小企业的支持力度。第一，营造公平的中小企业融资环境。很多人强调要给中小企业补贴，我个人认为补贴固然重要，但是营造公平的融资环境更重要，因为不要白不要的钱谁都想要。营造公平的融资环境包括提高信用和信息共享水平，降低中小企业进入门槛和产权转让费用等。这些措施都可以有效地帮助中小企业获得银行资金。事实上在新西兰、芬兰、新加坡等国，中小企业的退出成本和信息信用的转让成本都是非常低的，这有力地支持了这些国家中小企业的发展。

第二，按企业生命周期提供分阶段多元化融资渠道。不同的中小企业，在不同的生长期，其实应该有不同方式的融资渠道。比如说在创业阶段，天使基金、个人投资者以及少量必要的政府资金比较重要；在起步阶段，私募股权投资比较重要；在成长阶段，创业板市场要跟上；在成熟阶段，对银行贷款的需求可能会增加，上市融资的机会也会多一些。根据不同的成长阶段而采取不同形式的融资，这一点很少有人注意。实际上，在美国中小企业融资渠道里面，股权融资占到几乎一半份额，即使债务融资也不完全是银行贷款。目前我国没有那么多天使基金，没有那么多私募股权基金，这需要我们在政策上进行鼓励。

第三，推动发展为中小企业服务的中小金融机构，也要充分重视大银行在支持中小企业融资中的作用。中小型金融机构可以灵活地推出不同的金融产品，从而能够满足中小企业的需要，但是大银行在支持中小企业方面也发挥了很重要的作用。我国目前各类机构大中小型企业贷款占比情况见图1。美国数据显示：资产超过100亿美元的银行在中小企业贷款当中所占份额超过40%。

总之，支持中小企业不是仅仅只有银行信贷这一根独木桥，而是还有其他很多渠道；对中小企业的支持不仅仅是融资方面的支持，比如营造公平的竞争环境也是非常重要的。所以支持中小企业需要各方面的努力。我国在支持中小企业方面还有巨大的潜力，对此我们有坚定的信心。

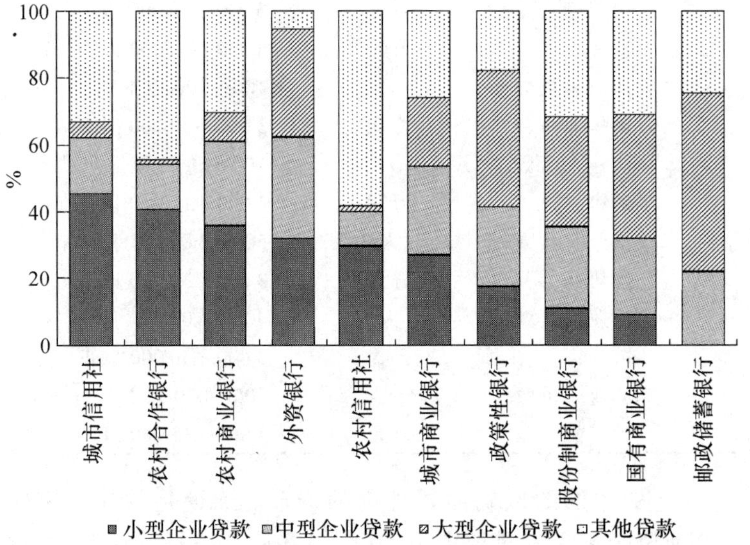

图1　我国目前各类机构大中小型企业贷款占比情况

民营工业很争气*

——金融危机冲击下的中国工业增长

周其仁

北京大学国家发展研究院教授

我国经济增长恢复蛮快，遭受的冲击也很大，出口从20%—30%的正增长变成负的20%，这一正一负相差50个点，出口下滑很大一部分冲击出口工业，而这当中很大一块是民营工业中小企业，这既有增长率的问题，也有就业、财政收入等问题，确实应该引起重视。然而，现在我们看到的结果很有意思，广东省今年上半年民营工业比国有及国有控股工业增长高15个百分点，这跟原来形成的判断有很大差异。结合全国的数字来看，广东的情况跟全国类似。危机前后，全国民营企业增长持续高于国有及国有控股企业，也高于规模以上工业企业整体增幅。从2007年1月到2009年9月，民营企业工业增加值平均比国有及国有控股企业工业增加值高出10个百分点（见图1）。到今天为止，我国经济结构很大程度依赖于制造业，GDP要实现保8%的目标，工业增长贡献不小，工业当中民营工业做了很大贡献。

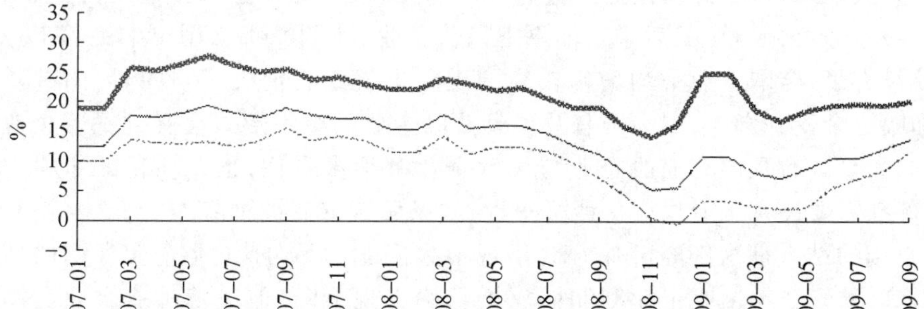

图1 工业增加值同比增长率

* 第19次报告会（2009年10月24日）。

一、出口跳水

接下来看看冲击的情况(见图2),中国出口在2008年以后有一个跳水,全球出口则出现了更大的跳水。比较而言,中国出口工业竞争力没有下降多少,中国出口占全球出口比重,中间有些波动,但总体上看中国出口比重还是在升,这也是为什么最近全球贸易战等各种压力比较大的原因。可见,尽管全球贸易额下降了,但我国的绝对份额并没有降低多少,当然绝对量出现了较大下降。另外从2007年1月份到2009年9月份工业增加值同比增长率来看(见图1),最高的是民营企业,中间是全国工业平均情况,最低是国有及国有控股企业,这种情况与广东出现的情况是一样的,比较来看增长幅度差十个点,尽管危机对中国工业产生了较大影响,但目前来看降幅还是民营工业相对好一点,所以说中国民营工业很争气。

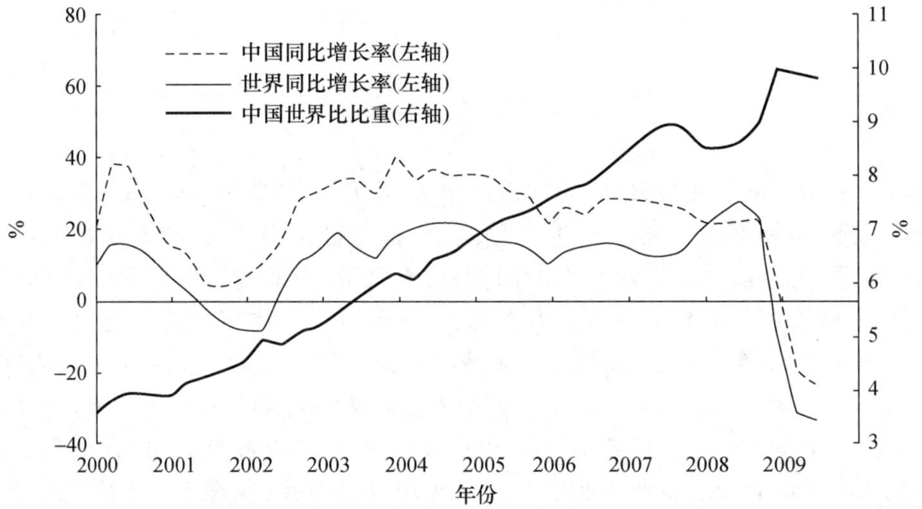

图2　中国出口占全球比例(2000Q1—2009Q2)

改革开放以来,对待民营企业一直有不同意见,最近也有意见要对民营企业搞"阶级斗争",这种主张必须考虑其后果。如果把民营企业"斗"掉,那么图1中民营工业高增长的现象就没有了,全国工业平均增幅较高的现象也就跟着消失了。同时,国有及国有控股企业增幅也会受到影响,因为国有及国有控股企业的组织形式会受到民营企业组织形式的影响,大量国有及国有控股企业与民营企业有很多来往,很多项目的原料、材料、设备、零部件都需要民营工业供应。严格来说,如果民营工业被"斗"掉,那么经济状况会面目全非,直接的结果是这次经济保八会出现很大问题。另外,工业企业利润的情况也相似(见图3),尽管今年工业企业利润同比增长率出现下降,但民营工业企业利润下降情况也好于国有及国有控股工业企业和规模以上工业企业总体。

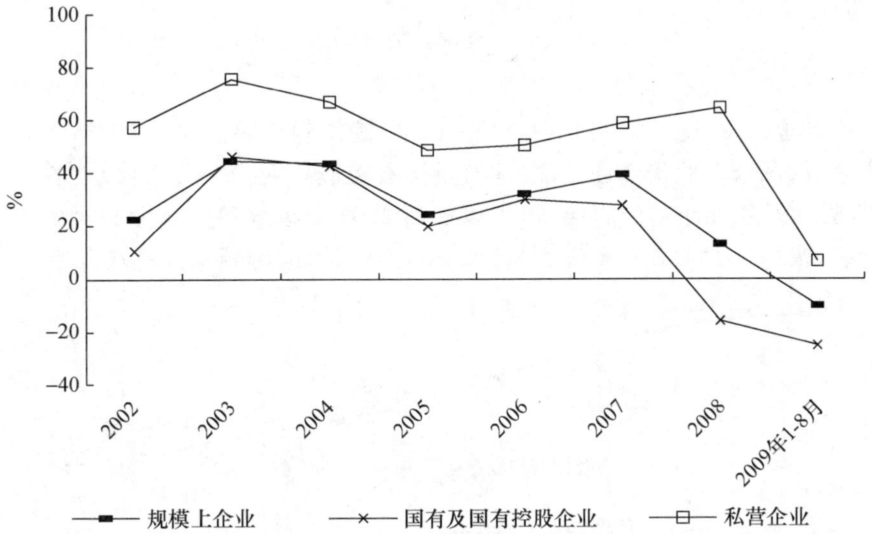

图 3　工业企业利润同比增长率

二、为什么民营工业在保增长中表现好？

这样带出一个问题，出口本来对民营工业冲击非常大，尤其在广东，很多工厂关门、工人回家，但是现在来看增长率还是蛮高，这跟原来的判断有很大差异。首先，国有企业所在行业如电信、石油并没有受到全球出口市场紧缩的直接影响，出口下滑首当其冲影响民营工业。其次，政府主导的 4 万亿经济刺激计划中，大量项目优先给政府和国有企业。最后，尽管民营工业融资难问题近来引起政府高度关注并出台了很多政策，包括最近出台了帮助中小企业融资的具体措施，但客观地讲，中小企业、民营企业所获得的资源相对较少。问题是民营工业为什么还是表现这么好呢？

我的看法有这么几条：第一是体制优势。民营企业不打不拼就没有了，在高增长的时候，体制优势也许不会显得那么重要，但在经济增长低落，希望高速增长的时候，体制优势也许就非常显著了。第二是竞争政府项目。大量资源第一手给了政府和国有企业以后，不会保证第二手还会留在政府和国有企业，政府和国有企业拿到钱就要买东西，4 万亿刺激方案一下去，很多民营企业拿到的订单会大量增加，不是一轮决定国民收入分配，很多资源转了一个圈还是到了民营企业。第三是民营企业规模小、转型快，国外市场形势不好马上就可以转向国内。最有趣的是“阿宝计划”，即阿里巴巴 + 淘宝，阿里巴巴原本是帮助中小企业打开国际市场，出口形势一变他们调整得也非常之快，在淘宝开网店就是面向国内需求。再比如华南国际工业原料城，它原本针对珠三角 40 万家出口工业企业提供大量的原材料采购交易，降低采购成本，受国际出口贸易打击以后它转得非常快，第一期还是以五大产业供应原料为主，而第二期却完全变成了工业成品，面向国内市场。所以为什么中小企业看起来得到资源不是那么多，冲击又那么大，看表现还真的是很争气。

三、竞争见分晓

现在说谁进谁退，这一点可以从工业相对份额得到反映。从2007年之前工业增加值的数据来看，民营工业份额在上涨，国有及国有控股企业份额在下降（见图4），结合图1来看，即便受到危机冲击的影响，但可以推断2007年以来民营企业相对份额上升的趋势还在继续，按照十七大方针平等竞争，谁竞争力强，谁的份额就大一点。

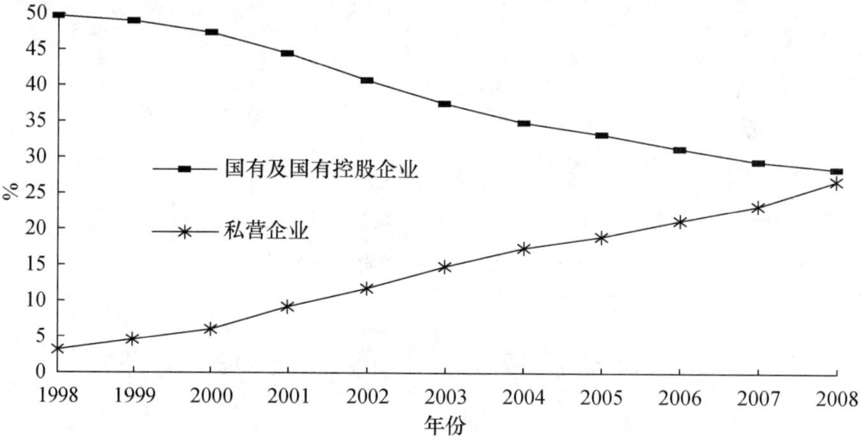

图4　工业增加值份额

四、四点启示

第一，体制政策很重要。不管什么宏观政策，要抗击全球经济下行的冲击，体制政策非常重要，这也是中国改革开放三十年真正的看家本领，我们不能简单地跟着发达国家走，以为仅有货币、财政政策就能料理天下局面，还得有一个微观基础。

第二，对民营企业政策不能大起大落。2003年的铁本事件历历在目，到今天几千亩地还闲置着、机器设备还锈在那里。在经济过热要压时，恨不能挥之即去，但要想想还有希望招之即来的时候。经济有起伏，上帝也不能保证经济是一条平线，经济有起有落，所以体制政策要稳定，下去的时候不必那么着急的刺激，但经济过热的时候，需要处理的时候至少要一视同仁。铁本最后的罪名就是税收，其实非民营企业也有税收问题，但是并没有受到同样的处理，这个事件不仅仅是公司的损失，而且其中还有二三十亿的银行贷款，最大的损失是大家对法制的信心。法律面前人人平等，我国各类企业都有这样那样的缺点，问题是处理这些事件的方式要大体平等，不能有例外，尤其不能够跟着周期走，过热了就打得狠一点，处理环保问题、环境问题、社会责任问题、劳工关系问题的时候都应该注意这一点。

第三，民营工业无法单独决定经济综合效率。目前增长率很争气，但综合效率怎么样？这一点民营工业无法单独决定。有时民营企业很多订单是政府项目，但政府项目有没有效率？今年钢铁冲得很快，我就担心是不是又过热了，钢铁的需求哪儿来的？汽车消费很好这是一块，可是现在大量基础设施的政府项目都产生了需求，这个需求本身怎么样，这些政府项目收益至少要能够支付利息。它决定了国民经济综合效率，这是特别要注意的问题，也是当年对铁本教训的第二条。我最近看一个省三千多公里的高速公路修成了，一年差不多八十亿的收费，在这次拉动计划里，又要再修三千公里的高速公路，这个项目利息大概是120亿，这些项目投资确实可以拉动当期经济增长，但是投完以后有路没车怎么办？项目当期收益要罩的住利息，否则财务会出现问题，这些综合起来就会形成所谓的综合经济效益。投资计划创造出的需求很可能导致过剩产能，到时候调整时首当其冲的就是民营企业。

最后一点，从“危”中见“机”，到“机”中见“危”。“危”中见“机”是对的，下一阶段也要当心机会中也会有危险。目前货币如此大量发放，未来物价会受到影响，物价总水平不单是通常讲的通胀指数，也包括资产价格。货币信贷多发后，包括资产价格在内的物价总水平和相对价格都会发生很大改变，这时候很多机会当中就会包含很大的危险，民营工业要继续争气就必须注意这些环境的变化，民营工业做得好些，也是国民经济重要的支撑。

珠三角小企业经营与融资现状调研报告*

胡晓明

阿里巴巴集团副总裁、阿里金融总经理

虽然中小企业融资困难是社会的共识，但到目前为止，我国对中小企业问题的研究仍然缺乏客观和全面的事实作为理论的依据及支撑。2010年阿里巴巴借助其中小企业信息系统，和北京大学国家发展研究院合作组织了关于珠三角小微企业生存现状和融资状况的调研，为中小企业问题研究提供了丰富的数据和大量的经验事实。阿里巴巴集团副总裁、阿里巴巴金融公司总经理胡晓明介绍了此次调研的成果。

一、调研背景与调研方法

首先向大家介绍本次调研的背景。中小企业是中国经济最活跃的群体，是中国经济发展的重要引擎。根据《中国中小企业蓝皮书——现状与政策(2007—2008)》的数据，中小企业占中国企业总数90%，其产值占全国GDP的65%，贡献了50%的税收，80%的就业机会。中小企业的竞争力在一定程度上代表了中国企业未来的竞争力。但中小企业也是一个脆弱的群体，其经营状况易受宏观因素的影响。2011年我国宏观经济发生了重大变化。2011年年初，国家宏观政策开始转向，实施了适度从紧的货币政策。信贷收紧的同时，CPI指数居高不下，原材料、人工成本快速上升。另外，据阿里巴巴的信息平台数据显示，受外部经济环境影响，中小企业的外贸订单有所下滑。这些宏观环境的变化是否恶化了我国中小企业的生存环境？我国小企业生存现状和融资状况究竟如何？这些问题都成为本次调研的出发点。

此次调研涵盖阿里巴巴金融公司对小微企业贷款问题的研究。阿里巴巴金融公司的主要业务是为小微企业提供100万元以下的信用贷款，而非抵押贷款。作为目标客户群的小微企业有两个主要特征：年销售额在3 000万(含)人民币以下，企业员工总数平均

* 第27次季度报告会(2011年10月29日)。

在32人左右——此类小微企业正是本次调研的对象。小微企业处于发展阶段前期，规模小但具有高速成长率和良好的市场前景。未来这些小微企业可能成长为具有国际竞争力的大企业，和欧美大企业一起参与世界竞争。阿里巴巴曾经也是这样的小微企业，最早的时候向银行提出5万元贷款申请都没有得到批准。

为了深入了解小微企业的生存状况及其融资状况，本次调研通过网络平台，调查了珠三角地区2889家企业。同时派出7支团队，在广州、深圳、东莞、佛山、中山、江门6地实地走访了95家小企业、11个专业市场和15家金融机构。样本的地理分布和各地区小企业分布一致，其中深圳占36%，东莞23%，广州20%，佛山8%，其余占13%。样本企业经营年限分布也比较平均，经营时间为1年及1年以内的企业占样本10%，1—2年的占19%，2—3年的占17%，3—5年的占20%，5—8年的占17%，8年以上的占17%。总体而言样本选择比较合理。

二、小微企业经营现状

2010年以来，小微企业经营状况可分以下两个方面概括。其一是小微企业生产成本上升，盈利能力减弱。小微企业利润比2010年前平均减少30%—40%，如表1所示，原材料价格上涨、人力成本上升、订单减少是导致小微企业利润下降的三个主要原因。其中，72.48%的小微企业将原材料成本上涨列为困难之首，大部分行业的原材料成本比2010年前上涨了20%—50%，而在2010年前只有60.68%的企业认为原材料涨价是经营困难重要因素。人力成本上升是第二大原因。小微企业工人工资比2010年前上涨了20%—30%。在此次调查中，52.44%的企业认为劳动力成本上涨导致利润下滑，比2010年前增加6.7%，除人工成本上升外，工人的流动性不断上升，不少工人随着产业转移回流到中西部地区，又进一步增加了珠三角小微企业工资上涨的压力。

表1　2010年样本企业经营的主要困难　　（单位：%）

企业面临的前三位困境	2010年至今企业数占比	2010年以前企业数占比	对比增长
原材料成本上涨	72.48	60.68	11.80
劳动力成本上涨	52.44	45.66	6.78
接不到订单或者订单量很少	45.14	45.03	0.10

然而，小微企业难以通过提高产品价格来消除生产成本上升的影响。小微企业所处的市场是充分竞争的市场，产品高度同质化，缺少通过品牌建设、核心技术等手段提升利润能力，缺乏盈利增长点。中山市具有一定规模的灯具生产企业有2 500家，绝大部分是同质商品的价格竞争。珠三角的很多欧美代工厂其实只是来料加工车间，低廉的生产成本是其生存之本。生产成本上升没有改变产品的国际价格，却挤压了小微企业的利润，缩小了小微企业的生存空间。

小微企业经营状况第二方面可以概括为：订单量逐步萎缩，开工率下滑。与2010年相比，2011年珠三角地区小微企业订单量有所下滑，并且出现一个不利的现象——订单开始分散。受原材料价格波动及人民币升值等不稳定因素的影响,来自欧洲、北美的采购商谨慎下单,小微企业谨慎接单,成交的订单以额度小及结算周期短的订单为主。小额的短周期订单不利于我国小微企业规模化生产降低成本,且减少了企业开工率。图 1 展示了样本企业开工率的地区分布。被调查企业平均开工率为 70.92%,其中 58% 左右的企业保持 70% 以上的开工率,20% 左右的企业开工率在 50% 以下。而 5 年前中国作为世界的制造工厂,基本上小企业开工率都维持在 70% 以上,极少数在 30% 左右。

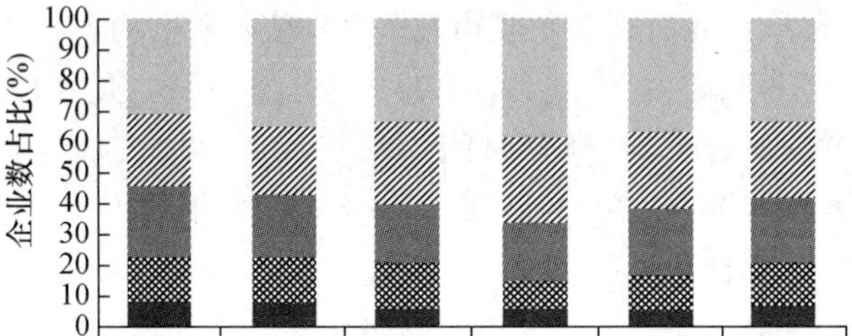

企业开工	深圳	广州	东莞	佛山	其他五市	所有企业合计
90%以上	30.74%	35.57%	33.39%	38.50%	37.03%	33.79%
70%-90%以上(含)	23.77%	21.60%	27.30%	27.88%	24.86%	24.64%
50%-70%(含)	23.05%	20.33%	18.72%	19.03%	21.62%	20.98%
30%-50%(含)	14.45%	15.43%	14.51%	8.85%	11.62%	13.82%
30%及以下	7.99%	7.08%	6.08%	5.75%	4.86%	6.77%

图 1　2010 年样本企业开工率地区分布

开工率减少随之而来的是企业员工人数减少。34% 的被访企业 2010 年以来减少了员工人数。图 2 解释了企业员工人数减少的原因。有大约 53% 的样本企业认为薪酬过低是员工离职的主要原因,40% 左右的样本企业员工人数减少的主要原因是没有找到合适的工人,36% 左右的样本企业为缩减生产成本而辞退员工。样本企业调研数据反映了小微企业"两头难"的生存状况:国内工资、原材料等生产要素价格不断上涨导致生产成本上升,但产品定价是完全竞争市场条件下的国际价格,小微企业难以提高市场定价来消化生产成本上涨。

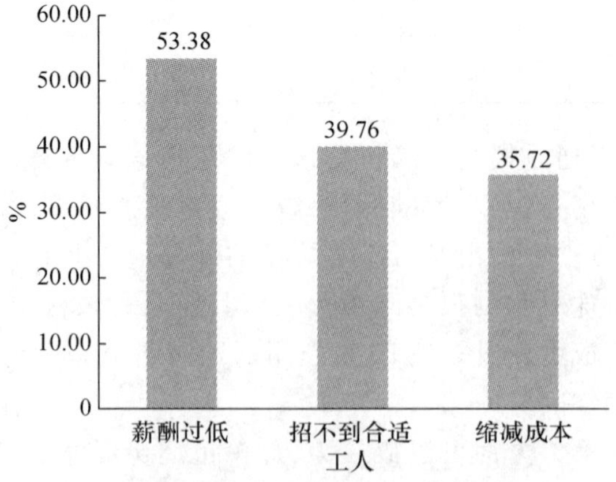

图 2　2010 年样本企业员工数减少的原因

三、小微企业融资现状

小微企业融资状况可分三个方面来概括。其一是小微企业融资渠道狭窄。如图3所示,53.03%的被调查小企业完全依靠自有资金发展,没有外部融资。只有46.97%的企业曾有过借贷历史,其中包括房地产和信用卡。在有外部融资记录的企业中,其中30.23%的企业获得过银行贷款,也就是只有13%的小微企业曾向银行融资。一部分原因是小微企业缺少健全的财务报表、优质的抵押物;另一部分原因是信贷资金紧张,银行业务缺乏开拓中小企业融资业务的动力。

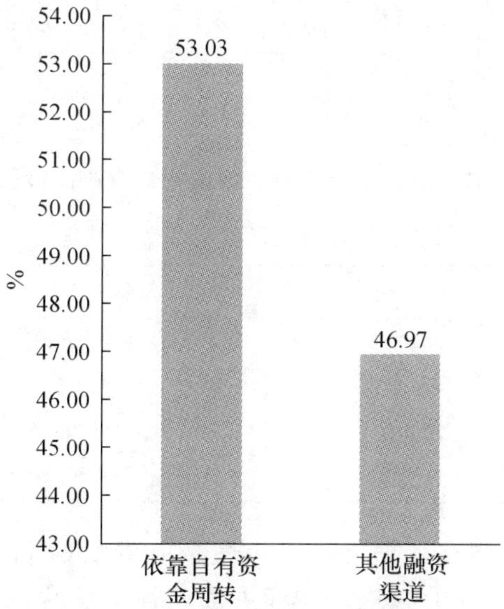

图3　2010年样本企业融资渠道

小微企业融资状况第二个方面是,随着企业经营规模的扩大,亲戚朋友借款作为借款首要渠道的比例不断下降,银行及信用社贷款的比例不断上升。图4显示,小微企业资金来源主要依赖自身资金的积累、亲戚朋友借款,还有供应链融资,其中61%的企业把亲戚朋友借款列为借款的首要渠道。但亲戚朋友借款渠道的重要性随着企业规模扩大而逐渐下降。近70%的年销售规模500万以下的企业把亲戚朋友借款列为借款的首要渠道,而在年销售规模3000万以上的企业组中这一比例仅为25%。在年销售规模500万以下的企业组中,银行及信用社贷款作为借款的首要渠道的企业比例为23%,而在年销售规模3000万以上的企业组中这一比例为66%,银行贷款和企业规模密切相关。

小微企业融资状况第三个方面是,企业融资供需缺口变大,具体表现为企业信贷额度下降、借款利率水平上升,贷款期限变短。28%的被调查企业2011年的信贷额度下降,仅16%的企业贷款额度有所增长。从表2列举的样本企业借款利率数据来看,2010年后小微企业借款利率有所上升。2010年以来借款年利率12%以上的企业占被调查总数的40%左右,2008—2010年这一比例是35%。

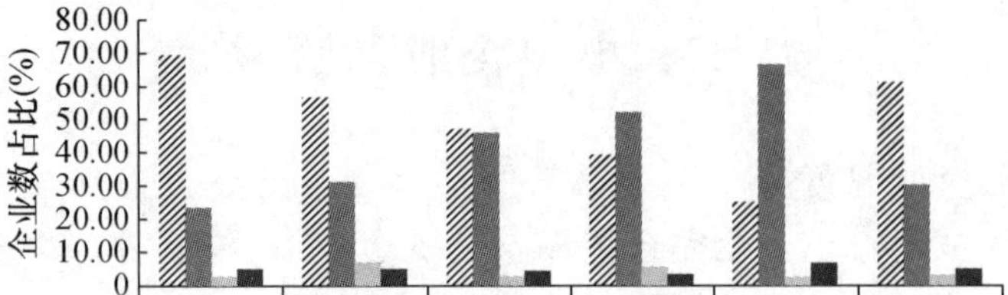

	500万及以下	500万 1 000万(含)	1 000万-2 000万(含)	2 000万-3 000万(含)	3 000万以上	所有企业合计
亲戚朋友	69.28%	56.65%	46.88%	39.13%	25.00%	61.20%
银行及信用社	23.13%	31.18%	45.83%	5.17%	66.30%	30.23%
民间融资机构	2.45%	7.22%	3.13%	5.22%	2.17%	3.33%
其他渠道	5.14%	4.94%	4.17%	3.48%	6.52%	5.25%

图 4　2010 年样本企业首要融资渠道——企业销售规模对比图

表 2　样本企业借款利率变化情况　　（单位:%）

年利率	2010 年至今	2008—2010	对比增长
6% 及以下	18.41	20.38	-1.97
6%—12%(含)	42.47	45.52	-3.06
12%—18%(含)	22.70	18.86	3.85
18% 以上	16.42	15.24	1.18

表 3 列举的样本企业调查数据反映了小微企业借款期限相比 2010 年前有所缩短。2010 年以来借款期限在 12 个月以内的企业占被调查总数的 60% 左右,2008—2010 年这一比例是 57% 。

表 3　样本企业借款期限变化情况　　（单位:%）

期限情况	2010 年至今	2008—2010	对比增长
1 个月—3 个月(含)	12.35	10.56	1.79
3 个月—6 个月(含)	15.77	15.39	0.37
6 个月—12 个月(含)	31.64	31.39	0.25
1 年—2 年(含)	27.56	29.38	-1.81
2 年以上	12.68	13.28	-0.60

另外,图 5 和图 6 显示了部分阿里巴巴集团 2010 年 10 月对小企业融资需求的调研数据。有融资需求的企业占被调查总数的 63.3% ,且被调查总数的 75.4% 的小微企业贷款需求在 100 万以内。这也是阿里巴巴金融公司主要做 100 万元以下信用贷款的主要原因。

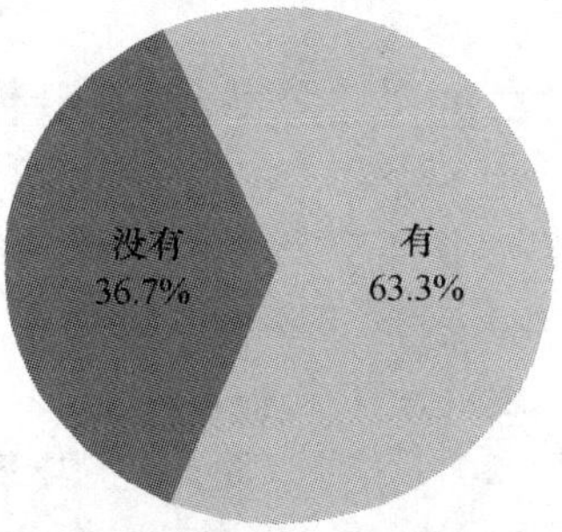

图 5　样本企业融资需求程度

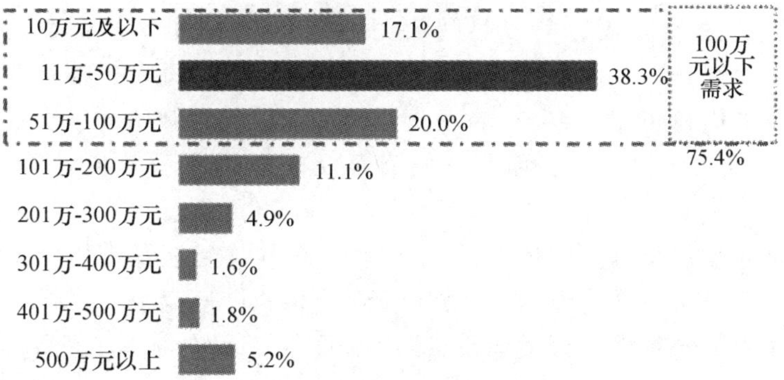

图 6　样本企业期望的贷款额度

此次调研还询问了小微企业主对未来 6 个月经营状况的预测。整体而言，小微企业主对未来 6 个月利润预期不高，有悲观的市场气氛。如图 7 所示，有 31% 左右的小微企业预计未来利润下滑，仅 24% 左右的小微企业预计未来利润上升。且随着经营规模扩大，预计未来利润上升的企业比例增加，预计未来利润下滑的企业比例下降，企业盈利状况随着企业经营规模变大而好转。

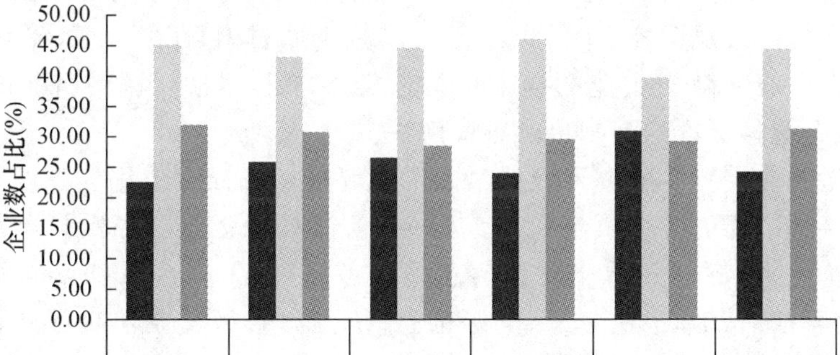

年销售规模	500万及以下	500万-1 000万(含)	1 000万-2 000万(含)	2 000万-3 000万(含)	3 000万以上	所有企业合计
■ 利润增长	22.62%	25.90%	26.61%	24.18%	30.89%	24.26%
■ 利润持平	45.24%	43.32%	44.76%	46.15%	39.79%	44.46%
■ 利润下降	32.15%	30.78%	28.63%	29.67%	29.32%	31.29%

图 7　样本企业对未来十月利润变化的预期

四、破解小微企业经营及融资困境的建议

调研报告针对如何破解小微企业经营及融资困境的问题提出了若干建议。首先是降低小微企业税负,且扶持小企业各种政策不能只停留在社会舆论上,而是要强化落地。国家出台的许多扶持小微企业发展的政策和指导意见,但现实中不少小微企业对此知之甚少,也未切实享受到政策眷顾。2011 年 10 月 11 号国务院发布了国九条,其中一条是提高小型微型企业增值税和营业税起征点,且关于小企业税收政策可以延续到 2015 年。但符合条件,能真正享受到优惠政策的小微企业很少。扶持小微企业的优惠政策没有落到实处,导致了一些社会矛盾。前段时间,在我家乡浙江湖州的某个童装市场发生了社会稳定问题。当地税务机关根据机器台数对童装市场征税,每台机器征收 343 元。部分行业的小微企业平均利润在 2.45%,对税费政策的变化非常敏感。由加税而至亏的企业聚众闹事,影响了社会稳定。这也从一个侧面反映了优惠政策对小微企业生存的重要性。

破解小微企业经营及融资困境的第二个建议是小微企业需要强化品牌拓展和销售渠道。小微企业要强化品牌建设,在同质化程度较高的市场竞争中,赋予产品品牌价值,提高产品议价能力。同时强化渠道建设,缩短流通环节,降低成本,提高盈利能力。珠三角、长三角的小微企业发展的历程表明:企业只有注册自己的品牌和专利,其未来五到十年的发展才有坚实的基础。

破解小微企业经营及融资困境的第三个建议是鼓励服务微型企业的金融机构发展,如小额贷款公司,鼓励其经营模式创新,产品创新,信贷技术和经营理念创新。拥有完善的营销网络和雄厚的资金实力的大型商业银行,如工农中建四大国有商业银行,都倾向于给大企业发放贷款。在缺乏专门服务微型企业的金融机构的情况下,信贷资金最终还是流向大型企业、政府平台。即使市场上流动性充裕,小微企业还是难以获得银行贷款。因此我们支持国家宏观调控政策,控制通胀以减少原材料、工资上涨给小微企业带来的经营压力。在对服务微型企业的金融机构监管要求上,兼顾风险控制和业务发展的平衡,缓解小微企业融资难的问题仍然难以解决。

破解小微企业经营及融资困境的第四个建议是加快社会信用体系建设,降低信息收集成本。相关部门要引导小微企业规范财务,且针对小企业财务数据不规范的缺陷,采用综合的评价体系,将更多的非财务信息纳入考核范围,综合反映小企业的经营状况。此外,还应整合征信、工商、税务、水电等信息,统一向微型企业信贷服务提供商开放,降低社会收集小微企业信息的成本。

最后,我要指出,尽管小微企业目前面临很多困难,包括对未来发展方向的迷茫,但是他们也坚持、思变和等待时机。他们需要的仅仅是一缕阳光,哪怕仅仅是一缕。

我国就业转型的五点特征与启示*

卢　锋

北京大学国家发展研究院教授

卢锋教授主要讨论我国劳动力市场和就业转型方面的问题，梳理并概括改革开放以来（1978—2011）中国就业转型方面的基本特征，在此基础之上总结我国就业转型的成就、经验、问题和后续政策。

一、中国特色的就业转型

21 世纪初，中央决策层开始重视中国的就业问题，在 2002 年曾开过一个全国下岗人员再就业的会议。在此之后，就业问题成为民生问题的重中之重，民生问题之首，就变成一个标准的政策说法。从学术角度来考虑，这也确实有一定的道理，主要有以下三方面的因素会使我国面临极具特色的就业转型难题：

第一，作为人口最多的国家，我国有最大量新增劳动力需要就业。由于是人口最多的国家，所以我国一个阶段的人口增量、劳动力增量可能也是最大的，需要很多的就业来满足其劳动力的需求。

第二，作为最大的发展中国家，我国有最大量的农村劳动力需要转移就业。发展中国家的普遍规律就是农业劳动力占有很大的比例，绝大部分比例会逐步到非农部门就业，所以会派生出大量非农部门的就业需求。

第三，中国曾经是一个计划经济国家，计划经济的一个特点是企业里面会有大量冗员或隐性失业，而在改革开放后，隐性失业显性化的特点突出，这就需要大量工作岗位满足其就业需求。

所以从这三个角度来看，中国当代经济转型必然的定义性地派生出一个所谓最有中国特色的就业转型。

---

* 第 28 次季度报告会（2012 年 2 月 25 日）。

二、中国就业转型的特征性事实(1978—2011)

回头来看,改革开放已走过三十余年,中国是如何走过就业转型的过程,在这一过程中经历了哪些阶段,又有哪些特征性表现? 卢锋教授结合人力资源和社会保障部“开放宏观视角下中国就业增长”课题研究得到的数据和结果,从六个方面对中国就业转型长期趋势、近期特点给大家做汇报。这个过程当中我们也可以评论中国就业转型规律性的道理,同时也有助于对中国就业政策未来变化的一些方向做一些分析和探讨。

第一个特征事实,在过去三十多年中,中国的农业劳动力逐步向城市部门非农部门转移。如图1所示,我国农民工数量从80年代中期的6 000多万,上升到90年代末的超过1亿,去年统计局最新发布的数据,去年达到了2.5378亿。一个国家三十年里面有2.5亿劳动力转移到城市工作,这在人类经济史上不敢说没有,也是相当罕见的。

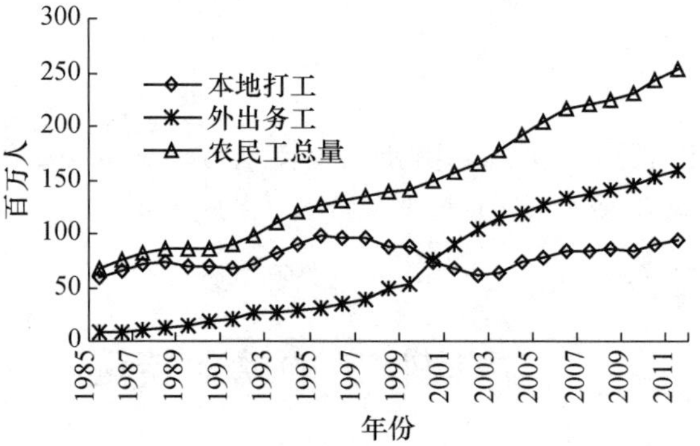

图1　农民工总量与构成

前面汪同三所长也讲到国际就业的压力,制造业就业国家的就业绝大部分是下降的,只有中国制造业就业快速增长。从中国角度来讲,这是一个非常重要的就业转型的实质性的推进。我们讲农民工,中国农业劳动力的转移很大一块或者主体的部分我们把它叫作农民工,农民工这个概念是跟户口制度联系在一起的。农民工分为就地打工和外出打工,如图2所示,农民工中外出打工与本地打工占比1985年分别为12%和88%,经不断演变近年大体稳定在36%—37%与63%—64%上下。

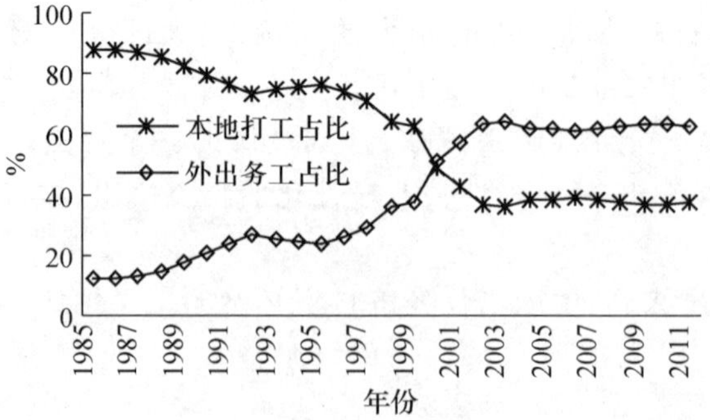

图2　本地打工与外出务工占农民工比例(1985—2011)

如图 3 所示，农业劳动力从整个总量增长来看似乎很平稳，但把总量增长变成年度增量还是有非常大的波动的，这个波动应该跟宏观的波动很有联系的。从这个波动的数据来看，可不可以这么说，这是一个推测性的说法，也是我们劳动力报告中提出的判断，中国的劳动力还会继续转移，为什么？如图 4 所示，因为现在农业劳动力占整个劳动力的比例可能仍然有 35% 左右（2010 的数据），从国际比较经验来看，无论从四小龙战后的经验还是 OECD 国家更长时间趋势性的变化数据经验来看，这个数据还会往下走，今后 20 年大概会降到接近 10% 的水平。所以，从这个意义上讲，说是一个拐点可能有点强。

但是，从单维度数量指标来看高潮已经过去，可从两方面来考虑：首先，从年度增量角度来看，最高的还是 2004 年的 1 390 万，这大概是一个峰值。尽管 2010 年刺激经济以后又上升到 1 250 万，去年掉到 1 000 万左右，仍然还很大，但是比最高峰可能已经过去了。另外，从 35% 的占比来讲，今后还有 20% 几的下降空间，应该也是说过了最高潮。所以，从劳动力在发展中国家发展过程在就业结构变化中一个最重要指标来看，可以说我们已经走了很长的路，但是这个进程可能还会持续相当长时间。也就是说进程还会持续，但是最高潮部分或许已经过去了，这是观察就业转型的第一个特征性的事实。

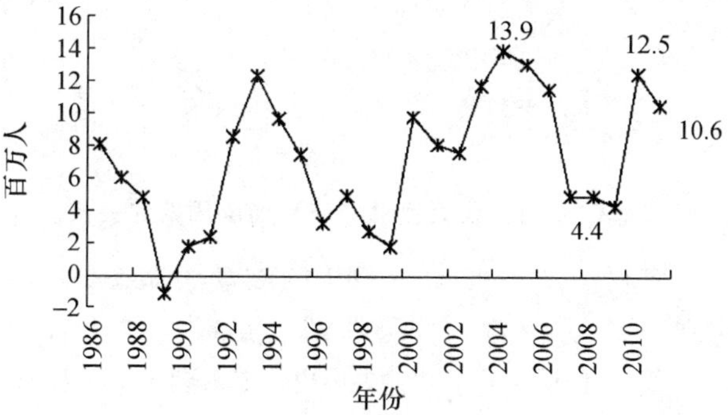

图 3　农民工总数年增量（1986—2011）

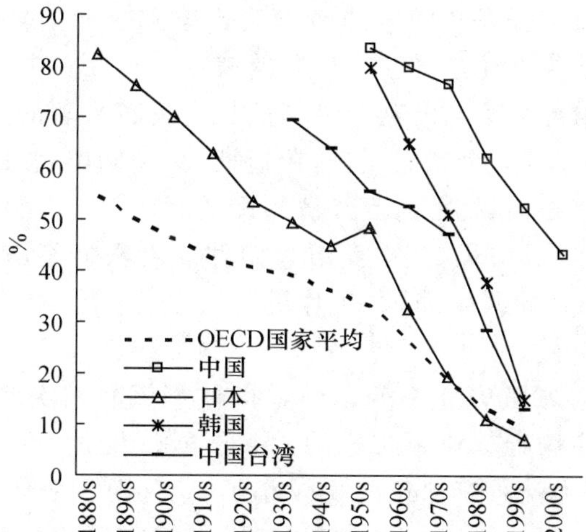

图 4　中国、OECD、若干东亚经济体农业劳动力占比

第二个特征性事实,乡村劳动力变动和非农就业增长速度,与宏观经济周期涨落具有显著联系。农村劳动力的变动跟宏观周期的关系,这个数最初是宋国青教授提到的,他是从宏观的角度解释通货膨胀机制角度来说的,可以把它叫作宋国青观察。劳动力的转移是一个大趋势,长期来讲,一定要转移。但在一个特定的时段在一个短期的范畴内,转移规模的大小速度的快慢还是跟宏观经济的波动、宏观周期的掌握还是有相对显著的关系。如图5所示,基本上经济增长特别快的时候、总需求增长快的时候、通货膨胀的时候,乡村劳动力减少的速度就快。反过来经济不景气的时候、经济紧缩的时候、相对低迷的时候,它减少的速度就慢。

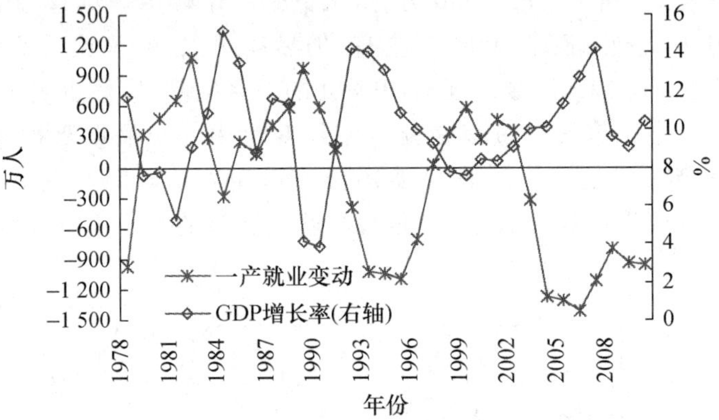

图5　乡村劳动力变动与宏观经济周期的关系

之后还可以做一个乡村劳动力变动与CPI的波动关系图,可能也能得到类似结果。刚才汪同三所长也讲到通胀,分为输入性通胀或者是成本推动的,中国的通胀往往跟农产品涨价受成本推动有关。但是从图5的数据也可以这样来解释通胀:总需求扩张拉动了劳动力的转移在短期或者周期范围内过快,导致农产品的供给带来影响,从而影响到农产品相对价格变化。从这个角度来看,也可以把农产品价格的上涨看作是结构性通胀的支持的证据,但也可以看作是总需求或者宏观影响到农业的供求变化,农产品供求变化,从而影响到农产品价格变化这样一个机制的表现。

如图6所示,非农就业变动与宏观经济周期也有比较显著的关系。非农就业趋势性上升是中国经济增长长期的一个特点,但是在短期内、周期内,它跟宏观经济的涨落有一个显著关系,这个关系是正向的关系,当经济高涨的时候,一产就业会减少,二、三产就业跟宏观经济完全吻合。经济增长快,按照奥肯定律或者根据经济学常识,它对劳动力的派生需求主要是非农就业的派生需求,工作的劳动的派生需求快,所以就业增长就快。反过来,经济不景气时就慢。

第三个特征性事实,城镇失业率变动凸显旧体制转轨对劳动市场和就业领域的冲击。卢锋教授认为,看中国的就业跟宏观的关系不能仅仅看失业率,一定要注意到就业情况。西方成熟经济因为就业变化相对比较小了,例如英国就六千多万人口,都到了一个稳态结构,就业变化相对少,所以它的宏观变动直接表现为失业率的变动。中国不能这么看,不能仅仅看失业率,要先看就业再看失业。而我国当前的城镇登记失业率指标是一个有偏的指标,在衡量失业方面存在诸多问题,其中一个重要的问题就是没有包含

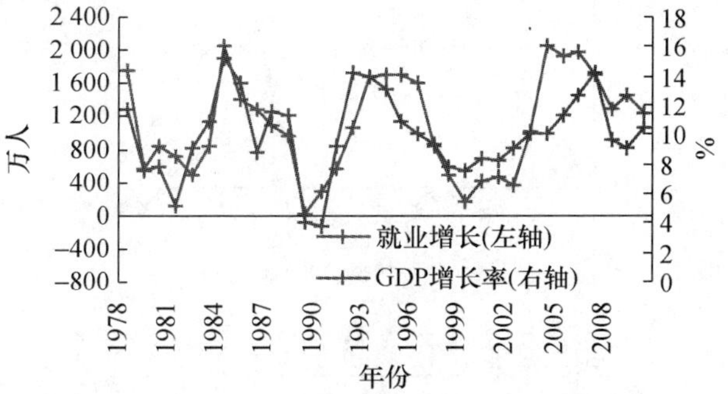

图 6　非农就业变动与宏观经济周期的关系

下岗工人。如图 7 所示,如果把下岗工人数字算入登记失业率,使其变成比较综合的指标以后,大概就是实线失业率,这个失业率尽管还有好多问题,但是还是能说明一个简单但是非常重要的中国就业转型的特征性的事实。

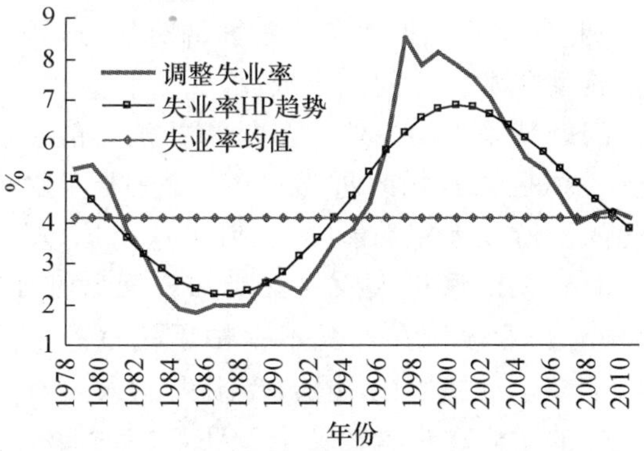

图 7　中国调整城镇失业率及其均值和趋势

这个事实是,调整后的城镇失业率无论是对它均值的偏离还是趋势的偏离都表现出如图 8 的形状,它有两个相对来讲的峰值。第一个是改革开放初期,现实失业率比均值和趋势要高一个百分点左右。第二个峰值就更大了,在 20 世纪 90 年代后期和 21 世纪初,高出二到四个百分点,与 80 年代相比高出六七个百分点。而出现这两个峰值的原因,第一个是随着 1979 年经济政治形势的变化,中国决策层规定改变知青上山下乡的体制和政策,大概有几百万知青在很短的时间内回城。城市的知青回城导致就业体制的一个大的突破,使得决策层和政府最终容忍个体经济存活。为了帮助知青解决就业,国家在就业体制上采取国家安排、个人择业、市场调节三结合的就业体制,不再是统包统配,慢慢形成一套突破。这个突破某种意义上与农村联产承包责任制类似,它是在一个旧体制的一个完整架构侧面撕开了一个缺口,这短期也造成失业率的高起。但是因为只有几百万人,随着 80 年代经济活跃很快就没了,80 年代失业率很低,大概反映城市失业率方面应该说还是有一定的道理。

第二个峰值是与国有企业改革有关,90 年代以后经济改革深化涉及企业制度改革,开始有企业破产改制,有大量原来企业的员工下岗待业就业,这样一个由此带来的失业率的上升是相当于成熟市场经济国家一次严重的经济衰退带来的失业,甚至可以说是一

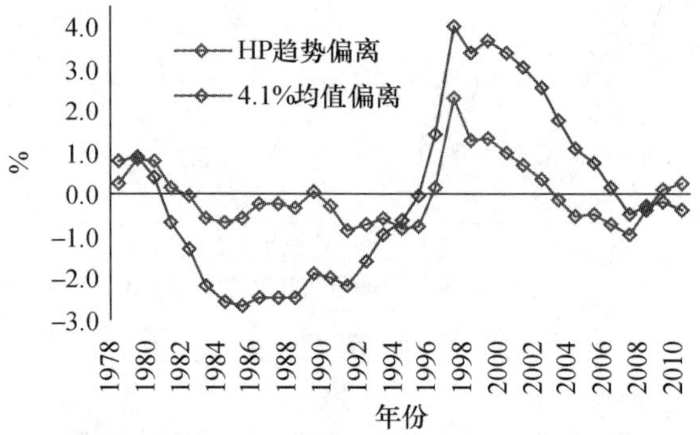

图 8　调整城镇失业率对趋势和均值偏离

次小型的萧条对失业带来的冲击,这次冲击应该说非常大。21 世纪初随着经济景气这个失业率才慢慢回到长期趋势以及均值水平。现在中国失业率现在应该说确实不是很高,大概只有 4% 左右,就是因为这几年经济强劲增长,消化了十多年前严重的失业率压力。把上千万人的冗员隐含失业变成显性失业是非常大的难题,应该说中国还是化解了这个难题,这是中国经济改革转型非常重要的一个成就。

但是,这当中有一个问题就是下岗失业人员最初补偿可能没有得到足够的补偿。转型经济学中有两个概念,一个是帕累托改进,还有一个是卡多尔改进。帕累托改进就是说,一个变化,大家都有好处,所以大家都能接受,所以这个比较好办,知青改革某种意义上就是帕累托改进,那个时候无论城里人农村人对知青回城都比较欢迎,所以这接近于一个帕累托改进。但是国有企业改制显然就不是帕累托改进,有些人是要受损失的,从转型经济学的角度来讲,卡多尔改进要有补偿,受损失的人要有一定的补偿。从补偿的角度,当时朱镕基总理在任的时候在记者招待会说我们的财政是吃饭财政,财政很窘迫,除了开门几件事就没钱了。应该说当时政府对下岗工人还是采取了很多措施,包括再就业以及最低限度的补贴,但是因为财力有限,重视程度肯定也还不是很够,所以最后对下岗工人的补偿也不够。卢锋教授认为,现在政府财力跟过去已经今非昔比,政府可以考虑对当年没有得到足够补偿的人采取一个适当的方法,给一个适当的补贴。

第四个特征性事实,晚近时期劳动市场多年出现“民工荒、用工荒、招工难”现象。21 世纪初以来间歇性的“民工荒”已演变成多年持续的“用工荒”和“招工难”现象。如图 9 所示,城市劳动市场求人倍率从 21 世纪初大约 0.6—0.7 上升到近年 1 上下。2012 年春节后媒体对各地用工市场报道,更是描绘出“东南西北中,无处不缺工”的不无夸张情景。比如说东南沿海,《经济半小时》专门报道深圳民工荒,《深圳日报》说温州民工荒,《上海商报》长三角地区又有罕见民工荒。北京和边疆地区都出现民工荒,很有意思的是新疆、内蒙古这种地方也在说民工相对比较紧缺。传统的劳动地区输出省份也开始报道有劳动力偏紧的现象,最后就是说传统的劳动力输出省份也出现民工荒,去年河南《濮阳日报》报导说河南是全中国劳动力最多的省份,五年内不会有民工荒,可是今年《大河报》就说招工难,不光是河南,包括湖南、安徽、四川都有这样的报道。媒体报道基本情况属实,但是难免有些夸张成分,“用工荒”、“招工难”之类现象,其真实经济学含义始终是“市场机制为农民工涨工资”,长期效果是倒逼结构调整。从数据来看也很清楚,如图 10 所示,农民工的数据总体来讲这几年涨得挺快，去年中国农民工平均月工资超过两千块钱，上涨 20% 以上，实际工资大概涨百分之十几。

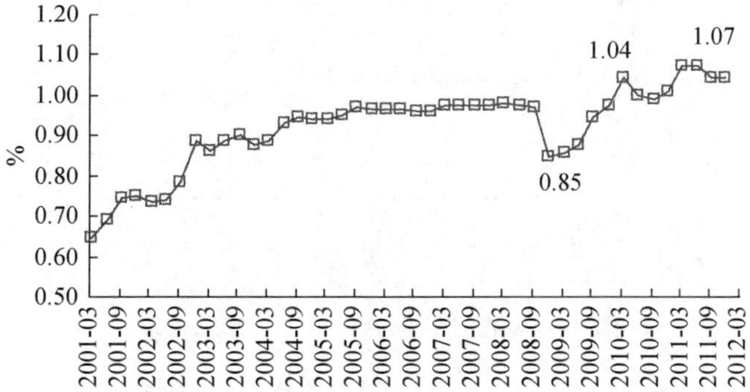

图 9　我国城市公共职介机构求人倍率

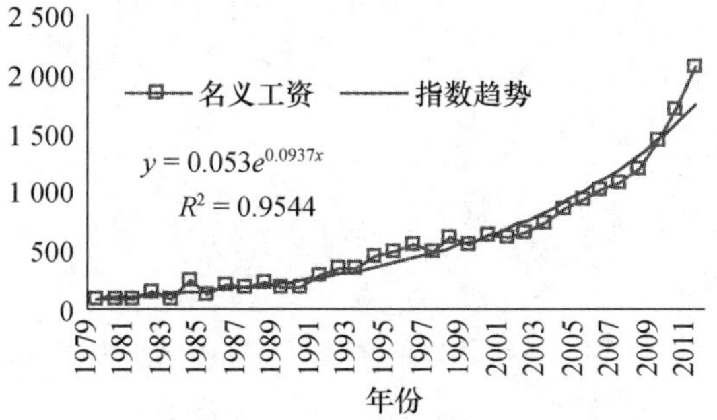

图 10　我国农民工现价工资估测

第五个特征性事实，近年劳动市场呈现相对低端员工短缺而较高学历和较高端工种求职困难的结构性特点。《杭州日报》的报道，杭州最缺工人的是什么行业呢？最缺工人的十个行业需要的都是相对来讲的低端工人，这与近年劳动市场相对低端员工短缺，较高学历和较高端工种求职困难的结构性特点有关。这样一个特点与有关的数据也是相符的。如图 11 和图 12 所示，虽然城市劳动市场总体求人倍率趋势性增长，但是区分教育背景和高低工种的工作岗位求人倍率呈现分化趋势。如 2011 年城市职介机构低学历组对象求人倍率在 1.1 以上，高学历组则在 0.9 上下；较低端工种对象求人倍率在 1.2 上下，高端工种约为 0.9。

这两幅图的基本特征是：第一，总体来讲求人倍率现在是上升的，跟前面讲民工荒、供求关系偏紧是一致的，也与中国就业形势的改善，与整个劳动力的转移和非农就业的扩大都是一致的。第二，在整体求人倍率上升的背景下，应该说有一个重要的结构性差异，一是低端工种求人倍率上升更快，高端工种的求人倍率相对比较慢，二是低学历上升快高学历上升慢，我们讲的招工难实际上还是讲的低端的普工，相对高端的可能找工作反而比较困难。这一个原因是跟过去十年内高校毕业生规模扩大了四五倍有关，同时跟中国宏观经济增长有一些失衡因素，包括汇率、利率不平衡因素导致的宏观失衡有关。

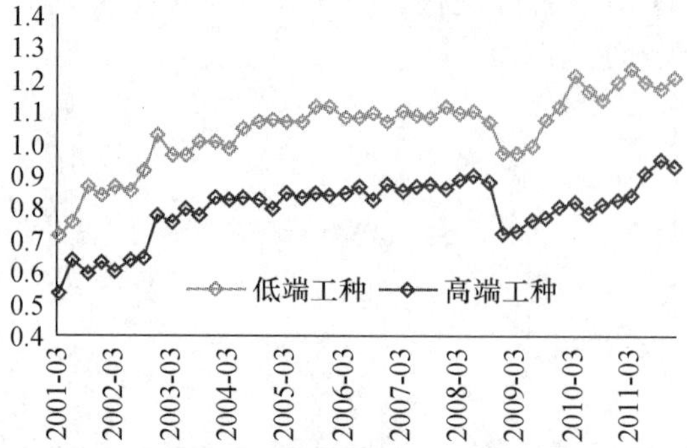

图 11　城市公共职介机构工种求人倍率

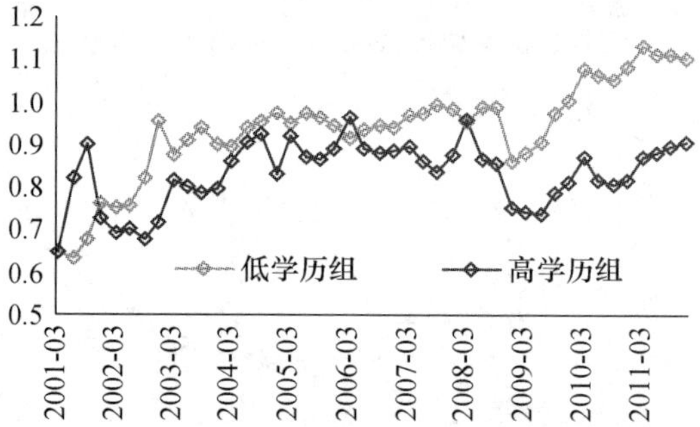

图 12　城市公共职介机构分学历求人倍率

三、几点概括与评论

总体来讲,概括一下,改革开放三十年中国就业转型取得了很多的成就,但最关键的两点:第一点是释放了旧体制转型过程中带来的失业冲击特别是国有企业改革带来的冲击;第二点就是依托现代的经济增长实现了2.5亿农民的非农的就业,未来转型的进程还会持续,从数量扩张指标来看高潮正在过去。

我国农业劳动力的转移规模,非农就业岗位的增长速度,都与宏观经济周期涨落具有显著联系。官方表述充分就业是我们的目标,充分就业有没有一个宏观均衡的基准呢?这方面经验事实,对认识"充分就业目标宏观均衡基准"在我国的表现形式,对理解我国通货膨胀发生机制以及"奥肯定律"在我国的实现方式,都有借鉴意义。

非农就业部门多年"民工荒"和"招工难"现象,劳动市场供求近年在高低端和学历分布上的不平衡特点,一方面体现人口和劳动力增长结构变化,另外也折射我国偏于粗放经济增长方式和开放宏观经济失衡因素的影响。

未来就业政策应从侧重数量扩张朝"数量与质量、速度与结构"并重方向调整,并与开放宏观政策和人口土地等深层改革相配合,保障我国就业和经济整体最终实现成功转型。

中外劳动法的比较与启示[*]

董保华

华东政法大学教授[**]

《劳动合同法》在我国争论比较激烈，大体上有两种态度：一种是赞扬的态度，认为它可以保护劳动者、促进社会公平、促进社会和谐；另一种声音是批评的态度，认为它保护了少数缺乏竞争力的雇员，却牺牲了大多数劳动者的就业机会，会使就业问题难上加难，是造成将来社会关系动乱的潜在因素。赞扬的态度在劳动法学家当中是主流，而批评的态度是非主流的。我个人属于后者。2006 年 3 月 20 号《劳动合同法》草案开始公开讨论的第二天，我就发文对它做了定位，并提出一些批评。下面将从四个方面进行讨论。

一、《劳动合同法》的基本特点

我觉得所有争论的核心在于立法宗旨。很多人认为《劳动合同法》与原来的《劳动法》相比在保护劳动者的立法宗旨上有一定分歧，其实不存在分歧。二者在保护劳动者上完全一样，真正差异比较大的地方是原来《劳动法》中有一句“建立和维护适应社会主义市场经济的劳动制度”在《劳动合同法》中被删除，作为替换的是“构建和发展和谐稳定的劳动关系”。在《劳动合同法》中，显然“和谐”与“稳定”这二者被完全划了等号。所有的争论其实也由此产生。因为如果用“和谐稳定”替换以前的“市场经济”，那么会带来一系列制度上的重新判断，譬如说人员流动、新陈代谢、优胜劣汰等等。

我个人认为，《劳动合同法》总体是要达到四个目标：第一，劳动关系的凝固化；第二，劳动关系的书面化；第三，劳动关系的标准化；第四，劳动关系的行政化。

(1) 劳动关系的凝固化

凝固化已经通过“……稳定的劳动关系”写入《劳动合同法》的立法宗旨，很清楚就

---

* 第 11 次报告会（2008 年 7 月 26 日）。

** 本报告是由笔者与上海财经大学教授张欣合作完成。

是用工要易进难出、多进少出以使劳动关系稳定下来。在解雇方面,我们国家目前主要有两套制度:“到期终止”和“提前解除”。“解除”方面规定得非常严格,由于是提前结束劳动关系,需要大量举证、说明充分的理由。“到期终止”相对比较容易。为了稳定劳动关系,《劳动合同法》在解雇制度上对“终止”和“解除”进行了双向收紧。一方面,对于“过失解除”及“非过失解除”,《劳动合同法》大大收紧;另一方面,对于终止制度,“期满终止”现在要求经济补偿,“约定终止”被废除,“法定终止”从原来的退休制度改成养老制度,这其实也是一种收紧。双向收紧当中最有力的措施,同时也是分歧最大的措施叫做“无固定期限合同制度”。它的意义在于把到期终止制度大尺度压缩。《劳动法》的国际比较说明,我们的解除制度已经比较紧,比较松的是终止制度。而无固定期限制度使得到“期满终止”在合同签订达一定次数或工龄达的一定期限后不能使用,这使得劳动关系能够达到凝固化的目标。

(2) 劳动关系书面化

书面化意味着是企业用工的全过程围绕劳动合同进行,如果不签订书面劳动合同那么企业要承担非常不利的法律后果,而且企业的所有行为都要有证据证明,从招聘、合同签订、履行、变更到解除终止都要求大量举证。譬如说,不能胜任工作解除劳动合同需要企业向法官证明劳动者不能胜任,然后证明经过培训或调整岗位之后劳动者仍不能胜任工作。从书面化的角度而言,任何调整都需要本人同意,如果本人不同意,就会使得整个过程难以进行。

(3) 劳动关系的标准化

标准化就是让以前属于非标准的劳动关系尽可能的标准化。非标准的劳动关系当中最典型的是劳务派遣。《劳动合同法》规定,派遣员工至少签订 2 年期合同;派遣员工劳动报酬和劳动条件按用工单位所在地标准确定;派遣机构和用工单位履行双重义务,承担连带赔偿责任;派遣员工不得连续使用;派遣员工只有存在法定解除情形才可以退回派遣机构;派遣员工可选择派遣机构或用工单位参加工会;用人单位不得设立劳务派遣单位。这样使得劳务派遣这种临时性用工标准化。

(4) 劳动关系的行政化

“行政化”意味着通过大量的行政干预来处理刚才所说的整个过程,使劳动关系调整主要以行政手段为主,表现在监督部门增加、劳动监察范围扩大、行政处罚力度加大等方面。

二、《劳动合同法》与 20 年前的比较

单从条文来看,目前《劳动合同法》的灵活性不如 20 年前,《劳动合同法》与 20 年前的制度相比是收紧而非放松。我们分别来看三种情况的相关规定:(1) 对新员工,新旧体制都实行有期限合同,但 20 年前无劳动合同签订次数的限制,不必强制签订无固定期限劳动合同,而现在签订两次以后要变成无固定期限合同;(2) 对老员工,都提倡搞无固定期限合同,但 20 年前可以违纪解除劳动关系,不服从正常调动属于违纪的一种情况,可以解除劳动关系,而现在,任何调动都需要本人同意;(3) 20 年前还有很多的如农民

工、临时工等灵活用工制度，现在随着标准化，围绕在正式制度之外的这些用工制度慢慢消失。

对目前这套制度是不是"铁饭碗"的讨论，我觉得没有太大的疑问。铁饭碗这个概念产生于二十多年前，而目前这套制度是"铁饭碗"的提法正是来自于立法者内部，当然他们后来否定了这个提法。我认为目前这套制度是不是"铁饭碗"并不重要，重要的是与20年前的制度对比，可以得出什么样的结论。

三、西方发达国家劳动法体制的介绍

现在讲《劳动合同法》时，说得最多的是这套制度是从国外进口的，因为我们已经是一个大国了，所以需要进口一些国外的制度。实际上，国外也绝不是铁板一块。我这里介绍三个比较典型的国家即美国、日本、法国，以便和中国做一个对比。

（1）美国

美国劳动法规制的重点在于就业歧视，以保障劳动者平等的就业权利。如果企业实施了就业歧视行为，就要受到极其严重的判罚。但在就业的用工上，美国极其灵活。劳资双方的雇佣关系可以在任何时间由任何一方以任何理由来终止。资方可以随时解雇，不需要陈述理由，如果裁员也只需要提前告知就可以实施。当然有工会的会受到工会的限制，但实际情况中美国私营企业的工会组建率不到10%。美国联邦最高法院的一个判决认为："一个人按照他确信是合理的条件出卖劳动力的权利，实质上等同于劳动力的购买者规定他从提出出卖劳动力的人那里接受这种劳动的条件的权利。所以，雇工基于任何理由，不再为雇主服务的权利，等同于雇主基于任何理由，不让雇工继续服务的权利。……在所有这些情况下，雇主和雇工都享有平等的权利。任何破坏这种平等权利的立法都是对契约自由的专横干涉。"所以美国的劳动力市场人员流动率相对会高一些，而美国的失业率也会比较低。比如说，美国的失业率基本上在5%以下，这和法国的失业率相比就完全不同。2005年美国年轻人（15—24岁）的失业率为10%，而法国是24%。美国的经济增长率为4%，也比法国等欧洲国家要高。美国的这套制度整体而言对经济增长比较好，实际上对底层劳动者的保护也比较好。

（2）日本

大家都知道日本的终身雇佣制。我国这次推行的无固定期限合同很像是对日本的模仿。但是需要注意以下几点。首先，日本的"终身雇佣制"并不是法律制度规定的。从严格的法律意义上来说，日本实行的依然是自由雇佣制。只有从日本已经建立的一些司法判例当中，我们才可以看到它对随意解雇有一些限制，譬如经济和财政的必要性、或者身体和精神上的不能胜任、或者绩效差、严重错误等。其次，日本的终身雇佣制只对核心员工实行，对边缘员工仍然实行弹性化用工。再次，日本的终身雇佣制只限本土范围，在海外基本上没有推行。最后，日本的劳务派遣法经历了"禁止、管制、放开"的逐步发展过程，劳务派遣政策现已比较宽松。这一点和我们非常不一样，目前我们的劳动法不仅在核心员工方面收得很紧，而且要将劳务派遣标准化。

(3) 法国

我国这次学习的对象其实主要是德国和法国。不管是赞成《劳动合同法》的,还是持批评意见的,对于我国学习了法国德国这一点上是没有争议的。讲它好的人也是讲德国怎么样做、法国怎么样做。

要讨论的是,我们所学习的法国究竟是一个成功的案例还是一个不成功的案例? 法国劳动法是和美国劳动法相差比较大的一套制度。从法律角度看,法国的解雇保护实际上也不如我们这次的《劳动合同法》高,因为《劳动合同法》将解雇理由法定化,只有这么几个理由才可以解雇,而法国对解雇理由要求"实际、严肃的理由",使用的是一些概括性词汇,并通过一系列司法判例得出来的。我们说法国解雇比较困难,实际上很大程度并没有出现在立法层面,而是出在执法层面上。也就是说,法国的改进比中国的改进将来要容易得多。如果以后法国要改革,它不需要改立法,而只要改执法。这也是要特别注意的,我们这次的收紧是用立法收紧,所以大家会看到进退两难的状态。

法国在执法层面很大程度上受到了工会的影响,所以倾向于保护劳方而非资方。所有雇佣合同都必须是正式的和书面的。资方如果想解雇其员工,要提前 3 个月向员工提供书面解约通知。书面解约通知中必须有充足的和客观的解约理由。解约还要通过严格的和官僚式的法律程序限制,这个程序比较长。最能说明法国劳动法下事实上的铁饭碗制度的,是最近法国兴业银行的一个例子。交易员科威尔违规操作,使得银行承受巨额损失。银行想解雇他,走这套程序还非常困难,到现在还没有结果。2003 年福布斯杂志将法国劳动力市场排为 17 个 OECD 国家中的第 15 名,被认为是世界上最刻板严厉的市场之一。相比之下,我国这次不仅确立了《劳动合同法》,也随之更改了《劳动调解仲裁法》,实际上也是使解雇更加困难。

法国曾经有非常好的经济表现,经济上曾位居世界第六。但实行非常严苛的劳动制度之后,法国经济开始面临缺乏活力的问题。由于法国公司不能随意解雇雇员,他们就不愿意雇人,特别不愿意雇没有经验的青年人,因此法国失业率一直居高不下,青年失业率在全西欧最高。这就带来很多社会问题。没有工作的青年聚集的地方年年爆发大规模抗议和暴乱,他们走上街头打砸烧以发泄不满。对于这种社会动乱,法国希拉克政府知道根源在于劳动法刻板的解雇条例,因此他们想对劳动法加以修订,希望推出《首次雇佣法》,使没有经验的大学生可以比较容易地被解雇,从而可以比较容易地找到工作。但是,由于劳动法已根深蒂固,并形成了以工会为代表的强大的利益集团,在工会掀起大规模游行和罢工来抗议的压力下,希拉克政府不得不退却,放弃改革,维持现状。这次法国的新总统上台后也想改革,难度依然很大。

我觉得,法国的问题已不只是劳动法的问题,而是法国社会被分裂成了两个部分。一部分坚决拥护现行制度,它的利益已经和这个制度捆绑在一起,它抗拒改革。另一部分则看到法国经济的衰落、就业状况的恶劣,所以希望改革。法国极左和极右两派的斗争使得法国社会出现动荡,法国陷入劳动法导致高失业率、失业与无业人员暴乱导致劳动法改革、工会罢工示威又使得政府退却、铁饭碗得以维持又导致高失业率的怪圈。

我国在《劳动合同法》的问题上没有通过媒体把各种意见充分表达出来。如果让各种意见充分表达,就可以看到,我国恐怕已经出现了类似法国的状况,就是已经分裂成两个部分：一部分对《劳动合同法》非常拥护，而另一部分持比较强烈的反对意见。我个人认为，和谐社会应该是一种中庸之道，各种法律的底线不宜划得太高。如果法律的底线划得太高，那么制度的受益者是不太容易接受任何改革的，将来推动改革也会比较困难。

四、中外劳动法比较对我们的启示

在接受《南方周末》采访时我曾经说过，从我比较过的材料来看，我国现在对于解雇的保护程度是最高的。这句话登报后变成，中国是世界上解雇保护程度最高的国家，而去掉了前面的限定语“从我比较过的材料来看”。所以有学者在报纸上公开说，只要找到一个反例，你就说错了。这个思路是对的，然而很遗憾，很多时间过去了，到现在为止，这个反例也没有找到。他们很有可能也找到了反例，但只是某个托管国、小岛，规模太小，拿不出手。在大国中，我国这套解雇保护达到了很高的标准，因为这套解雇保护不限于核心员工还包括边缘员工，而且我国用的不是文化传统习惯或者执法而是立法这种强度最高的方式来规定这套解雇保护。

由于《劳动合同法》下解雇成本非常高，我认为它造成了事实上的铁饭碗。我对《劳动合同法》有一个评价，这个评价遭到了很多人的批评。我认为，《劳动合同法》最终会走向贵族法或者观赏法，因为如果完全照做，它会变成贵族法；而如果不做就会成为观赏法。无论是走向贵族法还是观赏法，都不是我们所需要的。《劳动合同法》主要的问题不在于提高劳动成本。张五常说得对：如果从资方取一元，劳方得一元，没有其他效应，我们不容易反对。如果资方失一元，劳方得六毫，社会损失四毫，不利，伦理上也有支持的理由。但如果资方失一元，劳方不得反失，那我们就没有理由接受了。《劳动合同法》很可能走上这样一条道路。当然这是我的一家之言，也是少数派的观点，说出来请大家批评。

对当前劳动力市场变化的几点认识和思考*

曾湘泉

中国人民大学劳动人事学院院长

曾湘泉教授回顾了2009年至今中国劳动力市场的几起重大事件。在此基础上引出并且分析四个问题:中国劳动力市场供求关系是否已经改变;低工资时代是否预计结束;劳资关系的力量对比是否已经改变;以及政策取向应是什么。最后给出相关政策建议。

一、近期中国劳动力市场的重大事件

曾湘泉教授回顾了2009年至今中国劳动力市场的几起重大事件。一是民工荒,政府也称之为招工难。2004年宣布农村取消农业税后,长三角和珠三角地区也曾出现民工荒,但这次更加严重。2009年下半年以来,随着中国经济的强劲复苏,沿海地区,尤其是珠三角和长三角地区,用工短缺问题大有愈演愈烈之势。在2010年春节前后,"不忧订单忧用工"成为外向型加工制造企业头疼的难题。从行业看,缺工主要集中在对农民工需求大、工资收入低、工资强度大和工作环境差的加工制造业和服务业;从工作岗位看,缺工主要集中在一线操作工,这与2004年主要是技术工人短缺的现象不同。

二是富士康跳楼事件。2010年1月至5月,富士康共发生15起跳楼事件。1月23日,富士康19岁员工马向前跳楼身亡,成为第一起跳楼事件;5月份出现爆发式增长,月内发生9起,在5月26日郭台铭在全球媒体正式道歉之后的48小时内就出现4起,呈现典型的聚集效应,堪称恐怖的5月。跳楼员工普遍年龄较轻,11位员工平均年龄才21岁,这其中10位员工年龄不到24岁;入职时间较短,平均入职时间仅207天,10名员工入职尚不到一年,说明他们还处于新工作环境与生活方式的适应期。富士康于6月2日宣布将一线员工的基本薪资从每月900元上调至1 200元,又于6月7日宣布从今年10月1日起考核合格的一线员工薪资将从1 200元上调至2 000元,上调幅度超过了66%。

---

* 第22次报告会(2010年7月24日)。

除了上调工资，郭台铭于6月8日的集团股东大会上，明确宣布了向重庆、河南、江苏和山西等内陆地区转移部分事业群的庞大计划。

三是本田罢工事件。以往中国企业也发生过多次罢工，但很少报道，而本田罢工是被公开报道，此后中国人民大学劳动人事学院的常凯教授还亲自去了本田进行协调，并成功调停了这次罢工事件。今年5月27日，本田公司发布消息，称该公司位于广东省佛山市的零部件工厂的中国工人要求加薪而罢工。零部件供应的中断，致使4家在华整车工厂也被迫停产。6月4日，劳资双方经谈判达成协议，每位工人月工资增加500元，平均月薪增加至2 044元。这一事件反映了收入分配不公、企业忽视劳动者权益、非法用工（如大量使用实习生）、工人维权意识和集体意识的提高、缺乏问题解决的正规渠道以及二代农民工预期与现实存在差距等。

四是涨薪潮。前三起事件归根结底均与工人工资低有关。除了富士康和本田宣布加薪外，其他公司也相继跟进，如全球最大电脑显示器生产商冠捷科技宣布，2010年下半年将再加薪15%—20%，该公司已在今年1月上调大陆员工薪资15%。6月8日，深圳公布了《最低工资标准调整方案》，宣布自7月开始，深圳市关内外最低工资标准统一提高至1100元/月，关内外涨幅分别达11%和22%，创下深圳历年最低工资标准调整的最高幅度。从7月1日开始，北京等10个省市相继上调最低工资标准，涨幅皆在10%以上，部分省市甚至超过20%，平均涨幅为17%。而从今年年初算起，全国已经有27个省市上调了最低工资标准。招工难、政府对提高最低工资标准的推动、通胀导致生活成本增加等都构成了本次涨薪潮的原因。

二、劳动力市场的四个问题

基于以上事件，曾教授引出四个问题：中国劳动力市场供求关系是否已经改变，即刘易斯拐点是否已经到来；低工资时代是否预计结束；劳资关系的力量对比是否已经改变；以及政策取向应是什么。曾教授也给出自己对问题的几点认识与思考。

首先中国劳动力市场的职位空缺仍需高度重视。基于他以前的一项研究，在一定的假设条件下，2006—2020年间15—24岁劳动力人口持续下降，2006年为1.2亿人，至2020年仅有0.6亿左右；但55—64岁的劳动力人口一直在增加，从2006年的0.6亿多上升至2020年的超过1亿。

总体而言，中国劳动力供给总量仍然巨大。而中国经济的高速增长掩盖了目前的供求矛盾。中国就业研究所发布的中国就业季度报告显示，金融危机带来的就业压力已得到舒缓：2009年1季度的竞争指数（求职人数与岗位需求数之比）处于顶峰，达到2.58，意味着就业压力很高；随着中国经济的强劲复苏，2010年1季度的竞争指数已降至低点，2季度的竞争指数与1季度基本持平，为1.37，说明就业市场在较低压力水平上徘徊。

需要注意的是，图1是1989—2009年中国调查失业率、自然失业率与登记失业率，数据显示，近年来虽然公布的登记失业率很低，但自然失业率非常高，一是由于摩擦性失业，目前中介还不发达，劳动力市场的信息不充分。二是因为结构性失业，尽管劳动力市场有空缺，但求职者没有掌握所需的技能，结果继续失业。因此，中国目前仍需关注岗位需求问题，而不要盲目乐观。

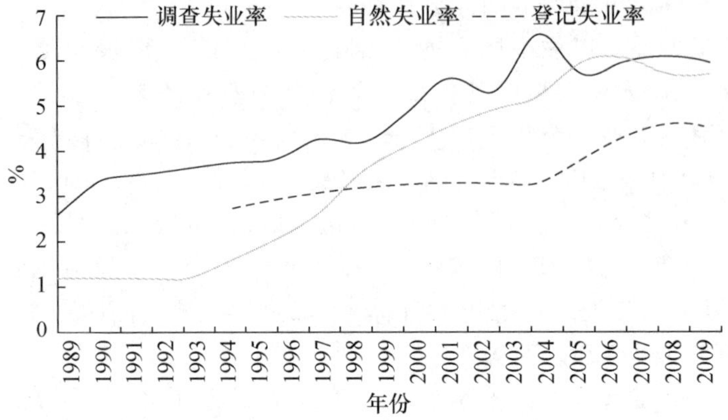

图1　1989—2009年中国调查失业率、自然失业率与登记失业率

其次，就业质量成为新的关注点。发展中国家与发达国家的主要差异在于发展中国家存在大量非正规就业，如家庭服务、微型企业和自营就业等，于是就业不充分、不稳定成为突出问题。这体现在以下几方面：随着农业生产机械化程度提高，农民的季节性就业更加突出；外出打工者很容易受到经济波动的影响，且权益得不到保障；许多就业者的劳动关系不稳定，如派遣员工等。

举几个例子。安徽省亳州市涡阳县2009年对当地10个村的调查显示，在外出打工人员中，政府组织输出的仅占2%，能人带队的占15%，结伙外出的占46%，孤单外出的占37%。外出务工者大多从事不太稳定的职业。调查还显示当地外出农民工中约71%集中在服装、建筑、电子、制鞋、玩具加工、餐饮等行业；但还有29%的外出务工人员从事其他未分类行业，据当地政府部门介绍，这部分人主要从事废旧物品收购等工作。

安徽省宿州市埇桥区的调查显示，2009年当地外出打工者中约有14.2%并无固定工作或者从事废旧物品收购等自营职业。除了农民工，大学生的就业质量也值得关注。2009年高校毕业生调查显示，以往的就业率估算有误导性，因为将继续读研、出国或复习考研的学生也当作就业者。如果剔除这一部分，截至6月底和7月初，2009届大学毕业生的就业率仅为55.4%。其中有接收单位但尚未签约者占毕业生总数的24.3%，除了用人单位还在走程序的原因，其他主要原因是用人单位提供的工作为临时性工作以及对工作不满意而暂时未与用人单位签约。而部分高校重就业率、轻就业质量的做法，在一定程度上掩盖了高校毕业生就业难的形势，漠视了高校毕业生与民工同酬、重点大学就业率甚至低过一般院校、就业率高而就业质量低的非正常现象。

总体而言，根据国际劳工组织的标准，中国的失业率非常低，因为中国的失业保障制度远未完善，失业者难以生存，一定会找些工作维持生计。但这并不意味着中国就业形势很好，就业质量低下是当前亟须关注的问题。

再次，就业能力是制约转型的最大障碍。在讨论劳动力市场时经常面临这些疑问：为什么就业难？为什么工资低？一个很重要的原因是劳动者本身的就业能力薄弱、创造价值的能力欠缺。据麦肯锡调查，中国每年新培养出约160万名工程师，是美国的9倍。

然而,其中只有约 16 万名具备跨国公司工作所需的实用技能和语言技能,这一比例甚至低于印度。王伯庆的一项调查显示大学生的平均就业能力与企业要求相差 30%。2009 年对中关村地区的调查采访了企业、高校教师以及大学生,三方均将“高校毕业生的就业能力与用人单位的实际需要相比存在很大差距”列为大学生就业难的首要长期原因,其他如“高校扩招造成劳动力市场供过于求”、“就业指导缺乏”、“就业信息不充分”以及“片面的就业观念”也是造成就业难的长期原因。

最后,劳资关系受全球经济影响呈现复杂化特征,理论研究和管理措施亟待强化。首先,目前劳动力市场分为高端的人才市场与低端的劳工市场,高端人才市场毫无疑问是全球化的,不仅冲破了户籍限制,连国籍限制也逐渐淡化;然而低端劳工市场难以实现全球化,中国的工人不可能都移民至美国。激烈的人才竞争促使人才市场价格上升,但劳工市场的工资呈向下竞争态势。其次,全球劳资关系复杂化,如国家间出现岗位竞争,目前不仅仅是工人和资本家的矛盾,不同国家工人之间的竞争也愈演愈烈;又如个体劳动关系向集体劳动关系转变,本田罢工就是一个典型案例;又如劳资冲突由民事纷争演变为刑事案件,有时甚至爆发流血冲突,通钢事件即是典型案例。而劳资冲突加剧主要由于政府追求 GDP 增长而忽视劳工权益,工会依附行政、作用有限,工会职业化能力薄弱、集体议价机制尚未建立,以及劳动关系研究被忽视等。

三、政 策 建 议

最后曾教授给出了几点政策建议。第一,保持经济的可持续增长,2008 年金融危机发生时就出现 2 000 万农民工失业返乡,可见经济增长对保障就业的重要作用。第二,建立工资的正常增长机制,目前中国的工资增长采取运动式管理模式,想起来便涨,没想起来就不涨。本田和富士康事件归根结底是因为企业没有正常的工资增长机制,此前多年企业都没有提高职工工资,而多年间物价增长了许多。第三,加大改革力度,缓解结构性失业,提高就业能力。第四,提高养老金水平,近年来老年人口劳动参与率的提高是因为养老金的实际替代率太低,老年人只能再就业以增加收入。第五,加大中介服务建设,减少摩擦性失业。第六,工会组织实现专业化和职业化,增强集体谈判能力,淡化工会的行政色彩。第七,建设和发展中小城市,从构建中国未来的农村劳动力转移模式来思考就业战略。最后要重视劳动科学的研究和人才培养。

刘易斯拐点来临恐怕要到2020年以后*

周天勇

中共中央党校教授

中国劳动力过不过剩，刘易斯拐点是不是来临，既是一个学术研究话题，也是一个需要搞清楚的实际问题，涉及中国未来的劳动力就业战略和政策。我认为，应当严肃地加以讨论，使国务院及其他有关部门决策时有科学的理论和国情依据。

一、劳动力市场与“刘易斯拐点”的两大争论

刘易斯拐点是劳动经济学、发展经济学的重要命题。刘易斯认为，在一国发展初期存在二元经济结构，即传统的农业部门与现代的工业部门并存；农业部门人口多，其边际生产率非常低甚至为零，农业部门具有大量剩余劳动力；此时，只要工业部门能够提供稍大于维持农村人口最低生活水平的既定工资，农业部门剩余劳动力将持续向工业部门转移，为工业部门的扩张提供无限的劳动力供给；并且，其工资线是一水平的直线；随着工业部门的不断扩张和农村富余劳动力的持续转移，到了农村没有剩余劳动力时，劳动力将出现过剩向短缺的转折点，经济学上称之为“刘易斯拐点”。

近年来我国关于刘易斯拐点是否来临的问题产生了较多的讨论。2006 年有学者就提出了刘易斯拐点已经来临的看法，并认为，中国 2009 年开始将面临劳动力供给的短缺。2010 年以来个别企业发生罢工及员工自杀连跳等事件，引发对中国劳动力市场的广泛关注，对刘易斯拐点是否来临的问题再度引发激烈争论。归结起来，主要在两个方面：一是围绕刘易斯拐点是否已经到来？如果已经来了，那中国的就业问题就没有如此严峻，劳动力供需市场就会平衡；如果没有来，劳动力还是过剩，宏观调控还是要将控制和降低失业率放在第一位。二是刘易斯拐点之前是否应该涨工资、提高劳动力成本？按照刘易斯拐点的含义，在拐点到来之前，劳动力无限供给，工资不会上涨，如果涨工资将使

* 第 22 次季度报告会(2010 年 7 月 24 日)。

中国失去竞争优势。而且，拐点没有到来，还有农民工工资上涨压力，这是一个刘易斯悖论。

观察上述争论不仅需要考虑刘易斯拐点的理论含义，更要考虑中国劳动力市场的特殊性。刘易斯二元结构模型有其暗含的一系列假设：完全的市场经济体制，人口自由迁移，城市中的劳动力工资纯粹由市场供求决定。中国有自己的特殊情况：中国城乡二元结构使人口难以自由流动；在完全的产业收益成本调节下，进入城市的农村剩余劳动力合理地在各产业间进行配置；党政机关、事业单位和国企的劳动力退出存在障碍；私营企业和外资企业的劳动力进入和退出都较为自由，但随着社保制度的完善，退出难度也在增加；个体户和灵活就业则完全依赖市场调节。

二、当前农民工工资上涨并非代表刘易斯拐点来临

工资决定和形成，不仅要看供求，而且要看基本的生活费用的因素。近年来我国农民工工资持续上涨是否说明刘易斯拐点已经来临，换句话说，如果刘易斯拐点还没有来到，农村劳动力还过剩，那么农民工工资上涨是否合理？也就是说，需要解释刘易斯悖论。

回答这个问题，需要追溯农民工工资上涨的原因。总体来看，我国农民工工资上涨有三点原因。一是国家近年来对农业投入较大，并取消了农业税，农村收入不断增加，若要农民从农村转移出来务工，城市中的用人单位和家庭需要给予更高的工资。二是农村生活的商品化和市场化，低成本自给自足部分持续下降，城乡物价水平也在不断上升之中，城乡生活水平都在提高，社会保险金征缴日趋严格以及缴费的增加，整个农民工的劳动力价格和用工成本在上升。三是政府也在鼓励通过集体谈判协商工资水平，职工集体动议要求企业提高工资是一种制度的进步。

长期以来，农民工资增长幅度很小，工资水平仅相当于甚至低于劳动力的生活成本，这是一种不合理的现象。因此，当前农民工工资上涨并非由于刘易斯拐点到来，相反的，即便在刘易斯拐点到来之前，农民工工资由于上述原因的上涨，是一个不可抗拒的趋势，并会一直延续下去。

工资上涨后，也有一些学者开始担心中国是否会失去人口红利，经济的国际竞争力下降。这就应该分析工资上涨对经济增长的双面影响，一方面在劳动力供大于求的情况下，工资上涨会导致失业率上升。原来可以支付五个人的工资现在只够雇佣四个人了。但另一方面，工资成本的上升也会迫使劳动密集型的低端产业尽快调整与升级。

实际上，刘易斯模型暗含的一个假设是，模型描述的国家，其就业的产业结构在市场机制的调节下，是合理分布的。其实在中国不然。与其他国家处于人均 GDP 为 3 000 美元的发展阶段相比，中国产业结构中服务业增加值比例低了近 20 个百分点，服务业就业的比例低了 30 个百分点。形成刘易斯转型的渠道扭曲。这里需要特别说明的是，服务业中资本与劳动的关系，并不遵从资本有机构成不断提高，即越来越少的劳动力推动越来越多的资本的趋势。因此，服务业扩大是持久容纳劳动力就业的产业领域。而服务业狭窄，则对劳动力充分就业十分不利。

针对这一重大问题，政府首先要调整结构，改变服务业增加值比例和服务业就业比例过低的扭曲局面。应积极促进服务业发展，以吸收农村过剩的劳动力，并且吸收制造业因资本有机构成提高而富余出来的劳动力。其次，由于工资上涨后企业生产成本增加，政府应考虑减轻企业税费负担，尤其是劳动密集型的中小型制造企业，避免其破产而使失业率急剧上升。2008 年《福布斯》发布的各国企业税收痛苦指数排行榜中，中国仅次于法国，如果算入征收的各种费，中国企业的税收痛苦指数可能已经超过法国。

制造企业应对劳动力工资上升的策略是：加快技术进步，用相对便宜的资本替代日益昂贵的劳动力；扩大品牌优势、提高竞争力；同时加强管理、降低成本。

三、刘易斯拐点没有来临

刘易斯拐点是否来临，理论上要进行深入的研究。我认为，刘易斯拐点在中国没有到来。主要是出于以下几个方面的理论和国情理由。

第一，中国的城市化水平还很低，农村人口还要继续向城镇流动，包括其中的劳动力。按照刘易斯的模型，刘易斯拐点的到来，只有在农村和农业中没有剩余的人口和劳动力时，才能成立。从统计上看，中国 2009 年城市化水平 46.59%，处于低城市化水平国家，人口还要继续从农村向城市流动，包括其中的劳动力。一个低城市化水平的国家，还存在巨额规模的农村人口，说其刘易斯拐点已经来临，直观上也是说不过去的。只有城市化水平达到 70% 时，说刘易斯拐点来临，还比较接近现实。

第二，按照劳均耕地来看，中国的农业中有大量剩余劳动力。2009 年总计就业的劳动力 77 995 万人，其中城镇 31 120 万人，农村 46 875 万人，农村就业人员中从事乡镇企业的 15 588 万人（实际上大部分乡镇企业已经在城镇中，也就是许多在乡镇企业就业的劳动力在农村居住，在城镇上班）。从大数估计，全国近 78 000 万劳动力中，城镇固定劳动力大约为 28 000 万人，农民工 20 000 万人，在农村从事农业的 30 000 万人。

即使农村向城镇转移了 2 亿劳动力，中国目前的农业劳动生产率也是很低的，农业劳动力在全世界看，也属于极度过剩的国家。中国农业劳动力人均耕地 0.36 公顷，仅高于孟加拉国和越南，位居全世界倒数第 3 位。从农场规模看，拉美国家的农场规模可达几万乃至十几万亩，美国农场规模平均 3 500 亩，欧洲国家约为 200—500 亩，韩国、日本和中国台湾的农场规模约为 30—50 亩，而中国的家庭农场规模也就 20 亩左右，南方一个家庭大约只有 5—6 亩耕地，而且就这样小规模的农场，也支离破碎，土地不在一起。

第三，制度改进和技术进步，将加快农村剩余人口和劳动力向城市流动。由于中国的户籍迁移、居住、公共服务、社保等制度的城乡分割，实际是一部分中年和妇女劳动力不能够从农村向城市流动。如果农民进城户籍、公共服务、居住、社保等逐步均等化，农村中的中年劳动力和妇女劳动力就会向城市转移。而改革是一个趋势，农村留守的劳动力终究要向城市转移的。虽然农村中许多青壮年，特别是男性劳动力，已转移到城市，但还有许多老人以及妇女滞留农村。并且每年还新增大量的农村初、高中毕业生，作为新生的农村劳动力，也要向城市流动。

随着农业技术的进步，农业水利化、电气化、机械化、规模化、化学化和生物技术化等趋势，设备和技术对从事农业，包括从事养殖业的劳动力，替代非常明显，而且替代程度越来越高。未来农业现代化与农业劳动力被越来越多地挤出是不可避免的。

第四，刘易斯拐点来临的一个重要标志是，农村的劳动生产率和工资水平与城镇的劳动生产率和工资水平基本接近，中国农业和城镇在这方面还差得太远。这样，在农村从事农业的劳动力，向城镇转移时，如果城镇给予的工资低，他就不会向城镇转移。实际上农村和农业中的劳动生产率和收入水平，远低于城镇平均水平。发生民工荒和近期农民工工资上涨压力，不是农村和农业的劳动生产率达到了城镇的水平，而是因为城镇中的一些企业给予农民工的工资低于农民工的生活成本。

第五，分析刘易斯拐点是不是来临，既要看供给曲线，也要看劳动力的需求曲线和需求趋势。一是从所有制结构看，国有和集体企业在20世纪高峰时期曾雇佣1亿3千多万劳动力，现在国有企业雇佣人数不到3千万，集体企业雇佣人数不到5百万，这意味着国有和集体企业减少了近1亿工作岗位，而且还在继续减少。二是从产业结构看，现在40%劳动力在农业，27%在工业，34%在服务业。但去年农业增加值占GDP的比重已降到10%以下。这意味着40%的农业劳动力仅创造了不到10%的GDP，可见农村农业的劳动生产率与城镇工业和服务业相差有多大。三是从企业规模结构，以及每千人口拥有的企业数量看，发达国家每千人45个左右，发展中国家30个左右，而中国只有12个左右，中国小企业少，地方许多都是大型工业企业发展主导，提供就业机会很少。简言之，无论是从所有制结构，还是从产业结构，还是从每千人口拥有的企业，特别是能吸收劳动力就业的小企业数量看，中国远远没有到劳动力需求把农村过剩劳动力吸收得已经没有了的时候。

总之，我认为，刘易斯拐点没有来临。我们等着中国刘易斯拐点来临的时候，大约是城市化推进70%以上之时。因此，刘易斯拐点来临，恐怕要等到2020年以后。

最低工资人群与最低工资政策*

李　实

北京师范大学收入分配与贫困研究中心主任、教授

李实教授从问题研究背景、低工资人群描述统计分析、最低工资标准的决定因素和影响、最优最低工资标准等方面对中国低工资人群和中国最低工资政策做了详尽深入的分析①。

一、研 究 背 景

关于低工资人群和中国最低工资政策的研究背景有如下四个方面。

第一,关于收入分配和城镇收入差距的研究表明过去三十年中我国的收入差距在不断扩大。基于四次住户抽样调查数据的测算显示 1988 年中国城镇职工基尼系数只有 0.23—0.24,但在以后不断扩大,1995 年扩大到 0.3,2002 年扩大到 0.34,2007 年扩大到 0.36。在这种情况下,我们有必要对工资差距扩大过程当中低收入与低工资人群的收入增长问题做一些比较全面的分析。

第二,20 世纪 90 年代中期以来的企业改制造成了城镇职工,特别是国有和集体企业职工大量下岗失业,下岗职工再就业以低工资岗位为主,从而形成了一个新的低工资人群。另外过去十年当中大量农村劳动力进城务工,由于自身人力资本禀赋比较低和城镇当中各式各样的歧视,农民工也比较容易成为低工资的人群。一些相关研究也表明,不管是从小时工资还是基本工资来看,农民工基本上构成低工资人群的主体。然而,尽管有大量的低工资人群存在,学术界对中国低工资人群的研究却非常匮乏。

第三,为了缩小工资差距,使得城镇职工工资尽快增长,中国政府在 2004 年引入了最低工资政策,然而该政策并没有得到严格执行。长时间内,地方政府考虑更多的是就

---

* 第 25 次季度报告会(2011 年 4 月 23 日)。

① 这次发言内容主要来自于 Deng Quheng and Li Shi (2011),"Low-paid Workers in Urban China" (Research report for the project of Low-paid Workers in Asian Countries supported by ILO).

业问题，从而对提高最低工资或者通过最低工资提高工资水平并不抱有太大希望。

第四，最低工资在不同城市之间差异也非常大，三百多个城市最低工资最新标准的统计数据表明在最低工资最高的100个城市当中，最低工资标准的差距也非常大，最高的月工资达到1 300元而最低的不到600元。自2010年起各地方政府竞相提高最低工资标准，很多地方提高幅度非常大，比如深圳的最低工资提高20%，天津提高20%，陕西提高27%，重庆提高了28%，万州则提高了33%。在这种情况下，最低工资如果进一步提高或者最低工资提高并加以严格执行，它确实会对我们劳动力市场、对就业产生一定影响。通过最低工资解决收入差距可能最后结果是适得其反，收入差距没有减小反而被拉大，因为虽然一部分人的工资得到了提高，但还有一部分人会因此退出劳动市场而成为失业人员。这种情况下收入差距就有可能会被进一步拉大。

二、低工资人群描述统计分析

国际上对低收入(工资)人群的定义一般采取两个标准：一是设定一个工资额，低于该工资额的人群就是低工资人群，这是一个绝对标准；二是根据工资分布，制定出一个相对标准。为了考虑国际可比性，我们在研究中采用相对标准，以小时工资中位数的2/3作为基准，低于该基准的人群称之为低工资人群。

我们的研究覆盖了1995年、2002年、2007年和2008四年的CHIP数据。研究表明相对标准的低工资水平在这四年中逐年提高(见表1)。

表1 低工资阀值和平均工资

	1995年城镇职工	2002年城镇职工	2002年农民工	2007年城镇职工	2007年农民工	2008年城镇职工
Low-pay thresholds	2.12	2.99	2.99	5.12	5.12	5.67
Mean wage of the low paind	1.50	1.96	1.82	3.59	3.45	3.98
Mean wage of the high paid	4.09	6.60	5.03	12.08	7.63	13.53
Mean wage of the whole sample	3.53	5.29	2.90	9.66	5.02	10.84

低工资人群发生率(low pay incidence)(见图1)除2002年有小幅下降外，2007年和1995年基本持平，而2008年较2007年有所上升。我们认为2007年和2008年的变化主要原因是工资差距拉大，提高了平均工资水平和低工资标准，从而带来了更高比例的低工资人群。

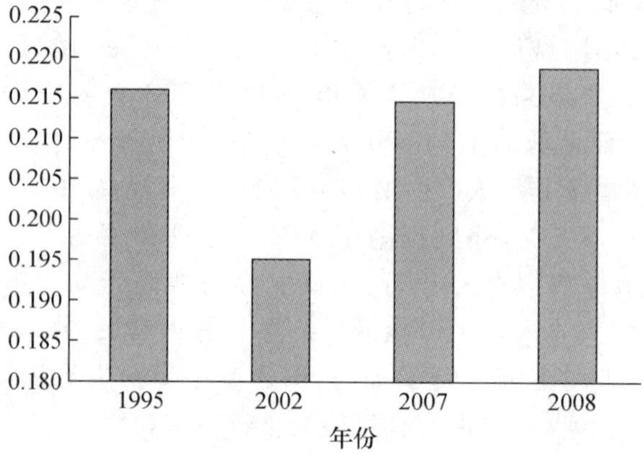

图 1　城镇职工低工资人群发生率

我们还计算了低工资人群平均工资和低工资标准之间距离(low pay gap)和该距离平方项(squared low pay gap),从而勾勒出最低工资人群工资分布情况(见图 2)。

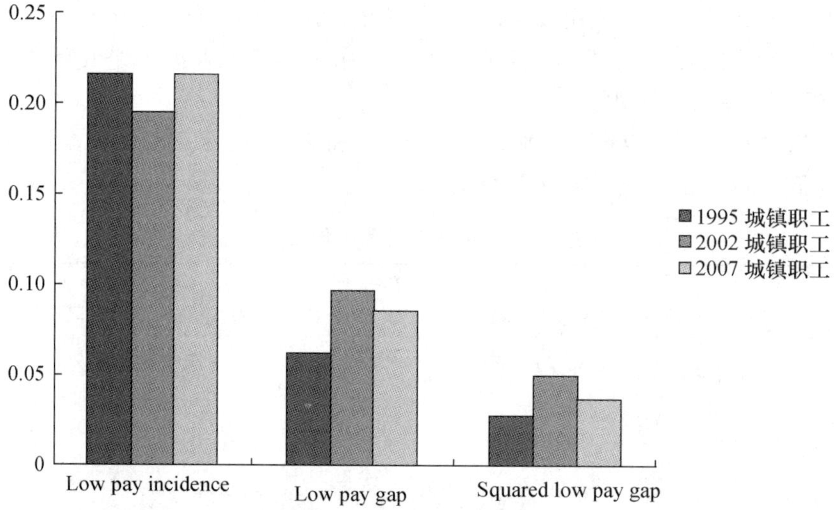

图 2　低工资人群发生率、低工资人群平均工资和低工资标准之间距离及该距离平方项

首先看城镇职工情况,数据表明 1995 年、2002 年、2007 年最低工资人群比例基本上没有发生太大变化,但从最低工资人群平均收入和低工资标准之间距离来看,2002 年、2007 年相对 1995 年来说有所上升。这意味着低工资标准以下的人群平均工资相对水平没有上升反而是下降。平方项数据也意味着当城镇收入差距扩大的同时,很多低工资人群相对收入基本上没有发生很大的改变,而且他们的平均收入在一定程度上还有所下降。

再看农民工的情况,数据表明农民工中的低工资人群比例从 2002 年的 66% 下降到 2007 年的 42% 左右。如此大的下降幅度表明农民工工资在这期间有很大上升,而且相对城镇职工的工资也有所上升。其平方项的下降趋势也表明农民工工资的分布趋于平等。通过上面的分析,我们指出低工资标准对于城镇职工工资分布的影响不大,但是对于农民工工资得到了很大改善。

我们对低工资人群的组成结构做了进一步的分析。从性别结构看,女性较男性占比更高(见表2),2002年城镇职工女性低工资人群比例高出男性两个百分点以上,农民工当中女性占低工资比例更高一些,比男性高出近21个百分点。与2002年的数据相比,2007年低工资人群的男女比例发生了较大的变化,城镇男性职工比例略微上升但变化不大,女性职工占低工资人群比例则上升了将近8个百分点,这样结构上的变化反映女性更容易陷入低工资人群中。

表2　低工资人群性别分布

	2002年城镇职工	2002年农民工	2007年城镇职工	2007年农民工	2008年城镇职工
女性	0.1626	0.5682	0.1714	0.4139	0.1687
男性	0.1872	0.7746	0.2635	0.4266	0.2795

从地区分布结构来看,中西部地区较东部地区占比更高(见表3)。地区结构差距在2002年并不特别明显,低工资人群比例最高的中部地区只比东部地区高出2.5个百分点,但是到了2007年发生了非常大的结构性的变化,东部地区低工资人群比例大幅度下降到11%左右,而中西部地区大幅度上升到32%—33%。2007年农民工低工资比例在不同地区间也有很大差别,其中东部地区的比例为29%,而西部地区比例则高达64%。因此,经济增长在一定程度上使东部地区工资增长大大超过西部地区,从而带来了低工资结构上的变化。

表3　工资人群地区分布

	2002年城镇职工	2002年农民工	2007年城镇职工	2007年农民工	2008年城镇职工
东部	0.1648	0.6493	0.1075	0.2885	0.1049
中部	0.1882	0.5972	0.3172	0.5463	0.3310
西部	0.1748	0.7108	0.3264	0.6433	0.3124

从受教育水平上看,低学历较高学历占比更高(见表4)。

表4　低工资人均受教育水平分布

	2002年城镇职工	2002年农民工	2007年城镇职工	2007年农民工	2008年城镇职工
小学或以下	0.1669	0.7963	0.4013	0.3926	0.4918
初中	0.2285	0.6780	0.3431	0.4541	0.3629
高中	0.1921	0.5085	0.2467	0.4148	0.2898
大学或以上	0.1057	0.3500	0.1147	0.2887	0.1010

从低工资人群和家庭贫困发生率的相关关系看,低工资人群通常有较高的家庭贫困发生率。在2002年,城镇职工中低工资人群的家庭贫困发生率是2.7%,中高工资人群的贫困发生率低于1%;农民工中低工资人群的家庭贫困发生率高达64%。到2007年,

城镇职工中低工资人群陷入贫困的概率不但没有减少，反而由原来的2.7%上升到4.8%；农民工中低工资人群的贫困发生率则大幅下降将近20个百分点，而中高工资人群下降比例更是将近30个百分点。和贫困联系最密切的是失业人群，当政府把最低工资标准上提的时候可能带来更多失业，从而导致更多贫困人口和更大收入分配差距（见表5）。

表5 不同工资水平下的贫困发生率

（单位：%）

	2002年 城镇职工	2002年 农民工	2007年 城镇职工	2007年 农民工
低工资	2.69	64.09	4.79	45.36
高工资	0.64	43.05	1.22	13.93
失业	5.24	71.43	9.35	66.27

三、最优最低工资政策

在清楚了解低工资人群分布的前提下，采取何种最低工资政策是最优的是一个值得深入研究的问题。最优最低工资政策是指最低工资政策的制订正好可以实现缩小收入差距的目标又不对失业造成影响。最低工资政策的制定需要同时考虑最低工资的决定因素和最低工资标准的影响。

从最低工资标准的决定因素来讲，有两个假设可以加以检验：一是最低工资主要由不同地区的生活成本来决定；二是相对富裕地区的政府倾向于提高最低工资标准来限制外来务工人员就业量，从而缓解该地区的人口压力。这些地方政府认为当地就业已经解决，其就业压力主要来自于外来人口，特别是农民工的就业。中央政府同时提出要给外来人口提供平等的权利和公共服务。因此，外来人口的不断涌入导致了这些地方就业岗位、人口、教育等方面面临压力。在这种状况下，相对富裕地方的政府希望提高最低工资标准，并按照此标准介绍就业，从而增加用工单位的劳动力成本，而直接受这一措施影响的就是外来务工人员的就业。

从最低工资的影响来看，最低工资的提高（1）在一定程度上缩小工资差距，但是它收入差距的改善作用并不大；（2）对失业的影响很大程度上取决于工资分布、最低工资政策的选择和企业利润（尤其是中小企业利润）的分布状况。当低工资人群比例比较高的时候，或者有大量的微利企业的时候提高最低工资有可能对就业产生不良影响。

四、现行最低工资政策

根据前面对最优最低工资政策的分析，判断目前最低工资标准是否最优尚需一系列的工作。这些工作主要涉及城市层面上的低工资标准及其分布关系；企业利润分布；企业利润水平和劳动力成本之间关系等方面的深入分析，从而判断出企业应对最低工资上调的对策，如提高工人工资、减员或者破产；以及最低工资标准水平处的失业弹性进行估计,从而可以推算出一个既对失业不会产生太大影响,又能缩小工资差距的最优最低工资标准。

表6测算了以现行最低工资标准作为低工资人群阀值前提下,我国的劳动力市场状况。若按各个城市2007年和2008年的最低工资标准作为当年低工资人群的阀值,那么2007年将近30%城镇职工实际工资低于当地最低工资标准,这一比例在2008年稍微有所下降,到27%;对于农民工来说,在2007年约54%农民工实际工资低于最低工资标准。如果上述统计数据可靠的话,则粗略地讲,即便不再提高最低工资标准,而只是严格执行现有最低工资标准也会带来至少19%的失业率,而这些是需要进一步研究的问题。

表6 低工资人群发生率

	2007年 城镇职工	2008年 城镇职工	2007年 农民工
低工资人群发生率	0.2981	0.2713	0.5425

注:以现行最低工资标准作为低工资人群的阀值。

6　收入分配与社保改革

收入分配的一个倾向与另一个倾向*

周其仁

北京大学中国经济研究中心教授

很少有人认为自己的收入偏高，可是很多人与我一样，很容易发现别人得到了不合理的高收入。这说明，客观、冷静地讨论收入分配问题并不容易。不过既然收入分配已经引起了广泛的关注，我们还是尽可能客观地来做一些探讨。本文区别了收入差距与分配不公这两个相互联系、但终究可以清楚界分的问题，集中于转型经济里的分配不公问题。

一、基尼系数与收入概念

2002年，中国的基尼系数是0.46，国际上很少有国家的基尼系数会超过这个数字，除了拉丁美洲最高达到过0.57，这引起了人们的紧张。做这项研究工作的李实和赵人伟教授认为收入的衡量有很多困难。比如，不同居民的开支成本不同，因为城乡、地区之间物价指数不同。不过，世界银行的研究小组利用2001年的数据对基尼系数进行了物价指数调整，是把物价指数放进去的，不同的人群、不同的地区都要进行物价调整。调整前的基尼系数是0.447，调整后是0.395。由于城乡差异对基尼系数贡献很大，物价指数调整后基尼系数是下降的。另一方面，现在的基尼系数基本上是按照合法的货币收入计算，而很多实物收入，社会福利收入都没有计算。另外，城市居民能够享受的社会福利和农村居民得到的社会福利是不同的。不过，调整后的数据还没有出来，但李实教授最近说这个数字肯定会有提高。

所以，可以看到现有研究既有高估的因素，也有低估的因素。当然，仅仅考虑实物性收入和福利收入还不够，因为作为转型经济还有相当部分的非法收入和灰色收入。因此，怎么来调整这个系数，并得出更客观、更准确地反应改革开放以来收入变化趋势的结

* 第7次季度报告会(2006年10月29日)。

果,还需做进一步的工作。

收入作为经济学的概念并不简单。根据 Irving Fisher 对收入的定义,收入就是财产(资产、资源)、或者人本身的能力,源源不断地提供的服务,而且他认为收入最重要的作用是带来享受。以此来解释人们的行为,即人们争取收入就是争取享受,所以应该把所有财富带来的服务性的东西都考虑进来。简单地讲,就是不能只考虑货币工资,因为很多享受和货币工资无关,尤其是在我们这个转型社会中。实际上要把货币的、非货币的、实物的、合法的、非法的、灰色的统一起来,从整体考虑收入分配问题。

二、权利界定与市场供求决定收入

如果把注意力仅仅集中在合法货币所得上,就会忽略其他问题;要是只对合法货币收入的差距采取调节措施,可能派生其他严重问题。在研究分配政策有关问题之前,我们要问,收入到底是怎样在社会成员之间分配呢?简单地讲,主要依据两个因素。

第一是靠权利的界定,因为收入首先是一项权利。产权使用、收益和转让都可以让财产的服务功能——即产生收入——得以发挥,所以,产权制度的安排决定了分配格局。比如,以前农民必须按中央计划耕种,不能自由种植,不能搞副业,不能自由打工。这时权利已经定了,收入分配就定了,就是农民的普遍贫穷。改革以后,允许农民做原来不允许做的事情,大部分农民的实物和货币收入都增加了。后来农民收入增长变平,那是因为农产品的市场需求在现有的城乡结构下增长没有那么快了,所以接下来的问题就是农民能不能从事非农产业活动,能不能进城务工,到了城镇能不能落户。

农民是这样,其他各个层次都是同样道理。举姚明的例子,他的收入怎么定?首先是权利界定:一个在中国培养的运动员能不能到国际上受雇他国?过去的体制不允许。据说体育部门和他达成一个分享协定,同意他出去,参加 NBA。这一权利的界定就决定了姚明的收入。类似的情况也发生在拥有市场承认的才能的中国人身上,比如郎朗,知名天下,最近他到香港去演出,那边的官员就欢迎他做香港永久居民,而一般人在香港居住七年以后才有可能变成永久的居民,这就是一种非货币的重要收入,可以到 100 多个国家不用签证,还是中国人。一个有艺术天分的人可以在全世界找机会,也是权利的界定决定了郎朗的收入。

再看公务员的收入,实际工资是一块,福利是一块,享受的办公条件是一块,工作稳定性又是一块,再加上转型经济中权力搅到市场以后非法的、灰色的收入,首先也是权利界定问题。张五常曾有理论指出,人类社会一共有三种制度安排:第一是财产定权,第二是等级定权,第三是两种体制之间的行政权力进入市场获得租金,他当时说的是印度式的腐败,也就是制度性的腐败。转型经济中,容易凭借原来的等级定权中获得市场收益,而市场经济要往以财产定权利的方向走,中间有一段非常难走的路。的确,农民、专业人士和企业家的权力界定了,但是原来控制整个资源的分配、使用、收益的行政等级权力体制,能不能度过走向市场的关口呢?

安徽定远前县委书记陈兆丰的卖官案很有研究价值,因为卖官是一个非法权利,非法权利通常只得卖很低的价钱,而陈兆丰共非法收受 207 人 334 次所送人民币 284 万元,另外,还有 545 余万元人民币不能说明合法来源。非法权利能够卖得这么大的价钱是一个重要现象。事情已经发生了,而且这类事情绝不是个别现象。卖官鬻爵不是受西方的影响,而是我们本土的传统。不过本土历史上的卖官鬻爵和今天存在很大差别。历史上通常是国家财政出了问题时才卖官,卖官获得的钱是归公的(当然那时的“公”是皇帝的天下),今天卖官得到的钱归官员私有。其次,历史上卖的官多数情况是虚职,比如大文豪司马相如,据说他的职务就是由于家庭富裕才得到的,但当了官也只不过写写诗文,而今天卖的却是实权,还存在连锁反应——买官是投资,拿到官位后再卖官回收,对社会公正和秩序的破坏非常严重。这并不违背刚才说的产权决定收入的原则,而是因为权利界定中存在含糊的地方,或是法律界定和实际界定存在差别,或是监督、控制跟不上,才出现这样的情况。因此,我认为不管是哪个阶层,哪个人,当今社会收入的来源首先都是权利界定。

第二个决定收入分配的因素是市场供求。农民有了打工的权利,但是打工的人太多,竞争激烈,收入就很难提高,这就需要随着经济发展变化劳力的供求形势。比如在南方出现了“民工荒”,企业再不提高工资,就招不到好工人,所以市场供求也决定收入。

三、区别收入差距与分配不公

当人们觉得收入分配出现很大问题,需要调整和干预时,有两个选择。如果把收入差距问题放到第一位,或者仅仅着眼合法的货币收入差异,那就会围绕这个目标采用一系列手段,也会由此产生一系列的结果。但是也有另外一个目标,就是集中解决分配不公的问题。这是另外一个概念,不同于收入差距,但很容易混到一起。

分配不公是收入差距大的一个成因,但是收入差距大还可能有其他原因,比如说姚明和农民工的收入差别很大,但至少我不认为这个差距里面有多大的分配不公。市场供求使某一些职位的收入非常高,只要其他社会成员有权对此作出反应,就没有必要大动干戈加以干预——非要干预也可以,只不过会带来其他副产品就是了。比如中国的制造业,正在成本变化的条件下升级,对具有创新意识和能力的企业家以及各种各样的专业才能产生了新的市场需求,也导致相对市场价格的变化,这时如果人为地抑制,创新和升级的动力就减弱了。

我认为不能把基尼系数作为收入分配问题的中心指标,因为即使准确度量出收入的差距,也不等于准确度量出分配不公的程度。没有很多人对姚明、朗朗的高收入有难以容忍的不满意。但是,陈兆丰的高收入就是另外一回事了。还有一些高度行政垄断部门的高收入,不要说民营企业不服,其他国有企业也不服。

所以我认为要把分配不公的问题和收入差距过大的问题分开,如果纠缠在一起,还有一个派生的后果,就是动员大家把很多货币收入作非货币化的处理。比如,今年中纪委和国家监察部专门发文,禁止党政机关集资盖房。什么叫集资盖房?原来的改革已经把福利分房停掉了,实际上现在不少地方已经死灰复燃,因为一些部门有超大的权力,可以动用权力,用低价的地和建筑材料盖房,然后便宜地分给干部,通过集资盖房大幅度地转移了收入。所以仅仅对货币收入的差距采取措施,可能派生其他问题。

永久性收入是指一个财产会永远带来收入,这在市场上的影响比较大。可是现在不同岗位和不同行业,能否得到持续性收入的差别非常大。说“公务员收入偏高”,我的根据就是近年公务员报考录取比例越来越高,怎样理解呢?其中一个因素就是公务员工作比较稳定,和其他市场变动风险日益增高的工作岗位相比,公务员岗位的含金量相对上升了。但是仅仅从货币收入量看问题,就会认为公务员收入还是低,需要进一步涨工资。另一个因素就是上文提到的转型时期官员权力搅市场,由于政治改革、行政改革的滞后,这方面有严重问题。

总之,我们要看到收入分配方面的一个倾向,就是不同社会成员之间的当期货币收入差距很大,这是市场化经济改革、货币化进程以及行政和政治体制改革滞后的一个共同结果。同时我们还要注意收入分配问题的另一个倾向,那就是把“降低当期(合法)货币收入差距”作为看问题的着眼点和落脚点,由此忽略了“分配不公”这一严重问题,并可能带出一些政策副产品,对持续的经济增长和社会发展造成不良影响。

灰色收入与政府改革*

王小鲁

中国改革基金会国民经济研究所副所长

王小鲁所长报告了其领导的项目小组利用全国19个省份64个大中小城市的调查数据对中国灰色收入问题进行的研究，详细介绍了中国灰色收入的测算方法和测算结果。整个报告内容共分为四个部分。首先，他介绍了中国居民统计数据中的一个有趣现象，即根据不同来源的统计数据所推算得到的居民收入间存在不可忽视的差距；其次，他着重介绍了灰色收入的测算方法；再次，他分析了灰色收入的主要来源及其对国民经济的主要影响；最后，他简要阐述了解决灰色收入问题的措施。

其研究得出的一些重要结论有：第一，中国2008年灰色收入的测算值约为5万亿元；第二，中国灰色收入的存在恶化了居民收入分配的格局，不利于宏观经济和社会的稳定；第三，政府管理体制和财税体制改革是解决灰色收入问题的关键。

一、问题的提出

为什么要研究中国的灰色收入问题呢？从中国的统计数据中，我们发现了这样一个有趣的现象。根据2009年城乡住户调查数据，城乡居民的收入为14.4万亿元，其中，居民消费为10.5万亿元，居民储蓄为3.9万亿元。另一方面，如果我们看一下其他来源的统计数据，就会发现居民收入的数据在口径上有明显的冲突。其他方面的统计数据表明，2009年，商品住宅销售额为3.8万亿元，其中消耗了近3万亿元的居民储蓄，同期的居民存款额增加了4.3万亿元，股市、债市、期货和外汇等金融投资按保守的估算吸纳了2.7万亿元居民储蓄，私人实业投资和居民自建房投资吸纳了2.6万亿元的居民储蓄。因此，2008年居民的总储蓄约为12.3万亿元。居民消费按国民经济核算账户的数据应当是12.1万亿元，而不是居民收入统计的10.5万亿元。因此，消费和储蓄合计，居民的

---

* 第24次季度报告会（2011年2月26日）。

实际收入超过了24万亿元，高出根据城乡住户统计数据所得到的居民收入约10万亿元。这意味着根据城乡住户调查数据所得到的居民收入中，有相当一部分的收入是没有被统计到隐性收入的。这些情况不仅仅发生在2009年，我们发现历年的不同来源的统计数据之间都有很大的差别。那么居民的实际收入到底有多少呢？没有反映在居民收入统计中的隐性收入又有多少呢？

二、灰色收入的测算

针对统计数据中存在的这一问题，我们进行了更加细致的调查研究。2009—2010年间，我们的项目小组采取定向调查的方法，对全国19个省份64个大中小城市的不同职业、不同收入水平、不同年龄和不同教育程度的人群进行调查，共获得了4 909个样本，其中有效样本为4 195个，重点考察了城镇居民的真实收入状况。我们这一调查采取了一系列方法，重点在于取得真实可信的居民收入和支出数据。但是这一样本也有两个缺点，即样本数量较小，而且没有采取随机抽样方法，因此就无法通过该样本直接推算居民收入的总体分布情况。最后我们找到了一个方法，在学术上，这个方法是一个新的探索，它究竟最后能不能被学术界广泛接受呢？我们还可以继续研究，继续讨论。这个方法就是利用样本数据提供的信息，找到一系列变量之间的相互关系，取得若干有用的参数，据此对居民真实收入水平进行推算。

在此，我们考虑的一个关键变量便是恩格尔系数。当收入水平提高时，人们就会增加非食品的消费支出，比如文化、艺术、娱乐、教育等各方面的消费支出，食品消费占消费总额的比重自然会下降，因此恩格尔系数便会随着收入的上升而出现下降。反过来，当居民收入水平不确定，但是居民恩格尔系数相对确定时，我们能不能利用恩格尔系数对居民收入水平进行推断呢？进行这样推断的前提是，需要控制其他影响恩格尔系数的变量。为此，我们利用调查数据，建立了一个计量模型，在控制了城市规模、地区消费习惯、家庭规模、家庭教育水平和家庭就业变量对恩格尔系数的影响的情况下，考察了恩格尔系数和收入水平之间的关系。随后，我们结合已有的居民统计数据，利用计量模型估计所得到变量系数，来推算在给定城市规模、家庭规模和家庭教育水平等变量的条件下，某一个恩格尔系数水平上的2008年分组居民真实收入水平。

图1和表1是根据我们推算的结果得出的。它们反映了隐性收入分布的四个特征。第一，隐性收入随居民收入水平上升而上升；第二，低收入城镇居民的收入水平与国家统计局的数据非常接近；第三，高收入城镇居民的收入水平与国家统计局的数据差别十分显著，这些差别反映的便是隐性收入。其中，隐性收入中的80%集中在20%的城镇高收入居民家庭，隐性收入中的60%集中在10%的城镇最高收入居民家庭；第四，根据测算所得到的收入，2008年占10%的城镇居民最高收入家庭与最低收入家庭的比值，从之前根据统计计算的9倍上升到26倍，如果再加上农村居民，那么10%的全国居民最高收入家庭与最低收入家庭的比值，将从之前统计计算得到的23倍上升到65倍，因此收入差距问题更显突出。

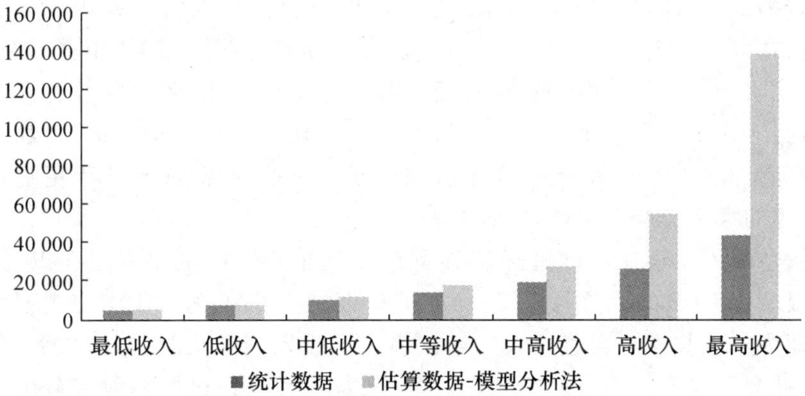

图 1　2008 年推算收入与统计收入

表 1　推算收入与统计收入之比　　（单位:%）

	最低收入	低收入	中低收入	中等收入	中高收入	高收入	最高收入	全部城镇居民
A 组	99.1	101.8	106.9	114.0	130.6	138.7	337.6	177.7
B 组	112.5	100.9	117.4	128.0	143.1	209.1	318.7	190.4
C 组	0.4	0.0	2.3	5.1	10.9	18.8	62.5	100.0

注:A 组为 2005 年推算收入与统计收入之比;B 组为 2008 年推算收入与统计收入之比;C 组为 2008 年隐性收入的分布。

三、灰色收入的来源及影响

在国民收入分配中,出现如此大量的隐性收入,并且分布高度集中,这不能简单地用统计遗漏来解释,相反,隐性收入中的大部分可以用灰色收入来解释。那么什么是灰色收入呢?我们将灰色收入定义为无法确认其合法性的收入。具体而言,它包括以下三种不同的情况。第一,现行法律制度对某些收入或者某些情况没有做出明确的界定,因此存在一个灰色地带,这个灰色地带上的收入是合法还是非法的边界不清楚,这部分收入可以称为灰色收入;第二,收入的来源是合法的,但是没有纳税,为了逃税隐藏了的这部分收入也可以称为灰色收入;第三,收入的来源实际上是非法的,但是暂时没有足够的证据认定它是非法的,所以也可以把这部分收入纳入灰色收入的范围之内。国家统计局“资金流量表”中的数据显示,2008 年居民可支配收入为 18.2 万亿,而我们根据前面说过的方法推算出的居民可支配收入为 23.2 万亿,二者之间 5 万亿的差额便可称为灰色收入。这大约占当年 GDP 的 15% 左右。

我们认为灰色收入的主要来源有:第一,围绕权利产生的腐败和寻租行为。根据 2006 年全国 4 000 多家企业的问卷调查,有超过 80% 的企业承认对政府工作人员有“非正式支付”,其中 18% 的企业领导人表示这部分非正式支付比较多或非常多。第二,公共资金和公共资源的流失和不合理配置。比如,2010 年国家审计署的报告指出,京沪高铁和西气东输二线工程审计所发现的建设成本列支其他费用和虚假发票报销的数额就高达17.9亿。第三,土地收益分配不当。本应当用来补偿失地农民和用于社会长远发展的土地收益,在大多数情况下被当成了地方政府当期额外收入,其使用严重缺乏监督,导致了涉及土地收入的贪污腐败和违法拆迁现象大量涌现。第四,垄断性行业收入分配不合理。垄断行业职工的平均工资是其他行业职工平均工资的2至3倍,再加上其他的工资外收入,实际的收入差距为5到10倍。在垄断性行业内部,收入差距更远远大于一般行业。这差距的大部分来自垄断性收益。

此外,灰色收入的存在对国民经济具有重要的影响。这主要表现在以下两个方面:第一,劳动报酬占GDP的比重降低了,而非劳动报酬占GDP的比重则出现了大幅度的上升,这部分即为灰色收入。灰色收入的存在恶化了收入分配状况,急剧扩大了收入差距,这也是导致社会不稳定的主要原因之一。第二,灰色收入通过影响收入分配状况也间接导致了经济结构的失衡。长期以来存在的内需不足、经济过度依赖出口、贸易顺差过大、产能过剩等问题,都与收入分配状况息息相关。

表2表明与调整前的数据相比较,居民收入占国民收入比重有所提高。而同时,调整后的劳动报酬占国民收入的比重出现了下降,非劳动收入占国民收入的比重则出现了较大幅度的上升,2008年该比重从调整前的9.9%上升到调整后的24.4%。此外,企业收入和政府收入占国民收入的比重都出现了一定幅度的下降,这说明一部分企业收入和政府收入实际上已通过隐性渠道流向了私人部门。

表2 国民总收入结构的调整 (单位:%)

	调整前		调整后	
	2005年	2008年	2005年	2008年
住户部门	60.1	58.1	68.6	66.7
劳动报酬	50.4	46.7	46.4	42.3
非劳动收入	9.7	9.9	22.2	24.4
企业、金融	20.3	17.7	16.0	13.6
企业部门	19.6	16.4	15.5	12.6
金融部门	0.7	1.3	0.5	1.0
政府部门	20.8	25.9	16.4	19.9

四、解决灰色收入问题的措施

由于灰色收入的存在反映的是一个扭曲了的国民收入分配状况,扩大了收入差距,其原因主要来自制度缺陷,因此,解决这一问题的办法,应当着重于制度层面的改革,尤其是要分步骤地推进政府管理体制改革和财税体制改革,否则便无法解决由于灰色收入导致的腐败问题和收入差距不断扩大的问题。具体措施有:第一,促使政府的管理透明化、规范化、制度化,从而真正使得社会公众能够对政府实行有效的监督。第二,应当改革现行的土地征用、拆迁和出让制度,以透明的房产税收入代替地方政府的土地出让收入,打破高地价—高房价—逆向收入再分配这样一个怪圈。第三,土地制度的改革必然会带来一系列的相关问题，相应的，政府财税体制也需要进行改革，根据公共服务的要求重新界定各级政府事权和财权，做到财权和事权统一。此外，政府还要做到公平税负，建立比较健全的转移支付制度。第四，应当转变政府的职能，进一步改善政府提供的社会保障和公共服务，逐步实现公共服务均等化和全民覆盖。

国民收入分配偏斜导致消费率下降*

宋国青

北京大学中国经济研究中心教授

按照调整后的数据,居民消费占 GDP 的比例在 2005 年达到了 38.0%,比 2000 年的 46.4% 下降了 8.4 个百分点,平均每年下降近 1.7 个百分点。这样的数据在图形上看起来就像一个大滑梯。按照这个滑梯的斜度即过去几年的下降速度来预测,未来的结果让人震惊。其实 38.0% 这个数字本身就已经足够令人震惊了,一个可以比较的数据是,美国 2005 年居民消费占 GDP 的比例为 70.0%。

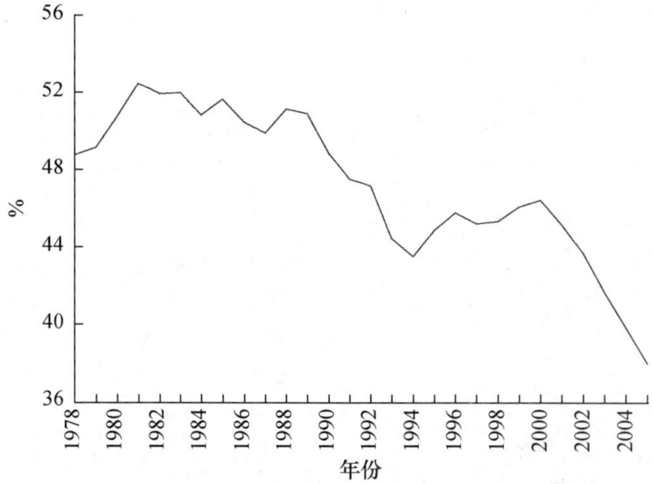

图 1　居民消费占支出法 GDP 的比例

涉及近年来的消费率或者投资率问题,比较普遍的看法认为基本原因是居民消费倾向低。中国无论是和其他国家相比还是和自己的过去比,目前的居民消费倾向确实比较

---

* 中国经济观察第 7 次报告会(2006 年 10 月 29 日)。

低。但是,消费倾向的绝对高低是一回事情,它的变化是另一回事情。消费倾向低最多能解释消费率比较低的情况,而不能解释消费率持续下降的现象。居民消费占比持续大幅度下降的原因,要么是消费倾向持续大幅度下降,要么是居民收入占 GDP 的比例持续大幅度下降,或者是两者同时发生。

这里分析的基本数据来自中国统计年鉴中 1992—2003 年的资金流量表。通常 GDP 有三种算法,即生产法、分配法和收入法。这里谈的是收入法 GDP 及其结构,反映国民收入在政府部门、企业部门和住户部门之间的分配情况。由于原表没有根据 GDP 修正后的数据进行调整,为了比较,在推算 2004—2006 年的数据时,统一按照旧的 GDP 口径进行计算。

在后面的几张数据图中,1992—2003 年的有关数据直接取自已经公布的资金流量表。2004—2006 年的数据中以阴影表示的是推算数据。所有涉及 2006 年的数据,都包括了对 4 季度的预测。

基本的推算反映在图 2 和图 3 中,其他的推算是按照这两个推算结果计算的。图 2 表示,根据国家财政收入占 GDP 的比例,推算政府部门可支配收入占国民总收入比例的结果。图 3 反映,根据规模以上工业企业利润,推算企业部门可支配收入占国民总收入比例的结果。这里的推算是相当简单的,基本上按照固定的比例,但是参考了一些其他的已经公布的数据。由于各种原因,包括 GDP 调整问题,推算的结果难免有误差。后面谈到的一些结论,是考虑了这些误差的,所以不同结果的可靠性不同。

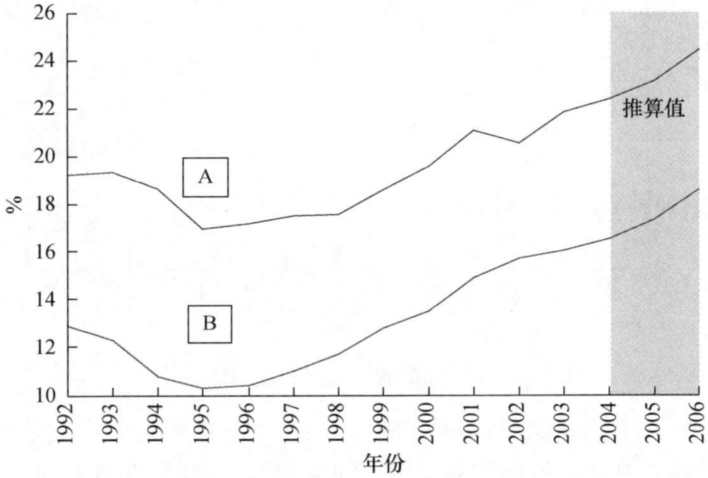

图 2　政府部门可支配收入占国民总收入比例(A)和国家财政收入占新 GDP 比例(B)

截止到 2003 年,政府部门和企业部门的可支配收入占国民收入的比例一直在上升,2004 年以来应当是进一步加速上升,目前看不到任何下降甚至走平的迹象。作为结果,居民可支配总收入在国民总收入中的比重大幅度下降。如图 4 所示,这个比例在 1992 年的时候为 69.0%,与美国现在的情况相当,2003 年下降到了 62.5%,目前大约为 55.0%。

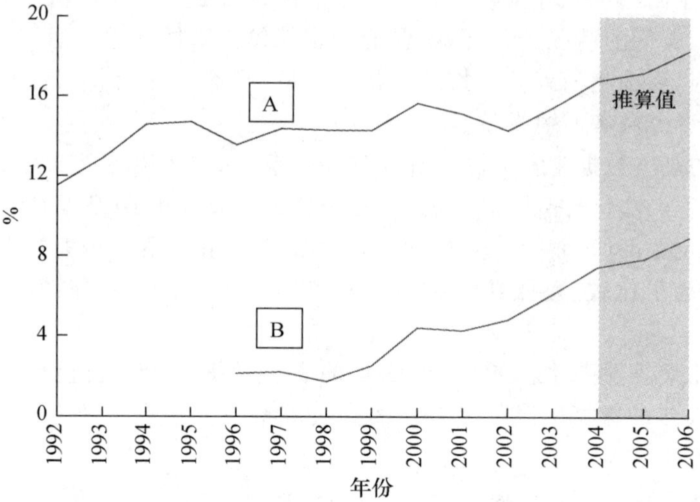

图 3　企业部门可支配收入占国民总收入比例(A)和规模以上工业企业利润总额占新 GDP 比例(B)

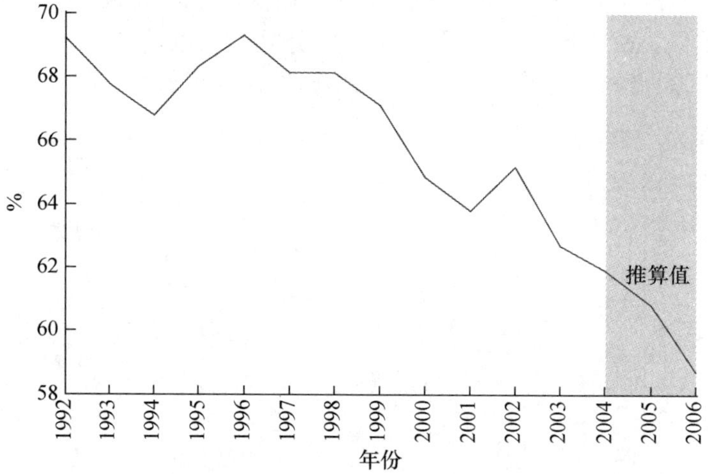

图 4　居民可支配收入占国民总收入的比例

可以根据这些数据计算居民的消费倾向。在 1992—2003 年的资金流量表中,居民消费倾向是上升的。根据推算的数据计算,2004 年到 2006 年的居民消费倾向也没有下降。不过,推算的误差对于消费倾向有较大的影响,所以对于这个结论仍然有一定保留。总的来说,从国民收入分配平衡表的角度看,没有理由认为居民消费倾向有明显的下降趋势。

在 2000 年到 2001 年间,居民消费倾向相对很高即储蓄倾向相对很低。这里的一个原因是通货紧缩。在通货膨胀期间,金融资产的真实价值是下降的,按会计方法计算的金融资产价值被高估。在通货紧缩期间情况正相反。如果按照通货膨胀情况对消费和储蓄做调整,通货膨胀期间的消费倾向要往上调,通货紧缩期间的消费倾向要往下调。做了这个调整以后,居民消费倾向的变化比图 5 所示要更加平稳。

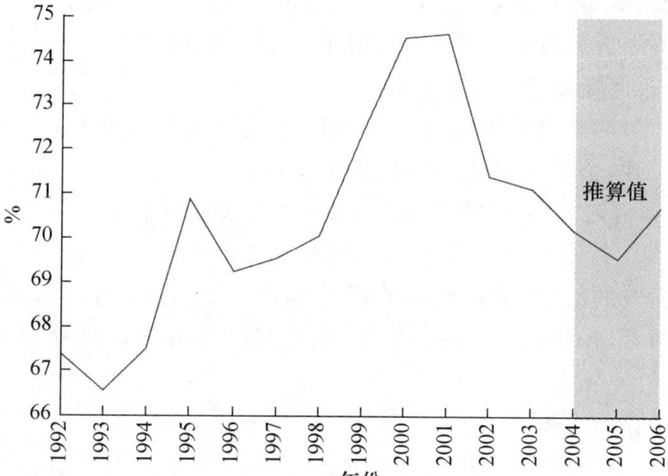

图 5　居民消费倾向

一个很重要的情况是图 6 显示的居民储蓄占国民总收入比例的变化情况。从 1992 年到 2003 年，这个比例不仅没有上升，而且还有相当大幅度的下降。在 2000 年到 2001 年有大幅度的下降，一个原因是上一段提到的消费倾向对通货紧缩的反应。由此来看，居民储蓄占国民总收入的比例有比较明显的下降趋势。这一点说明，至少从动态变化的角度来看，将投资率上升的原因归结为居民储蓄率太高是不成立的。

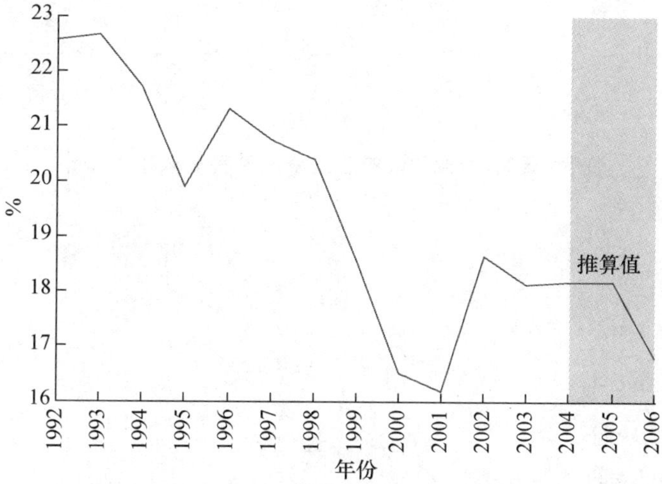

图 6　居民储蓄占国民总收入的比例

居民储蓄占国民总储蓄的比例在明显下降，而企业和政府部门储蓄的比例在上升。目前，企业部门的总储蓄很可能已经超过了居民的总储蓄，而企业和政府储蓄之和很可能超过了国民总储蓄的 60%。这里注意到，即使居民储蓄占国民总收入的比例没有下降而是走平，因为国民总储蓄占国民总收入的比例大幅度上升，居民储蓄占国民储蓄的比例仍然是下降的。从这个角度考虑，就是更加充分考虑到统计和推算的各种误差，将投资率上升的原因归结为居民储蓄率太高的说法也是不成立的。

需要特别强调,本文说的收入、储蓄都是“总”或者“毛”的意思,没有减掉固定资产折旧。减掉固定资产折旧以后的收入和储蓄是净的,其部门比例与总收入或者总储蓄的部门比例稍有不同,但变化趋势应当很接近。

下面从其他的角度来检查居民储蓄占国民收入比例的变化情况(图 8)。由于数据的限制,这里采用了两个居民储蓄余额的数据指标,一个是居民的本币储蓄存款和手持现金(A),两者之和占名义 GDP 的比例从 1979 年以来一直大幅度上升,上涨到 2003 年,2003 年到现在基本上持平或者轻微下降。这是一个非常重要的转变。因为储蓄存款是个人储蓄中增长最快的部分,手持现金的增长也相对比较快,两者的总和要比其他金融资产增长快。这两者占 GDP 的比例不上升,那么其余部分的比例就会下降,加起来的比例就会是下降的。

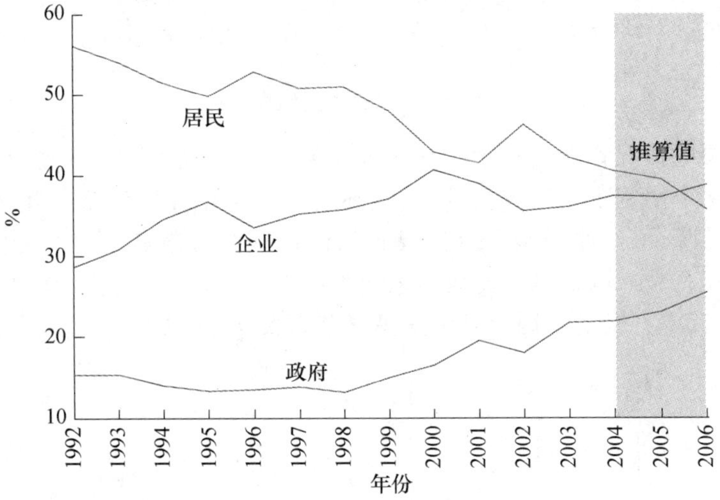

图 7　居民、企业和政府总储蓄占国民总储蓄的比例

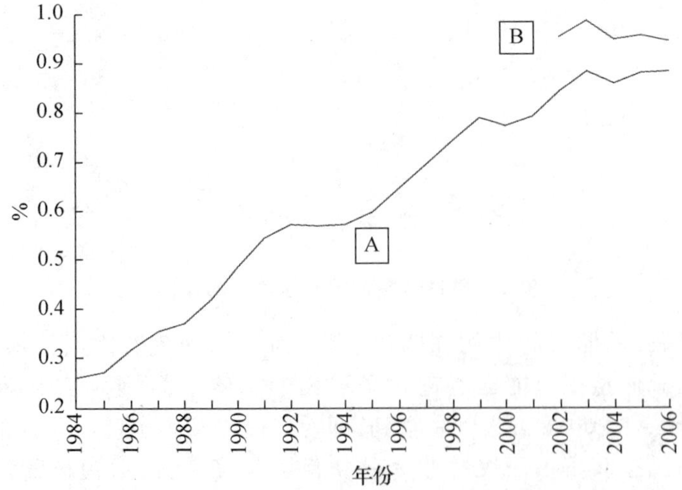

图 8　居民货币 A 及 B 余额与名义 GDP 的比例

另外一个指标是在本币储蓄存款和现金之外，再加上凭证式国债和外币储蓄存款(B)。这四部分余额占GDP的比例在2003年以来是下降的，作为当年储蓄的金融资产增量占GDP的比例明显下降。其他的金融储蓄还包括保险和股票等，合起来算的比例还要下降更多。在居民金融资产余额占GDP的比例下降的过程中，金融资产增量即当前储蓄占GDP的比例显著下降。

关于居民购买住房涉及的储蓄问题在最后讨论，这里只提到两点：一是这部分的可比的增量并不像简单看起来那么大，二是消费和储蓄的经济学意义和统计定义不完全一致，其中有一些可以争论的理论问题。考虑到这些，现在还不能肯定说居民的消费倾向在上升，但是非常肯定地说下降更缺乏数据支持。

总结一下上面的分析，有几个结论。按国民收入分配核算口径算，一是居民储蓄占GDP的比例下降，二是居民可支配收入占GDP的比例快速下降，三是居民总储蓄占国民总储蓄的比例快速下降，即政府部门和企业部门总储蓄占国民总储蓄的比例快速上升。最后一条关于居民消费倾向的变化，考虑到居民买房问题和各种估计误差的问题，难以做出比较准确的判断，可能是微降、持平甚至上升。

国民收入分配比例的变化是很大的事情。居民可支配收入占GDP比例的变化，从1978年到现在是一个大的倒U形，1994年以前快速上升，1998年以来下降，最近几年快速下降。这种状况持续下去会有很大的问题。且不说居民消费倾向能不能改变，就算可以发生一些变化，也赶不上收入比例下降的影响。所以，在国民收入分配格局的趋势没有非常大变化的情况下，居民消费占GDP的比例只能下降，也就是投资加上贸易顺差占GDP的比例只能上升。

需要注意的一点是一些收入概念隐含的问题。应该区别财政收入、财政可支配收入、财政赤字和财政储蓄。10年以前很多研究说中国财政收入占GDP比例和其他国家比起来太低，强调要使财政收入的比例上升。其实财政收入在一定程度上只是一个流水账，包含了转移支付，把转移支付去掉是财政的可支配收入。我国政府部门可支配收入占GDP的比例其实是相当高的，近年来更是大幅度上升。另外，通常所说的财政赤字是经常账户的概念，还应该有一个资本账户。因为财政有很大一部分投资，如果经常账户有赤字，但资本账户盈余大，加起来还是盈余。在这种情况下只讲财政赤字是有问题的。从国民收入分配和投资消费的角度看，重要的是政府部门储蓄的概念，就是政府部门可支配收入减去消费，也就是经常账户与资本账户赤字或盈余之和。美国2005年财政收入占GDP的比例是29%，中国是17%。从这个指标来看，中国比美国低12个百分点。不过政府部门总储蓄占国民总收入的比例，中国2003年是9%，2005年大约是10%，美国的这一指标在2005年为-5%。

还有一点是在国民收入核算中，区别国有部门与私有部门比区别政府部门和其他部门更重要。从国民收入分配的角度看，应该将国家财政和国有企业的收支盈亏合并计算，就是并表。从国民收入分配大格局的角度看，国家财政和国有企业包括国有银行都姓“国”，在一定的意义上是左口袋和右口袋的关系。如果将政府部门和国有企业合并算账，国有部门可支配收入和总储蓄占国民收入的很大一部分并且快速上升。

从现在的情况看，国民收入分配格局的调整有非常大的空间。个人储蓄是为退休后养老做准备，但国家储蓄很多就没有必要了，特别是没有必要让国有部门储蓄占国民收入的比例在已经比较高的水平上持续大幅度上升。这个问题可以说是“藏富于民”还是“藏富于国”的问题。一个有关的理论是李嘉图等价，其意思是，“国”本来就是“民”的，财富放在“国”的口袋与放在“民”的口袋是一样的。但事实上差别很大，“民”并不认为“国”口袋里的财富是自己的或者不知道国家口袋里有多少，其中又有多少最后与自己有关。具体到消费上面，居民消费还是与居民财富而不是国民财富关系更大。

作为补充，谈谈居民购买住房和储蓄的问题。最近几年的一个重要情况是个人购买住房的支出增长很快。个人买房的首付和归还贷款的本金应当算在当前储蓄中，金融资产方面储蓄比较低的一个原因是买房支出增长快。但是在国民收入分配的有关概念中，土地转移导致的收入和支出并不构成国民收入。比如说，一户城镇居民买一套房子花了100万元，相应的社会投资为40万，另外60万是土地的价格。土地的价值并不算成是生产出来的，相应的收入支出只是转移支付。在这个例子中，相应的生产增加值即国民总收入和社会总储蓄只有40万，不是100万。

从平衡表的角度看，如果说城镇居民买房支出的100万都是储蓄的话，卖地农民那里应当算60万的负储蓄，整个居民储蓄还是只有40万。一个重要的情况是，城镇居民买房支出中包含的买地的支出很大，但农民得到的卖地收入要少得多，这个大差价的存在是个重要的情况。从经济分析的角度看，如果土地的实际价值接近农民的实际收入，那么将土地从低价值的农业转移到高价值的城镇住房，社会效用增加了。但是目前统计中的国民收入这些概念并不包括土地转移引起的价值变化。

最近几年所谓“热钱”进来的很多，其中相当一部分用于购买住房，这部分实质上不应当算做国内居民的收入和储蓄。还有一点是住房制度变化导致的不可比性。原来是单位分房，现在改成个人买房，有关的收入和买房支出的增加不可比。要比较的话，应当将原来分的房子按合适的价格计算为虚拟收入和储蓄。

最重要的是，房价上升导致的储蓄增加是虚的，真实的住房储蓄的增加应当用住房质量和数量的增加来计算。按这个口径计算储蓄，调整收入适用的价格指数就应当包括房价。这样算下来，虽然上面说的一些比例会发生变化，但是居民真实可支配收入和真实储蓄的增长率仍然不高。正是考虑到这一点，将居民购买住房中用于购买土地的部分不算为居民储蓄即全部算成农民的负储蓄，问题不是很大。不过这里和其他方面还是有很大的不确定性，所以关于居民消费倾向的变化还是难以有比较准确的判断。

最后简单说一下对当前宏观经济情况的看法。9月份货币的环比增长率很低，如果只是货币增长率下降问题并不大，但是把汇率考虑在内，二者结合构造的领先指标下降得更加厉害，差不多到了2001年以来的最低线，下一步要刺激经济才行。最近几年的宏观景气三起三落，上半年看到经济热，开始压，到下半年又开始放，导致经济不断波动。其中谈得很多的问题是投资率太高、投资增长率太高等等。应该把两个问题区分开来。一个是总需求增长率过高，这个问题在今年上半年其实并不很严重，适当调控就可以了。另一个问题是投资率太高，在消费率持续下降的情况下，投资率或者投资加上贸易顺差的比例上升是没有办法的。评论这次宏观调控说见效快，也是从总量上看，但到明年计算投资加顺差占GDP的比例又会上升。这个比例的中长期趋势与短期的宏观调控其实没有多大关系。

收入财富大调整*

宋国青

北京大学中国经济研究中心教授

首先讨论进出口价格和贸易条件变动对国民收入和财富的影响，分析贸易条件变动的财富效应与 GDP 增长的消长替代关系。其次观察通胀率和实际利率变动对居民收入的影响。最后简略讨论货币和财政政策的一些问题。

一、贸易条件与国民财富

计算贸易条件时的一个问题是：如果中国的贸易条件不变，但进出口价格同比例上涨，对中国是好事还是坏事？粗略一看，由于中国出口大于进口，出口价格上涨引起的收入增加大于进口价格上涨引起的支出增加。例如，去年出口 1 万亿美元，进口 7 000 亿美元，顺差 3 000 亿美元。如果今年进出口价格同时上涨 20%，假定进出口数量不变，出口增加 2 000 亿美元，进口增加 1 400 亿美元，顺差名义上净增加 600 亿美元。

问题是由于价格上涨 20%，尽管增加 600 亿美元顺差，今年 3 600 亿美元顺差只能买到去年 3 000 亿美元顺差买到的商品。此外，去年实现的 3 000 亿美元顺差，如果按照今年的价格进口商品就会亏损 20%。如果今年不花掉存到以后再进口，去年 3 000 亿美元顺差加今年 3 600 亿美元未来所能够买到的商品就取决于未来的进口价格。如果进口商品价格继续上涨，亏损就更严重。因此，进出口价格上涨时，尽管出口额比进口额增长更快，能够购买的商品数量并没有增加，而过去积攒的外汇资产价值实际下降。

所以，在存在大量贸易顺差的情况下，单看贸易条件的变化还不完全，还要考虑价格变化引起的外汇存量的未来购买力。

先看中国贸易条件变化对收入的影响。图 1 报告了 2002 年以来的贸易条件。2002 年 1 月到 2006 年 6 月间，用出口价格指数除以进口价格指数计算得到贸易条件恶化了

* 第 15 次报告会（2008 年 11 月 1 日）。

18%，年均下降2.8%。这一因素导致中国2008年前三季度进口多支出了1.9%的GDP。尽管前三季度GDP同比增长9.9%，扣除上述因素，实际国民收入仅增长8%。反过来说，假设2009年GDP增长达到8%，如果贸易条件有所改善，那么经过贸易条件调整的国民收入增长则会超过8%。

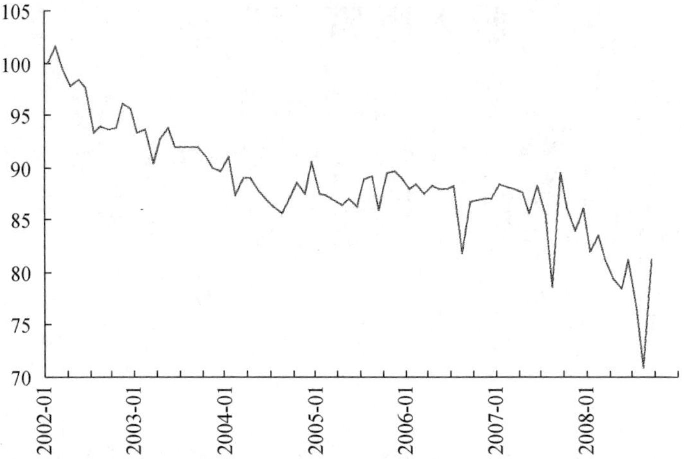

图1　季调后贸易条件(2002.1—2008.9,2002.1 = 100)

举一个极端的例子可以更好地说明进出口价格对GDP和财富的影响。例如，有一个国家每年生产并出口一定量的石油。由于实际GDP衡量的是不变价格计算的产出，因此无论油价如何变化，其经济增长率都为零。而财富则不同，由于过去十年石油价格从十几美元上涨到最高每桶140美元，即使按照现在每桶60多美元计算，该国收入可能增加了好几倍。在这样的情况下，GDP和收入就出现了很大的差别，尽管两者在很多情况下是一致的。产油国增加的财富毫无疑问来自石油进口国。因此，对于中国这样的石油进口国而言，就有一部分财富因为石油价格上涨而转移给了石油出口国。也就是说，尽管过去几年中国GDP高速增长，但由于资源类商品进口价格飞涨，经济增长的好处有一部分实际上贡献给了资源出口国。

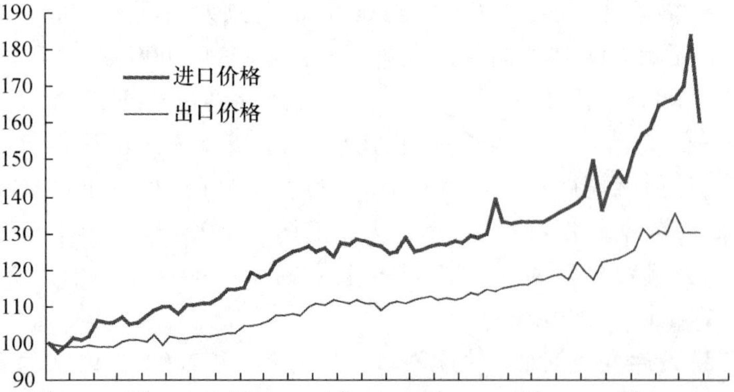

图2　季调后进出口价格指数(2002.1—2008.9,2000.1 = 100)

更重要的是进口价格会影响外汇资产的价值。如图2,2002年1月到2008年6月,货物进口价格上涨64.1%,年均增长8.6%。不考虑利息收益,2001年年底的外汇储备在这段时期贬值39.1%。这段时期各年增加的外汇储备均发生不同程度的贬值。拿进口价格增长22.7%的2007年8月至2008年8月为例,2007年8月底1.41万亿美元外汇储备在这一年中贬值18.5%,即2600亿美元。在这12个月中,贸易条件恶化与进口价格上涨两方面因素导致中国损失了3000多亿美元。大家平常都关注外汇储备增长多少,很少讨论由于进口价格上涨,外汇储备所能够购买的商品减少这个情况。进口价格上升对外汇储备实际价值的影响和通货膨胀对存款实际价值的影响是一样的。

即使将外汇资产利息收益计算在内,最近几年外汇资产总收益依然为负。根据国际收支平衡表,2008年上半年国外资产收益552亿美元,按照2007年年底2.29万亿美元国际投资头寸计算,上半年收益率为2.4%,其中部分原因是欧元升值,但下半年欧元发生了贬值。按去年数据计算,收益率大约为4%。进口价格指数2002年至2008年6月上升64%,年均上升8.6%。同时考虑外汇资产收益与价格上涨损失,外汇资产净亏损约4%。

现在看,外汇储备因进口价格变化损失几千亿美元,远大于GDP下跌两个百分点损失的几千亿人民币。当初积攒外汇储备的时候,就应当考虑外汇资产未来的收益情况。最近经常讨论国内金融机构因为金融危机遭受损失。但只要金融机构持有的大多数外国金融资产是外国政府的国债而非股票等高风险资产,总的账面亏损就远比不上国际商品价格上涨引起的资产损失。

好在最近情况发生了变化,9月份进口价格下跌10%。考虑到进出口价格指数月度波动较大,月度统计可能有偏误,10%可能不准确。但即使进口价格下降5%,外汇储备也相当于赚到了一年的利息。中国8、9两月进口1500万吨原油,折年率为1.8亿吨。目前石油价格比最高点下跌了每桶70多美元或每吨500多美元,仅原油进口一项就为中国每年节省近千亿美元。

由于进口价格大幅下降,9月份顺差大幅增加。图3报告季调后贸易顺差数据。7—8月顺差增长是因为进口实物量下降,反映内需已经显著疲软。估计未来贸易顺差将继续增长。特别是,2009年顺差有望大幅增长。

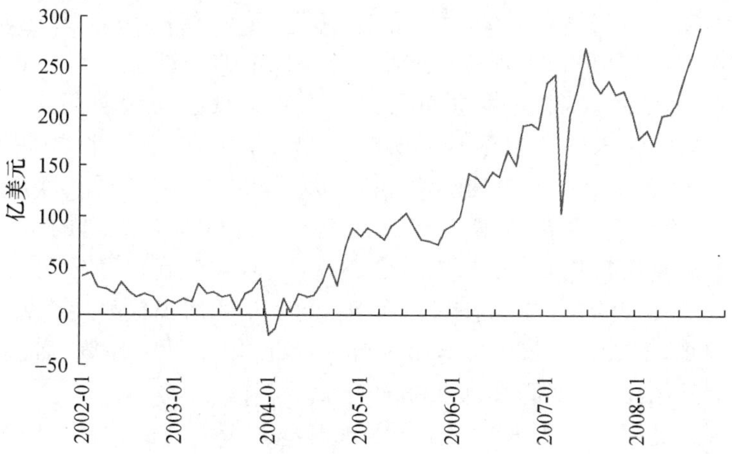

图3　季调后贸易顺差(2002.1—2008.9)

进口价格下降的同时,中国进口量的增长速度也大幅下降。如图4,8月份进口量同比增长率接近零,9月份进口量同比小幅增加。这从一个角度说明,国际商品价格的波动,中国贡献巨大。尽管国际商品价格最近主要受美国次债危机影响,中国进口依然是一个重要因素。由此看来,在国际商品价格过高的时候控制进口对于抑制进口价格上涨有重要作用。

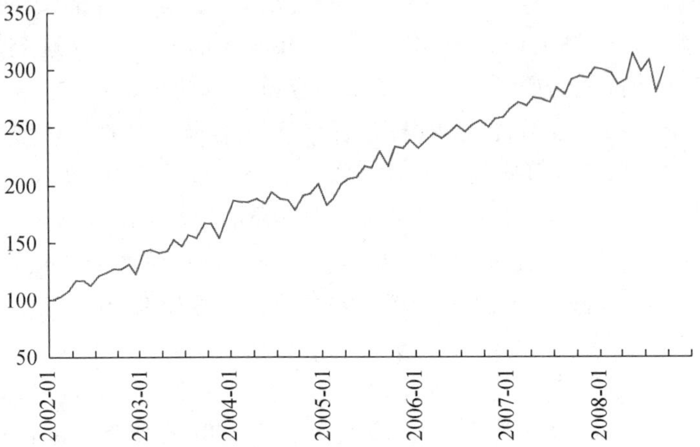

图4　季调后进口数量(2002.1—2008.9,2002.1=100)

考虑到中国进口数量增幅下跌和国际金融动荡,未来一段时期进口价格还将继续下降。尽管国际经济不好,在短期内会影响出口,抑制总需求和经济增长速度,但在中长期可以改善贸易条件,增加生产能力,从供给角度看这是有利因素。如果内需能够较快恢复,目前的国际经济环境变化对中国有大利。目前投资成本已经大幅度下降,扩大投资和进口大为有利。如果中国能在下一波国际通货膨胀起来之前花掉相当一部分外汇,就可以在相当程度上挽回过去几年的损失。

二、通货膨胀率和利率变化带来的收入分配效果

2008年9月末居民储蓄存款20.5万亿元,其中定期存款13.1万亿元;流通中现金3.2万亿元。加上债券和股市保证金(包括基金保证金的一部分)等,居民债权性金融资产余额合计约25万亿元,其中约44%为无息和低息的现金与活期存款。居民债权性金融资产与年可支配净收入的比例估计约为1.7倍。2007年全年平均,一年期存款利率3.18%,居民债权性金融资产的平均利率约2.0%。2008年CPI通货膨胀率目前预测为6.0%,由此居民2007年持有的债权性金融资产在2008年实现的真实报酬率约为-4.0%(未扣除利息所得税)。按1.7的倍数算,高通胀负利率导致的居民金融资产损失相当于年可支配收入的6.8%。按目前预测,2008年的居民债权性金融资产在2009年将获得约1—1.5%的正收入。2009年和2008年相比较一里一外算,居民实际利息收入增加额将超过1万亿元,主要是因为2008年亏损大。

通货膨胀率和真实利率变化对于消费需求具有两个方向的作用。一方面,真实利率上升的收入效果导致消费需求扩大,另一方面具有替代效果抑制当前消费需求和资产需

求。由于这次降息快，真实利率不会太高，对消费需求的抑制作用不大。此外，股价大跌的财富效应对高档消费影响更大，农村收入增长对整个消费有相当支持作用。总的来看，未来两年居民消费实际增长速度会有所下降，但不会太差。居民住房需求在未来两年难有显著起色，这段时期关键是非住房投资。

三、货币政策和财政政策的简单讨论

目前宏观形势需要加快降息。从货币与总需求关系看，今年1季度存在严重通胀压力，到3季度通货紧缩前景就显现出来。过去几个月钢铁价格猛跌。宏观经济变动速度很快，利率一回降0.27%，十次才降2.7%，速度太慢。应当改变传统加息周期思维方式，在通货膨胀率迅速变化环境中，利率调整应尽可能一步到位。回顾1998年的通货紧缩经验，由于利率调整滞后，存款利率比企业投资税前报酬率还高，导致企业不愿投资从而引发通货紧缩。相比之下，亚洲金融危机只是次要因素。

财政政策方面有很大的空间。主要是国民收入分配中居民可支配收入占比太低，企业主要是国有企业的未分配利润占比很高，这样减税有很大空间。一个办法是将国有企业的部分利润收交财政以支持减税，这样对财政赤字可以没有大的影响。从短期平衡的角度看，在目前总需求尤其投资需求疲软的情况下，国有企业利润交不交财政并不重要，因为企业利润的相当一部分并没有用于投资，财政可以将这部分利润实际上运用起来，走不走账并不重要。增值税对于不同收入群体大体上是中性的，应当也有可能成为削减的重点。

关注医改：医疗服务的资源动员*

周其仁

北京大学中国经济研究中心教授

一、医疗卫生服务历史及现状

医疗卫生服务具有许多不同于其他活动的特殊性。不过，它与其他经济社会活动又有一个很重要的共性，即医疗卫生服务同样要通过特定的体制，来动员社会的人力、物力、财力和技术等资源，以满足不断增长的需要。

我国医疗卫生系统的资源动员的实际状况如何？具有哪些变化趋势和特点？这是我关注的重点。从1978—2005年，护士数量增加了250%，是增长最快的；卫生机构数增长了76%；床位增长了43.5%；卫生人员数增长了74.7%；医生数增长了87.6%。其中医生数量比历史最高点已有所降低。

单看这些数据不容易看出问题，要把这些数据和其他数据进行对比。一个参照就是卫生部提供的全国医疗卫生费用，其中包括政府开支、强制医保、个人花费等所有用于公共、私人卫生费用的支付。从1978—2005年，卫生总费用增长了约70倍。与卫生费用增长相比，医院、医生、护士等几乎没什么增长。如果这种对比还不够夸张，那可以用个人现金支付的医疗费用增长来作为参照。中国医疗费用中个人支付的比例在世界各国中是偏高的，而政府支付的比例是偏低的，这是大家的共识。从1978—2005年，个人现金支付的医疗费用增长了近200倍，比卫生总费用的增长还要快得多，而GDP只增长了50倍左右。

以上情况，表明我国医疗卫生资源的动员，严重跟不上社会对卫生医疗服务的需要。医卫领域，尚保留鲜明的短缺特征。医疗资源为什么没有好好动员起来满足医疗需求？这里不谈没钱看病或被抑制的医疗需求。现在是政府和个人的钱花出去了，要有医院和

---

* 第8次季度报告会(2007年2月4日)。

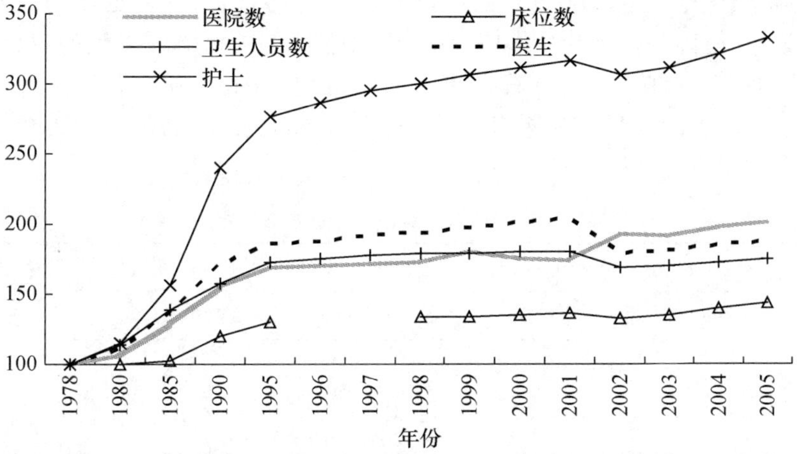

图1　资源动员:卫生机构、床位和卫生人员增加(1978年=100)

医生提供医疗服务。不管什么理论,都要回到这个最基本的问题。为什么不能增加很多医院?为什么不能增加很多诊所?为什么不能增加很多医生?医院和医生数量变化不大,而医疗费用猛增,当然会导致看病贵。

这算哪门子市场化?

为了回答上述问题,先看一下体制特征(见表1)。从1997开始民营资本在法律上被允许进入医院,但面临两个选择:营利机构和非营利机构。非营利机构不用缴税,而营利机构要像工商企业一样缴税,包括增值税和公司所得税。如果民营资本选择营利机构模式,就会面临高额的税收;如果选择非营利机构模式,就有投资回报问题,纯粹出于慈善目的的资金投入是非常少的。有些地方采取捆绑模式,把非营利医院和高营利土地捆绑在一起,但是费用很高,适用面窄。这样就不能普遍动员很多社会资源进入卫生医疗领域,结果非盈利机构的比重非常高。目前96%的床位按非营利机构注册;82.8%的医院、95.1%的床位、90.4%的卫生人员、88%的执业医生属于国有和集体机构;52.8%的医院、80.7%的床位、77%的卫生人员、74.2%的执业医生属于政府办医疗机构。

很多研究人员包括世界银行和世界卫生组织将医疗问题归结为过度市场化。医疗算是哪门子的市场化?怎么概括医疗领域并不重要,问题在于组织特征是和资源动员有关系的,非盈利规定使很多资源进入不到医疗领域。相比而言,教育在这方面比医疗解决得好。全国人大四度审议通过的《民办教育促进法》有一个非常重要的规定,就是教育是非盈利的,但是应当允许民间资本进入教育领域并取得"合理"回报。《民办教育促进法》不能违背母法《教育法》,《教育法》已经规定教育是非营利事业。合理回报的规定就绕过了这一条。

绝大多数医院院长由政府任命。这个制度安排有重要的涵义。为什么中国一方面收入很低、很多人看不起病,一方面进口很多超豪华的设备?我认为这和上述制度安排有关。各级权力首先要保证自己的医疗安全。想当院长的话,首先要解决干部病房问题,这是一个非常严重的政治经济学问题。并不是只有最高层领导才有医疗特护小组,而是层层都有医疗特护小组。由此耗费的资源没有预算约束,在规模上要比公费吃喝严重得多,因为吃喝毕竟有生理限制。去年《中国青年报》报道,一位退休的卫生部副部长公布了一个数据:全国公费医疗中80%用于行政官员。从我个人接触的现象看,这个现象是存在的。对于一些阶层,不是看病贵的问题,而是看病太便宜。光是用导管养着的植物人就是一个惊人的数量。如果都是自费,那也没什么,问题是不是自费。这些都和对医院的人事控制有关。

表1　我国医疗卫生机构的体制特征

总数	卫生机构	其中:医院	床位	卫生人员	其中:执业医生
	298 997	18 703	3 350 810	5 426 851	1 938 272
非营利性			95.6%		
营利性			4.0%		
其他			0.4%		
国有	30.5%	74.7%	85.4%	80.3%	76.8%
集体	16.0%	8.1%	9.7%	10.1%	11.2%
联营	0.8%	0.7%	0.2%	0.3%	0.3%
私营	48.9%	10.8%	2.6%	7.2%	9.7%
其他	3.8%	5.7%	2.1%	2.1%	2.1%
政府办	24.4%	52.8%	80.7%	77.0%	74.2%
卫生部门办	21.4%	48.9%	78.2%	75.0%	72.3%
企业办	9.9%	23.8%	11.1%	9.3%	9.2%
其他			8.1%	13.7%	16.6%

新设卫生医疗机构必须经由行政审批。台湾长庚医院是个很有名的医院。五年前就想在中关村设医院,但到现在还没有办成。宁波这样民营经济发达的地区三年前考察时只有三家正经的民营综合医院,完全和国民经济结构不对称。不是没有钱,不是没有意愿,审批和非营利规定是关键。

所有医疗服务、药品和用品的价格受行政管制。每年政府宣布几百种药品降价。降价药品很快就消失了,继而出来很多新药,新药名字可以随便取。如果一个药品和服务从1978年到现在一直有,那它的价格比1978年没有太大变化,现在来看便宜得离谱,问题是很多都改了名称。物价局的医疗服务价格目录单高达几百上千种,都是物价局来管,不是由市场供求形成价格。

从人事、组织、审批等方面的特点来看,医疗领域就是政府主导,不过政府出钱很少,即"包而不办",其他人想办还办不成。这个领域比教育和其他竞争性行业都要困难得多,是转型时期非常有意思的一个现象。现在"挂羊头卖狗肉"的公立医院,非常像80年代的政府招待所,即可以放开手赚钱,然后利用对外经营所得来满足政府领导的需要。种种的制度安排不让其他社会资源进来争夺超额利润,结果医院数量不增加、医疗机构数量不增加,从而导致看病难、看病贵。

最离谱的是人力资源方面。2005年全国医生人数比1997年减少了4.7万人,而同期全国累计毕业的高等医学专业人才达85.4万人。现在医学院的学生要找到一个职位很困难,即便医院院长的孩子想进医院都不容易,这是很重要的信号。大量的医学学生在经过漫长时间的培养之后不能当医生，只能出国的出国、当医药代表的当医药代表、从政的从政。

现在众口一词说是市场化导致了看病难、看病贵。不过我理解的市场化是，“你可以挣钱，但不能妨碍别人挣钱”。一旦有赚钱机会，就有很多资源投入进去，最终达到平均利润率，以最好的价格、最好的质量给国民服务。这是市场机制配置资源的最简单道理。叫什么制度没有关系，我也不是要为市场化做辩护，问题是怎么认识现在的医疗状况。

为什么在其他部门没有这些现象？以餐饮业为例，有钱有势者在餐饮上的高消费并不妨碍别人的消费。只要准入放开，就会有各种各样的餐饮企业为消费者服务。同样的政治结构和经济结构下，没有人说过吃饭难。为什么选餐饮业进行比较而不是选其他行业？因为制造业有劳动生产率大幅度提高的问题，而服务业劳动生产率是很难的。现在医疗差不多也成了劳动生产率大幅度提高的行业。北大医学部介绍，肿瘤医院的患者平均每次和医生的讲话时间不超过六分钟。有特殊背景的患者和医生讲话的时间当然更长，那么普通患者和医生讲一句话都很难。这可是需要关怀的服务业啊！我认为问题不是出在市场化，医疗是市场化非常弱的部门。为什么很低收入的人也能买得起洗衣机？就是因为有人靠造洗衣机赚了钱后很多投资冲进去，形成众人所指的产能过剩。消费者巴不得产能过剩，没有产能过剩哪有便宜东西卖。

二、医改方案之患

要想根本解决看病难、看病贵，就要动员资源、增加服务。动员资源离不开一套体制，叫什么名称没有关系，但要看到供求之间的巨大缺口。现在卫生部的医改方案是让政府为看不起病的人埋单。这个思路是好的。政府想为低收入者花钱，我怎么会反对？我要问的是，能不能动员资源来参加服务？如果不考虑资源动员的问题，政府埋单后会导致需求更大。在现在体制下，我不相信官员会把办公室缩小、把车卖掉来省钱为老百姓看病，这种可能性几乎等于零。从长期来看，政府埋单还是会导致税负增加，会对就业机会产生影响。天下没有免费的午餐。

有人建议将医生列入公务员队伍管理，希望以此让医生摆脱营利动机。这仅仅是一厢情愿。更为甚者，还要给予医生很大的权力。按照卫生部设计方案，今后人们看病首先要到社区医院，由社区医院决定转院还是不转院、转到哪里去。这个权力是巨大的寻租来源。现在人们都骂全国人民上协和医院。如果卫生部设计方案得到实施，总有一天人们会怀念今天还可以上协和医院。

卫生部声称基本医疗要免费。那么什么是基本医疗？全国高血压病人有1.5亿，高血脂病人有1.5亿。这些病人每天都要吃药。进口的高血压药一天需要20元，中外合资的药需要10元左右，纯粹国产的药也有，价格是1.6元，但副作用很大。就算高血压病人一天一块钱、高血脂病人一天一块钱，那全国所有高血压、高血脂病人一年就需要1 000亿元。如果再加上把药送到病人手中的费用1 000个亿，仅这两类病人就需要2 000亿元。而卫生部向中央政府报告说，出资不到三千亿就可以建立全民医疗保障体系。“政府主导”的医改模式在国家财力实际上还比较有限的情况下，不得不进一步强化价格管制、市场准入和医疗资源的行政配置，从而进一步减弱医卫系统的资源动员能力。英国当年就走过这条路。当时英国三分之一受过高等医学教育的专业人才到美国就业，迫使英国对“从摇篮到坟墓”的医保体制进行重大修正。

免费带来的另一个问题是排队。在英国，排队就是照章办事，即便医生的父亲看病时也要排队。我们做得到吗？如果做不到，会出现什么后果？就算排队能做到公平，也要考虑时间成本。英国就是因为排队时间太长而不得不重新发展商业保险系统。

卫生部医改方案将会遇到的另一个困难是人才不足。英国一个全科医生的年薪从七年前的5万英镑涨到现在的11万英镑。他们确实是全科医生，什么病都能看。中国并没有全科医生的培养机制，不会在出台一个文件之后相应的人才就会立刻供应上来。

更麻烦的问题在于，政府埋单、免费看病的方案没有想清楚就宣传出去了，给一直着急扩大保障面的已有医疗系统带来冲击。一说免费看病，谁还会缴医保？在农村，合作医疗的覆盖面只有30%。农民参加合作医疗也需要投钱。免费医疗后人们就不愿意向合作医疗继续投钱。

在医改方案中，最重要的还是医疗服务供给面。要提供医疗服务，第一要有房子，这方面没有问题；第二要有设备，这也不是困难；第三要有人，人才可以培养。全国增加了多少厨师？增加了多少工程师？增加了多少教授？这说明人才供给是有弹性的。如果大家讨厌市场这两个字，那叫其他名字也没有关系，关键是要通过一套体制把资源动员起来满足人们日益增长的医疗需求。

我对这个问题的研究还刚刚开始，以后还要进行一系列细节方面的研究。我对这个问题比较有兴趣，一方面是因为这个问题有政策涵义，另一方面也是因为这个问题在学术上有一定的挑战性，医疗和以前研究过的其他行业确实有不同的特点。

中国"统账结合"养老保障:症结何在、路在何方*

郑秉文

中国社会科学院世界社会保障中心主任

郑秉文主任首先就我国社保制度的缘起与成就做了简要介绍,之后重点介绍了我国养老保障制度存在的主要问题及其原因,最后提出了改革思路。

一、取得的伟大成就

国企改革催生了中国社保体系的诞生。在国企改革之前我国实行的是企业劳动保险制度,人离不开单位。实行国企改革,必须要把人和单位分离开来,允许工人能够失业,能够离开企业,让企业和单位能够独立并参与到社会上竞争,这就要把单位、企业的劳动保险变成社会保险、社会保障,于是催生了中国社保体系的建立。社保体系的建立结束了之前国企的企业劳动保险制度,减轻了企业负担,增强了企业的竞争力。

城镇职工养老保障制度是我国社保制度的主要部分。21 世纪以来,这一制度取得了巨大成就:覆盖人数从 2002 年的 8 200 万人增加到 2011 年的 2.8 亿人,基金规模从 2002 年的 1 600 亿增加到 2012 年的 23 000 亿(表 1(a)、表 1(b))。养老保障制度对国企改革的功劳巨大。但城镇职工养老保险几乎是我国唯一的养老支柱,作为第二支柱的企业年金和第三支柱的私人商业年金替代率非常低。商业养老保险产品总额只有一万三千亿,一年支出只有一千多亿,涵盖一百多万人,规模很小。

表 1(a)　2002 年和 2011 年中国社会保险覆盖面比较

	城镇职工养老	农村养老	城镇医疗	失业保险	工伤保险	生育保险	合计
2002 年	8 200 万人	5 500 万人	9 400 万人	440 万人	4 400 万人	3 500 万人	3.14 亿人
2011 年	2.8 亿人	3.2 亿人	4.7 亿人	1.4 亿人	1.8 亿人	1.4 亿人	15.3 亿人

* 第 33 次季度报告会(2013 年 4 月 21 日)。

表 1(b) 2002 年和 2011 年社会保险基金规模比较 (单位:亿元)

	城镇养老	城镇医疗	失业	工伤	生育	合计	占 GDP
2002 年	1 600	450	30	81	30	2 200	2.2%
2011 年	19 500 不含新农保 1 200	4 300	2 200	740	340	30 000	6.6%

二、存在的主要问题

虽然我国养老保障制度取得了很大进步,但其在效率和公平方面存在许多尖锐问题。

在公平方面,存在两个横向公平问题和一个纵向公平问题。第一个横向公平问题是指不同人群之间的不公平。从理论上讲,我国基本实现了养老保险全覆盖,但事实上,农民工和城镇灵活就业人员没被覆盖进来,长期裸露在制度之外,这是最大的不公平。另外,地区"割据"情况严重,不同地区的保障水平差距很大。第二个横向公平问题是公共部门和私人部门之间的不公平。30% 的事业单位和 100% 的公务员没有参加养老保险改革,70% 的事业单位在 20 世纪 90 年代实行了"半拉子"改革,长期没有实现多元退休制度的并轨。

纵向公平的问题是指退休金水平与退休时点之间存在高度相关性,退休时点的不同对退休金水平的高低有较大影响,退休晚的高于退休早的,缺乏正常的待遇水平调节机制。我国近 9 年每年上调 10% 养老金水平,5 000 元养老金和 1 000 元的养老金同样每年上调 10% ,其绝对额差距越来越大,甚至出现倒挂现象,那就是,有的地区,养老金水平高于工资。此外,还有两个潜在的公平上的隐患:农村养老保障制度和城市居民养老保障制度,这两个制度在未来的某一天,其制度的公平性问题会显露出来,那是将成为不得不解决的主要矛盾,如同老农保。

在效率方面,我国社会保险制度存在两个宏观问题,两个微观问题,还有两个潜在隐患。

第一个宏观效率问题是投资体制低效导致养老金贬值风险加大。所有的养老保险基金(共两万三千亿)全部存在银行,收益率低于 CPI,损失巨大。

第二个宏观效率问题体现在资金运用低效导致财政转移支付激励不足。地区间存在较大差异,一方面,全国一半地区收不抵支,需要财政转移支付;另一方面少数几个沿海省份每年基金盈余较多,这部分积累资金又只能享受较低的利率,收益率低于 CPI,造成宏观资金运用效率低下。

第一个微观效率问题是制度收入激励不足。制度每年的实际收入水平受设定的费率、费基等参数不实问题的影响。过高的法定费率在执行中较低的实际费率,费基狭窄,影响了实际收入水平,财务隐患较大。由于道德风险,我们社保的费率、费基所有的参数都远远低于目标。比如费基,假设北京平均收入五千元,但社保的实际费基可能只有三千多一点,这与住房公积金等制度截然相反。住房公积金的费基达到正常费基的 100% ,

且逐年增加，目前大约110%。而养老保险的费基大约只有目标费基的70%。费率方面也面临问题。在全世界有养老保险制度的180多个国家中，我国名义费率很高，大概排在世界十几名的位置，但这只是名义费率排名。由于费基比应有费基低了近一半，事实上的费率也会低一半。道德风险问题，再加上一些其他问题，导致我们的制度收入不足，远远低于我们目前规定费率和费基所应有的收入水平。

第二个微观效率问题指的是养老保险账户空转，个人和政府做实账户的激励严重不足。占工资8%的个人账户只享受2%—3%的活期利息，如果用这部分钱去理财，收益率可以达到8%以上，因此个人没有做实账户的激励。企业和政府也没有做实账户的激励。从2001年辽宁省成为第一个做实个人账户的试点到现在已有12年，个人账户做实也扩大到13个省，可是截止到2011年，做实的基金仅有2 703亿，平均到每个省、每个人身上的钱非常有限。空账额的增长率比做实额的更大。

效率低下造成了很多严重后果，比如财务可续性受到影响，财务隐患很多，也影响了政府公信力。

此外，养老保障制度在效率上还存在两个隐患：一是参数不合理，一是多层次保障制度建立不起来。养老保障的最主要参数有三个：缴费率、目标替代率和制度赡养率。而我国这三个参数与合理水平差距太大。比如，赡养率与人口老龄化程度有关，应该调整赡养率使退休年龄与预期寿命挂钩，而我们退休年龄却还是半个世纪以前的退休年龄，这没有起到稀释赡养率以提高财务可持续性的作用。第二个潜在隐患是我国没有建立起多层次养老保障制度，市场因素不够，第二和第三层次不发达。多层次养老保险制度建立不起来，问题就非常严重。举例来看，希腊的第二支柱建立于2001年，比中国还晚十年，所以希腊人养老几乎完全靠国家。一旦国家的社保体系要改革，希腊人肯定上街游行的。美国的情况则较好，国家基本养老保险替代率40%，企业年金替代率平均也是40%，正规部门人员的替代率高于40%，比如对于联邦政府雇员是110%，加上第一支柱替代率40%，因此联邦政府工作人员退休之后收入很高。如果联邦政府人员上班时收入是每年11万，那么退休的时候则是每年15万，所以美国联邦政府的贪污和索贿极其少见。这就是制度差距带来的政府机器的效率的差别。

三、问题存在的原因

上述这些公平和效率问题在制度建立之初就有，现在问题更为尖锐，这是由多方面原因造成的。第一个原因是经济社会发展迅速，但相比之下，社保缺陷仍然存在，难以根除，反差越来越大。第二个原因是随着社保的作用和影响越来越大，大家对社保的依赖和惯性在迅速扩大和膨胀，从而问题也越多。第三个原因是舆论导向和宣传使社会形成了较大的反差和较高的预期。

我国养老保险统账结合的设计初衷是好的，但实行起来却不现实。一方面，个人账户的引入是失败的，个人账户不能做实，影响了养老保险覆盖面的扩大。个人账户实账积累，与高速经济成长的环境有冲突，应取消积累制。根据萨缪尔森和艾伦定理，当一个经济体人口增长率与社会平均工资增长率之和高于投资收益率的时候，就应该采用现收现付制，而不应该选择完全积累制。换言之，选择现收现付即可获得一个生物收益率，这个生物收益率等于人口增长率与社会平均工资增长率之和，所以这个时候攒钱就不合适。我们可以将之量化，便一目了然，比如一个人 1993 年参加这个制度，每年强制性扣除工资 8%，现在给这个人 20 年 2% 的利息，替代率远远达不到现在工资的 8%，甚至不到 1%，所以这个人肯定不愿意把个人账户做实。因此，在经济高速增长、社会平均工资高速增长的时候，个人账户的制度设计是失败的。

另一方面，现在这种现收现付制的社会统筹与二元结构是有冲突的。发达地区非常发达，不发达地区非常不发达。从经济学上解释，就是非精算中性制度下道德风险导致逆向选择。这时，需要在制度设计中引入精算因素才行。详细可见表 2 的解释。

表 2　中国社保制度公平与效率问题的图解

公平		效率		制度失败的原因	制度设计的缺陷	理论诠释的依据
横向	纵向	宏观	微观			
农民工流动存在障碍，影响参保积极性。城镇灵活就业人员道德风险导致	调节机制与退休时点	投资体制落后贬值风险	制度收入低效，参数扭曲	DB 型现收现付制的社会统筹与外部经济社会的二元结构之间的冲突	社会统筹部分导致的	非精算型制度下道德风险导致逆向选择
部门之间	—	地区失衡，导致宏观资金运用低效	做实账户积极性不高	账户做实之后投资收益率低下	引入账户导致的	萨缪尔森和艾伦定理
潜在和未来的隐患与风险						
新农保：未来待遇水平		参数不合理：财务风险				
城居保：未来待遇水平		多层次缺位：财政负担大				

四、改革的未来出路

我国养老保障制度要提高统筹层次，并且重新认识统账结合。郑主任提出的改革思路是实行 NDC（名义账户制），把个人账户扩大到 100%，雇员和雇主的缴费都纳入账户，使所有缴费实现 100% 的个人精算中性运作，并提高统筹层次。这个办法还可同时实现一个重要目标：多缴多得，少缴少得。只要实现了这个理念，养老保险覆盖面可以立刻扩大，缴费收入可以迅速实在起来，可以避免很大损失。

最后，郑主任指出，我国养老保障制度的改革需要正确的态度和改革路径。

第一要有急迫性，不能一届一届政府往后推。考虑到我国老龄化的速度，养老保险制度改革必须要有急迫性。中国与其他各国老龄化程度比较见表 3(a)—表 3(c)。

表 3(a)　中国与五大洲老龄化比较(60 岁及以上人口占总人口比例)　(单位:%)

年份	非洲	亚洲	欧洲	拉美	北美	中国
1950	5.3	6.7	12.1	5.6	12.4	7.5
2010	5.5	9.9	21.8	10.0	18.6	12.3
2050	9.8	24.4	33.6	25.0	27.0	33.9
2090	17.9	31.5	32.4	34.0	30.5	35.1

表 3(b)　中国与主要发达国家老龄化比较(60 岁及以上人口占总人口比例)　(单位:%)

年份	美国	英国	法国	德国	意大利	日本	加拿大	西班牙	中国
2010	18.4	22.6	23.0	26.0	26.5	30.5	19.9	22.3	12.3
2050	26.6	29.6	30.5	37.5	38.4	41.5	31.0	38.3	33.9
2090	30.2	32.8	32.3	33.6	35.1	37.2	33.3	36.2	35.1

表 3(c)　中国与金砖五国老龄化比较(60 岁及以上人口占总人口比例)　(单位:%)

年份	中国	俄罗斯	巴西	印度	南非
2010	12.3	17.8	10.3	7.6	7.4
2050	33.9	31.2	29.0	19.1	14.8
2090	35.1	28.6	36.5	30.5	26.0

加拿大一揽子改革成功是养老保险改革成功的典型案例。加拿大 1966 年建立加拿大养老计划(CPP)之初缴费率仅为 3.6%(雇主雇员合计,二者费率平分);但随着人口结构的逆转,尽管费率水平逐年缓慢提高,但到 1997 年改革时,其费率仅为 5.85%。如此下去,在不改革情况下,到 2030 年费率将上调至 14.2% 才能满足同样的替代率而不下降。为此,1997 年加拿大进行了改革,在原有基础上进一步提高了缴费率,成功地增强了加拿大养老保险体系的可持续性。

表 4　加拿大改革前后费率比较　(单位:%)

年份	改革前	改革后
1966—1985	3.60	—
1985—1997	3.60—5.85	—
1997	5.85	6.0
1998	6.10	6.4
1999	6.35	7.0
2000	6.60	7.8
2001	6.85	8.6
2002	7.10	9.4
2003	7.35	9.9
2004	7.60	9.9
2005	7.85	9.9

（续表）

年份	改革前	改革后
2006	8.10	9.9
…	…	…
2016	10.10	9.9
2030	14.20	9.9

第二要有顶层设计，比如缴费型制度与非缴费型制度要相互配合；三个支柱之间要相互配合。

第三要有策略，比如退休年龄问题的解决，可以参考我国台湾地区正在实行的改革。

第四要有政治决心，打破利益格局，尤其是对于事业单位和公务员的改革。

第五要正确对待当前利益和长期利益的关系。